XIANDAI HANYU
CHANGYONG
YIHUN
CIYU BIANXI

现代汉语常用
易混词语辨析

程淑贞　陈霞村　/编著

山西出版传媒集团 三晋出版社

图书在版编目（CIP）数据

现代汉语常用易混词语辨析 / 程淑贞，陈霞村编著．
—太原：三晋出版社，2022.2
ISBN 978-7-5457-2441-7

Ⅰ．①现… Ⅱ．①程… ②陈… Ⅲ．①现代汉语—词
汇—研究 Ⅳ．① H136

中国版本图书馆 CIP 数据核字（2022）第 027269 号

现代汉语常用易混词语辨析

编　　著：程淑贞　陈霞村
责任编辑：任俊芳
助理编辑：董　颖
责任印制：李佳音
出 版 者：山西出版传媒集团·三晋出版社
地　　址：太原市建设南路 21 号
电　　话：0351-4956036（总编室）
　　　　　0351-4922203（印制部）
网　　址：http：//www.sjcbs.cn
经 销 者：新华书店
承 印 者：山西新华印业有限公司
开　　本：710mm×1010mm　1/16
印　　张：35
字　　数：500 千字
版　　次：2022 年 2 月　第 1 版
印　　次：2022 年 7 月　第 1 次印刷
书　　号：ISBN 978-7-5457-2441-7
定　　价：79.00 元

如有印装质量问题，请与本社发行部联系　电话：0351-4922268

前　言

　　语言是思维的载体,是人类进行沟通交流的最重要的表达方式,存在于生活的各个方面。而词又是最小的能够独立运用的语言单位,这个由语素组成的最小的造句单位是人们交际的基础,也是最活跃的语言要素。各个时代的政治、经济、文化等诸多方面的发展无不体现在词汇之中。

　　一般来说,一个人的语言水平越高,其所掌握的词汇量也就越丰富;同样的,一个人在其语言建构中掌握的词汇量越丰富,特别是对那些差别细微的同义词、近义词的语感辨别能力越强,其语文水平也就越强。在语言建构中,不仅对社会理性语言有很好的理解运用能力,而且也越容易形成自己独特的语言运用表达习惯和语言风格。但在语文生活中,除了专业人员,能够做到这一点的似乎还不是很多。或者说有些人虽然能够辨别使用一些容易混淆的近义词,但还缺乏清晰的认识。例如,在现代汉语教学、考试和实际应用中,在新闻出版和各种媒体的语言运用中,在生活交往的各类语言文字应酬中,乃至财会、法律、行政、企事业等要求非常严谨的机构部门的语言使用中,都经常会遇到常用易混词语辨析使用的问题,民间因词语使用混淆引发的纠纷时有耳闻。语言文字使用混乱主要由于词语辨析不到位、不准确,这里既有词语本身词义辨析的认识,还有汉语使用的文化习惯认识。当然,更重要的,还关系到热爱祖国的语言文化、促进现代汉语规范化的认识问题。

以现代汉语为代表的中华民族语言,词的释义、表达和应用具有非常广泛的普遍性和全民性。我们编写这本《现代汉语常用易混词语辨析》,其目的就是为了更好地为人们的语文生活服务,促进现代汉语语言文字运用规范化,并对语文教学起到一定的引导作用。

本书共分为上、下两编。

上编,为名词、动词、形容词易混词语辨析。

现代汉语以双音词为主,其中有很多同义词。同义词,《现代汉语词典》解释为:意义相同或相近的词。本书这部分内容以双音词的近义词语辨析为主。

近义词语使用涵盖的范围大小、词性和句法功能及搭配习惯、语义使用的轻重和感情色彩等,会随着不同的语言环境而呈现出不同的差异,而人们在日常生活的使用中常有混淆。因此,辨析常用近义词的用法意义很有必要。

这部分内容中,有的词语虽然意义不同,但实际运用中常被人混淆,也会加以辨析,例如"反映、反应""出生、出身"等。

下编,为代词、副词、介词、助词、连词、叹词、拟声词、语气词易混词语辨析。

在这部分内容中,代词是有实际意义的实词,而其他词类的意义相对虚一些,通常人们把它们归类为虚词。下编的词语,有的是因为意义上相近容易混淆,如代词中的"每、各""自己、自身、本身"等,但也有很多的词语,虽然意义不相同,但因用法属于一类而常被人们混淆,例如,结构助词"的、地、得",时态助词"着、了、过",介词中的"对、对于、关于"等,也很有必要加以辨析。

本书收录的词语,其释义主要参考于《现代汉语词典》(第 7 版)、《现代汉语规范词典》(第 3 版),还有个别词条结合生活语言应用的实际情况,加以补充完善。

现代汉语常用易混词语辨析

本书收集词条的基本原则是：

(1)重点收入现代汉语通用词中常用的词语。

(2)一些社会上已经比较习用的新词语和某些有了新义项、新用法的通用词。

(3)名词、动词、形容词分类辨析,有些同时具有不同词性功能的词语,而且需要依靠不同的词性加以区分,则用"另"注明。

本书词条主体部分由以下几部分构成：

(1)释义。基本释义参考《现代汉语词典》(第7版)、《现代汉语规范词典》(第3版),个别词条结合生活语言应用的实际情况,加以补充完善。

(2)辨析。结合词典释义,根据生活中语言运用的具体情况,从词语构成、用法、意义、色彩、程度、适用范围及侧重点等不同角度加以辨析,力求科学准确,符合生活语文实际。

(3)例句和错误用例。鉴于人们在语用实践中比较难以把握近义词语的微小差异,本书特意给出了一部分具体例句,以及错误用例,使大家能够更好地分辨易混词语的相同点和不同点,把握词语的语用特点。在例句中,我们有一些选用了名家名作中的语句,其中涉及古诗词、古代小说中的内容,虽然这些作品是古代的,但其词语的使用方法、词语的释义是一直延续到今天的,从中我们也可以体会到中国语言文字的持久性和连续性,也可以窥见现代汉语词语用法的基础来自哪里,故特别进行说明。

本书词条排列的原则是：

(1)上编,名词、动词、形容词,按照汉语拼音字母顺序排序,每组词条之间也按拼音字母顺序排列。

(2)下编,代词、副词、介词、助词、连词、叹词、拟声词、语气词,按照类别归类排列。

为读者查阅方便,我们将每组词条都编入目录,注明页码。

本书的服务目的和适用服务对象主要有四个:

(1)为中小学教师及学生提供语文学习工具。

(2)为社会上对语言文字运用感兴趣,或参加各级各类语文考试的成年人提供借鉴和参考。

(3)为新闻出版行业人员提供借鉴资料。

(4)为外国人学习汉语并能准确运用常见词语提供一定的帮助。

本次编写,因时间仓促,只收录了部分常用易混词语,所选词语都是平时大家常见常用的,或者是各类考试经常出现的,力求通过辨析,能够对人们学习和应用语言有所帮助。

易混词语辨析工作难度比较大,涉及面也广,有很多似是而非的语言使用现象需要澄清或指出,但由于我们精力有限,不可能面面俱到。我们只能尽力做到辨析正确,符合现代汉语规范要求。本书如有错误疏漏,欢迎各位专家学者和广大读者朋友给予指正!

编　者

二〇二二年一月二十日

现代汉语常用**易混**词语辨析

常用动词易混词语辨析

现代汉语常用 **易混** 词语辨析

常用形容词易混词语辨析

现代汉语常用**易混**词语辨析

下　编

常用代词易混词语辨析

常用副词易混词语辨析

现代汉语常用**易混**词语辨析

常用介词易混词语辨析

常用助词易混词语辨析

常用连词易混词语辨析(上)

常用连词易混词语辨析(下)

现代汉语常用**易混**词语辨析

常用叹词易混词语辨析

目录

013

常用拟声词易混词语辨析

常用语气词易混词语辨析

现代汉语常用**易混**词语辨析

【上编】

常用

名

词易混词语辨析

包袱　包裹

释　义

包袱(bāofu)：①〈名〉包裹衣物等用的布，又叫"包袱皮儿"。例如："用这块包袱(皮儿)把它包上。"②〈名〉用布包起来的包儿。例如："她手上拎着一个花布小包袱。"③〈名〉比喻精神上的压力或负担。例如："放下思想包袱。"④〈名〉指相声等曲艺中的笑料。例如："把之前铺垫酝酿好的笑料关键部分说出来叫抖包袱。"

包裹(bāoguǒ)：〈名〉包扎成件的包儿。例如："柜台上放着一堆小包裹。""到邮局去给孩子寄个包裹。"

◎另，"包裹"还有动词义，包起来并捆好；包扎。例如："用牛皮纸包裹得非常严实。"

辨　析

两个词都有"包成的包儿"的意思，不同之处在于：

（1）词性功能有所不同。"包裹"有动词义，而"包袱"没有。例如："把东西包裹好"，不能说成"把东西包袱好"。

（2）用法意义有所不同。"包袱"有比喻义，而"包裹"没有。例如："思想包袱"不能说成"思想包裹"。

（3）形成方式有所不同。"包袱"多是用布对角扎结而形成的包儿，可以背在背上或提在手上。"包裹"则是包扎成件的包儿，比包袱更紧实，不一定是用布包起来的。例如到邮局寄送的只能叫"包裹"，不能叫"包袱"。

（4）在组合新名词方面功能有所不同。"包袱"可以和其他词语组合成新名词。例如："包袱皮儿(用来包包袱的布)""包袱底儿(指家庭多年不动用的或最贵重的东西;或指隐私)""抖包袱(说出笑料)",而"包裹"不能这样组合。

📔 **例 句**

(1)老三最拿手的就是抖包袱。

(2)这孩子心思重,心里有包袱。

(3)我的衣服都放在包袱里了。

(4)你的包裹已经寄来了。

(5)这个包裹太重了,我拿不动。

(6)东西早就包裹好了,就等你来拿。

🔍 **错误用例**

(1)这个包袱上已经写好投寄的地址、收件人的姓名了。(此处应该用"包裹")

(2)你应该放下心里的包裹,这件事真的没什么。(此处应该用"包袱")

边陲　边疆　边境

✍ **释 义**

边陲(biānchuí):〈名〉边境;边疆。例如:"西南边陲""边陲重镇"。

边疆(biānjiāng):〈名〉靠近国界的疆土。例如:"守护祖国的边疆。"

边境(biānjìng):〈名〉靠近边界的地方。例如:"他来往于湘赣边境。""我一直做边境贸易。"

🖊 **辨 析**

三个词意思相近,都有靠近边界的意思。不同之处在于:

（1）含义侧重点有所不同。"边陲"和"边疆"只限于指国家靠近边界的地方；"边境"指某一区域靠近边界的地方，不限于国家。

（2）所指范围有所不同。"边疆"所指的地域为靠近国家边界的，有一定宽度的块状区域，较广阔。"边境"所指的地方为靠近边界的条状区域，较狭长。"边陲"所指的地方既可以是靠近国界的狭长地带，也可以指块状区域。例如："戍守边陲""边陲重镇"。

（3）语体色彩有所不同。"边陲"只限于书面语，"边境"和"边疆"既可以用于书面语，也可以用于口语。

（4）搭配习惯有所不同。"边陲"习惯上指偏僻的边境地区，常用搭配有"边陲之地""边陲要地""边陲小镇"等。"边疆"所指的区域比较广，所以常用"支援边疆""边疆建设""保卫边疆"等搭配。"边境"所指的地方比较狭长，常用搭配有"边境线""跨边境作战""边境两侧""开放边境""边境一带""边境巡逻队"等。另外，"边境贸易"特指相邻国家的贸易组织或边境居民在两国接壤地区进行的贸易活动，简称"边贸"。

📖 例　句

（1）改革开放以来，延吉的经济建设和其他社会事业有了长足的发展，已经成为我国东北边陲一个重要的对外窗口。

（2）老知青回忆起当年偷户口本报名支援边疆的事，不管多苦都不后悔。

（3）这两个县边境地区的治安管理工作还有漏洞，需要进一步加强。

🔍 错误用例

（1）迟子建出生于我国最北边的边疆之地——漠河北极村。（此处应该用"边陲"）

（2）开展边陲小额贸易原则上不受贸易方式和经营分工限制。（此处应该用"边境"）

（3）边销茶又称边茶，即专供边境少数民族饮用的砖茶，是大多数藏族群众的生活必需品之一。（此处应该用"边疆"）

标语　传单

 释　义

　　标语（biāoyǔ）：〈名〉用简短文字写出的有宣传鼓动作用的口号。例如："土墙上的标语勾起了我的回忆。"

　　传单（chuándān）：〈名〉印成单张向外散发的宣传品。例如："印发传单""向外面散发传单"。

 **辨　析**

　　两个词所指内容都是宣传品，不同之处在于：

　　（1）内容有所不同。"标语"都是内容很简短的口号性质的文字；"传单"的内容可以是简短的口号，也可以是比较复杂的文字。

　　（2）宣传方式有所不同。"标语"一般是张贴在墙上（也有直接写在墙上的）或悬挂在公共场合的；"传单"是用来散发的，也有邮寄的。

　　◎网络时代还出现了电子标语和电子传单。

例　句

　　（1）食堂墙上贴着一张写有"谁知盘中餐，粒粒皆辛苦"的标语。

　　（2）如何设计传单才不会被人随手扔掉？

错误用例

　　这家新开张的店面门口总有几个年轻人拿着宣传用的标语往路过的行人手里塞。（此处应该用"传单"）

病床　病榻

释　义

病床(bìngchuáng):〈名〉病人睡的床;特指医院、疗养院等机构供住院病人用的床。例如:"快让病人回到病床上躺着。""15 号病床已有人预订。"

病榻(bìngtà):〈名〉病床。例如:"辗转病榻""书稿是在病榻上完成的"。

辨　析

两个词都有"病人专用的床铺"的意思。不同之处在于:

(1)侧重点有所不同。"病床"一般侧重于指医院、疗养院等机构供病人用的床;"病榻"泛指病人的床铺。例如:"社区诊所新添了 5 张病床。""我们医院共有 100 张多功能病床。"这里的"病床"都不能换成"病榻"。

(2)语体色彩有所不同。"病床"多用于口语;"病榻"多用于书面语。例如:"他缠绵病榻多年""病榻杂记""病榻回忆录",句中的"病榻"不能换成"病床"。

例　句

(1)手动病床的产品功能与电动病床相似,但病人不能亲自操作,需陪护人员协助使用。

(2)老人对炒股很痴迷,躺在病床上还不停地问家人,自己买的股票涨了没有。

(3)如今病榻上寸寸回想,使我无限的惊悔。(冰心《寄小读者》十二)

(4)在毛泽东弥留之际,中央政治局的委员们排着队来到毛泽东的病榻前,同他做最后的告别。

🔍 错误用例

(1)他身患痼疾,常年缠绵病床,所谓生活乐趣,早与他无缘。(此处应该用"病榻")

(2)我也没去哪里,昨天去医院看望同学,在他病榻前帮他补习了这星期的课程。(此处应该用"病床")

波澜　波浪　波涛

✏️ 释　义

波澜(bōlán):〈名〉波涛,多用于比喻。例如:"波澜壮阔""感情激起波澜"。

波浪(bōlàng):〈名〉江河湖海等水域因受振动或冲击而时起时伏的水面。例如:"掀起波浪""波浪翻滚"。

波涛(bōtāo):〈名〉大波浪。例如:"波涛汹涌""万顷波涛"。

📖 辨　析

三个词都有"水面起伏不平"的意思,不同之处在于:

(1)侧重点有所不同。"波浪"泛指水面有规律地高低起伏运动,并向一定方向传播的现象;"波涛"指大的波浪,着重于波浪的猛烈和广阔;"波澜"也指"大的波浪",但侧重于波浪的浩瀚起伏。

(2)搭配组合有所不同。例如人们常说的"波澜壮阔""波澜起伏",以及"万顷波涛""波涛汹涌",不能互相改换,已经成为固定组合。"波浪滔天"也是固定成语,不能换成"波澜"或"波涛"。另外,"波浪"可以拆分,组合成"劈波斩浪""随波逐浪"等词语,"波澜"可以拆分组合成"推波助澜","波涛"一般不能这样拆分。

(3)使用范围有所不同。"波浪"使用范围比较宽,泛指一切起伏不定的水面,也可以用来比喻像水面起伏的事物。例如:"波浪线""波浪理论""麦田里波浪翻卷"。"波澜"和"波涛"使用范围相对较窄,一般指大的波浪。此外"波澜"还有比喻义,常用来比喻感情的起伏或局势的动荡等。例如:"感情再起波澜。""他经历了波澜壮阔的大革命时期。""波涛"除了指大的波浪外,有时也可以用来比喻风吹过山林,林中枝叶相互碰撞发出的如同波涛般的声音。例如:"夜风吹过,远处的山林传来阵阵波涛。"

📖 例　句

(1)在阳光灿烂的时候,洞庭湖上波澜不惊,一碧万顷,令人陶醉。

(2)新版的《三国》电影再现了一个波澜壮阔的英雄时代。

(3)他的到来,让我的心湖波澜起伏,难以平静。

(4)航船冲破波浪飞速前进。

(5)远处的山峦如同翠绿的波浪上下起伏。

(6)我跟着书本活了那么长的时间。我的心仿佛落在一个波涛汹涌的海上受着颠簸。(巴金《长夜》)

(7)海上观日出,最激动人心的是在那万顷波涛中捧出一轮红日的时候。

🔍 错误用例

(1)钱塘江潮是由海洋的潮汐通过钱塘江喇叭形的入海口而形成的。潮来时,江面波浪汹涌,拥峰叠雪,蔚为壮观。(此处应该用"波涛")

(2)微风吹过麦田,掀起层层金色的波涛。(此处应该用"波浪")

(3)群山起伏,一望无际,森林深处不时传来大海怒吼般的波澜,辽阔壮丽的小兴安岭,让我们见识了什么叫林海。(此处应该用"波涛")

(4)这部小说构思奇特,情节波浪起伏,引人入胜。(此处应该用"波澜")

(5)今年第四季度的短短40天里,有三家中国企业大举挺进伦敦房地产市场,掀起层层波浪。(此处应该用"波澜")

才干　才华　才能

释　义

才干(cáigàn):〈名〉能力。例如:"具有经商才干的人。"

才华(cáihuá):〈名〉显露出来的才能。例如:"出众的才华。"

才能(cáinéng):〈名〉知识和能力。例如:"根据每个人的才能,安排适当的工作岗位。"

辨　析

三个词都有"能力"的意思,有时可以互换。例如:"他很有才干",也可以说成"他很有才华(才能)"。

不同之处在于:

(1)侧重点有所不同。"才干"侧重于"干",主要指办事的能力,例如:"增长才干。""才华"侧重于"华",主要指表现出来的才能,例如:"才华横溢""才华出众"。"才能"泛指知识和能力禀赋,例如:"施展才能""具备这方面的才能"。

(2)使用范围有所不同。"才干"多指在实际工作中管理或处理事务很有能力,办事干练。例如:"领导才干""管理才干""从政才干"等,这些例子中的"才干"不能换成"才华"。"才华"多用于指文艺、写作等方面表现于外的能力禀赋。例如:"她才华四溢,是一位才女",句中的"才华"不能换成"才干"或"才能"。"才能"使用范围比较宽,泛指各方面的知识能力,既可以指表现出来的能力禀赋,也可以指潜在的没有表现出来的能力禀赋。例如:"能言善辩也是一种才能",句中的"才能"不能换成"才华"或"才干"。

 **例　句**

(1)小王考上公务员没几年,就因为才干过人,被领导器重,提拔他做了科长。

(2)这首诗充分展现出他过人的才华。

(3)越来越多的证据表明,妇女有写作侦探小说的特殊才能。

错误用例

(1)他因为表演才干出众,而被电影学院破格录取。(此处应该用"才华"或"才能")

(2)刚招进来的这个人才华怎样,能不能把他安排到公司营销部门做经理?(此处应该用"才能"或"才干")

(3)家长要让孩子们从小就学会与人沟通合作,以增长自己的才能和经验。(此处宜用"才干")

长处　优点

释　义

长处(chángchù):〈名〉优点;特长。例如:"谁都有自己的长处和短处。"

优点(yōudiǎn):〈名〉好的方面(跟"缺点"相区别)。例如:"这个人有很多优点,当然缺点也不少。"

辨　析

两个词都有"好的方面"的意思。不同之处在于：

（1）侧重点有所不同。"优点"侧重于指优秀的地方，更多的是指人的优良品质方面，与其相对的是"缺点"。"长处"侧重于指跟其他人比起来比较突出的地方，更多的是指人擅长某方面技能，或指在某方面有优势，与其相对的是"短处"。

（2）使用范围有所不同。"优点"既可以用于人，也可以用于物。例如："他的优点是非常实在。""这种课桌有很多优点。""长处"多用于人。例如："他喜欢孩子，善于和孩子们沟通交流是他的长处。"

例　句

（1）这个人只有一样长处，就是与人相处能够左右逢迎，在交际方面特别在行。

（2）人应该发挥自己的长处和特色，而不是只跟在别人后面亦步亦趋。

（3）大豆丝绸具有羊绒和桑蚕丝两者的优点，它可以吸汗散潮，在质量、光泽及柔软性方面，都很有优势。

（4）卓越的人的一大优点是：在不利和艰难的境遇里能够百折不挠。

错误用例

（1）善于发现员工的优点，并且知人善任，让他们各尽所能，这是一个企业领导者必备的素质。（此处应该用"长处"）

（2）这种改进的环形计数器的长处是可以自行启动。（此处应该用"优点"）

场地　场馆　场合　场所

场地(chǎngdì)：〈名〉施工或开展某种活动的地方。例如："活动场地""平整场地。"

场馆(chǎngguǎn)：〈名〉进行体育等活动的室外和室内场所的合称。例如："新建几处场馆。"

场合(chǎnghé)：〈名〉由一定的时间、地点、人员等构成的某种环境。例如："公共场合""说话要注意场合"。

场所(chǎngsuǒ)：〈名〉供活动的处所。例如："学习和娱乐的场所""堆放过期杂志的场所"。

📑 **辨　析**

四个词都有"某种环境处所"的意思，不同之处在于：

（1）指称意义有所不同。"场地""场馆""场所"都指的是地方或处所；"场合"不仅指地点或处所，而且还包括时间、条件和人物对象等各种因素。例如："说话要注意外交场合"，不能说成"说话要注意外交场所（场馆/场地）"。

（2）"场所""场地""场馆"都是指处所地点，但有分别。"场所"一般是指活动的立体空间处所，可以是露天的，也可以是在房舍内的。例如："公共场所""娱乐场所""学习场所"。"场地"一般是指空地，多为露天的，供施工、试验、活动等使用的平面处所，即便是房舍内，也多指地面上。例如："没有跳舞的场地。""场馆"多指进行文化、体育等活动的较大的场地和建筑物，包括室内和室外的处所，一般位于某个封闭的区域内。例如："奥运会竞赛场馆"。

(3)指称的范围有所不同。"场馆"是集合名词,指称的范围要大得多。"场地"要提供的是施工或活动的场所,故而其范围一般要比"场所"大。"场所"的范围可大可小,既可以是供很多人活动的地方,也可以是给一两个人活动的小地方。

📖 例 句

(1)排球决胜局比赛采用 15 分制,一队先得 8 分后,两队交换场地,按原位置顺序继续比赛到结束。

(2)进入施工场地必须戴安全帽。

(3)北京奥运会总共安排了 37 个场馆进行比赛。

(4)他的穿着很适合这次的社交场合。

(5)因为离得近,这里经常是下班后同事们举行欢乐聚会的场所。

(6)这家宾馆不适合用来做谈判场所,因为外面就是喧闹的菜市场。

🔍 错误用例

(1)在这个场所,你开玩笑是很失礼的。(此处应该用"场合")

(2)那个场馆已经空出来了,我们去打球吧。(此处应该用"场地")

(3)比赛地方不够用,组委会建议再新建几个场地。(此处应该用"场馆")

(4)禁烟令已经施行了 6 年,可是还有部分公共场合仍然烟雾缭绕,难以禁止。(此处应该用"场所")

陈规　成规

✏️ 释 义

陈规(chénguī):〈名〉过时的、不适用的规章制度、规矩或办法。例如:"一定要打破陈规。"

成规(chéngguī):〈名〉现成的或沿袭下来的规章制度、规矩或办法。例如:"这个问题可以依照成规来解决。"

辨　析

两个词都有"已有的规章制度、规矩或办法"的意思,不同之处在于:

(1)所指对象有所不同。"陈规"是指旧的、过时的、现在已经不适用的规章制度、规矩或办法;"成规"是过去通行,现在仍在使用的,而且也还适用的规章制度、规矩或办法。所以我们可以说"打破陈规",也可以说"打破成规",但两者意义不同。"陈规陋习""墨守成规"这两个成语中"陈规"和"成规"不能互换。

(2)感情色彩有所不同。"成规"是中性词,而"陈规"是贬义词。

例　句

(1)这些陈规陋习阻碍着我们的发展,是时候打破它们了。

(2)蒋琬、费祎作为诸葛亮的接班人,在治理蜀汉时一直是"诸葛之成规,因循而不革",使蜀汉政治清明,政权又持续了很长时间。

(3)刘进是个沉稳持重的人,做事总是循规蹈矩,不肯打破成规,倒也让人放心。

错误用例

(1)今天,我们在此宣告:我们将终止喋喋不休的抱怨和不能兑现的承诺,结束互相指责,打破成规旧条——因为这一切已将美国政坛束缚得太久。(此处应该用"陈规")

(2)你虽然刚来,倒也不用紧张,凡事都有陈规和先例,你就照样儿做就是了。(此处应该用"成规")

称号　称呼

现代汉语常用**易混**词语辨析

释　义

称号(chēnghào)：〈名〉由有关方面所赋予的名称(多用于赞誉)。例如："王佳佳荣获'最佳班主任'光荣称号。"

称呼(chēnghu)：〈名〉当面招呼或背后指称时用的体现彼此关系或对方身份、地位、职业等的名称。例如："爷爷""师傅""老师""厂长"。

◎另，"称呼"还有动词义，叫。例如："我们都称呼他太爷爷。"

辨　析

两个词都有名称的意思，不同之处在于：

(1)意义所指不同。"称号"是指有关方面授予的名称；而"称呼"是人们彼此之间的称谓。

(2)感情色彩不同。"称号"是一种荣誉名称，有赞誉的意味；而"称呼"只是表示彼此之间关系的一种称谓，这个名词本身没有褒贬意味。

(3)词性用法有所不同。"称呼"有动词功能；而"称号"没有。

例　句

(1)高三学生柳艳兵奋不顾身勇斗歹徒，被授予全国首个"中华见义勇为楷模"称号。

(2)他并不喜欢"院长"这个称呼，一再说"叫我老师就好"。

(3)我不能这样称呼你，显得太不尊重了。

错误用例

自从他升了官，人们见了他称号也变了，再也不敢称兄道弟了。(此处应该用"称呼")

成绩　成就

成绩（chéngjì）：〈名〉工作或学习的收获。例如："工作成绩""成绩优异"。

成就（chéngjiù）：〈名〉事业上大的成绩。例如："杰出的成就""举世瞩目的学术成就"。

◎另，"成就"还有动词义，造就；完成（多与事业搭配）。例如："成就了一番事业。"

辨　析

两个词都有"所做工作上取得结果"的意思，但使用中有不同的地方，主要在于：

（1）使用范围不同。"成绩"多用于一般事情，如工作、学习、体育运动等；"成就"多用于重大事情，如科技、艺术、建设等大的事业。

（2）感情色彩不同。"成绩"是中性词；"成就"是褒义词。

（3）搭配组合有所不同。"成绩"可以用"大""好""优秀""优异""差""不好"等词语来形容；而"成就"可以用"巨大""重大""辉煌"等词语来形容。

（4）词性功能有所不同。"成绩"只能作名词；而"成就"除了作名词，还有动词功能。

（5）能否与"感"组合，构成名词词组。"成就"可以和"感"组合成名词词组"成就感"，表示因有了成就而产生自豪的感觉，而"成绩"不能这样组合。

📖 例 句

（1）他今年学习努力，期末考试取得了很好的成绩。

（2）自从脚受过伤以后，他的跳远成绩一直没有提高。

（3）进入 21 世纪以来，我国交通运输事业的发展成就巨大，令人赞叹。

（4）细节决定成败，小事成就辉煌。

🔍 错误用例

（1）一向被认为是后进生的王小明居然拿到了学校的"突出进步奖"，对此大家都感到不可思议，而王小明的解释是："我能取得今天的成就，离不开班长对我的帮助。"（此处应该用"成绩"）

（2）要想取得巨大成绩，就要从细微处努力。（此处应该用"成就"）

成果　后果　结果

✏️ 释 义

成果（chéngguǒ）：〈名〉工作、劳动的收获。例如："课题成果""她有很多科研成果"。

后果（hòuguǒ）：〈名〉结果（多指不好的）。例如："后果不堪设想。"

结果（jiéguǒ）：①〈名〉在一定阶段事物发展变化的最后状态。例如："得金牌是勤学苦练的结果。"②〈名〉哲学上指由他事物或现象而产生的事物或现象（跟"原因"相区别）。例如："风的形成乃是空气流动结果。"

◎另，"结果"还有动词义，杀死；了结性命。例如："这个叛徒，让我去结果了他。"

◎另，"结果"还有连词的功能，连接分句，表示引出"结果"。例如：

"他听信谗言,结果却丢了性命。"

辨 析

三个词意义相近,但使用中有不同之处,主要是:

(1)感情色彩不同。"成果"是含褒义的词,代表着收获,多用在好的方面。例如:"累累成果,无不凝结着他的汗水。""后果"含贬义,多用在坏的方面。例如:"后果很严重。""结果"是中性词语,既可以用在好的方面,也可以用在坏的方面。例如:"报告还没出来,不知检查结果如何。"

(2)词性,功能有所不同。"成果"和"后果"只有名词功能;而"结果"不仅可以作名词,还有动词和连词的功能。

◎另外,此处的"结果"与"结(jiē)果"不同。后者是动词短语,指植物长出果实或种子。

例 句

(1)这本新书代表着他近几年来研究的成果。

(2)假如再发生世界大战,后果如何,简直是不堪设想。

(3)这件事的处理结果比原来希望的还好,我们都十分满意。

(4)经过一番争论,结果他还是让步了。

(5)世间的事都有一个因果关系,因为你这样做在先,所以才会有这样的结果。

错误用例

(1)市场竞争很激烈,你把家底全投进去,想过结果了吗?(此处应该用"后果")

(2)因为数据有限,研究成果还不确定。(此处应该用"结果")

(3)报高级职称需要提供科研结果。(此处应该用"成果")

出身　出生

释　义

出身(chūshēn)：①〈名〉指主要的学历或资历。例如："将军可是黄埔出身。""我的曾祖父是进士出身。"②〈名〉由个人早期经历或家庭经济状况所决定的某种阶级或阶层身份。例如："贫农出身""他的出身是工人"。

◎另，"出身"还有动词义，指具有某种由个人早期经历或家庭经济状况所决定的身份。例如："他出身于干部家庭。"

出生(chūshēng)：〈动〉指胎儿从母体中生出。例如："他出生于2005年""出生地"。

辨　析

这两个词只是读音相近,意义、用法各不相同,严格说来不算同义词,因为人们日常使用中经常混淆,所以在此加以辨析。两个词的区别是：

(1)意义不同。"出身"主要指一个人早期的经历和身份。例如："出身于军人家庭""他是商人出身"。而"出生"指一个人的出世。例如："出生于2017年""在北京出生"。

(2)词性功能不同。"出身"既是名词,也有动词功能;"出生"只是动词。

例　句

(1)科举制度为许多寒门出身的读书人提供了进入官场的机会。

(2)圣雄甘地出身于印度一个古老的家族,他出生时印度正处在英国殖民统治之下。

(3)他出生在山西一个偏远山区。

(4)这个城市去年出生的男女人数比例是1:1.2。

🔍 错误用例

(1)1995年小华出身于上海,爷爷、父亲、母亲都是教师。(此处应该用"出生")

(2)家庭出生对一个人的事业能产生很大的影响,但并不绝对。(此处应该用"出身")

大亨　大款　大腕

✏️ 释　义

大亨(dàhēng):〈名〉指某一地区或某一行业中有钱有势的人。例如:"石油大亨。"

大款(dàkuǎn):〈名〉指拥有大量钱财的人。例如:"他现在是个大款,花钱很有气派。"

大腕(dàwàn):〈名〉指某些领域中有成就、有影响的人。例如:"大腕演员""商界大腕儿"。

📖 辨　析

三个词都是名词,其中"大亨"解放前就出现了,而"大款"和"大腕"都是改革开放以来的新词语,三者都指称在某一方面做得很成功的人。不同之处在于:

(1)使用范围有所不同。"大亨"一般指称雄一方,或在某一领域具有举足轻重地位的人,属于既有钱又有势力的人;"大款"一般指财大气粗、讲气派、花钱不在乎的人,但不一定有势力;"大腕"原指有名气、有手段的实力派人物,多用于文艺界和体育界,现在范围有所扩大,也指其他行业做出成就的人,例如:"学术大腕儿""商界大腕儿"等,不一定很有钱,也不一定很有势力,但有影响力。

(2)感情色彩有所不同。"大亨"是中性词;"大腕"一般是中性词,有时带有调侃语气,含贬义;"大款"多含贬义。

(3)语体色彩有所不同。"大亨"可以用于口语,也可以用于书面语;"大款""大腕"口语色彩较重。

(4)能否派生新的词语。"大款"可以派生出的词语如"款爷""款姐"等,而"大亨""大腕"没有这样的派生词。

(5)能否儿化。"大腕"在使用过程中可以儿化为"大腕儿",或者单称"腕儿";"大亨""大款"则不能儿化。

(6)是否可以用作限定性成分。"大腕"可以用作限定性成分,含有"著名""顶尖"的意思,例如:"大腕导演""大腕记者"等;"大亨"和"大款"不能这样用。

例 句

(1)根据新上榜的大亨们的数量来判断,全球富豪阶层已经走出了2009年的低迷。

(2)傍大款的人不是没有,但也不能一概而论。

(3)你要想在演艺界混出名堂来,就要有大腕儿的赏识和支持才行。

(4)拥有众多大腕球星的巴西队为什么会失败?

错误用例

(1)美国石油大腕老洛克菲勒教育孩子的方法很独特。(此处应该用"大亨")

(2)他本来是商界大款,进入演艺界居然也走红了。(此处应该用"大腕")

（3）这家酒店很有名，一到周末，会有一些大亨们来聚会吃喝，身上的各种名牌晃花人的眼。（此处应该用"大款"）

典范　典型

典范（diǎnfàn）：〈名〉可以作为榜样的人或事物。例如："袁隆平院士是中国实干家的典范。"

典型（diǎnxíng）：①〈名〉具有某种代表性的人物或事件。例如："当今青年创业的典型。"②〈名〉文艺作品中塑造出来的反映一定社会本质而又有鲜明个性的艺术形象。例如："鲁迅先生创造了阿Q这个不朽的艺术典型。"

◎另外，"典型"还有形容词义，指有代表性的。例如："他默默奉献的一生令人敬佩，事迹也十分典型。"

辨　析

两个词都有"可以作为样本的人或物"的意思，不同之处在于：

（1）侧重点不同。"典范"侧重于模范性，能起榜样作用的；"典型"侧重于代表性，能够代表某一类人或物的。

（2）感情色彩不同。"典范"指的是好的榜样，是褒义词；"典型"可以指好的代表，也可以指坏的代表，是中性词。例如："他是个极端自由主义者，是我们单位里极坏的典型。"

（3）词性功能有所不同。"典范"只有名词作用，而"典型"除了作名词，还有形容词的功能。

例　句

（1）赵州桥是中国古代石拱桥的典范，突出体现了中国石拱桥的特点。

(2)西伯利亚的气候是大陆性气候的典型。

(3)老舍同志是中国知识分子最好的典型。

(4)罗中立的油画《父亲》,体现了人物形象外在的"苦"和内在的"美",是中国乡土写实主义的艺术典型。

🔍 错误用例

(1)在这一点上,他是个无耻之徒的典范。(此处应该用"典型")

(2)官渡之战是我国军事史上以弱胜强的典范战例。(此处应该用"典型")

(3)尧舜禹时代是儒家推崇的圣王政治的典型。(此处应该用"典范")

范畴 范围

✏️ 释 义

范畴(fànchóu):①〈名〉指反映客观事物本质联系的基本概念,是人的思维对客观事物本质的概括的反映。各门科学知识都有自己特有的范畴。如质和量、本质和现象,属于哲学的范畴;化合和分解,是化学的范畴,等等。②〈名〉范围;类型。例如:"经济学属于社会科学范畴。"

范围(fànwéi):〈名〉周围界限。例如:"这不属于你的管辖范围""划定一个范围"。

◎另外,"范围"还有动词义,限制;概括。例如:"庄子的才华纵横四溢,不可范围。"

🔖 辨 析

两个词都有"周围界限"的意思,不同之处在于:

（1）是否有术语义。"范畴"是哲学名词,而"范围"则不具有"范畴"的术语义。

（2）对象有所不同。"范围"的适用对象可以是具体的,也可以是抽象的,比较宽泛;而"范畴"的对象比较窄,一般是指抽象的最高概念,当称某种对象为一范畴时,多指某一种学科或领域,比如说"科学范畴""理性范畴",等等。通常范畴性概念所涵盖的对象范围是最大的,在分类学中可以作为最高层次的类的称呼。

（3）词性功能有所不同。"范围"除了作名词,还有动词功能(一般是书面用语);而"范畴"没有动词功能。

📓 例 句

（1）哲学家们对什么是"存在"的基本范畴持不同看法。
（2）汉字属于表意文字的范畴。
（3）时间也不能范围它,空间也不能范围它,它是无终无始,无穷无际,周流八极,变化不居。
（4）这件事需要保密,要尽可能缩小内幕信息知情人范围。
（5）这可是你的势力范围,哪能容得他来横行霸道的?

🔍 错误用例

（1）他期待的薪水范畴在 5000—8000 左右。(此处应该用"范围")
（2）应当把可查明的事实与个人的意见这两个范围区分清楚。(此处应该用"范畴")

氛围　气氛

✏️ 释 义

氛围(fēnwéi):〈名〉充满或笼罩着某个场合的气氛和情调。例如:

"和谐的工作氛围。"

气氛(qìfēn)：〈名〉存在于一定环境中的能使人感受到的某种情绪或景象。例如："节日的气氛。"

◎注意：口语中"气氛"也读作 qìfen。

辨 析

两个词都是名词，都指周围环境的情调、情绪，有时可以通用。例如："活跃学术氛围"，也可以说成"增强学术气氛"。但二者也有着细微的差异，主要在于：

(1)侧重点有所不同。"氛围"侧重于指某种场合中周围的环境与情调；而"气氛"则侧重强调在一定环境中给人某种强烈感觉的精神表现或景象。例如："在满园果香的氛围中""在严寒的氛围中"，这两个例子中的"氛围"就不能换成"气氛"；"两个人剑拔弩张，气氛一下子紧张起来"，句中的"气氛"一般不用"氛围"。

(2)使用范围有所不同。"氛围"所指范围较大；"气氛"所指范围相对较小。

(3)组合搭配有所不同。虽然"氛围"和"气氛"都可以跟"创造""营造"等搭配，但"气氛"可以同"洋溢""飘荡"等搭配，而"氛围"不能。

例 句

(1)人们在欢乐的氛围中迎来了新的一年。
(2)我们希望新鲜的空气和乡村的氛围能帮他调整自己。
(3)一开始大家都很轻松，后来他一说话，气氛就变了。
(4)会场上洋溢着团结友好的气氛。

错误用例

(1)三月的鸿洲时代海岸，洋溢着紧张忙碌的氛围。(此处应该用

"气氛")

(2)雨有一种神奇:它能弥漫成一种情调,浸润成一种气氛,镌刻成一种记忆。当然,有时也能瓢泼成一种灾难。(此处应该用"氛围")

风光　风景　景色　景致

释　义

风光(fēngguāng):〈名〉风景;景象。例如:"无限风光在险峰""风光旖旎""人说山西好风光"。

◎另有形容词义:光彩;体面。例如:"儿子你争气点,妈脸上也风光。"

风景(fēngjǐng):〈名〉可供观赏的风光、景色,包括山水、花木、建筑物以及某些自然现象。例如:"芦芽山风景秀美如画""自然风景区"。

景色(jǐngsè):〈名〉风景;景致。例如:"秀丽的汾河景色""香山的景色真美"。

景致(jǐngzhì):〈名〉风景。例如:"洞庭湖的景致美不胜收。"

辨　析

四个词都是名词,意思相近,有时可以互换,例如:"西湖风光(风景、景色、景致)"。在使用中四个词的语义又有区别,主要是:

(1)侧重点有所不同。"风光"着重指自然景观和人文景观,例如:"草原风光""老街风光";"风景"指一定地域内由山水、花草、树木、建筑物以及某些自然现象形成的可供人观赏的景象,意义上与"风光"一样包括自然与人文景致,但"风景"还有"供人观赏游览的景点"的意思,例如:"风景区"不能说成"风光区";"景色"一般指有特色的风景,多侧重于色彩,例如:"日出时景色特别美丽";"景致"一般侧重于指精致新奇的风景,尤其是别致的有情趣的风景,例如:"岛上有一处好景致。"

（2）句法功能有所不同。"景色""景致"在句子中一般多用作主语和宾语,而"风光""风景"除了作主语和宾语,还可以作定语。例如:"风光片""风景画"等,这些定语都不能换成"景致""景色"。

（3）在是否有比喻义方面有所不同。"风景"可以有比喻用法,比喻某种景观或现象,例如:"公益广告正在成为都市生活中的一道亮丽的风景线";又如:"煞风景",指美好环境中出现不好的事物,比喻败坏兴致,令人扫兴。"风光""景色""景致"没有这样的用法。

（4）词性功能有所不同。"风光"除了名词,还可以作形容词,意思是光彩、体面,多用于口语。例如:"你要出息了,也好让爸妈脸上风光风光。""风景""景色""景致"没有这样的用法。

 例　句

（1）这里青山绿水,风光秀美。

（2）他曾经风光无限,如今却是落魄无比。

（3）这本画册收集了很多优秀的风景照片,一卷在手,就能饱览中外风景名胜。

（4）我沿着校外的小河漫步,欣赏着那迷人的黄昏景色。

（5）无论我,还是他们,彼此都是别人眼中的风景,也都是那看风景的人。

（6）有墙壁隔着,有廊子界着,层次多了,景致就见得深了。（叶圣陶《苏州园林》）

错误用例

（1）人大会上有人提请审议修改管理条例,黄山或将设立风光名胜资源保护资金。（此处应该用"风景"）

（2）他爱好摄影,每年暑假都会拍摄许多景色照片。（此处应该用

"风景")

（3）在孩提时代,她就觉得祖母的住宅别有景致。（此处应该用"风光"）

（4）这座房子的色彩与周围风景十分协调。（此处应该用"景色"）

（5）岛子上有一处好景色,叫花沟,遍地桃树,年年桃花开时,就像那千万朵朝霞落到海岛上来。（此处应该用"景致"）

（6）这个小山村景致宜人,让人流连忘返。（此处应该用"景色"）

风气　风尚　风俗

📝 **释　义**

风气(fēngqì)：〈名〉社会上或某个集体中流行的爱好或习惯。例如："抵制不良社会风气""争创优良风气"。

风尚(fēngshàng)：〈名〉在一定时期中社会上流行的风气和习惯。例如："中国风尚""传统文化风尚"。

风俗(fēngsú)：〈名〉一个国家、民族或地方在较长时间里形成并流行的风尚、礼节和习惯。例如："不同的民族,其风俗差别很大。"

📖 **辨　析**

三个词都是名词,都有"流行的习惯"的意思,不同之处在于：

（1）侧重点有所不同。"风气"侧重于"气",指流行于一定范围内的,比较普遍的爱好或者习惯,并且已经形成了一股潮流或习气的；"风尚"着重于"尚",指一定时期内大家共同崇尚、尊重而流行的风气和习惯,有时包括道德品质、精神等在内；"风俗"侧重于"俗",是社会或国家、民族在较长时间内自然形成的风尚、礼节和习惯的总和。

（2）使用范围有所不同。"风气"可以指好的社会习惯或爱好,也可以指坏的习惯或爱好；"风尚"一般指好的社会风气；"风俗"一般指长期相沿积久而成的风尚、习俗。例如："赛龙舟的风俗"也可以说"赛龙舟的风尚"，但不能说"赛龙舟的风气"；"带有封建迷信的旧风俗"，句中的"风俗"不能换成"风气"或"风尚"；"我们要树立尊师重教好风尚"，句中的"风尚"不能换成"风气"或"风俗"；"社会风气正在好转"，句中的"风气"也不能换成"风尚"或"风俗"。

例　句

（1）每个人都应该为班级形成良好风气而努力。

（2）我们要弘扬主旋律，汇聚正能量，树立新风尚，以社会主义核心价值观构筑我们共同的精神家园。

（3）蒙古族人有许多独特的风俗习惯，其中有些已经融入了汉族文化之中。

错误用例

（1）风尚是一个地方的文化内涵、人文素养、各方面性情的一种无形的体现。（此处应该用"风气"）

（2）国内有能力成为环境信托案件受托者的，仅荒野保护协会及台湾环境资讯协会等极少数机构，致使信托风尚不易打开。（此处应该用"风气"）

（3）只要我们坚持不懈、耐心工作，旧习俗就会让位于新风俗，社会面貌就会焕然一新。（此处应该用"风尚"）

（4）中国自古就有重视风气的传统，"观风气，知得失"是历代君主恪守的祖训。（此句中两处都应该用"风俗"）

风物　风貌

释　义

风物(fēngwù)：〈名〉风光景物。例如："江南风物依旧让人魂牵梦萦。"

风貌(fēngmào)①〈名〉人的风采和容貌。例如："她风貌不减当年，还是这么动人。"②〈名〉事物的风格和面貌。例如："独特的傣族艺术风貌""时代风貌"。③〈名〉风光；景象。例如："草原风貌尽在眼前。"

辨　析

两个词都有风光景物的意思，不同之处在于：

(1)侧重点有所不同。"风物"侧重于"物"，多指一个地方特有的景物，例如："北方风物""八闽风物志"；"风貌"侧重于"貌"，泛指一个地方的人文特征和地质风貌，例如："城市风貌""高原风貌"。

(2)使用范围有所不同。"风物"多指风景和物品，不能指人；"风貌"既可以指事物的风格面貌特点，也可以指人的风采和面貌。

例　句

(1)刘长卿少居嵩山读书，中岳秀丽的山川风物萌发了他最初的山水审美意识。

(2)景德镇的风物传说大多跟瓷器有关。

(3)秋风渐起时，我吃着美国的汉堡，就不禁想着故乡的大闸蟹。我怀念中国的风物，更怀念我的故乡亲人。

(4)这位油画家以草原风貌为主题的油画很受欢迎，可惜作品不多。

(5)除了铁路工厂那个年代久远的老烟筒之外，许多地方还保留着

古老的风貌。(魏巍《东方》第四部第二十四章)

(6)它朴质、刚毅、深沉、含蓄,更多的富有我们的民族风貌。(峻青《记威海》)

(7)她不仅仅是一个和女演员风貌相似的女作家,而且还是一个对自己工作有着执着热情的学者和社会活动家。(柯岩《奇异的书简·天涯何处无芳草》)

🔍 错误用例

(1)通过对其中关于漠阳地区史料的钩沉,我们得到一鳞半爪那个时期的印象,总体感觉到青山依旧在,风貌已无存。(此处应该用"风物")

(2)现代建筑应体现民族特色和传统风物。(此处应该用"风貌")

(3)这座小镇的建设,展现出社会主义新农村的新风物。(此处应该用"风貌")

(4)这些正在建设或提档升级的传统风物街区如何彰显城市人文内涵?(此处应该用"风貌")

(5)想起江南的风貌,就不能不想起那些乌篷船、黄泥螺、紫砂壶……(此处应该用"风物")

风味　味道　滋味

✏️ 释　义

风味(fēngwèi):〈名〉事物具有的特色(多指地方特色)。例如:"地方风味小吃""陕西风味"。

味道(wèidào):①〈名〉舌头品尝东西时产生的酸、甜、苦、辣、咸等感觉。例如:"尝一尝味道。"②〈名〉气味。例如:"医院里有股消毒水的味道。"③〈名〉比喻某种感受、情趣、意味。例如："一股说不出的味道涌上心头。"

滋味(zīwèi)①〈名〉美味;味道。例如:"滋味鲜美的煲汤。"②〈名〉比喻内心的感受。例如:"骄傲自满的结果就是我尝到了失败的滋味。"

辨 析

三个词都是名词,意义相近,有时可以互换。例如:"这种食品有老北京风味",也可以说"这种食品有老北京味道";"尝到了水果的滋味",也可以说"尝到了水果的味道"。但又有所区别,主要是:

(1)本义内涵侧重点有所不同。"风味"突出的是事物的特色,多指地方特色或色彩,既可以通过舌头感觉,也可以通过其他方式感觉。例如:"这首诗有民歌风味。""味道"突出的是舌头或嗅觉等对于事物特点的感觉。例如:"这东西闻起来味道不太好。""滋味"侧重于指经过品尝而获得的感觉,多指美味。例如:"这种药味道很苦",不能说成"这种药滋味很苦"。

(2)在比喻义方面有所不同。"味道""滋味"都有比喻义,而"风味"没有。"味道"和"滋味"都可以比喻内心的某种感受,所以"尝到了失败的味道",句中的"味道"也可以换成"滋味",但不可以换成"风味"。"味道"除了比喻内心感受,还可以比喻某种情趣、意味,所以"这首诗有民歌风味",句中的"风味"就可以换成"味道",但不可以换成"滋味"。

(3)语义表现的程度不同。和"味道"相比,"滋味"在比喻感觉上更加深入,有一种反复咂摸回味的感觉;而"味道"在比喻感觉上要浅一些。例如:"心里有种说不出的味道",句中的"味道"也可以换成"滋味";但"听了这话,心里真不是滋味",意思是越琢磨感觉越不好,所以句中的"滋味"就不宜换成"味道"。

(4)搭配用法不同。"滋味"可以拆成"有滋有味",使品尝味道的感觉显得更加生动。而"味道"和"风味"不能这样拆开用。

📖 例 句

（1）这是一台具有地方风味的文艺晚会。

（2）这种水果味道很淡，但很有营养。

（3）在三年困难时期，很多人都领略过饥饿是什么滋味。

（4）这家饭店的饭菜味道不错，滋味足，是西北风味和天津风味的完美结合。

🔍 错误用例

（1）这家伙第一次下厨房，做出来的饭菜滋味不敢恭维。（此处应该用"味道"）

（2）出去旅游，就要品尝味道小吃，谁想吃这种大路菜？（此处应该用"风味"）

（3）他这个人幽默风趣，说出的话都很有滋味。（此处应该用"味道"）

（4）被老师狠狠批评了一顿，几个班干部心里都不是味道。（此处应该用"滋味"）

规 划 计 划

✒️ 释 义

规划（guīhuà）：〈名〉比较全面的长远的发展计划。例如："制订学校十年规划""国家海洋发展规划"。

◎另，"规划"还有动词义，做规划。例如："兴修水利问题，应当全面规划。"

计划（jìhuà）：〈名〉预先拟定的工作内容、步骤和方法。例如："工作计划""训练计划"。

◎另,"计划"还有动词义,打算;谋划。例如:"计划拍摄一部历史剧。"

◎注意:"计划"不宜写作"计画"。

📖 **辨 析**

两个词都是名词,意思相近,也都有动词功能。不同之处在于:

(1)指称对象有所不同。"规划"一般是指对大事做比较长远全面的、带有发展意义的计划;而"计划"则是比较具体的,提前拟定的工作内容或措施。

(2)需要落实的时间有所不同。"规划"多较全面、概括,需要落实的时间一般较长;"计划"多较周密、具体,需要完成的时间也是可长可短。

(3)作名词时,两个词搭配组合有所不同。"规划"多作"落实"的宾语,"计划"多作"完成"的宾语。

(4)作动词时,两个词所搭配的宾语有所不同。"规划"一般着眼远景和大事,多从发展的角度来计划,例如:"今后五年学校该如何发展,我们要好好规划";而"计划"着眼的事项可大可小,例如:"我计划五年内买一套房子。""今天要来客人,你计划一下晚上做什么菜。"

(5)在能否组合专有名词方面也有不同。"计划"可以跟别的词组合成专有名词,例如:"计划经济""计划生育""计划免疫""计划单列市";而"规划"没有这样的组合,但有跟"规划"有关的机构设置,例如:"规划办公室""规划委员会""规划局"。

📖 **例 句**

(1)我们每个人都应该学会给自己做一份人生规划。

(2)城市的发展需要做整体规划。

(3)校长让我制订一份 2017 贫困生资助工作计划。

(4)这个暑假你有什么计划？我是计划去长白山游玩的。

(1)你对大学生要做好自己未来职业生涯计划的必要性是如何认识的？（此处应该用"规划"）

(2)我们小组为完成这个项目已经做了两年的行动规划。（此处应该用"计划"）

(3)我们正规划着再要一个孩子,甚至为他或者是她的未来成长做了全面规划。（第一个"规划"应该用"计划"）

核心　中心

✏ **释　义**

核心(héxīn):〈名〉事物中起主导或中坚作用的部分;中心。例如:"核心力量""谈话的核心"。

中心(zhōngxīn):①〈名〉与四周距离相等的位置。例如:"小亭子位于花园的中心。"②〈名〉事物的主要部分。例如:"报告的中心内容""中心思想"。③〈名〉具有重要地位的城市或地区。例如:"县城南面算得上商业中心。"④〈名〉在某方面占有主导地位的专业机构(多用作单位名称)。例如:"信息技术中心""培训中心"。

🖎 **辨　析**

两个词都是名词,都有"占主导地位"的意思,不同之处在于:

(1)所指事物之间的关系有所不同。在指"事物的主要部分"的意思上,主要指事物之间的关系而言,"核心"比"中心"更进一层,指其中更加主要的部分。例如:"权力核心"比"权力中心"所指的圈子更小,更靠近权力阶层的中心点。

（2）是否有方位名词语义。"中心"还可以作方位名词，指位于中央的位置，例如："市中心""舞台中心"；"核心"不能作方位名词。通常人们在说"地球的核心"时，是将地球当作一个球体来说的，地核犹如果核中心的部分，而不是方位。

（3）词义所指范围也有不同。"中心"还可以指有重要地位的地区或机构，例如："电子工业中心""贸易中心""学术交流中心"；"核心"则不能这样用。

📝 例 句

（1）这次辩论的核心议题是什么？

（2）中国共产党是全中国人民的领导核心。

（3）这家超市位于市中心。

（4）北京，是我们伟大社会主义祖国的首都，是全国的政治中心、文化中心。

（5）国际商务汉语基地书画艺术交流中心揭牌仪式在行政楼 226 会议室隆重举行。

🔍 错误用例

（1）要发挥党委领导的中心作用，强化书记"一把手"的责任。（此处应该用"核心"）

（2）城市核心地段的房价始终居高不下。（此处应该用"中心"）

后来　以后　以来

✏️ 释 义

后来(hòulái)：〈名〉指在过去某一时间以后的时间。例如："我们俩

常用名词易混词语辨析

一起上师范大学,后来又在同一所学校教书。""我只了解这些,后来又发生了什么就不知道了。"

以后(yǐhòu):〈名〉指现在或某个特定时间之后的时间。例如:"从此以后""中华人民共和国成立以后""三年以后"。

以来(yǐlái):〈名〉指从过去某时到说话时的一段时间。例如:"立春以来""长期以来""改革开放以来"。

辨　析

三个词都是表时间的名词,都指从某个时间到这个时间以后的时间。不同之处在于:

(1)所指的时间点有所不同。"后来"表示某个时间之后的时间,这个时间只能指过去的时间。"以后"也表示某个时间之后的时间,这个时间可以指过去的时间,也可以指现在或者将来的时间。"以来"所表示的只是指从过去某个时间到现在说话时的一段时间。例如:"以后你要努力",是指现在说话以后的时间,不能说"后来你要努力"。我们可以说"从那时以后",也可以说"从那时以来",但前者指的是那时以后的时间,至于这个时间是否指到现在,并不明确,需要结合具体语境才能知道;而后者则是很明确地指从那时到现在说话时的时间。又例如:"这事儿以后再说""你到了那边以后给我打电话",这两句中的"以后"都不能换成"以来"。

(2)用法有所不同。"后来"只能单用,不能作后置成分;"以后""以来"则既可以单用,也可以作后置成分,构成表时间的名词短语。例如:"上学以后""参加工作以来"。又例如我们不能说"后来你再来",但可以说"以后你再来"。

◎注意:"哥哥先来,弟弟后来"中的"后来"是"后到"的意思,是动词短语,不能理解为时间名词。

（1）三年前你搬走后，那房子一直没有租出去，后来房东就把它卖了。

（2）自从他转到别的学校以后，我们都很想念他。

（3）改革开放以来，我国居民收入水平有了大幅度的提高，但与发达国家比，我国仍然是一个低收入的发展中国家。

错误用例

（1）鸦片战争以来，中国一直处于被压迫的屈辱地位，直到新中国成立才有所改变。（此处应该用"以后"）

（2）这次旅行，咱们先去西湖看看，后来再去扬州玩儿。（此处应该用"以后"）

（3）我父亲在江苏插过队，以后被推荐上了南京大学，毕业以后就一直在南京生活，再没有离开过。（第一处的"以后"应该用"后来"）

机会　机缘　时机

释　义

机会（jīhuì）：〈名〉难得的有利的时刻；时机。例如："这可是难得的机会。""聪明人善于把握机会。"

机缘（jīyuán）：〈名〉机会和缘分。例如："机缘未到""机缘巧合"。

时机（shíjī）：〈名〉在某一时间才有的有利条件。例如："把握时机""时机还不成熟"。

辨　析

三个词都含有"难得、有利的时间段"的意思，不同之处在于：

（1）侧重点有所不同。"机会"强调时间,侧重于指时刻的难得和有利;"机缘"强调缘分,含有较强的不可知性或偶然性的意味;"时机"强调条件,侧重于指包括时间在内的有利的客观条件。例如:"时机还不成熟"不能说成"机会(机缘)还不成熟";"不能给敌人喘息的机会",句中"喘息的机会"也不能说成"喘息的机缘(时机)";"能够和她相识是我莫大的机缘",句中的"机缘"不能换成"机会(时机)"。

（2）语体色彩有所不同。"机会""机缘"通用于口语和书面语,而"时机"多用于书面语。

（3）搭配组合有所不同。例如:"不失时机",不宜说成"不失机会";"得到机会"也不宜说成"得到时机"。"机缘巧合"的固定搭配也不宜换成"机会"或"时机"。

（4）是否可以与其他词组合成专有名词。"机会"可以和其他词语组合成专有名词,例如:"机会主义";"时机"和"机会"则没有这样的组合。

 例　句

（1）这可是千载难逢的机会,不要错过。

（2）再给我一次机会,我会好好做的。

（3）机缘巧合下,我们走到了一起。

（4）没有女朋友是我机缘未到,您何必着急呢。

（5）商业上的成功就在于把握时机。

（6）等到时机成熟,我们就可以反击了。

错误用例

（1）他的突然发怒使我有了翻盘的时机。（此处宜用"机会"）

（2）他只是一个平庸之辈,能进到这个大公司,不过是机会巧合罢了。（此处宜用"机缘"）

（3）他的导师总是不失机缘地引导他的思想火花,让它们成为创新的源头。(此处应该用"时机")

界线　界限

释　义

界线(jièxiàn):①〈名〉两个地区之间分界的线。例如:"两国边境的界线早已有了定论。"②〈名〉不同事物之间的分界。例如:"公私界线。"③〈名〉某些事物的边缘。例如:"他在地图上标出搭建营房的界线。"

界限(jièxiàn):①〈名〉不同事物之间的分界。例如:"和反动派划清界限。"②〈名〉尽头处;限度。例如:"侵略者的野心是没有界限的。"

辨　析

两个词都是名词,都有两者之间的分界的意思,在指某些事物之间的分界时可以换用,例如:"划清敌我界限(界线)""认清是非界限(界线)"等。不同之处在于:

(1)适用范围有所不同。除了两者共同的"不同事物间的分界"之意外,"界线"还指地区之间的分界线,而"界限"无此意义。例如:"两国边境界线上都有界碑"这句中的"界线"就不能换成"界限"。

(2)侧重点有所不同。在指边缘、尽头的意思上,"界限"侧重于限度,而"界线"侧重于标线。例如:"标出两家土地界线",句中的"界线"不宜换成"界限"。"浩瀚的沙漠,看不到它的界限。""他的野心没有界限。"这两句中的"界限"也不能换成"界线"。

例　句

(1)这图上红色的界线,就是国界。
(2)两人虽是同桌,却在中间划出界线,谁也不能超越。

（3）这几天肺、心、脑都病得厉害。生命的界限似乎就要到了。

（4）这段经历让我忧郁了两年多，恢复健康后与她划清界限，永不怀念。

（1）大雁飞得久了，想要休息一下，可是却看不到一块礁石，茫茫大海似乎没有界线。（此处应该用"界限"）

（2）这块地方已被划出界限，作体育锻炼之用。（此处应该用"界线"）

经历　阅历

释　义

经历（jīnglì）：〈名〉亲身见过、做过或遭受过的事情。例如："支教下乡的经历。"

◎另，"经历"还有动词义，亲身见过、做过或遭受过。例如："他经历过两次失败婚姻。"

阅历（yuèlì）：〈名〉由经历得来的知识和经验。例如："老人阅历丰富。""他的阅历在一起报名的几个人中算比较浅的。"

◎另，"阅历"还有动词义，亲身见过、听过或做过；经历。例如："只有阅历过苦难的人才最懂得珍惜生活。""应该让年轻人出去阅历一番。"

辨　析

两个词都是名词，也都有动词功能，意思相近，都有亲身经见过的意思，有时可以互换，例如："生活经历"也可以说成"生活阅历"。不同之处在于：

（1）侧重点有所不同。用作名词，"经历"侧重于经受过的事情或过程，"阅历"侧重于获得的知识、经验及教训。例如："阅历很浅""阅历丰富"不能说成"经历很浅""经历丰富"；"经历曲折""经历过三次战斗"，其中的"经历"也不宜换成"阅历"。用作动词，"经历"侧重于亲身经受，而"阅历"范围较广，还包括从其他渠道听说过。

（2）语体色彩有所不同。"经历"通用于口语和书面语，而"阅历"多用于书面语。

📝 例 句

（1）他经常向大家吹嘘他的战争经历。

（2）曹雪芹如果不是亲身经历繁华、颠踬而堕入贫困，根本就不可能产生《红楼梦》。

（3）做过多年的人事工作，他在看人方面阅历非常丰富。

（4）他一生走南闯北，阅历过的事情可多了。

🔍 错误用例

（1）随着年纪的增长，我的经历也丰富了起来。（此处应该用"阅历"）

（2）父亲千方百计避开国民党的追捕，阅历千辛万苦来到上海，找到了党组织。（此处应该用"经历"）

（3）报考人员必须具备两年以上基层工作阅历才能报考此类职位。（此处应该用"经历"）

景色　景物

📖 释 义

景色（jǐngsè）：〈名〉风景；景致。例如："河边景色秀丽""这里的景色真迷人"。

　　景物(jǐngwù)：〈名〉风景、事物(多指可供观赏的)。例如："画面上的景物美得令人惊叹。"

　　两个词都是名词,都有风景的意思。不同之处在于:

　　(1)侧重点有所不同。"景色"和"景致"一样,都偏重指多个具体物体组成的风景。例如:"小区傍晚的景色总是这样迷人。""景物"指山水、树木、花草、建筑物等具体的物体。例如:"很久没来这里,熟悉的景物也变得陌生了。"

　　(2)使用范围有所不同。"景色"意义范围较小,一般只指有特色的风景,多着眼于色彩;"景物"意义范围较大,狭义的景物指供人观赏品鉴的风景、事物等,广义的景物可以指自然形成或人工创造的景观,多着眼于具体物体。

　　(3)组合搭配有所不同。"景物"常见的组合有"景物依旧""景物全非"等,其中的"景物"不能换成"景色"。"景色"常见的搭配有"落日景色""景色宜人"等,其中的"景色"也不宜换成"景物"。

　　例　句

　　(1)我喜欢在黄昏时分看小桥边美丽的景色。

　　(2)汽车在塞外大地上奔驰,原野上的景物一览无余尽收眼底。

　　(3)务必使游览者无论站在哪个点上,眼前总是一幅完美图画,这是苏州园林在景物布局上的特点。

　　错误用例

　　(1)视野内的景色都会被我们看到,但我们的眼睛和大脑拥有的能力让我们忽视掉那些没有吸引力的细节。(此处应该用"景物")

（2）香山是北京著名的景区，一年四季的景物都很有特点。（此处应该用"景色"）

景况　境况　境地　情况

释　义

景况（jǐngkuàng）：〈名〉情况；境况。例如："农村的景况越来越好。"

境况（jìngkuàng）：〈名〉处境；状况（多指经济方面的）。例如："这几年孙老师家庭境况略有好转。"

境地（jìngdì）：①〈名〉事物所达到的程度或表现出来的状况。例如："他特别专心，达到了忘我的境地。"②〈名〉生活或工作上遇到的情况。例如："因为性格不好，他目前处于孤立的境地。"

情况（qíngkuàng）：①〈名〉事物发展所表现出来的总体状况。例如："真实情况。"②〈名〉值得注意的变化或动向。例如："有情况及时向上级报告。"

辨　析

四个词都是名词，意义相近，多有交叉，都有状况的意思，有的还可以互换。例如："这些年家里景况不错"，句中的"景况"也可以换成"境况"。四个词的区别主要在于意义侧重点有所不同：

"景况"侧重指光景，多指生活中的各种状况，包括经济方面；"境况"侧重指处境状况，多指经济方面的；"境地"侧重指生活或工作上遇到的情况，多指消极的方面，例如："没想到他晚年会落到这般境地"；"情况"泛指事物各方面的状况或变化，使用范围比较宽，例如："思想情况""工作情况"等，其中的"情况"不能换成"景况""境况"或"境地"。

✍ **例　句**

(1)自从哥哥上了班,我们家里的景况就有所好转。

(2)然而境况总是不佳,债是年年积起来了。(柔石《为奴隶的母亲》)

(3)环境迫使他陷入极端可怕的境地。

(4)谈了一会儿,他又问起我早年的工作情况。

🔍 **错误用例**

(1)贫困地区群众的情况已有根本好转。(此处宜用"境况"或"景况")

(2)引进"萨德"显然是一个错误的选择,不仅有违为邻之道,而且很可能使韩国陷入更加不安全的境况。(此处应该用"境地")

(3)临去大学之前,我帮老父亲买了个手机,这样他可以经常通过视频聊天了解我的学习和生活景况。(此处应该用"情况")

(4)随着工业化和城市化的迅速发展,失地农民的境地堪忧,这逐渐成为一个严重的社会问题。(此处宜用"景况"或"境况")

看法　想法　意见

✏ **释　义**

看法(kànfǎ):〈名〉对事物的认识和想法。例如:"你可以在会上谈谈你的看法。"

想法(xiǎngfǎ):〈名〉思索出来的结果;念头。例如:"你的想法很好。"

◎另,"想法"有动词义,想办法;设法。例如:"想法让她早点儿走。"

意见(yìjiàn)：①〈名〉看法；主张。例如："请考虑一下我的意见""交换意见"。②〈名〉对人或事物不满意的想法。例如："我对你有意见。"

【词义辨析】

三个词都是名词(有的还带有动词功能)，在名词的意义上含义基本相同。不同之处在于：

(1)侧重点有所不同。"想法"侧重于指初步思索的结果，有时把自己的看法或意见叫作"想法"，有表示谦虚的意味。"看法"侧重于指综合思索的结果，例如："形成了看法"不能说成"形成了想法"。把自己的意见说成"看法"，也带有谦虚的意味。"意见"既可以指初步或综合思索的结果，又可以指深入研究的结果，例如："中共中央国务院关于建立国土空间规划体系并监督实施的若干意见"，这里的"意见"不能换成"想法"或"看法"。

(2)搭配有所不同。"意见"组合的动词比较广泛，例如可以和"征求""收集""接受""拒绝"等组合；而"想法"和"看法"不能这样组合。"意见"可以跟其他名词组合成新的名词短语，例如："意见箱""意见簿"等；"想法"和"看法"不能这样组合。

(3)词性功能有所不同。"想法"有动词功能，而"看法"和"意见"没有。

(4)感情色彩有所不同。三个词都是中性词，但在使用中有些区别。"看法"和"有"组合时，变成贬义词，"有看法"表示一种不满意，与"意见②"含义相同。例如："他对你有看法""他对你有意见"。"想法"是中性词，使用中常偏于褒义，"有想法"被看作是"有思想"。例如："你很有想法。""没有想法就没有创新。"

例 句

(1)你总是这么不知进退，难怪人家对你有看法。

(2)我只有点粗浅体会，还没形成看法，先听听大家怎么说。

（3）大家随便点，有什么想法都可以说，不必拘谨。

（4）这个事情不能让他知道，你想法拦住他，我把这些登记表藏好了再让他进来。

（5）这几天你都不理我，是对我有意见吗？

（6）这个课题已经立项了，你们仔细研究一下，拿出一个指导意见来。

🔍 错误用例

（1）征求了大家的看法后，我们开了个支部会议讨论这件事。（此处应该用"意见"）

（2）对于你的这本书，我还没有形成想法，实在说不出什么。（此处应该用"看法"）

（3）我对画画是外行，不敢提什么意见，只有一些不成熟的看法，说出来我们一起交流一下吧。（此处"看法"应该改用"想法"）

名气　名声　声名　声望

✏️ 释　义

名气（mínɡqì）：〈名〉名声；知名度。例如："他很有名气。"

名声（mínɡshēnɡ）：〈名〉在社会上广泛流传的评价。也说声名。例如："赵孟頫晚年名声显赫。""他有个坏名声。"

声名（shēnɡmínɡ）：〈名〉名声。例如："声名狼藉。"

声望（shēnɡwànɡ）：〈名〉为众人所仰望的名声。例如："享有很高的社会声望""职业声望"。

📖 辨　析

四个词都是名词，意思相近，都有"在社会上流传的知名度"的意思，但使用中略有差异。不同之处在于：

（1）感情色彩和搭配用法有所不同。"名气"是褒义词，所以在搭配组合上不能用"好"或"坏"修饰，只能用"大"或"小"、"有"或"没有"修饰，例如："他名气很大。""他在外面很有名气。"这两句中的"名气"都不能换成"名声"或"声名"。"名声"是中性词，所以在搭配组合上可以用"好"或"坏"修饰，例如："好名声""坏名声"，其中的"名声"也不能换成"名气"。"声望"是褒义词，比"名气"的褒扬色彩更浓，达到了令人景仰的程度。

（2）使用范围和习惯用法有所不同。"名声"和"声名"基本同义，但"名声"比"声名"更常用，使用范围也更广一些。两个词都有固定的习惯搭配用法，例如："名声在外""名声大噪"，其中的"名声"一般不用"声名"；"声名狼藉""声名鹊起"，其中的"声名"也不能换成"名声"。"名气"和"声望"都是褒义词，有时可以换用，例如："颇有声望"也可以说成"颇有名气"；但"声望显赫""声望日隆"这样的固定用法，其中的"声望"不能换成"名气"。"名声显赫"也可以说成"声名显赫"，这样的说法一般指好的名声，所以可以和"声望"互换，同类的还有"赫赫声望""赫赫声名""名声赫赫"等，但这些组合中不能用"名气"。

（3）"名声"和"声名"的语体色彩有所不同。"名声"既可以用于口语，也可以用于书面语；"声名"多见于书面语，尤其是成语里。例如："他名声不好""她有个好名声"，一般不说"他声名不好""她有个好声名"。

例 句

（1）那时我语言不通，无法和人交流，只是凭借苦练空手道和开武馆才渐渐有了名气。

（2）在与敌短兵作战中，"大刀队"重创日军，名声大振。

（3）他因为交友不慎而弄得自己声名狼藉。

（4）他是音乐学院最有声望的教授，曾是乐团的首席小提琴手。

🔍 错误用例

(1)中国科大曾经汇集了严济慈、华罗庚、钱学森、赵忠尧、郭永怀、赵九章、贝时璋等最有名气的科学家在校任教。（此处应该用"声望"）

(2)这家酒店规模不大，但名声却不小，很多人都是慕名而来，所以包间必须提前预订。（此处应该用"名气"）

(3)他声名很坏，见了他最好躲远点。（此处宜用"名声"）

(4)2008年，一段训练短片《中国小子功夫震惊海外》让人们认识了岳松，使他在武术圈内名声鹊起。（此处宜用"声名"）

名义　名誉

✏️ 释　义

名义(míngyì)①〈名〉做某事时所用的名分、资格。例如："我以长辈的名义出席他的婚礼。"②〈名〉表面；形式。例如："这个部门只是名义上属于总公司，实际上是独立的。"

名誉(míngyù)：〈名〉名声。例如："要珍惜自己的名誉。"

◎另，"名誉"还可表示属性词，可作定语，意思是名义上的（多指赠给的名义，含尊重意）。例如："名誉主席""名誉董事长"。

📖 辨　析

两个词意思相近，都有名义上的意思，但有差异。区别主要是：

(1)用法有所不同。在"表面、形式"这个意思上，"名义"是名词，是"名义上如何但实际上与此不相符合"之意，在使用时需要加"上"字，例如："他名义上是校长，其实就挂个名，什么事情也不管。"如果用"名义"作定语还要在加"上"字后再加助词"的"，不能单独使用，例如："他也就是名义上的校长。"名誉"在"名义上的"这个意思上是形容词，不需要加"上"字，可以单独作定语，例如："名誉校长。"

（2）指称意义有所不同。在"名义上的"这个意思上，"名誉"多指赠予的名义，例如："名誉校长"，只是一种荣誉，而不需要履行职责；"名义"则多指形式上具有称号或名目上有（通常为公职的或荣誉的）头衔而不履行相应职务、功能、责任，例如："名义上的校长"，意思是形式上有公职，应该履行职责而实际上却没有履行。

（3）感情色彩有所不同。"名誉主席""名誉校长""名誉教授"等说法都带有敬重的色彩，含褒义；"名义上的校长""名义上是主席，其实就是个傀儡"的说法突出的是表面形式与实际不相符合，有时含有贬义。

（4）语义内涵还有不同。"名义"还有"做某事时所用的名分、资格"之意，而"名誉"没有。"名誉"还有"名声"的意思，而"名义"没有。例如："以人民的名义行使权力。""损害他人名誉要负法律责任。"

例 句

（1）在寄售业务中，代销人不能以自己的名义出售货物。

（2）名义上虽说是一个市镇，而居民却不到一百家。（碧野《没有花的春天》第四章）

（3）网络谣言像一个无形的杀手，轻则诋毁个人名誉，重则引起社会混乱。

（4）他是我们协会的名誉会长。

错误用例

（1）我以我的名义发誓，这件事一定秉公处理。（此处应该用"名誉"）

（2）他凭借着局长的权力，用妻舅的名誉开了几个商店。（此处应该用"名义"）

年纪　年龄　岁数

释　义

年纪（niánjì）：〈名〉人的年龄；岁数。例如："年纪不大""这个年纪就知道分担父母的重担了"。

年龄（niánlíng）：〈名〉人或动植物等已经生存或存在的时间；岁数。例如："工作年龄""军人退伍年龄""根据年轮可以推知树木的年龄"。

岁数（suì·shu）：〈名〉人的年龄。例如："上了岁数腿脚就不便了。"

辨　析

三个词都是名词，都指生存的年岁时间，有时候可以互相换用，例如："年纪大了""年纪小了点"，也可以说成"岁数（年龄）大了""岁数（年龄）小了点"。但在使用时有不同之处，主要是：

（1）使用范围有所不同。"年龄"可以用于人，也可以用于动植物或天体、地球等；"年纪"和"岁数"只能用于人。

（2）语体色彩有所不同。"年龄"常用于书面语；"年纪"常用于口语；而"岁数"则是专用于口语。例如："心理年龄""生物年龄""年龄段"等不能换用"年纪"和"岁数"；"年纪轻轻就不学好"句中的"年纪"不宜换成"年龄"，当然也不能用"岁数"。

（3）用于指人的岁数时，适用范围也有不同。"年纪大""年纪小"也可以说成"年龄大""年龄小"或"岁数大""岁数小"；但在指比较大的岁数时，例如："上了年纪"，也可以说成"上了岁数"，但是不能说"上了年龄"。另外，"年纪"指称的人的年龄可大可小，而"岁数"则常用来指年岁大的年龄，所以"年纪轻轻"不能说成"岁数轻轻"。

📖 例 句

(1)别看外公上了年纪,可是眼不花、耳不聋,还天天打太极拳呢。

(2)她穿一件大外套,倒也看不出多大年纪。

(3)计算年龄的方法有好多种。

(4)成年的法定年龄是 18 岁。

(5)人上了岁数就容易发胖。

(6)我比她岁数小。

🔍 错误用例

(1)这个班的平均年纪是 15 岁。(此处应该用"年龄")

(2)别看他小小岁数,本事可不小呢。(此处应该用"年纪")

(3)谁知道他年龄轻轻就断送在伤寒上?(此处应该用"年纪")

(4)人上了年龄,腿脚不就不利索了。(此处应该用"岁数"或"年纪")

前程　前途

✏️ 释 义

前程(qiánchéng):①〈名〉前面的路程;比喻未来的景况。例如:"祝你前程万里""前半生平平淡淡,后半生前程似锦"。②〈名〉旧指功名。例如:"你好歹也去求个前程。"

前途(qiántú):〈名〉前面的道路;比喻未来的景况。例如:"前途一片光明。""这份工作很有前途。"

📖 辨 析

两个词都是名词,都有比喻未来景况的比喻义,因为在使用中多用它们的比喻义,所以二者意思非常接近,常常可以互换。例如:"前途无忧",也可以说成"前程无忧";"前途黯淡"也可以说成"前程黯淡"。但在使用中,两个词语还是略有差异的,主要是:

(1)侧重点有所不同。"前程"在使用中侧重在"程",多指前面的路程、里程距离,还比喻未来的发展景况,由此也引申出个人的前程功名之意。例如:"各奔前程""前程万里"。"前途"侧重于"途",多指前面的道路,还比喻未来的发展景况。例如:"没有前途""大有前途"。

(2)使用范围有所不同。"前途"在比喻义的使用上范围较广,既可以比喻国家、民族等大范围的未来景况,也可以比喻个人的未来景况;"前程"在比喻义的使用上,一般用来比喻个人的未来景况。例如:"此事关乎国家的前途命运",句中的"前途"不能换成"前程"。

(3)搭配习惯有所不同。与比喻义的"前程"搭配的,多跟个人的功名成就有关,例如:"前程似锦""前程万里""各奔前程""锦绣前程""美好前程"等,其中的"前程"都不能换成"前途"。与比喻义的"前途"搭配的,多跟发展出路有关,例如:"有没有前途""大有前途",其中"前途"也不能换成"前程"。

例 句

(1)今天是你十八岁的生日,我祝你鹏举高飞,前程万里。

(2)那个自愿做我们的向导的老乡,又领着我们走了好几里路,并且仔细地交代过我们的前程,然后才和我们分手。(沙汀《记贺龙》十五)

(3)圆的雪白的月亮照着前途,凉风吹脸,真是比打猎时还有趣。(鲁迅《故事新编·奔月》)

(4)每个人的前途命运都与国家和民族的前途命运紧密相连。

错误用例

(1)这个孩子前年得了一场大病,好了以后大脑受损,看来没什么前程了。(此处应该用"前途")

（2）本来论能力、凭资历，他都是局长的最好人选，可惜他贪图贿赂，把自己的锦绣前途也断送了。(此处应该用"前程")

前夕　前夜

释　义

前夕(qiánxī)：①〈名〉前一天的夜晚。例如："国庆节前夕我们举办了歌咏比赛。"②〈名〉泛指事情发生前不久的一段时间或事情即将发生的时刻。例如："解放前夕我随宣传队去了武汉。"

前夜(qiányè)：〈名〉前夕。例如："大战前夜。"

辨　析

两个词都是名词，含义用法基本相同，但实际使用时稍有差异。主要是：

（1）习惯搭配有所不同。虽然都指前一天的晚上，但有些搭配已成习惯，不能互换。例如："元旦前夕""国庆前夕""解放前夕""出发前夕"等，这些句子中的"前夕"一般不用"前夜"。

（2）所指时间长短有所不同。因为"夕"有"傍晚"的意思，而"夜"所指的时间从天黑到第二天天亮，所以在"泛指事情发生前不久的一段时间或事情即将发生的时刻"这个意义上，习惯上"前夜"所指的时间段比"前夕"要长。例如："大革命前夜"和"大革命前夕"相比，前者指大革命发生之前的一段时间，可能是较短的几天，也可能是较长的几个月；而后者所指更侧重于强调大革命即将爆发前的那一短暂时刻。

例　句

（1）出国前夕，我兴奋得一晚上没睡好。

（2）元宵节前夕，该商家推出手推磨盘现场磨制小米、黑米、花生等配成的元宵馅，受到消费者的欢迎。

（3）国际局势已到了大变革的前夜。

（4）第二次世界大战前夜，国际局势风云变幻。

🔍 错误用例

（1）这封信是他出发前夜交给我的。（此处应该用"前夕"）

（2）在法国大革命前夕，欧洲各国都看到了变革的重要性，各种改革浪潮席卷欧洲。（此处应该用"前夜"）

亲戚　亲属

✏️ 释　义

亲戚（qīnqi）:〈名〉跟自己家庭有婚姻关系或血缘关系的家庭或它的成员。例如："我不记得有这门亲戚。""这两家是亲戚。""老家的亲戚不多了，只有一个远房表侄。"

亲属（qīnshǔ）:〈名〉原指六世以内的血亲，现泛指与自己有血缘关系或婚姻关系的人。例如："直系亲属""近亲属"。

📖 辨　析

两个词都是名词，都是指关系，都有"指有血缘关系或婚姻关系的人"的意思。不同之处在于：

（1）关系的侧重点有所不同。"亲戚"一般是就家庭关系而言，指家庭关系，有时也可以就个人而言，指个人关系；"亲属"是就个人关系而言，只指跟自己有血统关系或婚姻关系的个人，不指家庭。例如："走亲戚""串亲戚"，其中的"亲戚"指的是家庭；"他是我的亲戚"，其中的"亲戚"指的是个人。又如:"他亲属都在上海",其中的"亲属"指的是个人,而不是家庭。"我们两家是亲戚",不能说成"我们两家是亲属";"他们家亲戚很多"不能说成"他们家亲属很多"。

(2)使用范围有所不同。在当今时代,"亲戚"通常泛指与自己的家庭关系比较疏远的亲属,因其含义模糊而不被用作法律术语。"亲属"是因婚姻、血缘或收养而产生的社会关系,含义相对固定,可用作法律术语。

 例 句

(1)我有个亲戚要来暂住,我得回家安排一下。
(2)村子里人不多,各家因为婚姻联络,几乎都是亲戚关系。
(3)王局长是个很正直的官员,他从不利用职权给自己的亲属特殊照顾。

🔍 错误用例

(1)难得回家过个年,少不得要走一走亲属,访一访朋友。(此处应该用"亲戚")
(2)法律上有亲戚关系回避的规定。(此处应该用"亲属")

情况　情形

✍ 释 义

情况(qíngkuàng):①〈名〉事物发展所表现出来的总体状况。例如:"孩子近来的学习情况。"②〈名〉值得注意的变化或动向。例如:"这个班有些新情况,要注意了。"

情形(qíngxíng):〈名〉事物所表现出来的具体状况。例如:"我很小就离开了,对那里的情形不太清楚。"

两个词都是名词,都有"事物表现出来的状况"的意思。不同之处在于:

　　(1)侧重点不同。"情形"侧重于具体性,多用于特定情况或样子;"情况"侧重于全面性、概括性,多用于总体状况。例如:"离别的时候到了,战友们那难分难舍的情形至今历历在目",句中的"情形"是当时的具体状况,仿佛定格在心中,不能换成"情况"。

　　(2)在是否具有发展性方面也不同。"情况"带有发展性,如有"新情况""旧情况"之说;而"情形"无所谓新旧,指某种具体的状况或样子,不能说"新情形""旧情形"。我们可以说"思想情况""生产情况",但不能说"思想情形""生产情形",因为"思想"和"生产"是动态的、变化的。

　　(3)是否可以和"有"组合,也是一个区别。"情况"可以和"有"组合,"有情况",常用来指敌情或军事上的变化或动向,也用来指生活中人和事物发生的变化动向。例如:"密切关注敌人,有情况向我汇报。"这个组合也可以拆分使用,例如:"有什么情况吗?""老师,有个情况向您报告。"而"情形"没有此用法。

例　句

　　(1)注意瞭望,一有情况马上打出信号。
　　(2)综合各家全年的营业情况来看,这项产品是成功的。
　　(3)看他这忙碌的情形,今晚是不打算睡觉了。
　　(4)我已经半年没和他来往了,对他的生活情形并不了解。

错误用例

　　(1)为了全面掌握堤堰变形的整体情形,我们还需要更多的资料。(此处应该用"情况")

（2）你还记得当年我们在河边照相的情况吗？（此处应该用"情形"）

权利　权力

释　义

权利（quánlì）：〈名〉公民或法人依法享有的权力和利益（跟"义务"相对）。例如："每个孩子都有受教育的权利。"

权力（quánlì）：①〈名〉政治方面的强制力量。例如："国家权力""权力机关"。②〈名〉（个人或机构）在职责范围内的领导和支配力量。例如："我就这么点儿权力，解决不了那么大的问题。"

辨　析

两个词都是名词，意思相近但不完全相同。区别是主要是：

（1）意义指向有所不同。"权利"包含有"权力"和"利益"，与"义务"相对，指依法行使的权力和享有的利益。"权力"则指政治上或职责范围内具有的一定的强制或支配力量。

（2）赋予形式不同。"权利"是法律赋予的权力和利益；"权力"是国家、公众或上级赋予的职权、强制力。

（3）适用范围有所不同。"权利"是法律概念，适用范围较广，主体可以是法律保护下的所有人或组织机构，例如个人、法人、国家机关等；"权力"是政治概念，适用范围相对较窄，权力主体一般是具有政治职权范围的人或组织机构，可以是个人、组织，也可以是国家机关。

（4）搭配用法上有所不同。"权力"经常跟"行使""使用""运用"等搭配，作它们的宾语；"权利"经常与"享有""享受"等搭配，作它们的宾语。二者之间不能互换。

（5）在是否可构成专有名词方面也有不同。"权利"可以和其他词语组合成为法律用语,例如:"权利能力""权利人"等;"权力"不能这样组合。

例 句

(1)今天是国庆节,我有休息的权利。
(2)任何公民不能只享有权利而不承担义务。
(3)我不是犯人,你没权力审问我。
(4)过度庞大的权力,不管它落到什么人手里,它必定构成一项罪恶。

错误用例

(1)在现代宪政国家中,实现以权利制约权利一般采取两种方式。(此处两个"权利"都应该用"权力")
(2)如何才能保障公民权力的实现?(此处应该用"权利")

如今 现今 现在

释 义

如今(rújīn):〈名〉当今;现在。例如:"当年的小不点儿如今已长成了大小伙。""事到如今,已经没有办法挽回。"

现今(xiànjīn)〈名〉如今;现在(指当前较长的一段时间)。例如:"现今的年轻人跟我们那会儿想的都不一样。"

现在(xiànzài):〈名〉现时;当前。例如:"过去不当回事,现在问题都暴露出来了。"

辨 析

三个词都是时间名词,意思相同或相近,不同之处在于:表示的时间长短不同。"如今"和"现今"是同义词,都指当前较长的一段时间,而不能指说话的当时。还有吸收的方言词汇"现如今",与"现今""如今"同义。"现在"和"过去""未来"相对,表示当前正在说话的这个时间点,有时也可以包括说话前后较短或者较长的一段时间。例如:"民国到现在"也可以说成"民国到如今(现今)"。又如:"现在就走",不能说成"现今就走"或"如今就走"。

📖 例　句

(1)当初怎么跟你说的? 如今你哭也没有用了。
(2)这种款式现今不时兴了。
(3)饭熟了,你是现在吃还是等一会儿再吃?
(4)过去实行的是计划经济,现在已经是市场经济了。

🔍 错误用例

(1)我如今没带那么多钱,先给你一半,剩下的取货时再给你。(此处应该用"现在")
(2)你现今太激动,等你冷静下来再谈吧。(此处应该用"现在")
(3)我们今天的谈话主题是"过去、现今、未来"。(此处应该用"现在")

时候　时间　时刻

✏️ 释　义

时候(shí·hou):①〈名〉指动作行为的一段时间。例如:"他出生的时候正下大雪。"②〈名〉指事件发生的某一时间。例如:"哥哥当兵走的时候把小狗交给我照顾。""暑假的时候我听了一场音乐会。"

时间(shíjiān):①〈名〉指物质运动的存在形式,由过去、现在和将来构成的连绵不断的系统,是物质运动的持续性和顺序性的表现。例如:"时间与空间构成宇宙的基本结构。"②〈名〉指时间量。例如:"这个工作需要多长时间才能做完?"③指时间的某一点。例如:"现在的时间是8点整。"

时刻(shíkè):〈名〉指时间里的某一点。例如:"庄严的时刻""关键时刻"。

◎另,"时刻"还有副词义,指每时每刻;经常。例如:"时刻准备着""时刻牢记人民利益"。

辨　析

三个词都是名词,都有某一时间点或时间段的意思,有时可以换用。例如:"你写这篇文章用了多少时候(时间)?""现在是什么时候(时间)了?""严守时刻(时间),准时到会。"不同之处在于:

(1)所指内涵有所不同。"时候"一般所指时间的起点和终点比较模糊;"时间"和"时刻"一般指相对明确的时间段或时间点。"时候"是泛指时间里的某一点或某一段;"时刻"是指特定某一时间。

(2)感觉的时间长度有所不同。一般来说,用"时刻"给人的感觉比"时候"和"时间"更为短暂和紧迫。例如可以说"这段时间""多长时间""多少时候",但不能说"这段时刻""多长时刻""多少时刻"。

(3)语法功能有所不同。"时候""时间"只有名词功能,"时刻"除了作名词用,还有副词功能。"时刻"可以重叠为"时时刻刻",而"时间"和"时候"不能重叠。

(4)在是否可与其他词组合构成新名词方面也有不同。"时间"和"时刻"都可以和其他词语组成新的名词,例如:"时间差""时间表""时刻表",而"时候"不能这样组合。

📖 **例　句**

（1）在家的时候，总嫌母亲唠叨，现在远离母亲，才感觉到那些唠叨的珍贵。

（2）你喝茶的时候我已经办完了这件事情。

（3）现在是吃饭的时间，我们先去食堂吧。

（4）给你两天时间，务必干完这些活。

（5）激动人心的时刻到来了！我望着他慢慢走来的高大身影，心"怦怦"直跳。

（6）他跑丢了也不能全怪我，我不可能时时刻刻地看着他。

🔍 **错误用例**

（1）大家对一下表，现在的时候是五点整。（此处应该用"时间"）

（2）现在都什么时刻了，都高三了，你还请这么长的假！（此处应该用"时候"）

（3）在这庄严的时间，我向着党旗宣誓！（此处应该用"时刻"）

灾害　灾祸　灾难

✏️ **释　义**

灾害（zāihài）：〈名〉自然的或人为的祸害。例如："自然灾害种类繁多。""战争灾害严重。"

灾祸（zāihuò）：〈名〉灾难祸害。例如："今年似乎很不顺，灾祸不断。"

灾难（zāinàn）：〈名〉天灾人祸造成的严重损害和痛苦。例如："遭受灾难""海啸带来的灾难"。

辨 析

三个词都是名词,都有"祸害成灾"的意思。不同之处在于:

(1)侧重点有所不同。"灾害"既可以指自然力造成的祸害,也可以指人为因素造成的祸害;"灾祸"虽也有自然因素,则侧重于指人为造成的祸害;"灾难"侧重于指天灾人祸带给人以及环境的损害和苦难。

(2)使用范围有所不同。"灾害"多用于指在地区、国家等范围内对人和动植物以及生存环境造成一定规模的祸害,例如旱、涝、虫、雹、地震、海啸、火山爆发、战争、瘟疫等。"灾祸"多用于指家庭和个人等小范围内的祸害,例如车祸、火灾、煤气爆炸等。"灾难"一般指自然或人为造成的大范围的损害而给人造成的巨大苦难,例如地震、战争、瘟疫、蝗虫等造成的苦难。

例 句

(1)长期以来,人类经常受到各种灾害的严重危害。

(2)他不知道以后还会发生什么样的灾祸,只好听天由命了。(管桦《将军河》第一部第十章)

(3)战争是人类给自己制造的最大灾难。

错误用例

(1)这些年他们家很不幸,发生过好几起灾难。(此处应该用"灾祸")

(2)近代列强的侵略给中国带来深重的灾害,中国人民也进行了坚决的斗争。(此处应该用"灾难")

(3)据报道,2018年9月2日,一场特大山洪泥石流灾祸突袭云南省麻栗坡县猛硐乡,造成巨大的人员财产损失。(此处应该用"灾害")

常用

动

词易混词语辨析

安排　安置

安排(ānpái)：〈动〉有计划分先后地处理(事物)，安置(人员)。例如："安排一天的活动""安排娱乐生活""安排小王去管后勤"。

安置(ānzhì)：〈动〉安放，安排，使人或事物有着落。例如："新买的钢琴已经安置好了""安置复员转业军人"。

辨　析

两个词都有"处理使妥当"的意思，有时可以互换。区别在于："安置"的对象多是具体的人或事物，着重于使人或事物有着落，例如："安置灾民""安置行李"；"安排"的对象可以是具体的，也可以是抽象的，着重于经有计划处理而使人或事物各得其所，例如："安排人力""安排时间""安排就业"。

例　句

(1)在大会开始前一天，你们要把主席台座次安排好。

(2)这次拆迁范围比较广，要做好拆迁户的安置工作。

错误用例

(1)我们的采访任务比较重，必须好好安置一下行程。(此处应该用"安排")

(2)难民安排问题其实并没有我们想象得那么严重。(此处应该用"安置")

(3)他找到自己的宿舍，安排好行李，就去了附近的商店购买日用品。(此处应该用"安置")

(4)今年冬天比较寒冷,你们最好安置一些人,帮助五保户修理修理门窗。(此处应该用"安排")

把握　掌握

释　义

把握(bǎwò):〈动〉握住;掌握。例如:"把握大方向。"

◎另,"把握"还有名词义:成功的依据或信心。例如:"有把握。"

掌握(zhǎngwò):①〈动〉熟悉并能自由运用。例如:"掌握运算规律"。②〈动〉控制;主持。例如:"掌握交往的分寸""掌握会场流程"。

辨　析

两个词都有"抓住、控制"之意,在这个意义上有时可以互换。例如:"把握战机"也可以说成"掌握战机";"掌握主动权"也可以说成"把握主动权"。但"掌握军队""掌握政权"不能说成"把握军队""把握政权",这是因为二者有不同之处,主要是:

(1)侧重点不同。"把握"侧重在"能控制住""能抓住",例:"把握机遇""把握本质特点""把握发展大方向";"掌握"则是不仅能"控制住",还能够按照自己的意愿自由运用、使用、利用、驾驭等,例如:"掌握政权""掌握军队""掌握语言""掌握技术""掌握规律"。

(2)词语组合对象不同。"把握"多与"方向""时机""实质"等搭配;"掌握"则是多与"技术""规律""命运""语言"等搭配。

(3)词性功能上也有不同。"把握"可以作名词,可以做"有"或"无""没有"等的宾语,例如:"他很有把握""不打无把握之仗";而"掌握"没有名词功能。

（1）我没把握赢他。
（2）要想掌握自己的命运,你就要不停地进步。
（3）注意掌握分寸,不要把事情闹大。

🔍 错误用例

（1）他把握了写诗的技巧。（此处应该用"掌握"）
（2）透过现象,掌握本质。（此处应该用"把握"）

颁布　发布　公布

✍ 释 义

颁布（bānbù）:〈动〉公布或发布。例如:"颁布废奴法令""颁布物业管理条例"。

发布（fābù）:〈动〉宣布,公开告诉大家。例如:"发布森林防火戒严令""发布台风消息"。

公布（gōngbù）:公开发布,使大家知道。例如:"公布获奖名单""公司销售业绩每月公布一次"。

🖋 辨 析

比较三个词语,都有"公开宣布"的意思。有时可以通用,例如国家权力机关、行政机关发布重要法律、行政法规时所使用的发布生效、即行实施的命令性文书,可称"公布令",亦可称"发布令""颁布令"。但三个词语在运用中还有一些差别,主要是:

（1）侧重点有所不同。"颁布"因其语素"颁"而着重指向下颁发宣布,使大家知道并执行,例如:"颁布义务教育法";"公布"因其语素"公"而着重指向大众公开,不隐瞒,例如:"公布账目",不能说成"颁布(发布)账目";而"发布"因其语素"发"而着重指向大众散发宣传,发表告知,例如:"发布新闻",就不能说成"颁布(公布)新闻"。

(2)实施主体和适用的对象内容有所不同。"颁布"这一动词的实施主体主要是立法、司法、行政等高级机关部门及其成员,对象一般是重大而时效性较长的法令条例等;"发布"实施主体相对较宽,可以是高级领导机关或成员,也可以是一般单位、团体或个人,发布的内容主要是命令、指示、新闻、文告等;"公布"的实施主体范围也比较宽,除了高级领导机关外,还可以是社会各阶层的机关、团体、单位或个人,对象除法令条例外,还可以是方案、计划、账目、名单、文告、数字、成绩、结果等。

◎注意,发布的对象如果是"命令",实施主体有严格规定,根据《中华人民共和国宪法》和《地方各级人民代表大会组织法》规定:全国人民代表大会常务委员会委员长、中华人民共和国主席、国务院总理、各部部长、各委员会主任可以发布命令;乡,民族乡、镇的人民政府,县级以上地方各级人民政府依照法律规定的权限,可以发布命令。

📖 例　句

(1)国务院颁布《社会救助暂行办法》,自 2014 年 5 月 1 日起施行。

(2)本次空气重污染来势汹汹,北京市提前发布重污染红色预警。

(3)晚报最近公布了一个调查数据,目前中学生的视力下降情况严重。

🔍 错误用例

(1)电视台颁布了这次飞机失事后遇难者名单。(此处应该用"公布")

(2)昨天选举刚结束,今天网上就发布了选举结果。(此处应该用

"公布")

(3)各大媒体几乎同时公布了这条募捐新闻,并在后面发布了募捐金额。(此句中的"公布"应该用"发布",句中的"发布"应该用"公布")

绑架　劫持

 **释　义**

绑架(bǎngjià):〈动〉用强制手段把人劫走。例如:"被坏人绑架。"
劫持(jiéchí):〈动〉用暴力威逼挟持。例如:"劫持了五名人质。"

辨　析

两个词都有用强力威逼胁迫的意思。不同之处在于:

(1)对象有所不同。"绑架"的对象只能是人;而"劫持"的对象可以是人,也可以是物。例如:"劫持飞机""劫持汽车"。

(2)施动方法有所不同。"绑架"一般是有预谋的;而"劫持"既可以是预谋作案,也可以是临时情急中采取的行为。例如:"刘某在逃窜过程中,跑入一家银行营业厅劫持了一名工作人员,警察在想方设法解救",这里的"劫持"就不能换成"绑架"。

(3)在组合新词方面有所不同。"绑架"能够和其他词语组合成新词,例如:"道德绑架",是指人们以道德的名义,利用过高的甚至不切实际的标准要求、胁迫或攻击别人并左右其行为的一种现象,类似的组合还有"婚姻绑架""爱情绑架"等。而"劫持"没有这种组合。

例　句

(1)他策划并参与了这次的绑架事件。

(2)这对夫妇搭乘"林恩·里瓦尔"号游艇从印度洋岛国塞舌尔出发

前往坦桑尼亚旅行,10 月 23 日在印度洋海域遭索马里海盗劫持。

🔍 错误用例

(1)持枪歹徒将钱和金银饰品装到一个背包里,跑出了金店,绑架了路旁一辆刚刚停下来的出租车,一溜烟跑远了。(此处应该用"劫持")

(2)当我们被资本劫持时,除了光着脚在地上跳一跳,还能有什么选择?(此处应该用"绑架")

帮忙 帮助

✎ 释 义

帮忙(bāngmáng):〈动〉帮人做事或解决困难。例如:"家中的事多亏大家帮忙。"

帮助(bāngzhù):〈动〉给他人以人力、物力或精神上的援助。例如:"你要帮助同学一起进步。""政府部门帮助贫困区孤寡老人度过严冬。"

📖 辨 析

两个词都有给别人做事出力,给予支持的意思。不同之处在于:

(1)用法有所不同。"帮助"可以带宾语,例如:"帮助他改正错误";而"帮忙"则不能带宾语。"帮忙"可以插入其他成分,例如:"帮了点小忙""请帮个忙"等;"帮助"在两个字中间不能插入其他成分。

(2)侧重点有所不同。"帮忙"一般侧重于指具体地帮人做事。例如:"他家办喜事要我去帮忙。""他星期天要搬家了,打电话找同事来帮忙。"这两句的"帮忙"不能换成"帮助"。而"帮助"既可以指帮人做具体事情,也可以指精神上或物质上的支持。

(3)语体风格有所不同。"帮忙"多用于口语,而"帮助"多用于书面语。

📖 例 句

(1)你先休息吧,人手不够的话我再叫你过来帮忙。

(2)对犯错误的同志,要批评帮助,不能一棍子打死。

🔍 错误用例

(1)救生衣很有用,它会在你落水时帮忙你不沉到水下去。(此处应该用"帮助")

(2)今天要来很多客人,做饭的事情得要你来帮助了。(此处应该用"帮忙")

包庇　庇护　袒护

📖 释 义

包庇(bāobì):〈动〉偏袒或掩护。例如:"包庇犯罪分子。"

庇护(bìhù):①〈动〉包庇、袒护。例如:"庇护贪污官员。"②〈动〉保护。例如:"庇护权。"

袒护(tǎnhù):〈动〉有意保护某一方的错误思想或行为。例如:"明明他有错,你还袒护他。"

📝 辨 析

三个词都有偏袒保护的意思,不同之处在于:

(1)对象不尽相同。"包庇"的对象一般都是坏人坏事,含贬义。"庇护"在①的意义上与"包庇"相同,对象都是坏人坏事,含贬义;在②的意义上,不含贬义,是中性的。"袒护"的对象则是一般的人或错误思想行为,含贬义。

(2)行为主体的意识不同。"包庇"是有意识、有目的的犯罪行为,"袒护"是出于偏爱或私心而无原则地保护或支持一方。例如:"包庇自己的儿子"是触犯法律的行为,"袒护自己的儿子"只是自私行为,并不触犯法律。"庇护"有与"包庇"相同的意义,都是对坏人坏事有意识、有目的地掩护,但使用中,"包庇"的程度比"庇护"要深。

(3)"包庇"和"庇护"使用语境范围不同。包庇是一个罪名,国内刑法里面有"包庇罪",不能说成"庇护罪"。"庇护"是一种国际法中规定的措施,即一国对因政治原因而遭受他国追诉(包括可能追诉)或处罚的外国人(包括无国籍人)给予保护并拒绝将其交还或引渡的一项国际法制度。例如:"政治庇护"不能说成"政治包庇"。

 **例 句**

(1)做假证明包庇他人,你这是在犯罪。
(2)庇护贩毒分子的人绝没有好下场。
(3)老师总是袒护那些成绩好的同学。

 错误用例

(1)河南摔童事件的犯罪嫌疑人,因为是公安人员,受到体制、权力集团的集体袒护,依然逍遥法外。(此处应该用"庇护")
(2)吴俊丽是个护短的人,每当女儿和别的孩子闹矛盾,她总是庇护自家女儿。(此处应该用"袒护")
(3)某些大明星为躲避刑事追查,会申请到国外寻求所谓的政治包庇。(此处应该用"庇护")
(4)庇护毒品犯罪分子罪的构成需要满足几个要件。(此处应该用"包庇")

包含　包括

包含(bāohán)：〈动〉里面含有。例如："他这句话包含的意思有好几层。"

◎注意："包含"和"包涵"不同，"包涵"是客套话，表示请求原谅的意思。例如："招待不周，请多多包涵！"

包括(bāokuò)：〈动〉在总体中含有。例如："全校教师，包括退休教师都要参加歌咏比赛。"

辨　析

两个词都有"其中含有"的意思，区别在于侧重点不同：

"包含"侧重于事物的内在关系，多用于表示成分、要素等方面的构成情况；而"包括"着重从数量、范围方面列举各部分或特别指出某一部分，多用于表示数量、类别等方面的涵盖范围。例如："化学包含很多分支学科。""逍遥丸包含八种药物成分。"这两个句子中的"包含"都不能换成"包括"。"包括小王在内，学习小组一共六个人。""房屋月租 1000 元不包括水电费。""山西省包括 11 个地级市。"这三个句子中的"包括"都不能换成"包含"。

例　句

（1）这篇文章中包含了大量信息。

（2）这项研究成果包含着我们所有研究人员的心血。

（3）外面现在还不安全，大家先不要出去，包括你在内！

（4）高考语文试题包括现代文阅读、古代诗文阅读、语言文字应用和

常用动词易混词语辨析

写作四个板块。

（1）超光合作用的生物包含在地表的植物及海洋表面的浮游植物。（此处应该用"包括"）

（2）他的话虽然不多，却句句包括了深刻的哲理。（此处应该用"包含"）

（3）你认为报纸上这篇报道都包括了哪些信息？（此处应该用"包含"）

（4）如今我长大了，才领会到当年父亲在病床上看我的最后一眼里包涵了怎样的深意，有鼓励，有担忧，还有不舍。（此处应该用"包含"）

保存　保留

现代汉语常用易混词语辨析

释　义

保存（bǎocún）：〈动〉保护使继续存在。例如："保存体力，准备战斗！""救火人员扑救及时，房屋保存完好。"

保留（bǎoliú）：①〈动〉保存原来状态不变。例如："保留壁画原貌。"②〈动〉留着，不拿出来。例如："他教授徒弟很尽心，毫无保留。"③〈动〉（把权利、意见等）搁置起来暂不行使或发表。例如："保留起诉的权利""保留意见"。

辨　析

两个词意义相近，都有使继续存在的意思，有时可以换用。例如："《诗经》中的十五国风保存（保留）下来的民歌民谣有 160 篇。""这座城市还保留（保存）着一些古代建筑。"不同之处在于：

（1）侧重点有所不同。"保存"侧重于"存"，指使事物、性质、意义、作风等继续存在，不受损失或不发生变化，亦即不失去，使存在；"保留"侧重于"留"，指不去掉，不改变。例如："保存有生力量"，其中的"保存"不能换成"保留"；"再版时做了修改，但保留了原来的附录和图片资料"，句中的"保留"不能换成"保存"。

（2）两个词相对应的反义词不同。"保存"的反义词是"失去""丢失"；"保留"的反义词是"去掉""放弃"。

（3）语义有所不同。"保留"除了"保存不变"的意义外，还有"暂留不处理"或"留着不拿出来"等意义，而"保存"没有。

📝 例　句

（1）无法将设置保存到许可站点列表中。

（2）贾平凹对自己的手稿格外珍视，每一页纸都精心保存。

（3）每天坚持看一小时的经典名著，这个习惯我一直保留着。

（4）你的行为损害了我的尊严，对此我保留提起诉讼的权利。

（5）把你知道的都说出来，不要保留！

🔍 错误用例

（1）五道营胡同的发展可以说最大限度地保存了它原来的风貌。（此处应该用"保留"）

（2）腌泡的方法可以使蔬菜保留得更长久。（此处应该用"保存"）

（3）过去的工匠不敢毫无保存地教徒弟，就怕教会了徒弟，饿死了师傅。（此处应该用"保留"）

（4）火灾过去后，还有多少东西能保留下来？我对此不抱希望。（此处应该用"保存"）

常用动词易混词语辨析

保卫　捍卫

现代汉语常用**易混**词语辨析

✎　**释　义**

保卫(bǎowèi):〈动〉护卫使不受侵犯。例如:"保卫家园。"

捍卫(hànwèi):〈动〉用武力等手段保卫,使不受侵犯或损害。例如:"捍卫祖国领土主权""捍卫国家尊严"。

✍　**辨　析**

两个词都有保卫使不受侵犯的意思。不同之处在于:

(1)侧重点不同。"保卫"侧重于护卫;"捍卫"侧重于抵御。

(2)适用对象不同。"保卫"的对象可以是人,也可以是其他事物;"捍卫"的对象一般是抽象事物。

(3)语气以及施动方式不同。"捍卫"的语气比"保卫"重,指用武力等手段护卫;"保卫"语气较轻,不限于使用武力手段。

📖　**例　句**

(1)军人的职责就是要保卫祖国。

(2)捍卫国家主权,保卫祖国领土。

(3)我必须捍卫我的尊严。

🔍　**错误用例**

某公司未经刘女士的同意,就将其肖像刊登在杂志上,为其生产的产品广告代言,刘女士为保卫肖像权将该公司告上法庭。(此处应该用"捍卫")

保暖　保温

保暖（bǎonuǎn）：〈动〉保持温暖。例如："天冷了，老年人要注意保暖。"

保温（bǎowēn）：〈动〉保持原有温度；特指使原有热量减缓失散。例如："双层玻璃窗可以保温。""这个保温桶可保温 5 个小时。"

辨　析

两个词都有"保持热量"的意思，两个词都可以构成反复问句："保暖不保暖？""保温不保温？"不同之处在于：

（1）侧重点不同。"保暖"侧重于指不让外部的寒气侵入，例如："保暖内衣""保暖秋裤"等，不能换成"保温内衣""保温秋裤"。"保温"侧重于指不让内部的热量散失，例如："保温瓶""保温杯"，不能说成"保暖瓶""保暖杯"。

（2）使用范围不同。"保暖"的使用对象一般是人或动物，以及与其身体相关的衣物、皮毛等。例如："帝企鹅们紧紧地挤在一起以达到保暖效果。""羊毛围脖很保暖。""保温"的使用对象一般是物，以及与其相关的物质材料等。例如："内墙保温涂料是一种新型的保温材料。""保温层的主要作用就是起到房屋保温、隔热的作用。"

例　句

（1）北极熊的身体结构带有多层保暖机能，这使它能够成为名副其实的北极霸主。

（2）他把饭盒用一个棉套包裹起来，好让饭菜保温。

（1）可以考虑添加保暖层或利用其他措施来保持室内舒适的温度。（此处应该用"保温"）

（2）羽绒服又轻柔又保温，是冬季防寒的首选衣物。（此处应该用"保暖"）

保障　保证　保准

✏️ **释　义**

保障（bǎozhàng）：①〈动〉保护使不受侵犯。例如："保障公民的合法权益。"②确保，使充分实现。例如："增加生产，保障供给。"

◎另有名词义：起保障作用的事物。例如："养老院让老人的生活有了保障。""安全知识是生命的保障。"

保证（bǎozhèng）：①〈动〉担保一定做到。例如："保证按时出版。"②〈动〉确保达到（既定的要求和标准）。例如："保证产品质量""保证足够的营养"。

◎另有名词义：作担保或起决定作用的事物、条件等。例如："纪律严明是从胜利走向胜利的重要保证。"

保准（bǎozhǔn）：〈动〉保证，担保一定做到。例如："您放心，这事我保准办好。"

◎另有形容词义：靠得住；可信。例如："这个消息保准不保准?"

🔍 **辨　析**

三个词意义接近，都有"确保"的意思。不同之处在于：

（1）动宾搭配有所不同。"保障"作为动词的第一个意思，是指维护已有的东西(主要指生命、财产、权利等)使不受侵犯,其宾语多为名词性短语,例如:"保障教育权益""保障社会福利"。"保证"作为动词的第一个意思,是指"确保做到",所以它的宾语多是动词或动词性短语,例如:"保证成功""保证完成任务""保证让他安全回来"。"保准"作为动词,和"保证"一样,是"担保一定做到"的意思,其宾语也多是动词或动词性短语,例如:"保准回来""保准按时睡觉""保准让你吃好"。

(2)宾语适用范围不同。作为动词的第二个意思,"保障"的意思是"确保,使充分实现",其使用对象多是大的方面,指能够使保护人的生命财产、社会权益、生存安全等方面的措施、理想、方针、政策等充分实现。例如:"发展经济,保障供给。""坚决遏制重特大事故发生,切实保障人民群众生命财产安全。""促进社会公平正义,保障人民安居乐业。""统一部署,进一步保障适龄残疾少年儿童接受义务教育。""保证"的意思是"确保达到(既定的要求和标准)",其使用对象可大可小,宾语一般是某种标准或某种要求。例如:"坚持标准,保证质量。""合理搭配食物,保证儿童营养均衡。""室内要经常通风,保证空气流通。"

(3)作名词时的适用范围不同。作为名词,"保障"侧重于指能起保障作用的事物,多指对生命、财产、权益等的保障作用,其适用范围多为社会或群体方面;"保证"是指能做担保或能起决定作用的事物、条件等,其适用范围可大可小。例如:"各地修订后的条例使全面两孩政策有了新保障。""居民防火通道被堵死,人民生命财产得不到保障。"这两句中的"保障"不宜换成"保证"。"充足的睡眠是身体健康的保证。""党的正确领导是我们的事业取得胜利的根本保证。"这两句中的"保证"也不宜换成"保障"。

(4)语体色彩有所不同。"保障"多用于书面语;"保证"既可以用于书面语,也可以用于口语;"保准"一般用于口语。

例　句

(1)养老福利制度使老年人的生活有了保障。

（2）宪法是保障公民权利的根本大法。

（3）提升防灾减灾救灾能力，保障人民生命财产安全。

（4）严明的纪律是取得民心的重要保证。

（5）加快行军速度，保证在规定时间内到达预定地点。

（6）孕妇要多晒太阳，以增强钙的吸收，保证胎儿骨骼的正常发育。

（7）放心吧，到时候我保准听你指挥。

（8）他能不能去可不保准。

错误用例

（1）加快畜牧业转型升级，保证奶牛业的健康发展。（此处应该用"保障"）

（2）老人不仅需要物质保证，更需要精神慰藉。（此处应该用"保障"）

（3）我一定会保准质量的。（此处应该用"保证"）

（4）真抓实干是完成任务的重要保障。（此处应该用"保证"）

（5）保障睡眠时间和睡眠质量会预防免疫力下降，有助于高血压、冠心病、性功能障碍、脑神经衰弱等疾病的治疗。（此处应该用"保证"）

暴发　爆发

释　义

暴发（bàofā）：①〈动〉突然而猛烈地发生。例如："暴雨导致山洪暴发。""县城内暴发了传染病。"②〈动〉突然发财或得势。例如："暴发户。"

爆发（bàofā）：①〈动〉火山内的岩浆、气体等突然猛烈冲出地表，向四外喷溢。例如："火山爆发。"②〈动〉突然而猛烈地发生、发作。例如：

"爆发革命""爆发力"。

两个词读音相同,字形、意义相近,都有"突然而猛烈地发生"的意思。不同之处在于:

(1)侧重点有所不同。"暴发"侧重于发生或发作的突然性;"爆发"侧重于发生或发作时气势的猛烈性。

(2)使用范围有所不同。"暴发"使用范围较窄,多用于洪水、传染病等,有时也用于突然发财或得势。"爆发"使用范围较宽,多用于火山、雷电等自然现象,突然发出的巨大声音,突然发作的力量、情绪以及重大事件、重大举动(多指社会运动、政治经济变动、军事行动)等,例如:"两国战争爆发""爆发政变""爆发了反战游行""爆发了农民起义",这里的"爆发"都不能换成"暴发"。

(3)感情色彩有所不同。在"突然而猛烈地发生"的意义上,两个词都是中性词;在"突然发财或得势"的意义上,"暴发"含有贬义。

例　句

(1)这小子很善于钻法律空子,胆子也大,出了监狱没多久就暴发起来了。

(2)7月19日凌晨起,新乡市普降大到暴雨,造成境内太行山区多处山洪暴发。

(3)他的话音刚落,会场上就爆发出了雷鸣般的掌声。

(4)大批学者开始用马克思主义经济危机理论来寻找美国金融危机爆发的内在机制。

(5)火山爆发喷出的物质和粉煤灰在安第斯的上空形成了约20英里厚的烟雾层。

🔍 错误用例

(1)社会中的群体事件经常就是人们怒气突然暴发的机会。(此处应该用"爆发")

(2)近期秘鲁一场大雨导致山洪泥石流爆发。(此处应该用"暴发")

(3)洪水过后要警惕传染病的爆发。(此处宜用"暴发")

(4)举重这类运动项目对运动员身体的暴发力和速度要求极高。(此处应该用"爆发")

逼迫　强迫

✐ 释　义

逼迫(bīpò)：〈动〉紧紧地催促,用压力促使。例如："被环境所逼迫,我们只好妥协。"

强迫(qiǎngpò)：〈动〉施加压力促使对方服从。例如："别人不愿意就不要强迫了。"

📖 辨　析

两个词都有"用强力促使服从之意",区别在于：

(1)使用范围不同。"强迫"较"逼迫"适用范围更广泛。例如："强迫症""强迫着陆",不能说成"逼迫症""逼迫着陆"。

(2)强力压迫的程度不同。"强迫"的程度不如"逼迫"深。"逼迫"包含有威胁手段,使受害者受到的压力更大,更感到无奈。

(3)情感色彩不同。"逼迫"含有受压迫者的主观感受,而"强迫"适用于冷静陈述。一般情况下两个词语不能互换,例如："强迫劳动""强迫命令"等不能换成"逼迫"。而该用"逼迫"的地方也不能用"强迫",否则语言表现力不够。例如:"侵华战犯上坂胜逼迫中国平民当'探雷器'",句中的"逼迫"不能换成"强迫"。

◎但在特殊语境中,为了增加修辞效果,可以互换。例如:"王荣大叫道:'快救命啊,哥哥逼迫我吃零食啦!'"句中的"逼迫"明显使用了夸张的修辞手法。

例　句

(1)在母亲的逼迫下,陆游只得给了唐琬一纸休书,结束了这场婚姻。

(2)李小阳看着面前的一大碗面,大叫道:"老妈,你再这么逼迫我,明天我就会变成猪的!"

(3)又没人强迫你,何必这么积极?

(4)歹徒扬了扬手里的刀,故作温和地说:"老人家,只要你好好配合,我是不会强迫你的。"

错误用例

(1)劫持航空器罪侵犯的对象必须是使用中的航空器,而如果飞机是逼迫降落的,则是在主管当局接管该航空器及其所载人员和财产以前。(此处应该用"强迫")

(2)近日,一段记录一名女子在伊朗首都德黑兰的一座地铁站强烈拒从伊朗道德警察强迫其戴上伊斯兰头巾的视频在网络发布,迅速引发热议。(此处应该用"逼迫")

(3)老爷子不自觉,我们只好逼迫他戒烟。(此处应该用"强迫")

(4)有逼迫思维的人,总是逼迫自己去反复做一些动作,如反复洗手,反复查看是否关严门窗、是否锁了门,等等。(此处应该用"强迫")

编辑 编撰 编纂

释 义

编辑(biānjí):〈动〉对资料或文稿按一定要求进行策划、整理、加工。例如:"出版社编辑出版了几套丛书。"

◎另,有名词义,指从事编辑工作的人。

编撰(biānzhuàn):〈动〉编纂;写作。例如:"编撰学生用书。"

编纂(biānzuǎn):〈动〉根据大量资料编辑或编写。例如:"编纂现代汉语规范词典。"

辨 析

三个词因为有一个共同语素"编",所以都有对资料按一定体例进行排列加工的意思。区别在于侧重点不同:

"编辑"侧重在"辑",着重于对资料或现成作品进行整理加工,因为与职业有关,"编辑"还可以有策划或修改的意思,但不能将自己的观点写入文稿。

"编撰"侧重在"撰",是强调在编辑整理的过程中,可以添加自己的观点,进行撰写工作。

"编纂"侧重于"纂",强调搜集材料编书,也可以有一定观点,但对象多为大部头文献类、工具类书籍,例如辞书、各年代史书等文献典籍。

例 句

(1)编辑出版这样的企业家专号,是我们酝酿已久的计划。

(2)暑假期间,王老师编撰了两本儿童教辅读物。

(3)他参与了编纂《四库全书》的工作。

(1)他花了三个月时间编纂了一本《古代名联大全》。（此处应该用"编辑"）

(2)有感于现在小学生读物的缺失，他特意编辑了三本少儿故事书。（此处应该用"编撰"）

(3)《辞海》的编撰是一项大工程。（此处应该用"编纂"）

辩白　辩驳　辩护　辩解

✏️ **释　义**

辩白（biànbái）：〈动〉说明事实真相，以消除误会或受到的指责。例如："不必辩白了，我们又没有责怪你。"

◎注意："辩白"不宜写作"辨白。"

辩驳（biànbó）：〈动〉提出理由或根据来否定对方的意见。例如："老太太的话句句在理，我也没法辩驳。"

辩护（biànhù）：①〈动〉提出事实、理由进行申辩，用来保护自己或别人。例如："你已经做错了，就不要想些歪理为自己辩护。"②〈动〉特指在刑事诉讼中，犯罪嫌疑人、被告人、或其辩护人针对控告进行申辩或反驳。例如："律师依法为他辩护。"

辩解（biànjiě）：〈动〉对受人指责的某种言行进行分辩解释。例如："人证物证俱在，你不用辩解了。"

✏️ **辨　析**

以上四个词因都带有共同语素"辩"，所以都有为指责分辩之意。不同之处在于：

（1）使用的侧重点不同。"辩白"侧重在"白"，通过说明，使真相大白。"辩驳"侧重于"驳"，通过提出理由或根据来驳斥对方。"辩解"侧重于"解"，通过分辩解释，说明言行的理由。而"辩护"则是侧重于"护"，用充足的理由为他人或自己申辩，从而起到保护作用。

（2）适用范围和目的不同。"辩白"一般用在被误会或被指责的情况下，为的是消除误会或指责，不让自己受委屈。"辩驳"一般用在面对别人的批评指责，为的是否定对方的意见或指责之词。"辩解"一般用在说明自己言行的合理性，目的是让人理解自己，不要指责或提意见。"辩护"是要说明言行是正确的，或错误不是那么严重，从而保护或维护（别人或自己）。

（3）在是否有特定用法方面也有不同。"辩护"是法律用语，可以跟其他语素组合成法律专有名词，例如："辩护律师"等，其他词语则没有这种用法。

 例 句

（1）我辩白也是为了不想受委屈。
（2）他说话滴水不漏，让对手无法辩驳。
（3）注意站稳立场，不要替错误言行辩护。
（4）既然大家都这么认为，我辩解也没有用。

错误用例

（1）眼见形势对自己越来越不利，他很谨慎地为自己辩白，以免失去更多。（此处应该用"辩护"）
（2）有人发文章阐述了房价难于下跌的六个无以辩解的理由。（此处应该用"辩驳"）
（3）你可以逃脱法律的制裁，但在道德面前，没有人为你辩驳。（此处应该用"辩护"）

现代汉语常用**易混**词语辨析

(4)谣言四起,你为什么不为自己辩护？你就甘心为他背黑锅？(此处应该用"辩白")

(5)随便你怎么想吧,反正我这么做问心无愧,也无须辩白。(此处应该用"辩解")

哺养　哺育　抚育

释　义

哺养(bǔyǎng):〈动〉喂养。例如:"他一出生母亲就难产而死,他父亲把他寄在别人家哺养长大。"

哺育(bǔyù):①〈动〉喂养。例如:"哺育婴儿。"②〈动〉比喻培养教育。例如:"用优秀的传统文化哺育青年学子成才。"

抚育(fǔyù):〈动〉照料培育。例如:"抚育幼儿""抚育幼苗"。

辨　析

从以上解释可以看出,三个词都有"养育后代或幼小生命"的意思。不同之处在于:

(1)是否具有引申义。"哺育"除了有"喂养"的行为状态意义之外,还有抽象意义,用来比喻对于正在成长之中的人才的培养教育;而"哺养""抚育"没有这个意义。例如:"祖国哺育我们成长",这里的"哺育"不能换成"哺养"或"抚育"。

(2)侧重点和适用范围不同。和"抚育"相比,"哺养""哺育"侧重于"喂养",即以奶水或食物养育不会取食的幼小生命,对象为人或动物。即使是"哺育"的比喻义,也是由"喂养"的意义派生而出的,含有用精神养料培养教育的意思。而"抚育"则是侧重于"抚",即"扶持保护",重点在照料和看护,对象除了人或动物,还可以是植物。

📖 **例　句**

（1）贫穷的乳母哺养我长大，我永远忘不了她。

（2）党的阳光雨露哺育我们健康成长。

（3）在叔叔的抚育下，他倒是没感觉到孤儿的苦楚。

🔍 **错误用例**

（1）哺育幼林的内容和技术比较复杂，但可大致归纳为两个方面。（此处应该用"抚育"）

（2）作为一名母亲，哺育儿女是她的责任。（此处应该用"抚育"）

（3）您以甘甜的乳汁抚育了千千万万个中华儿女！（此处应该用"哺育"）

（4）最有趣的是，鸭嘴兽抚育孵化幼仔的方式，同爬行类和鸟类育雏的办法不一样。（此处应该用"哺育"或"哺养"）

（5）那时很多贵妇人都雇佣奶妈喂养孩子，我的母亲却亲自哺育，倾心抚育，对我兄妹二人倾注了很多心血。（句中的"哺育"应该用"哺养"）

变幻　变换　变更　更换

✏️ **释　义**

变幻（biànhuàn）：〈动〉没有规律、难以揣测的变化。例如："国际政治风云变幻""变幻莫测"。

变换（biànhuàn）：〈动〉事物的形式或内容从一种更换成另一种。例如："变换纱线配方""变换词语"。

变更（biàngēng）：〈动〉改变，更改。例如："计划有所变更""变更比赛程序"。

更换（gēnghuàn）：〈动〉改换，调换。例如："更换样品"。

辨　析

以上四个词都有"变化、改变"的意思。不同之处在于：

（1）在能否带宾语方面有所不同。"变幻"的变化是没有规律、难以揣测的，因其不可人为控制，所以是不及物动词，不能带宾语；而其他三个词语则是可以人为改变的，可以带宾语。

（2）所指对象有所不同。"变换"多指改变事物的内容或形式。例如："变换姿势""变换颜色"等，不能说成"更换（变更）姿势""更换（变更）颜色"等。"变更"多指对于已经决定了的或明确存在的事物进行改变或更改，不能随意改变，故带有正式的意味。例如："变更住址""变更合同""法人变更""计划变更"等，这些改变一般不能换成"变换"或"更换"。"更换"多指改变事物的个体、成员。例如："更换零件、设备""更换领导人"等，不能说成"变换零件、设备""变换领导人"，也不能说成"变更零件、设备""变更领导人"。

（3）使用范围有所不同。"变换""变更"的范围比"更换"窄，多指事物，不能是人，例如"法人变更"中的"法人"是指组织，不是指具体的个人（个人称为"法人代表"）。例如："更换工作""更换主帅"。而"更换"使用范围较宽，对象可以是事物，也可以是人。

例　句

（1）我叹世事多变幻，世事望我却依然。
（2）小华不断变换着姿势，以求摄影效果更好。
（3）他不知道公司所有权早已变更，仍然找到我谈他的改革计划。
（4）这个手电筒很耗电，必须经常更换电池。

错误用例

（1）因为天气原因，比赛场地已变换，特此声明。（此处应该用"变更")

（2）为了节约成本，他不顾信誉，偷偷变更了好几种材料。（此处应该用"更换"）

（3）这个班学生比较调皮，总是不断变幻座位，新来的老师总是叫错人名。（此处应该用"变换"）

表现　体现

 **释　义**

表现（biǎoxiàn）：①〈动〉显示出来。例如："这篇文章旗帜鲜明地表现出作者的政治倾向。"②〈动〉刻意炫耀自己。例如："他特别喜欢在人前表现自己的魅力。"

◎另，"表现"还可以作名词，意思是显示出来的言语行为状况等。例如："他的表现一贯很好。"

体现（tǐxiàn）：〈动〉某种精神、性质通过某一事物具体表现出来。例如："这次选举办法的改变充分体现了选民的意志。""这首诗体现出作者对大自然的无限热爱之情。"

辨　析

两个词都有"显示在外"的意思，不同之处在于：

（1）指向的侧重点不同。"表现"只是指人的神情和言语行为等外在的表露，或者是事物外部特征的显示；而"体现"则是侧重于指由现象显示出本质或内在精神品质。

（2）实施主体在主动、被动方面不同。"表现"有主动显示的意思，例如："小伙子都爱在姑娘面前表现自己"；而"体现"的显示是被动的，是借助于某一事物表现的，例如："这幅油画体现了画家对大自然的热爱。"

（1）当她把不成熟的作品交给老师看的时候,脸上表现出很尴尬的神情。

（2）这次比赛中他的表现相当出彩。

（3）这个文件体现了党和政府对残疾人的关怀。

错误用例

（1）这件唐三彩笔筒色彩华丽,造型美观,表现出盛唐恢宏的气度。（此处应该用"体现"）

（2）偏执型人格又叫妄想型人格,其行为特点常常体现为极度的感觉过敏、对侮辱和伤害耿耿于怀、思想行为固执死板等。（此处应该用"表现"）

采纳　采取　采用

释　义

采纳（cǎinà）:〈动〉采用、接受或吸收（意见或建议）。例如:"采纳第二组提出的建议。"

采取（cǎiqǔ）:①〈动〉选择实施（方针、政策、方法或行动）。例如:"采取反制措施""采取多种营销方式"。②〈动〉获取。例如:"采取血样进行研究。"

采用（cǎiyòng）:〈动〉选择符合需要的并加以利用。例如:"采用新技术""这篇稿子已被采用"。

辨　析

三个词都有选择施用的意思。不同之处在于:

（1）侧重点不同。"采纳"侧重于"接受和接纳"；"采取"侧重于主动选取并实施；而"采用"则侧重于使用和利用。

（2）对象不同。"采纳"的对象多为别人的建议或意见。"采取"的对象多为抽象事物，如政策、方针、办法、态度、行动等。而"采用"的对象既可以是抽象事物，如技术、经验等；也可以是具体事物，如某人的文章稿件、某一种药物、某种工具、设备零件、材料等。

📝 **例 句**

（1）他能说服投资方采纳我们的实施意见。

（2）我大着胆子给领导提了几条意见，没想到被采纳了。

（3）采取行动之前，你最好听听别人的建议。

（4）采取什么样的治疗措施，还要经过会诊才能最后决定。

（5）对比两份计划，我们觉得还是采用你的这一份更好。

（6）人们采用所谓"太阳常数"来描述地球大气层上方的太阳辐射强度。

🔍 **错误用例**

（1）人们采取玉米经酵母菌发酵产生的酒精来替代汽油。（此处应该使用"采用"）

（2）"不再扮老好人"，欧盟对非洲难民采用强硬手段，以阻止他们涌入。（此处应该用"采取"）

（3）给上司提出几条合理化建议，可惜一条也没有被采取，于是他采用了消极对抗的态度，不再建言献策了。（句中的"采取"应该换成"采纳"，而"采用"应该换成"采取"）

策动　策划

释　义

策动（cèdòng）:〈动〉策划并发动。例如:"策动宫廷政变""策动农民起义"。

策划（cèhuà）:〈动〉谋划;设计并安排。例如:"他精心策划了一场骗局""策划一次大型文艺演出活动"。

◎注意:"策划"不宜写作"策画"。

辨　析

两个词都有"谋划行动"的意思。不同之处在于:

(1)侧重点不同。"策动"侧重点在"动",着重在发动、鼓动别人采取行动;而"策划"侧重点在"划",着重于为采取行动出谋划策。

(2)对象不同。"策动"的对象可以是事(通常是起义、政变等军事或政治的重大行动),也可以是人,例如:"策动工人月底大罢工。""策划"的对象则主要是事,使用范围也比较广泛,不仅可以指军事、政治等活动,也可以是生活中的各种活动,例如某个集体活动、文艺演出等,还可以是某项方案,等等。

例　句

(1)1961 年 4 月 17 日,美国策动猪湾事件,企图推翻古巴政府。

(2)这次摄影节的全部活动都是他一手策划的。

错误用例

(1)那几个帝国主义国家正在秘密策动如何瓜分这个弱小国家的领

土。(此处应该用"策划")

(2)他策划奴隶主造反失败后,逃亡世界各地,并参加了反华势力。(此处应该用"策动")

呈现　浮现

释　义

呈现(chéngxiàn):〈动〉显露出;出现。例如:"呈现出良好态势""呈现出旺盛的活力"。

浮现(fúxiàn):①〈动〉往事在脑海中再现。例如:"小时候和人打架斗狠的情景时时在脑海里浮现。"②〈动〉某种感情不自觉地流露出来。例如:"他看着儿子的成绩单,嘴角浮现出一丝微笑。"③〈动〉逐渐显露出来。例如:"雾气正在消散,小桥的轮廓慢慢浮现出来。"

辨　析

两个词都有"露出来"的意思。不同之处在于:

(1)对象的虚实不同。"呈现"的对象通常是可见的,不是想象的;"浮现"的对象既有可见的,也有想象的。

(2)对象的范围不同。"呈现"的对象一般是现实生活中的,范围比较宽,包括景象、情况、人的神情状态等;"浮现"一般只用于过往旧事留在脑中的印象,或者某种感情不自觉地流露在脸上,使用范围比较窄。

(3)对象的清晰度不同。"呈现"的对象往往很清晰,而"浮现"的对象有时是模糊不清的。

(4)对象出现的速度和持续的时间长短不同。"呈现"的对象往往是一下子全部显示出来,持续的时间比较长;而"浮现"的对象则是慢慢出现,若隐若现的,持续的时间较短。例如:"一片绿油油的田野呈现在眼前",此处的"呈现"不能换成"浮现"。

📖 例 句

(1)我们的眼前突然呈现出一片壮丽的景色。

(2)花青素在酸性溶液中呈现红色,在碱性溶液中变为蓝色。

(3)他在黑暗中走着,埃米莉亚的脸在他眼前浮现出来。

(4)将军把那只好手搁到书桌上那只假手上面,脸上浮现出一种在帕格看来是在"摆官架子"的神色。

🔍 错误用例

(1)一抹得意的奸笑在他脸上呈现出来,她想仔细看时,却不见了。(此处应该用"浮现")

(2)她认为真正内心的痛苦是哭不出来的,所以她要在这个细节上浮现微笑,这是演技上更深层的表达。(此处应该用"呈现")

崇拜　崇敬　崇尚

✏️ 释 义

崇拜(chóngbài):〈动〉尊敬钦佩。例如:"孩子崇拜战斗英雄。"

崇敬(chóngjìng):〈动〉推崇敬重。例如:"崇敬伟人""怀着无比崇敬的心情走进革命圣地"。

崇尚(chóngshàng):〈动〉推崇;注重。例如:"崇尚科学,反对邪教。"

📖 辨 析

三个词都有敬重的意思,不同之处在于:

（1）侧重点不同。"崇拜"侧重于"拜"，指特别钦佩，甚至到了迷信程度；"崇敬"侧重于"敬"，指特别尊敬；"崇尚"侧重于"尚"，指特别推重。

（2）对象范围不同。"崇拜"的对象可以是人，也可以是物或神灵以及某种精神象征，例如："鬼神崇拜""偶像崇拜""图腾崇拜"等；"崇敬"的对象一般是人；"崇尚"的对象一般是精神、道德、礼仪、风尚习惯、科学文化等。

（3）语意程度及感情色彩不同。"崇拜"语意较重，心甘情愿地拜服乃至盲目的程度，一般是中性词，有时也是贬义词，例如："盲目崇拜""崇拜金钱"等；"崇敬"语意较轻，心中带有严肃庄重感，是褒义词；"崇尚"指带有理性的推崇，是中性词。

📝 例句

（1）我的小弟弟很崇拜我，我说的一切他都认为正确。

（2）我们无比崇敬革命烈士。

（3）公司崇尚"信誉第一、质量至上、价格合理"的经营理念。

🔍 错误用例

（1）中国古代王朝自汉武帝以后，逐渐崇拜儒家学说。（此处应该用"崇尚"）

（2）"脑残粉"是指那些盲目崇敬明星失去理智甚至是达到了疯狂地步的粉丝。（此处应该用"崇拜"）

（3）从出土的人面鱼纹彩盆这一件器物上，我们可以推测出当时人们崇尚的是什么。（此处应该用"崇拜"）

（4）自古以来，牺牲在战场上的英雄总是让人佩服，而那些明知死在眼前仍勇敢赴难的人，更加令人崇拜。（此处应该用"崇敬"）

充斥　充满　充溢　充盈

充斥(chōngchì)：〈动〉充满或塞满(含贬义)。例如："整间仓库里充斥着污浊的空气。"

充满(chōngmǎn)：①〈动〉填满；布满；处处都有。例如："屋里充满了明媚的阳光。""让世界充满爱。"②〈动〉充分具有。例如："充满旺盛的活力""充满必胜的信念"。

充溢(chōngyì)：〈动〉充满；洋溢。例如："脸上充溢着喜悦之情。"

充盈(chōngyíng)：①〈动〉充满。例如："眼眶里充盈着激动的泪水。"②〈动〉(财物)充足。例如："粮仓充盈。"

◎另有形容词义：(身体)丰满。例如："肌肤充盈。"

辨　析

以上四个词都有"布满"的意思，有时可以互换，例如："眼里充满泪水"，也可以说"眼里充溢(充盈)着泪水"。在具体使用中，几个词又有差异，区别主要在于：

(1)感情色彩有所不同。"充斥"多为贬义词；"充满"是中性词；"充溢"和"充盈"在使用中多为褒义。

(2)使用范围有所不同。"充斥"所适用的对象多为人们认为不好的东西，或是感觉厌恶的东西，例如污染了的空气、假冒伪劣商品、负面情绪等，而且"充斥"的对象可以是具体的事物，也可以是抽象事物，还可以是人。例如："超市里到处都充斥着垃圾食品。""他脑子里整天充斥着一些不切实际的幻想。""文盲充斥的国家是不可能建成现代化的。""充满"泛指布满或充分具有，适用对象范围较宽，可以用于好的事物，也可以用于坏的事物;可以指人,也可以指具体事物或抽象事物。例如:"充满希望"
"充满艰辛""充满泪水""街道上充满了难民"。"充溢"不仅是填满,还
有"洋溢"的意思,即充分流露出来,对象可以是表情、情感等,例如:"喜
气充溢";也可以指像水装满要溢出来的样子,多用于可以流动的事物,如
空气状、水状的事物等,例如:"眼里充溢着感动的泪水。""校园里充溢着
欢乐的气氛。""充盈"有"充满、充足"的意思,对象可以是具体事物,也可
以是抽象事物,但不能是人。

（3）程度有所不同。"充溢"是"充满得溢出来",故而"充溢"的程度
比"充满""充斥""充盈"要深。

（4）在是否能组成专业术语方面有所不同。"充盈"可构成专业术
语,如医学上的"充盈缺损"、工程学上的"充盈系数"等;而"充满""充
溢""充斥"没有这样的术语。

 例 句

（1）近年来,在日本动漫产业中,充斥着色情和暴力等少儿不宜的
"不良动漫"产品引发了日本教育界学者们的不满。

（2）困难肯定是有的,但我们应该充满信心,争取拿到奖杯。

（3）这是一篇充满火药味的声明。

（4）这天早晨,有什么使人感动的东西充溢在他胸口,他想赶紧回去
把陈伊玲的故事告诉每一个人。

（5）走进南京大排档,恍如走进清末民初之酒楼茶馆、街巷市井,到
处充溢着中华传统民俗风情。

（6）一个懂得欣赏美、享受美、创造美的孩子,才会成长为一个充盈
着渴望和创造力的人、一个幸福的人!

（7）这些细胞的形状依膀胱充盈的程度而变。

（8）值得一提的是,在粮仓充盈的情况下,恒大近期又开启了扩张
模式。

(1)贪官污吏,充盈朝堂,奸佞小人,朝除夕生,可谓国之不幸。(此处应该用"充斥")

(2)水肿首先表现在正常时充满度最低的部位。(此处应该用"充盈")

(3)让我们的孩子心里永远都充溢光明。(此处应该用"充满"或"充盈")

(4)当我回到家中,炒菜的香气充斥整个房间,原来是爸爸妈妈要为我庆祝生日。(此处应该用"充满""充溢"或"充盈")

矗立　耸立　屹立

释　义

矗立(chùlì):〈动〉高耸直立。例如:"矮墙后面矗立着一根旗杆。"

耸立(sǒnglì):〈动〉高高地直立。例如:"街道两边耸立着一座座高楼。"

屹立(yìlì):〈动〉像山峰一样稳固地矗立;比喻坚定不可动摇。例如:"宝塔巍然屹立于山顶。""中华民族正以崭新姿态屹立于世界的东方。"

辨　析

三个词都有"高耸直立"的意思,但有细微差别,主要是:

(1)侧重点有所不同。"矗立"侧重点在"矗",直而高地立着;"耸立"侧重于"耸",明显地高于周围的物体,突出而引人注目;"屹立"侧重点在"屹",原指像山峰一样高耸稳固地矗立,也比喻人或物像山峰一样高耸而稳固地立着,坚定不可动摇。

(2)感情色彩有所不同。"矗立""耸立"都是中性词,"屹立"含有褒义色彩。

(3)使用范围有所不同。"矗立"和"耸立"一般用于物,不用于人,且常用于建筑物。"屹立"既可以用于事物,包括具体事物和抽象事物,用于具体事物时,常用于山峰;也可以用于人。

例　句

(1)香港国际金融中心矗立于中环,而中环正是香港的经济心脏。

(2)文化文艺工作者、哲学社会科学工作者的担当,就是要把崇高的价值、美好的情感融入自己的作品,传递真善美,让中华民族的精神大厦巍然耸立!

(3)中华民族靠着自强不息的精神,屹立在世界的东方。

错误用例

(1)赵州桥自建成后,距今已1400多年,其间经历了十多次大洪水、八次战乱和多次地震的考验,依然耸立在中国大地上。(此处应该用"屹立")

(2)矗立在美国曼哈顿岛西南端的世界贸易中心,曾是世界上最高的建筑物之一,2001年因被恐怖分子劫机撞毁而倒塌。(此处宜用"耸立")

(3)在天安门广场的南面,高高耸立着人民英雄纪念碑。(此处应该用"矗立"或"屹立")

传诵　传颂

释　义

传诵(chuánsòng):①〈动〉辗转传布诵读。例如:"这是一首传诵千古的民歌。"②〈动〉辗转传布称道。例如："唐僧师徒西天取经的故事在民间广为传诵。"

传颂(chuánsòng)：〈动〉辗转传布颂扬。例如："全村人都在传颂着他见义勇为的动人事迹。"

辨 析

两个词都属于褒义词，其中的"传"都是辗转传布，都有广为流传的意思。不同之处在于：

（1）侧重点不同。"传诵"侧重于"诵"，"诵"本意是诵读，有述说或称述之意，因此"传诵"重在流传诵读或称道。"传颂"侧重于"颂"，"颂"本意是赞扬，因此"传颂"重在传播颂扬。

（2）使用范围有所不同。"传诵"所诵读的对象多为诗词、文章等，所称道的对象多为事迹、名声等；"传颂"多用于对事迹、精神的传播颂扬。

（3）在"称道"意义上倾向性不同。在"称道"这一含义里，两个词语的对象都有事迹、名声等，但"传诵"倾向于扩大传播范围，而"传颂"则是倾向于歌颂赞美。

例 句

（1）在古代诗文中，有很多千古传诵的佳句，读来朗朗上口，如果我们能多背诵一些，对我们文化素养的提高，是有很大益处的。

（2）玄奘的事迹一直在世界各国传诵，现在世界各地也兴起了玄奘研究的热潮，尤其是在印度，某些方面更是超越了国内。

（3）在那次百年不遇的大洪灾中，他先后救出十多名村民，最后自己被凶猛的洪水卷走。至今，全村人仍在传颂着他的英雄事迹。

错误用例

（1）他闲来喜欢写几句打油诗，有一首在当地广为传颂。（此处应该

常用动词易混词语辨析

用"传诵"）

（2）干部楷模焦裕禄全心全意为人民服务的事迹在老百姓中广为传诵。（此处应该用"传颂"）

传播　传扬

 释　义

传播（chuánbō）：〈动〉大范围散布、传送；四处推广。例如："传播消息""传播抗震救灾知识"。

传扬（chuányáng）：〈动〉传播宣扬。例如："传扬美名""这件事迅速传扬了出去"。

 **辨　析**

两个词都有"大范围散布"的意思。不同之处在于：

（1）对象有所不同。"传扬"的对象多是事情、名声等，适用范围较窄；而"传播"的对象可以是抽象的事物，如理论、思想、学说等，也可以是具象的事物，如种子、疾病、能量等，适用范围较广。

（2）行为主体有所不同。"传扬"一般是有意识地宣扬散布，所以行为主体多是人。"传播"既可以是有意识的散布，也可以是无意识的散布，因此行为主体可以是人，也可以是物，例如："风能帮助蒲公英传播种子。"

例　句

（1）从广义上讲，民间故事就是劳动人民创作并传播的、具有虚构内容的散文形式的口头文学作品，是所有民间散文作品的通称。

（2）不要让自己成为谣言传播的中介。

（3）他想隐瞒此事可办不到，我们这就给他传扬出去。

(4)李白在出蜀漫游时,名声就已经开始传扬。

🔍 **错误用例**

(1)随着海外无数孔子学院的建立,中国传统文化的传扬已经是一个潮流。(此处应该用"传播")

(2)精确传扬往往由直复营销、数据库营销等多种手段的结合,前提是掌握精确的营销信息、精确的目标受众资讯以及有效的市场手段。(此处应该用"传播")

(3)三国的人物故事家喻户晓,传播万里,走红中国和华人世界。华人世界不知道刘、关、张,不知道诸葛亮的人是很少的。(此处应该用"传扬")

篡改　窜改

✍ **释　义**

篡改(cuàngǎi):〈动〉用作伪的手段故意改动或曲解(理论、政策等)。例如:"篡改历史教科书""任意篡改中央文件精神"。

窜改(cuàngǎi):〈动〉改动文字(多用于贬义)。例如:"我看到的文件是被人窜改过的。"

📖 **辨　析**

两个词都有"改动"的意思。不同之处在于:

(1)使用对象不同。"篡改"的对象多是理论、政策、主张等重大的、抽象的事物,语意较重,即便是文字上的改动,其结果也是重大的政策、主张、精神上的变动;"窜改"的对象多是文章、古籍、成语等具体文字上的改动,语意较轻。

（2）使用目的不同。"篡改"的目的是用假的、错误的东西取代真的、正确的东西;而"窜改"的目的是指对原来的东西错误地进行改易、变更。

例　句

（1）日本帝国主义的侵略历史不容篡改。

（2）有些干部自以为"天高皇帝远",故意篡改上级政策,胡作非为。

（3）书上有些比较可靠的民间歌谣,都是未经窜改的第一手的资料,十分珍贵。

（4）你只校对错别字就可以了,不要随便窜改作者的原文。

错误用例

（1）赵高与李斯合谋窜改诏书让胡亥登上皇帝位,后又假造圣旨逼扶苏自杀。现在有人对这段历史持怀疑态度。（此处应该用"篡改"）

（2）他拿来的这本古籍,经专家考证,有篡改的痕迹。（此处应该用"窜改"）

摧残　摧毁

释　义

摧残（cuīcán）:〈动〉使遭受严重破坏或使蒙受严重损害。例如:"生态环境遭受严重的摧残。""精神备受摧残。"

摧毁（cuīhuǐ）:〈动〉彻底破坏。例如:"公安机关将流窜过来的犯罪集团一举摧毁。""这场地震摧毁了村里大部分房屋。"

辨　析

两个词都有"使遭受破坏和损害"的意思。不同之处在于:

（1）程度不同。"摧残"破坏的程度轻一些,伤害的只是事物的一部分或一大部分;"摧毁"破坏程度较重,是指对事物加以彻底破坏。

（2）侧重点不同。"摧残"侧重于伤害,"摧毁"侧重于毁灭。

（3）对象不同。"摧残"的对象多为人的身体、精神以及文化事业等,也可以是大自然、生态环境等包含生命体的存在;"摧毁"的对象多为建筑、阵地、制度等,有时也可以用于精神、理论基础等。

例　句

（1）我们一致谴责这种灭绝人性的摧残儿童的罪行。

（2）摧毁旧制度,建立新中国。

错误用例

（1）这本书的写作目的就是要摧残"新红学"的理论基础。（此处应该用"摧毁"）

（2）由于河水污染,附近生态遭到严重摧毁。（此处应该用"摧残"）

代替　顶替　接替

释　义

代替（dàitì）:〈动〉替换别人或别的事物,并能起到被替换的人或事物的作用。例如:"代替同事值班""青霉素过敏的话,可以用其他药物代替"。

顶替（dǐngtì）:〈动〉顶名代替;由别的人或物接替或代替。例如:"他冒名顶替十几年,终于被人发现。""他去接电话,我临时顶替一下。"

接替（jiētì）:〈动〉接过别人的工作、职务等继续干;代替。例如:"你调任后,工作由你的下属接替。"

三个词都有替换别的人或物的意思,有时可以互换,例如:"他去接个电话,我顶替他一会儿",这里的"顶替"也可以用"代替"或"接替"。但三个词也有不同的意义用法,主要是:

(1)使用范围不同。"接替"运用的范围比较窄,只能用于人以及人所从事的工作、所担任的职务等;"代替"和"顶替"运用范围较广,除了人或人的工作外,还可以是其他事物。例如:"用水泥代替(顶替)红砖""用国货代替(顶替)进口货",其中的"代替"或"顶替"都不能换成"接替"。

(2)使用侧重点不同。"接替"侧重于"接",即在别人所做基础上继续干下去;"代替"侧重于"代",即代替、替换别人或事物起作用;而"顶替"侧重于"顶",即把别的人或物替换下来顶上去。

(3)语义的独特性不同。"顶替"有"顶名代替"的意思,其他两个词没有此义。因此"冒名顶替""由于长得像,他顶替他的孪生哥哥进了保密车间",这里的"顶替"不能换成"接替"或"代替"。

(4)构词特点不同。"代替"的构成语素可以颠倒位置而语义不变,例如:"代替"也可以说成"替代"。而"接替""顶替"的语素不能颠倒位置。

例 句

(1)这批货质量也不错,可以代替原来的货。

(2)在古代,常有大户人家用钱找穷人顶替他们家犯死罪的儿子受刑。

(3)数学老师调走了,谁来接替他?

错误用例

(1)1972年,我父亲退休,我接替他进了炼钢厂,成了一名炼钢工人。

（此处应该用"顶替"）

（2）同血型血浆用完了,你可以用 O 型血浆接替。（此处应该用"顶替"或"代替"）

（3）老张旧病复发住进医院了,这个课题就由我来顶替完成吧。（此处应该用"接替"）

带领　率领

释　义

带领(dàilǐng)：①〈动〉在前头领着。例如："带领客人到前台办理入住手续。"②〈动〉领导并指挥。例如："带领全班同学进行卫生大扫除。"

率领(shuàilǐng)：〈动〉带领。例如："率领小分队上山剿匪。"

辨　析

两个词都有领导并指挥的意思。不同之处在于：

（1）使用对象有所不同。"带领"用来表示领导并指挥时,所支配的对象比较宽泛;而"率领"所支配的对象一般是部队或集体。

（2）使用侧重点不同。"带领"侧重强调站在前头指引,而"率领"则是强调居于领导地位来指挥。

（3）使用的感情色彩有所不同。"率领"带有郑重的色彩,例如："总理率领政府代表团出访";而"带领"则不具特别色彩,运用场合比较宽泛。

（4）动作实施时间的长短有所不同。"带领"所要完成的任务既可以是短期的,也可以是长远的;"率领"所要完成的任务一般是短期的。

例　句

（1）岳飞率领岳家军同金军进行了大小数百次战斗,所向披靡。

(2)记者找到他时,他满身泥水,正在带领几名党员筑坝。

(3)向导带领着我们走了三天,才走出了这片沙漠。

错误用例

(1)秋收起义受挫后,部队在毛泽东的带领下转兵上了井冈山。(此处应该用"率领")

(2)在老村长的率领下,我们几个知青很快就熟悉了村民的分布情况。(此处应该用"带领")

担当　担负　担任

释　义

担当(dāndāng):〈动〉接受并负起责任。例如:"担当重任""最艰巨的任务应该由共产党员来担当"。

担负(dānfù):〈动〉承担(任务、责任、费用等)。例如:"在这次大型展出活动中,他担负了策划任务。""广告所需费用由公司担负。"

担任(dānrèn):〈动〉承担(某种职务或工作)。例如:"担任班干部""担任警戒工作"。

辨　析

三个词都有承担负责的意思。不同之处在于:

(1)使用对象有所不同。"担当"所承担的对象一般都是较为重大的任务、责任、风险、罪名等;"担负"的对象一般是任务、费用以及责任等;"担任"的对象多是职务及具体的职务名称、工作及具体的工作名称。例如:"担任武术指导"不能说成"担当武术指导""担负武术指导";"担当全部责任"可以说"担负全部责任",但不能说成"担任全部责任";"全部损失费用由某人担负"不能换用"担任"或"担当"。

(2)语义程度不同。虽然都有承担责任的意思,但"担当"语意比"担负""担任"重,一些重大的风险责任只能用"担当"。

(3)使用的侧重点不同。"担当"侧重于"当",承当重大责任、任务或罪名。"担负"侧重于"负",承受负担繁重的工作或任务、费用等。"担任"侧重于"任",担任具体工作或职务。

✎ **例 句**

(1)这个叛国的罪名,你担当不起!

(2)每一个有点知识的人都应当挺起胸来,担当这个重任。（老舍《四世同堂》）

(3)总书记重要讲话令人鼓舞、催人奋进,将指引中国共产党更好地担负起历史使命,也将带给中国人民更加美好的未来。

(4)他在这部片子里担任美工。

🔍 **错误用例**

(1)这次事故造成的全部经济损失,由你们公司担当。（此处应该用"担负"）

(2)这么多年来,他担负着卧底的任务和叛徒的罪名,心中的酸楚可想而知。（此处应该用"担当"）

(3)考上国家二级心理咨询师后,他在学校申请担当了心理教师。（此处应该用"担任"）

(4)你放心,全部责任由我来担任,不会让你为难的。（此处应该用"担当"或"担负"）

断定　确定

释　义

断定(duàndìng):〈动〉作出确定性判断,下结论。例如:"我断定他这次考试不会及格。"

确定(quèdìng):〈动〉明确肯定下来。例如:"目标已经确定""这是否颜真卿的真迹,我不能确定"。

◎另,有形容词义:明确而肯定。例如:"确定无疑。"

辨　析

两个词都有"明确肯定"的意思,有时可以互换,例如:"这是不是他的笔迹,我不能断定",句中的"断定"也可以换成"确定"。区别主要在于使用的侧重点不同。"确定"侧重于"明确地肯定或决定",而"断定"则是指由推断而下结论。例如:"这个项目的负责人要尽快确定下来",此处的"确定"不能换用"断定";而"我断定他会从这个方向来",句中的"断定"不能换成"确定"。

例　句

(1)综合各方面的因素,双方力量对比差不多,胜负现在还无法断定。

(2)这件事是上头决定的,我无法给你一个确定的答复。

错误用例

(1)他已确定罪犯的逃亡路线,立刻安排抓捕行动。(此处应该用"断定")

（2）这次改选数他的票数最多,如无意外发生,结果可以说是断定无疑了。(此处应该用"确定")

反思　反省

📖 **释　义**

反思(fǎnsī):〈动〉回过头对过去的事进行再思考,从中吸取经验教训。例如:"反思过去""反思自己昨天的言行"。

反省(fǎnxǐng):〈动〉回想自己的思想和言行,检查其中的错误。例如:"深刻反省自己犯下的错误。"

📖 **辨　析**

两个词都有对过去进行思考的意思。不同之处在于:

（1）使用的侧重点不同。"反思"侧重于总结过去的经验教训,"反省"侧重于检查自己过去的言行。

（2）使用目的不同。"反思"的目的是促进工作或发展,用过去的经验教训来激励未来;"反省"的目的是修养德行,认识缺点与错误,弃错图新。

（3）使用的范围有所不同。"反思"可以是对过去较为重大的事情进行思考,例如:"反思近代科技发展的历程";也可以是对小范围的工作进行反思,例如:"反思这节课的得失。""反省"除对自己过去的言行进行思考外,还有在心理学领域的运用,例如专门以"反省"为主要研究方法,故名"反省心理学"。

📖 **例　句**

（1）我们可以反思素质教育下的互联网应用,得出结论。

（2）不懂得反思就不会有教学上的进步。

（3）反省这几年来的做法，我确实是伤了孩子的心。

（4）他被罚关禁闭，以反省自己的错误。

 错误用例

（1）2015 年 8 月 15 日，日本天皇在全国战殁者追悼仪式致辞中，首次表示了对二战深刻反思的意思。（此处应该用"反省"）

（2）对"文革"那段历史进行反省，从而总结经验教训，更好地开拓未来，也许不是某一代人能够完成的事情。（此处应该用"反思"）

反映　反应

📝 **释　义**

反映（fǎnyìng）：①〈动〉反照出人或物体的形象；也比喻显现出客观事物的本质。例如："天花板上被那红色的小台灯反映出许多画着大圆形的黑影。""这部作品反映了当前的社会现实。"②〈动〉向上级或有关部门报告情况或问题。例如："我已把你的意见反映给市长。"

◎另，有名词义：①〈名〉指客观事物作用于人的感官而引起的感觉、知觉、表象以及在此基础上产生的思维认识过程。例如："实践是反映的基础。"②〈名〉指有机体接受和回应客观事物影响的机能。例如："所谓感受就是对客观世界的反映。"

反应（fǎnyìng）：〈动〉有机体受到刺激而产生相应的活动；物质发生化学变化或物理变化。例如："事情发生得太突然，大家都没反应过来""化学反应""热核反应"。

◎另，有名词义：指事情发生后在人们中间引起的意见或行动。例如："反应迅速""在观众中引起不同的反应"。

两个词只是同音词,严格说来不能算是同义词,但在使用中常有人用错,因此有必要辨析清楚。两个词的区别在于:

(1)意义不同。两个词只是读音相同,意义是不同的。作动词时,"反映"的基本义是映照,例如:"湖水反映着天上的白云";比喻义是把事物的面貌、本质等显现出来,例如:"这篇文章反映出你不健康的心理。"而"反应"指的是有机体对于刺激或外界作用而产生的活动,例如:"她孕期反应厉害。"

(2)用法不同。"反应"多是被动的,而"反映"多是主动的。"反应"一般不能带宾语,"反映"则可以带宾语。

(3)作名词时的指向也有所不同。两个词都有"接受和回应客观事物影响"的意思,不同的是:"反映"重在指有机体接受和回答客观事物影响的活动过程,例如:"实践是反映的基础";"反应"则重在指因事物的影响而引起人们的相应活动,例如:"朝鲜第三次核试验引起国际社会强烈反应。"

例　句

(1)这次考试失败,反映出这学期我们班的好多问题。

(2)有同学反映,你这段时间表现不够好。

(3)这种药物会引起神经系统急性中毒反应。

(4)被他的大叫吓了一跳,朋友不满地说:"反应这么大？至于么。"

错误用例

(1)诗人强烈的感受其实就是对当时腐败社会的反应。(此处应该用"反映")

(2)守门员还没反映过来,球已经飞入网底。(此处应该用"反应")

(3)这个新规定刚刚下发,群众没什么反映是正常的。(此处应该用"反应")

(4)这个事件反应出当时社会上出现的一种新的思潮。(此处应该用"反映")

腐败　腐化　腐朽

 释　义

腐败(fǔbài):〈动〉(有机物)腐烂变质。例如:"这些饭菜已经腐败变质。"

◎另,有形容词义:①〈形〉(人)腐化;堕落。例如:"决不让腐败分子逃脱人民的法网。"②〈形〉(社会、制度、机构等)黑暗、混乱。例如:"社会黑暗,政治腐败。"

腐化(fǔhuà):①〈动〉思想行为变坏。例如:"他晚年生活腐化,道德开始堕落。"②〈动〉使腐化。例如:"警惕不法分子腐化我党领导干部。"③〈动〉机体由于微生物的滋生而破坏;腐烂。例如:"这条鱼不新鲜了,某些部位已开始腐化。"

腐朽(fǔxiǔ):〈动〉木料及其他含纤维的物质腐烂变质。例如:"这些木材放得太久,都腐朽了。"

◎另,有形容词义:比喻人思想陈腐或社会风气败坏。例如:"腐朽没落""腐朽的封建意识"。

辨　析

以上三个词都有腐坏变质的意思。不同之处在于:

(1)在用于具体事物时,侧重点不同。"腐朽"偏重指木料等含纤维的物质朽坏无用,例如:"木料腐朽,已经无用",这里的"腐朽"不能换成

"腐败"。"腐败"多用于指生物体变坏,例如:"食物腐败",其中的"腐败"不能换成"腐朽"。"腐化"偏重指生物体慢慢地由好变坏,例如:"福尔马林能杀灭一切细菌,并能以化学方法阻止肌体腐化",这里的"腐化"不能换成"腐败"或"腐朽"。

(2)在形容思想、政治、社会等方面的情况时,侧重点不同。"腐朽"偏重指落后于时代,陈旧而无活力;"腐败"偏重变坏、堕落;"腐化"偏重指思想行为等逐渐变坏堕落。"腐化"强调思想行为的过程,"腐败""腐朽"是"腐化"思想行为的结果。"腐化"多指个人,"腐败"和"腐朽"则既可以指个人,也可以指社会。

(3)用法意义有所不同。"腐化"有使动用法,而"腐朽"和"腐败"没有。"腐败""腐朽"除了作动词用,还有形容词的功能,而"腐化"则只有动词功能。

📖 例 句

(1)夏季天气炎热,食物容易腐败变质,但干菜却可以长期保存。

(2)腐败问题是危害国家和社会的毒瘤。

(3)近年来,一些领导干部腐化堕落、蜕化变质的根本原因,是我们的制度中对权力的监督制约力度不够。

(4)权力的趋附者为了一己之私利,不择手段用重金、美色拉拢腐化领导干部。

(5)这些木头露天堆放,风吹雨淋,已经腐朽了。

(6)他的无厘头风格正是他对抗腐朽的传统文化的武器。

🔍 错误用例

(1)有些干部在资产阶级的"糖衣炮弹"面前败下阵来,并进一步腐败堕落下去,刘青山、张子善就是例子。(此处应该用"腐化")

(2)干燥是预防食物腐朽的一个简单易行的方法。(此处应该用"腐败"或"腐化")

(3)封建主义腐朽的思想文化是当今社会腐化现象产生的历史原因。(句中的"腐化"应该用"腐败")

改革 改造

✏ 释 义

改革(gǎigé):〈动〉改进革新,即把事物中旧的、不合理的部分改成新的,使能适应新的客观情况。例如:"改革管理制度""改革教育体制"。

改造(gǎizào):①〈动〉就原有的事物加以修改或变更,使适合需要。例如:"把旧厂房改造成体育健身场馆。"②〈动〉从根本上改变旧的,建立新的,使适应新的形势和需要。例如:"改造旧世界,建立新中国。"

✎ 辨 析

两个词都有把原有事物进行改变以适应新的需要的意思。不同之处在于:

(1)使用的范围有所不同。"改革"多指在制度上进行变革,而"改造"多指从物质上进行改变。例如:"改革土地政策""改造土地"。

(2)程度不同。"改造"是从根本上改变;而"改革"是改掉不合理的部分,保留合理的部分。例如:"改造人类生存环境""改革公司规章制度"。

✎ 例 句

(1)农村信用社改革不是一帆风顺的。

(2)改革企业内部管理体制,实现企业经营机制的转换。

(3)我们人类不仅要能适应环境,还要学会改造环境。

(4)他把自家的阳台改造成了小商店,解决了失业问题。

错误用例

(1)他改革了自己的住房,使原来的一方斗室凭空大了许多。(此处应该用"改造")

(2)第二次国内革命战争时期,中国共产党改造了土地政策,满足了农民对于土地的要求。(此处应该用"改革")

改进　改良

释　义

改进(gǎijìn):〈动〉改变原有状况,使进步。例如:"改进造船技术。"

改良(gǎiliáng):①〈动〉改变事物原有的某些不足,使比原来更好。例如:"改良土壤""改良剪枝技术"。②〈动〉改善。

辨　析

两个词都有改变原有情况使更好的意思,有时可以互换,例如:"改良耕作技术"也可以说成"改进耕作技术"。不同之处在于:

(1)侧重点不同。"改进"侧重于指在原有基础上有所进步和提高;"改良"侧重于指消除个别或局部的不足,使更符合要求,或者说是把原来不够良好的、尚有缺点的,改成良好的、没有缺点的。

(2)适用对象和范围不同。"改进"适用对象一般是工作、作风、态度和方法等,适用范围较广;"改良"的适用对象一般是政治、土壤、品种或农具等。例如:"改进工作"不能说成"改良工作";而"改良土壤"不能说成"改进土壤"。

(3)在能否构成新的词语方面也有不同。"改良"可以跟别的语素组合成专有名词,例如:"改良派""改良主义";"改进"不能这样组合。

常用动词易混词语辨析

121

例　句

（1）我们的工作还有许多需要改进的地方。

（2）他改进了发球技术，在这次比赛中获得了好名次。

（3）这样的土地用现代化技术能够改良，但是费用一定很高。

（4）种子园的主要作用就是经常和持续地生产改良遗传品质的种子。

🔍 错误用例

（1）这些花的品种还需进一步改进，以适应市场需求。（此处应该用"改良"）

（2）虽然你获得了这次教学技能大赛冠军，但不可否认，你的教学方法还有待改良。（此处应该用"改进"）

观赏　欣赏

✎ 释　义

观赏（guānshǎng）：〈动〉观看欣赏。例如："观赏中秋夜景""观赏牡丹花"。

欣赏（xīnshǎng）：①〈动〉以喜悦的心情领略美好事物。例如："欣赏古典音乐。"②〈动〉喜欢，感到满意。例如："我很欣赏他的才华。"

📖 辨　析

两个词都有"领略事物的美好"的意思。不同之处在于：

（1）对象不同。"观赏"的对象只能是看得见的具体事物，侧重于通过视觉领略感受事物的美好和情趣，例如："观赏日出""观赏雪中美景"；

很少用于人,除非是特殊语言环境,把人当物了。而"欣赏"可以指多种感觉器官和精神上的享受,对象不限于看得见的事物,也可以是人;可以是具体的,也可以是抽象的。例如:"欣赏她的歌喉""欣赏美食""欣赏这个人的勇敢精神"。

(2)搭配不同。"欣赏"有"喜欢,感到满意"的意思,因此词语搭配上可以跟"很""不""十分"等表示程度的副词组合,而"观赏"不能。例如:"不欣赏"不能说成"不观赏";"很欣赏某人的做法",不能说成"很观赏某人的做法"。

(3)情感强度不同。"观赏"是表面的观看和领略,情感投入不深;"欣赏"则是深入体会,感悟深切并予以喜欢满意的情感。

例 句

(1)我没观赏过日出。

(2)他总是很乐观,这一点我很欣赏。

(3)别人图的是观赏开放后的茉莉花,可我更欣赏茉莉花开时那动态过程的美丽。

错误用例

(1)我们很不幸地生在一个电视霸权主义的时代,电视训练着并改变着无数人的观赏习惯,让人变得焦躁、轻浮、懒惰、追逐直观和直白。(此处应该用"欣赏")

(2)悬铃木是悬铃木科悬铃木属约7种植物的通称。分布于东南欧、印度和美洲,中国引入栽培的有3种,供欣赏用和做行道树。(此处应该用"观赏")

(3)欣赏花卉能让人产生愉悦的感情。(此处应该用"观赏")

(4)他坐在前排入迷地观赏着音乐,我连叫了几声他都没有听见。(此处应该用"欣赏")

关怀　关切　关心　关注

✏️ **释　义**

关怀(guānhuái)：〈动〉(上对下)关心爱护。例如："公司领导应关怀新进员工的成长。"

关切(guānqiè)：〈动〉十分关心。例如："他对敬老院老人的生活状态非常关切。"

关心(guānxīn)：〈动〉(对人或事物)爱惜,重视,经常挂在心上。例如："青年人要关心国家大事""关心群众的疾苦"。

关注(guānzhù)：〈动〉重视;特别注意。例如："全世界都在关注着中国的经济建设。"

📖 **辨　析**

以上四个词都有关心、重视的意思。不同之处在于:

(1)使用范围有所不同。"关怀"多用于上级对下级、长辈对晚辈、大人对小孩、集体对个人,而且一般只用于对人;"关切"多用于领导对群众、长辈对晚辈、强势群体对弱势群体或同志朋友之间,有时也用于对事物,例如:"对环境污染问题表示关切";"关心"使用范围广,可以对人,也可以对事物,例如:"关心群众生活";"关注"则多用于动态变化的人或事物,例如:"关注她的成长""关注事态发展"。

(2)语义侧重点有所不同。"关怀"侧重于放在心怀里关心爱护,有"保护、照顾"的意味;"关切"是十分关心,深切重视;"关心"是爱惜重视,侧重的是"心里惦记";"关注"则是重视、特别注意,侧重的是"目光注视"。

(3)语义程度有所不同。比较而言"关怀""关切"语义程度较重,

"关心"程度稍轻。"关注"侧重于"注意"的意思时,语意比"注意"要重,不仅注意还要了解;而侧重于"重视"时,语义程度比"关切"要轻。

(4)语体风格有所不同。"关怀""关切""关注"多用于书面语,而"关心"多用于口语。

例 句

(1)虽然远离家乡,母亲依然书信不断,殷切关怀着我的一切。

(2)得知我家中遭受大难,老师关切地问询情况。

(3)作为全国人大代表,周晓光特别关切农民工的利益,她的议案中很多涉及外来人口的廉租房、婚恋、教育以及医疗服务等方面。

(4)没人关心你这个问题,除了我。

(5)我们的干部要关心每一个战士,一切革命队伍的人都要互相关心,互相爱护,互相帮助。

(6)全世界都在高度关注着近几年日益严重的雾霾现象。

错误用例

(1)在党的关注下,我们有信心重建家园。(此处应该用"关怀")

(2)高中学生要关注国家大事,特别要关心近一年来的热点问题。(前面的"关注"应该用"关心";后面的"关心"应该用"关注")

(3)他关心地询问着梅的消息,脸上急切的表情藏也藏不住。(此处应该用"关切")

(4)我儿子是个孝顺的人,出差在外还天天打电话回来,关怀我的饮食起居,就怕我有什么不舒服。(此处应该用"关心")

贯穿　贯串

现代汉语常用**易混**词语辨析

释　义

贯穿（guànchuān）：①〈动〉穿过；连通。例如："南京地铁 3 号线贯穿大江南北。"②〈动〉从头到尾地体现。例如："这种战斗精神贯穿了鲁迅的一生。"

贯串（guànchuàn）：①〈动〉从头到尾穿过一个或一系列事物。例如："这位作家各个时期的创作全都贯串着爱国主义的主题。"②〈动〉连贯。例如："这段话前后的意思贯串不起来。"

辨　析

两个词都有"从头到尾连起来"的意思，适用对象都可以是具体事物，也可以是抽象事物，有时可以互换，例如："这种思想贯穿（贯串）始终。"不同之处在于：

（1）对象是具体事物时，使用范围有所不同。"贯串"多用于多个小物体的串联，例如："用丝线把一颗颗细小的彩石贯串起来，做成手镯。""贯穿"多用于连通不同的地方，例如："这条新建的高速公路贯穿了我省十几个县区。"

（2）对象是抽象事物时，语义也有不同。虽然两个词语有时可以互换，如前面的示例。但"贯串"还有"连贯"的意思，例如："意思贯串不起来"，其中的"贯串"就不能换成"贯穿"。

例　句

（1）现实主义贯穿中外文学艺术历史，这既是规律，也是事实。

（2）渭河正阳大桥通车，贯穿秦汉，连通泾河。

(3)现代契约理论内容丰富,是贯串本论文研究的主线。

(4)脊椎骨节节贯串,支撑着人和脊椎动物的身体。

错误用例

(1)汾河贯串盆地中部,沿岸广泛发育着二级阶地。(此处应该用"贯穿")

(2)加上这一段文字,全文内容就贯穿起来了。(此处应该用"贯串")

忽视　忽略

释　义

忽视(hūshì):〈动〉不注意;不重视。例如:"后进生往往是被教师忽视的一个群体。""市场主体如果忽视年报,那后果会很严重。"

忽略(hūlüè):①〈动〉应该注意而没有注意到,疏忽。例如:"追求数量而忽略质量,这是人们常犯的错误。"②〈动〉认为不重要而有意省略不计或不去考虑。例如:"人们总是认为成大事者应该抓大事而忽略小事,却不知细节往往决定成败。"

辨　析

两个词都是动词,都能带宾语,都有"不注意、不重视"的意思,有时可替换,例如"不能忽视(忽略)细节"。区别在于:

(1)行为主体的意识不同。"忽视"着重指不注意,属于无意疏忽;而"忽略"是认为不重要而疏忽,属于有意疏忽。

(2)搭配对象不同。因为"忽略"还有"认为不重要而有意省略不计或不考虑"之意,所以"忽略"所带的宾语一般比较具体,如数字、优缺点、习惯、小问题、表现、状况，等等；而"忽视"所带的宾语一般比较抽象，是根据常识不允许被省略不计或不加考虑的，如教育、安全，等等。

（3）程度不同。在"疏忽不注意"的意思上，"忽略"比"忽视"程度要轻。"忽略"只是该注意而没有顾及，主观上认为作用小可以省略不计的；"忽视"则是根本不重视乃至无视其存在。

例　句

（1）这个问题，教材里已经论述过了，可惜被大家忽视（忽略）了。

（2）忽视教育带来的严重后果，现在已经显现出来了。

（3）收上来的报表现在可以统计了，没交的只是个别的，可以忽略，对结果影响不大。

错误用例

（1）在巨大的互补性利益面前，双方存在的细节上的分歧可以忽视不计了。（此处应该用"忽略"）

（2）长期以来，我们都忽略了提升学生写作思维的重要性，导致学生作文能力一直上不去。（此处应该用"忽视"）

化妆　化装

释　义

化妆（huàzhuāng）：〈动〉修饰容貌使美丽。例如："为新娘描眉化妆。"

化装（huàzhuāng）：①〈动〉为演出需要而把演员装扮成特定角色。例如："新编历史话剧《司马迁》今天彩排，演员们正在后台化装。"②〈动〉改扮；假扮。例如：《渡江侦察记》中，女游击队长刘四姐化装成提篮小贩,配合侦查员行动。"

两个词都有"装饰打扮"的意思,不同之处在于:

(1)侧重点不同。"化妆"侧重于美化,"化装"侧重于改扮。

(2)用法不同。"化装"可以带宾语,而"化妆"不能带宾语。

(3)适用范围不同。"化装"适用范围比较广,既可以用于演出,也可以用于生活中;可以用于面部的改扮,也可以用于服装改扮;男女老少均可。"化妆"适用范围较窄,多用于容貌修饰。

例　句

(1)为了参加晚宴,她提前一小时就开始化妆,最后看着镜子里美丽的容颜,心里很满意。

(2)化装舞会是欧美上流社会在公司年会或大型庆功会、时尚派对上的一种安排,参加者往往需要化装,例如要戴面具或者伪装方可参加。

(3)这次六一儿童节演出,女儿化装成了白雪公主。

错误用例

(1)她曾经化妆成新娘子,掩护交通员出城。(此处应该用"化装")

(2)因为要去参加新闻发布会,市长用了一个小时化装,清除了黑眼圈,使自己看上去显得神采奕奕。(此处应该用"化妆")

歼灭　消灭

释　义

歼灭(jiānmiè):〈动〉消灭。例如:"一定要歼灭来犯之敌。"

消灭(xiāomiè)〈动〉消失;消亡。例如:"很多远古时代的物种已经消灭。"②〈动〉使不存在。例如:"消灭作文中的错别字""啄木鸟消灭害虫为小树治病"。

辨 析

两个词都有"使不存在"的意思。不同之处在于:

(1)适用范围不同。"歼灭"多用于军事,使用范围较窄,例如:"白虎团被歼灭了。""消灭"既可用于军事,也可用于其他方面,适用范围很广,例如:"消灭威虎山土匪""消灭黑恶势力""消灭贫困人口"。

(2)对象不同。"歼灭"的对象一般只限于敌人;"消灭"的对象则不限于敌人,也可以是其他有害的东西。

(3)消灭事物的数量不同。"歼灭"杀伤力大,只能用于一个群体,而不能用于个体;"消灭"则可大可小,既可以消灭"群体",也可以消灭"个体",例如:"把敌人一个一个地消灭掉。"

(4)用法不同。"歼灭"是及物动词,必须带宾语,例如可以说"歼灭了敌人",也可以说"敌人被歼灭了",但不能说"敌人歼灭了"。"消灭"因为有"消亡"的意思,所以除了作可以带宾语的及物动词,也可以作不及物动词,不带宾语,例如:"消灭害虫""害虫消灭了"。

(5)在是否可以构成专有名词方面也有不同。"歼灭"可以跟"战"组合成专有名词"歼灭战",意思是"以消灭全部或大部分敌人为目的的战斗或战役";"消灭"则没有这种组合。

例 句

(1)我们已经歼灭了所有的来犯之敌。

(2)为歼灭"老虎团",打开南大门,我军出动了中野 6 纵 46 团和华野 7 纵队 57 团两个主力团。

(3)当前在我国,剥削阶级作为一个阶级虽然已经消灭,但阶级、阶层矛盾仍然普遍存在。

(4)消灭害虫,减少疾病传播途径。

错误用例

(1)我国对社会主义本质的界定是:解放生产力、发展生产力,歼灭剥削、歼灭两极分化,最终达到共同富裕。(这里两处都应该用"消灭")

(2)老兵都是练出来的,战场上歼灭一个敌人需要耗费多少颗子弹?一般人想象不到。(此处应该用"消灭")

(3)为了预防瘟疫,这场清除害虫的消灭战持续了整整半个月。(此处应该用"歼灭")

建设　建造　建筑

释　义

建设(jiànshè)①〈动〉创建;建造。例如:"建设史学新体系""建设高速公路"。②〈动〉通过劳动来创造和改善生产生活的环境与条件。例如:"建设大西北。"

◎另,有名词义:有关建设方面的工作。例如:"搞好学校各项基础建设。"

建造(jiànzào):〈动〉建筑;制造(大型设备)。例如:"建造摩天大楼""我国自主建造了'中远海运宇宙'货轮"。

建筑(jiànzhù):〈动〉建造构筑(土木工程)。例如:"建筑高楼""建筑桥梁"。

◎另,有名词义:建筑物。例如:"佛香阁是颐和园的标志性建筑。"

辨　析

三个词都含有修建的意思,有时可以通用,例如:"建设(建筑)高速

公路""建造(建筑)高楼"。不同之处在于:

(1)侧重点有所不同。"建设"侧重于指创立新事业,增加新设施,改善环境与条件,强调的是环境的改变和事业的兴建;"建筑"侧重于指修建构筑土木工程,强调的是筑基和构建;"建造"侧重于指修建和制造,强调的是建造之物本身。

(2)使用范围有所不同。"建设"的使用范围最为广泛,对象多为新事物、新事业、大的环境或条件等,既可以是具体事物,如房屋桥梁等土木工程,环境、区域、国家、城镇等地方处所,社会、国防等组织机构,也可以是抽象事物,如理论、思想学说、精神文明、事业等;"建造"和"建筑"只能用于具体事物。从使用范围来看,"建造"比"建设"窄而比"建筑"宽。"建筑"的范围一般只限于土木工程,对象多为房屋、道路、桥梁等;而"建造"则不局限于房屋、桥梁等土木工程,还可以是大型设备如航空母舰、人造卫星、货轮等。

(3)在比喻用法上有所不同。三个词都可以用于比喻,但使用时依据各自侧重点不同而有所区别。例如:"不要把自己的幸福建筑在别人的痛苦之上",这是把幸福比喻为大厦,把痛苦比喻为建筑的基础,所以不能换成"建设"或"建造"。"他用几十年的默默付出为自己建造了一座人格的丰碑",句中的"建造"不能换成"建设"或"建筑"。"建设精神的故乡",其中的"建设"不能换成"建造"或"建筑"。

(4)语法功能有所不同。"建设""建筑"都有名词功能,而"建造"没有。"建筑""建造"可以组合成专有名词,例如:"建筑物""建筑师""建造师"等;"建设"可以与"性"组合成名词短语,意思是积极促进事物发展的性质,例如:"建设性意见""让人脱离无建设性的政治争斗"。

📖 例 句

(1)我们去的第一个地方就是在原子弹爆炸中心的废墟上建设起来的和平公园。

（2）我们要建设社会主义精神文明，培养"四有公民"，提高民族素质。

（3）这里将要建造一座新的体育馆。

（4）中国能否在最短时间内建造一艘或多艘航母以应付未来战争？

（5）以特务支持政权，等于把房子建筑在沙滩上。

（6）图书馆是这所学校中最高的建筑。

🔍 错误用例

（1）我们居住的这个小镇建造得很有特色。（此处应该用"建设"）

（2）目前你们公司要加强机构建筑，尽量完善各种服务功能。（此处应该用"建设"）

（3）作为一个领袖，他建筑了一个新中国。（此处应该用"建设"或"建造"）

（4）我们学校附近有很多建设物。（此处应该"建筑"）

（5）一个人如果心理建造不能管理好，却去谈时间管理，是毫无意义的。（此处应该用"建设"）

接纳　接收　接受

✎ 释义

接纳（jiēnà）：①〈动〉吸收纳入。例如："他被接纳为学校足球协会会员。"②〈动〉接受；采纳。例如："领导接纳了职工提出的意见。"

接收（jiēshōu）：①〈动〉收受。例如："接收电台信号""接收商业情报"。②〈动〉接纳，吸收。例如："接收新兵。"③〈动〉依法接管（机构、财产等）。例如："接收敌伪逆产。"

接受（jiēshòu）：〈动〉领受；采纳。例如："接受同学的捐款""接受群众的监督""接受大家的合理化建议"。

辨　析

　　以上三个词都有纳入、收下的意思,有的情况下可以互换。如在"加入某一组织"的意思上,"接纳"和"接收"有时可以互换,例如:"接纳(接收)他为会员。"在"采纳意见"的意思上,"接受"和"接纳"可以互换,例如:"他接纳(接受)了我的意见。"在"收受"的意思上,"接受"和"接收"可以互换,例如:"接受(接收)礼品。"

　　但三个词又有不同的意义用法,主要是:

　　(1)对象有所不同。"接收"的对象一般是具体的人或事物,事物一般是财务、机关、企业、信息等。例如:"接收新党员""接收某公司和公司财产""接收无线信号"。"接受"的对象不能是人,只能是事物,可以是具体的,也可以是抽象的。例如:"接受经验教训""接受批评""接受再教育"。"接纳"有两个义项,在义项①"吸收纳入"的意思上与"接收"同义,但对象仅限于个人或团体参加某个组织、机构或活动,例如:"接纳新会员""接纳游客"。在义项②"接受;采纳"的意思上,"接纳"的对象一般只限于意见、批评、要求等,例如:"接纳你的观点。"

　　(2)目的和施动方式有所不同。"接受"是为了应承他人所施予的物品、行为或要求,多带被动意味,例如:"接受礼物""接受考验""接受批评"等;"接收"一般是为了使用、管理等目的而收下,多带主动意味,例如:"接收来稿""接收亏损企业"。

　　(3)适用范围有所不同。"接收"和"接受"运用范围比较广泛;而"接纳"的范围较窄,只限于接纳加入某种组织或者是采纳意见等。

例　句

　　(1)展览会每天接纳上万人参观。

　　(2)见他为人不错,小组也就逐渐接纳了他。

现代汉语常用
易混词语辨析

（3）中央政治局一致决定接收宋庆龄同志为中共正式党员。

（4）敌人做梦也没想到他们会接收到假情报。

（5）这个法官被检举接受贿赂。

（6）你的批评我虚心接受，以后一定会改。

🔍 **错误用例**

（1）早在1955年，毛泽东主席就发出指示，要求知识青年到农村去，接收贫下中农的再教育，中国政府开始组织大量城市"知识青年"上山下乡，在农村定居。（此处应该用"接受"）

（2）小王结婚后，要把户口迁到丈夫村子里，就需要接受地村委会开具同意接受户口证明。（两处的"接受"都应该用"接收"）

（3）随意接纳别人的钱物是不好的习惯，容易走上歧途。（此处应该用"接受"）

（4）新四军江南指挥部纪念馆积极接收大学生开展暑期社会实践。（此处应该用"接纳"）

截止　截至

✏️ **释　义**

截止(jiézhǐ)：〈动〉(到一定期限)停止。例如："报名在上个月底已经截止。""报名到本月31日截止。"

截至(jiézhì)：〈动〉截止到(某个时候)。例如："报名日期截至8月25日。""全市上网人数截至今年12月31日共89216人。"

📖 **辨　析**

两个词读音相近，意思也接近，都有到某一个期限的意思，使用中常有混淆。其主要差别在于：

（1）侧重点不同。"截止"侧重在"止"，强调"停止"，表示事情到某一时间停止，不再继续；"截至"侧重在"至"，强调"时间"，表示事情以到某一时间为界，未必停止，还可以继续。例如："报名在昨天已经截止"，意思是报名已经停止，不再继续了；"截至 31 日，报名人数已达 500 人"，意思是"500 人"是到 31 日的统计数字，以后可能还会有人报名。

（2）用法不同。"截止"不能直接带时间词语作宾语，一般用于时间词语之后，或者在后面加一个"到"字连接时间词语。例如："纪念品发放将在本月底截止。""有效期截止到 2014 年 6 月 8 日。""截至"后面必须带时间词语作宾语，由于"截至"中的"至"是"到"的意思，因此"截至"的后面不能再加"到"字。"截止到"相当于"截至"，例如："截至目前""截止到目前"。

（3）句法功能有所不用。"截止"可以作定语，例如："截止日期""截止时间"等，"截至"则不能这样用。

📖 例　句

（1）现在工商年检都是网上申报，快到截止日期前申报的人较多，最好早点申报，以免耽误。

（2）手机买一送一活动已在昨天截止。

（3）截至 2016 年 6 月，中国网站数量为 454 万个，半年增长 7.4%。

🔍 错误用例

（1）某药品包装上注明失效期为 2019 年 6 月，表示该药品合法使用的截至时间为 2019 年 5 月 31 日。（此处应该用"截止"）

（2）由于笔试提前，上海 2017 年医师资格考试试用期合格证明截至到当年 7 月 31 日。（此处应该用"截止"）

（3）截止目前，我们单位共有 18 名党员。（此处应该用"截至"）

举办 举行 召开

✏️ **释 义**

举办(jǔbàn)：〈动〉举行，经办。例如："举办培训班""举办运动会"。

举行(jǔxíng)：〈动〉进行(正式或隆重的活动)。例如："举行乒乓球赛""举行开学典礼"。

召开(zhàokāi)：〈动〉召集并举行(会议)。例如："临时召开紧急会议""中国共产党第十九次全国代表大会胜利召开"。

✍️ **辨 析**

三个词意思接近，都含有"组织活动或会议"的意思。不同之处在于：

(1)侧重点不同。"举办"侧重于"办"，强调活动的操办或强调会议的活动性质，例如："举办了研讨会"，是强调研讨会这场活动的操办；"举办了一场别开生面的宴会"，是强调宴会的不同一般。"举行"侧重在"行"，强调事情的时间、地点或进行过程，例如："我们在 2 月 3 日举行了会议。""研讨会在常州举行。""会议正在举行。""召开"侧重于召集并举行，强调会议的发起者，例如："团市委主持召开了'不忘初心、牢记使命'主题教育调研成果交流会。"

(2)使用范围不同。"举办"的对象一般是活动或者事业，例如展览会、歌咏比赛、培训班、学术讲座、福利事业等；"举行"的对象一般是集会、比赛等，例如会谈、球赛、研讨会、展览会等；而"召开"的对象只能是会议。

(3)用法不同。因为"举办"强调事情的经办，因此在使用中往往会跟这个动词的施事方搭配，即某一活动的发起者或举办方，主语一般是人

常用动词易混词语辨析

⟨137⟩

或者是一些组织、团体之类,例如:"浦发银行郑州分行举办了一场羽毛球赛。""举行"强调事情的过程,因此在使用中常常关注事情发生的时间地点,例如:"体育馆正在举行一场羽毛球赛。"

(4)在使用对象是会议时略有差异。"召开"使用环境更为正式和庄严,一般是国家各级党政机关及其派出机构、直属事业机构以及政协等人民团体开会时使用;"举办""举行"的使用环境则更为大众化。"召开"的施事方是会议的发起者,会议内容一般是关于党政机关事务的,例如:"区妇联召开执委会议。""举办"的施事方是会议的经办者,会议内容一般是面向大众的,例如:"区妇联举办校外家庭教育骨干联系会议。"如果会议内容既带有机构工作性质,又面向大众,则"召开"和"举办"也可以通用,例如:"泗洪妇联举办(召开)宣传工作会议。"

 例　句

(1)为进一步提升区妇联执委的履职能力,湘西州妇联于10月22日—25日在州委党校举办了新任执委培训班。

(2)谯城区古井中心中学团委举办画展,极大地丰富了校园生活。

(3)在刚刚举行的中共第十九次全国代表大会新闻发言人新闻发布会上,十九大新闻发言人庹震介绍了十九大的开幕时间和会期。

(4)12月24日,中国马会赛马委员会在中信莱德嘉丽泽马会举行非正式会议,赛马委员会秘书长白煦与数十位委员进行了小型座谈。

(5)我院农工党支部召开换届改选会议,今天下午在礼堂举行投票选举。

(6)山西省社会科学院彭氏文化研究中心在中心秘书处召开了2017年上半年工作总结暨理事筹备会议。

错误用例

(1)李咏葬礼已于10月28日在美国纽约举办。(此处应该用"举行")

（2）上周周末，安庆市召开了一场大型"抗震救灾、重建家园"募捐演出活动晚会。（此处应该用"举行"或"举办"）

（3）广东举行全省干部大会，传达学习贯彻习近平总书记视察广东重要讲话精神。（此处应该用"召开"）

（4）在9月18日—10月1日举办的第73届联合国大会期间，"结核病高级别会议"26日在纽约召开。（此句中"举办"应该改用"召开"，"召开"应该改为"举行"）

（5）明天在北京詹天佑礼堂举办的唱歌比赛哪个频道会播出？（此处应该用"举行"）

具备　具有

释　义

具备（jùbèi）：①〈动〉具有，拥有，多用于资格条件等。例如："入职者必须具备一定的写作能力。"②〈动〉一切完备；齐备。例如："比赛条件比较严苛，必须全部具备才有参赛资格。"

具有（jùyǒu）：〈动〉有，存在，多用于抽象事物。例如："具有里程碑意义""具有较高的思想艺术价值"。

辨　析

两个词都包含"拥有"的意义，在谈到某一项资格条件时有时可以互换，如"具备（具有）高等学历"。区别在于拥有的义项不同。

"具备"除了"拥有"意思外，还有"完备、齐备"的义项，意思是"该有的都有了"，例如说到条件等的准备齐全，只能用"具备"，不能换成"具有"。"具有"一词除了"拥有"的意思外，还表示"存在"，多用于抽象事物,例如:"具有浓厚的兴趣""具有独特的风格""具有英雄气概"。

例 句

(1)这个职位要求具备(具有)高中以上学历。

(2)经过两年的准备,他已经具备了担任部门经理需要的全部资格。

(3)任一客体都具有众多特性,人们根据一群客体所共有的特性形成某一概念。

(4)整个计划开始具有更切合实际的性质。

错误用例

(1)平型关战役的胜利意义非凡,让我们具备了战胜敌人的信心。(此处应该用"具有")

(2)这个学校已经具有了升为本科学院的条件。(此处应该用"具备")

觉悟　觉醒

释 义

觉悟(juéwù):〈动〉由迷惑而清醒;由模糊而认清;醒悟。例如:"这些孩子经过教育都觉悟过来了""觉悟得比较早"。

◎另,有名词义:对政治理论、社会理想等的认识。例如:"思想觉悟高""有政治觉悟"。

觉醒(juéxǐng):〈动〉觉悟;醒悟,明白过来。例如:"启迪民智,唤起人民觉醒反抗。"

辨 析

两个词都有"醒悟、明白过来"的意思,不同之处在于:

（1）侧重点有所不同。"觉悟"侧重于强调由迷惑到清醒、由模糊到认清的过程；"觉醒"侧重于强调明白过来的结果。"觉醒"是一种结果性的状态，但"觉醒"了未必就有了"觉悟"；而"觉悟"则有认识上不断提高的过程。

（2）词性功能有所不同。"觉悟"除了作动词，还有名词功能，而"觉醒"只有动词功能。

（3）句法功能有所不同。作谓语时，"觉悟"可以带宾语，而"觉醒"一般不能带宾语。例如："我已经觉悟到没有共产党就没有新中国"，句中的"觉悟"不能换成"觉醒"。

例　句

（1）经过大家的帮助，他终于觉悟了。

（2）青年团的思想政治工作，归结到一点上，就是：一切为了提高青年的无产阶级觉悟。

（3）学者们认为，五四运动标志着中国民族意识极大觉醒，表现在各阶层民众的广泛动员和参与。

（4）中国制造企业真该觉醒了。

错误用例

（1）真正觉醒的人，觉醒到什么？觉醒到浪费青春时光的可耻。（此句中的"觉醒"都应该用"觉悟"）

（2）17—18世纪的启蒙运动，提倡理性精神，引领着"人"与"社会"的双重觉悟。（此处应该用"觉醒"）

常用动词易混词语辨析

抉择　选择

释　义

抉择（juézé）：〈动〉选定，选择。例如："必须从速抉择。"

选择（xuǎnzé）：〈动〉挑选。例如："选择朋友""你可以选择喜欢的颜色"。

辨　析

两个词都有"从不止一个事物中加以挑选并确定"的意思。不同之处在于：

（1）语体风格色彩不同。"抉择"多用于书面语，使用范围较窄，而且常用在较正式的场合，带有庄严意味；"选择"既可用于书面语，也可用于口语，使用范围比较宽。例如："大是大非面前，必须立场坚定，勇于抉择。""要死还是要活？你自己选择吧。"

（2）使用对象有所不同。"抉择"的对象一般是抽象、重大的事物，"抉择"的结果往往对以后有重大影响，例如："生死抉择""命运抉择"。"选择"的对象比较随意，可以是生活中的具体事物，也可以是抽象事物，而"选择"的结果对以后虽有一定影响，但不是很大。例如："想吃什么自己选择。""你可以选择放弃，但不能放弃选择。"

（3）语法组合有所不同。"选择"可以直接带宾语，也可以把宾语提前，例如："选择最近的路线""提出三个办法供你选择"。"抉择"由于对象往往很重大，在使用时通常要把宾语提前，以示慎重，例如："命运抉择""人生抉择"。

例　句

（1）经济增长放缓令中国领导人面临艰难抉择。

(2)毕业后何去何从？难以抉择。

(3)你既然不想得罪人，那就选择弃权吧。

(4)在人生的岔路口，如何选择前进方向，自信起着很重要的作用。

🔍 错误用例

(1)这两个人，一个沉稳持重孝顺父母，一个夸夸其谈举止轻浮，该如何抉择，就不用我说了吧？（此处应该用"选择"）

(2)1927年大革命失败后，在反革命的白色恐怖统治下，中国革命该向何处去？中国共产党人面临着严峻的命运选择。（此处应该用"抉择"）

开创 开辟 开拓

✏️ 释 义

开创(kāichuàng)：〈动〉创建；开始建立。例如："开创事业""恒源祥开创于二十世纪初"。

开辟(kāipì)①〈动〉打开通路；开通。例如："开辟道路""开辟航线"。②〈动〉开发；创建。例如："开辟历史新纪元。"③〈动〉开拓扩展。例如："英国移民到美洲开辟殖民地。"

开拓(kāituò)：〈动〉①开辟；扩展，使开阔。例如："开拓海外市场""开拓科技新领域"。②采掘矿物前进行的修建巷道等工序的总称。例如："开拓水平巷道。"

📖 辨 析

以上三个词意义相近，甚至可以互训，在运用中有时也可以互换，例如："开拓（开创）新局面"，"开拓（开辟）市场"。但三个词在运用中又有

所不同,区别主要是:

(1)侧重点有所不同。"开创"侧重于"开始做,开始建立";"开辟"侧重于"从无到有地开发、创建";"开拓"侧重于由小而大地发展扩大。例如:"开创一家新潮店面""开辟了一条新航线""开拓市场"。

(2)使用范围有所不同。"开拓"和"开辟"都有"使扩展"的意思,但"开拓"的对象一般在范围和意义上比较大,"开辟"则可大可小。例如:"开辟一块试验田",这句中的"开辟"不能换成"开拓"。

(3)使用对象有所不同。"开创"的对象多是可以建立的,例如:"事业"以及与开创事业有关的国家、公司、店铺、局面、格局、时代等。"开辟"因为有"开通"的意思,所以对象多是天地、田园、航线、道路、时代、纪元等与时空相关联的,也可以用于小的领域,例如:"开辟杂志新栏目。""开拓"的对象既可以是能够发展、扩大的空间或领域,如边疆、土地、市场、业务、技术领域等,也可以是有发展潜力的人类的认识领域,例如:"视野""心胸""境界"等。

 例 句

(1)唐太宗善纳魏徵良言,开创了"贞观之治"的盛世。

(2)1957年,同仁堂中药提炼厂正式成立,开创了中药西制的先河。

(3)什么是路? 就是从没路的地方践踏出来的,从只有荆棘的地方开辟出来的。(鲁迅《热风·随感录六十六》)

(4)我们要不断地开拓视野,开拓心胸,才能跟上时代的步伐。

(5)这家公司发展得不错,最近又准备在海南开拓新市场。

错误用例

(1)谢灵运是中国文学史上山水诗派的开拓者。(此处应该用"开创")

(2)中非发展基金此次与4家汽车企业整体合作,旨在以资本为纽

现代汉语常用易混词语辨析

带,帮助中国汽车业"抱团"开创非洲市场。(此处应该用"开拓"或"开辟")

(3)为了扩大读者群,他们的杂志开拓了两个新的栏目。(此处应该用"开辟")

流失　流逝

释　义

流失(liúshī):①〈动〉水、土、矿物等有用物质白白地流走或散失。例如:"水土流失""肥效流失"。②〈动〉比喻人员、财物等从本地、本单位流动或转移出去而散失。例如:"国有资产流失""人才大量流失"。

流逝(liúshì):〈动〉像流水一样消逝。例如:"岁月流逝"。

辨　析

两个词都有"流走、消失"的意思。不同之处在于:

(1)侧重点不同。"流失"的对象多侧重指具体事物;"流逝"的对象一般指时间以及某些抽象事物。

(2)使用范围不同。"流失"使用范围很宽,泛指有用的东西白白失去,既可以指自然界的具体物质,也可以比喻社会中人才、资产、文物等的散失,例如:"水土流失""文物流失""资金流失""客户流失""学生流失"。"流逝"使用范围很窄,仅用于比喻时间或跟时间有关的青春、年华等抽象事物,像流水一样逝去,例如:"时间流逝""青春流逝"。

例　句

(1)由于科研条件太差,这些年我市科技人员流失严重。

(2)这些年我听说朋友们一个一个地死亡,总觉得好像自己的生命

之水也跟着他们流失。（巴金《一颗红心》）

（3）离别时的情景会随着时光的流逝渐渐忘记,但那惜别之情却永记心间。

错误用例

（1）我的美好羞涩的青春在不知不觉中悄然流失了。（此处应该用"流逝"）

（2）夏季应该多吃蒸菜,这样可以保证营养不流逝。（此处应该用"流失"）

满意　满足

释　义

满意(mǎnyì)：〈动〉觉得完全符合自己的心意。例如："这次会谈结果双方都很满意。""只要能让人民满意的事我们就去做。"

满足(mǎnzú)：①〈动〉感到已经足够了。例如："只要他肯努力,我就满足了。""他永不满足于现有的成绩。"②〈动〉使得到满足。例如："我一定满足你的愿望。""发展服务业,满足人民对美好生活的需要。"

辨　析

两个词都有"感到满意"的意思。不同之处在于：

（1）侧重点不同。"满意"侧重于从心愿的角度描述,多指称心如意；"满足"则是侧重于从需求的角度描述,多指感到足够。

（2）在是否具有使动用法方面有所不同。"满足"有使动用法,而"满意"没有。例如可以说"满足你的愿望",也可以说"使你的愿望得到满足"；而"使你满意"则不能说成"满意你",否则意思就改变了,因为"满意"的主体变了。

(3)句法功能有所不同。一般来说"满意"可以直接带宾语,也可以用介词或使令性动词引出宾语,例如:"我很满意这份工作。""我对这份工作很满意。""这份工作让我很满意。"而"满足"在正常情况下不直接带宾语,要用介词引出,例如:"满足于现状""对这样的现状很满足"。当"满足"直接带宾语时,往往是使动用法了。

◎《现代汉语规范词典》第3版在这两个词语解释上有矛盾之处,认为"满足"可带宾语,而"满意"不可带宾语,但其在"满意""满足"词条上举例就有"双方都满意这个结果""不满足现状",疑似有误。

📝 例 句

(1)这件礼物真漂亮,我太满意了!
(2)放心吧,你的婚礼我一定会好好设计,肯定令你满意。
(3)这个人野心太大,一般的工作很难满足他的愿望。
(4)你不用亲自来,打个电话问候我,我就很满足了。

🔍 错误用例

(1)这份工作是我托了不少人才给你找到的,工资3000元,还能满意你吧?(此处应该用"满足")

(2)让客户满足,让客人感动,这是我们事业的强大动力。(此处应该用"满意")

拟定 拟订

✍ 释 义

拟定(nǐdìng):①〈动〉起草制定。例如:"拟定本校二十年远景规划。"②〈动〉揣测断定。例如:"拟定罪名。"

拟订(nǐdìng):〈动〉草拟,初步设计。例如:"拟订计划""拟订方案"。

辨　析

两个词都有"起草"的意思。区别主要在于:

(1)侧重点不同。"拟订"是起草,正在打草稿,而"拟定"则是起草制定,指"拟订"的过程已经结束,等待最后审查通过。

(2)语义有所不同。"拟定"还有"揣测断定"之意,而"拟订"没有。

例　句

(1)这件事能否成功,就看他拟定的计划实施得如何了。

(2)薛姨妈心中固也遂意,只是已许过梅家,因贾母尚未说明,自己也不好拟定。(《红楼梦》第五十回)

(3)我这次有幸和我的老师一起参加拟订政策的前面的几个阶段。

错误用例

(1)他们拟订了一份草案,送到总理府。(此处应该用"拟定")

(2)我拟定了一份提纲,你看看,如果满意,我们就这样写了。(此处应该用"拟订")

凝视　注视

释　义

凝视(níngshì):〈动〉目不转睛地看。例如:"他深情地凝视着母亲的背影。"

注视(zhùshì)：〈动〉集中目光看；密切关注。例如："母亲注视着窗外玩耍的孩子。""全世界都在注视着这一事态的发展。"

辨　析

两个词都有注意看的意思，有时可以互换，例如："他凝视（注视）着墙上的画像。"不同之处在于：

（1）对象有所不同。"凝视"的对象一般是具体的，可以是人，也可以是客观景物；"注视"的对象可以是具体的人或事物，也可以是抽象的事物。例如："我们必须注视客观局势的发展"，句中的"注视"不能换成"凝视"。

（2）方式有所不同。"凝视"的施动主体只能是眼睛，用眼睛聚精会神地、目不转睛地看；而"注视"还有"密切关注"的意思，所以施动主体不一定是眼睛，也可以是心灵等。

（3）使用范围有所不同。"凝视"的对象一定是在眼睛所及的范围内，而"注视"的对象范围比较广。

例　句

（1）我凝视着这个图片半天，也没有看出有什么不同。
（2）社会上好多民众都在注视着这一案件审理的进展情况。
（3）他注视着大门口，直到汽车远去。

错误用例

（1）作为一个公众人物，社会上很多人都在凝视着你。（此处应该用"注视"）
（2）部队即将出发，他和未婚妻相互注视着，仿佛要将对方镌刻在心里。（此处应该用"凝视"）

批判　批评

现代汉语常用**易混**词语辨析

释　义

批判(pīpàn):①〈动〉对错误的或反动的思想、言行进行有理有据的分析,从而加以否定。例如:"批判腐朽思想。"②〈动〉分析评断。例如:"文化遗产需要批判地继承。""是非功过留待后人批判。"

批评(pīpíng)①〈动〉指出缺点和错误使其改正。例如:"要批评那些不守纪律的人。"②〈动〉分析优点和缺点。例如:"自我批评自我修正""文艺批评"。

辨　析

两个词语都含有"分析评断"的意思,有时可以互用,例如:"文艺批评"也可以说"文艺批判"。但二者又有不同,主要表现在:

(1)对象有所不同。"批判"的对象多指错误、严重错误或反动言行;"批评"的对象多属一般错误、缺点。例如:"批判地继承文化遗产",含有扬弃糟粕、吸取精华的意味,所以不能用"批评"。

(2)程度有所不同。"批判"是对错误的思想、言论或行为做系统的分析并加以否定,词义重;"批评"是指出缺点和错误使其改正,词义轻。

(3)目的有所不同。"批判"重在否定、抛弃;"批评"重在改正、建设。

(4)词语的搭配组合不同。"批判"可以和"者"组合成"批判者";也可以和"思维"组合成"批判性思维",指一种思维的模式。"批评"可以和"家"组成"批评家",指从事评论、评比工作的专家。

例　句

(1)这位年轻的专家思想犀利,文风泼辣,在作品中无情地批判了人性中的丑恶思想。

(2)你这种论调,前人早就批判过,是典型的民族分裂主义。

(3)妈妈抚摸着儿子的头,亲切地说:"孩子,不怕老师批评你,就怕老师不管你。"

(4)他很愤怒地说:"就因为我批评指责社会上的不良现象,就让我写检讨?"

🔍 错误用例

(1)批评性思维,是我们语文教学的弱项。(此处应该用"批判")

(2)有些偏执的人也许不会崇拜名人,他们还会质疑或者批评产生这种制度和决定谁可以成为名人的社会。(此处应该用"批判")

(3)在所有的批判家中,最伟大、最正确、最天才的是时间。(此处应该用"批评")

(4)要想让自己进步,就把别人的批判永远记在心里;对于别人的表扬,就尽可能地忘掉吧。(此处应该用"批评")

批阅　披阅

📖 释　义

批阅(pīyuè):〈动〉审阅的同时加以批示或修改。例如:"主任正在批阅这份文件。"

披阅(pīyuè):〈动〉翻开书卷阅读;翻阅。例如:"披阅一过,感慨良多。"

📝 辨　析

两个词是同音词,但意思有所不同。"批阅"是阅读加批示或修改,而

"披阅"则只是翻卷阅读,没有批示修改的意思。例如:"老师批阅学生作文",这里的"批阅"就不能换成"披阅";"披阅过大师的作品,才知道什么叫博大精深"句中的"披阅"就不能换成"批阅"。

 例 句

(1)他正批阅什么文件,看见我,立即迎上来和我握手。

(2)试想,佶屈聱牙、殷盘周诰式的"天书",怎能使普通读者展卷披阅,爱不释手?

错误用例

清代皇帝有封笔之制,就是在除夕停止披阅奏折公文,始于康熙年间。(此处应该用"批阅")

侵犯　侵害　侵略

释 义

侵犯(qīnfàn):①〈动〉以武力侵入他国。例如:"祖国领土神圣不可侵犯。"②〈动〉非法损害别人的权益。例如:"地方恶势力公然侵犯农民人身及私有财产安全。"

侵害(qīnhài):①〈动〉(用暴力或非法手段)侵犯损害。例如:"不得侵害弱势群体的利益。"②〈动〉(细菌、害虫等)侵入并危害。例如:"防止杀虫剂的残留物质侵害人的身体健康。"

侵略(qīnlüè):〈动〉以武装入侵、政治干涉或经济文化渗透等方式侵犯别国的领土和主权,损害别国利益。例如:"武装侵略""经济侵略""抵抗西方文化侵略"。

辨　析

以上三个词都有侵入损害的意思。不同之处在于：

(1)行为的规模或方式有所不同。"侵略"多发生在国与国之间，一般表现为大规模的、有组织有计划的武力入侵或掠夺，以及对别国的政治干涉或经济文化渗透等。"侵犯"的规模比"侵略"要小，表现为一般的武力入侵或触犯、损害等，可以是国与国之间的行为，也可以是国家内部的行为。"侵害"的行为规模在三个词中最小，是以暴力或非法手段对群体或个体的损害。

(2)侧重点有所不同。"侵犯"侧重于指对权益的触犯；"侵略"侧重于对他国领域的占领或渗透；"侵害"则是侧重指对利益或机体的实际加害。例如："美英侵略伊拉克""经济侵略""文化侵略"等，其中的"侵略"不能换成"侵犯"或"侵害"；"侵犯我国领空""凛然不可侵犯"，其中的"侵犯"不能换成"侵略"或"侵害"；"这种不实的报道使我们公司蒙受了重大损失，已经严重侵害了我们公司的利益"，句中的"侵害"不能换成"侵略"或"侵犯"。

(3)在是否能组成专有名词方面有所不同。"侵略"可构成专有名词，比如心理学上有"侵略型人格"的术语，而"侵犯""侵害"没有。

例　句

(1)公安部成功破获一起侵犯公民个人信息的案件。

(2)中国对钓鱼岛和南海有无可争辩的主权,中国领土神圣不可侵犯。

(3)白蚁的主要食物是木纤维,不但会侵害我们的家具、房屋,而且对很多部门如电讯、文物、工厂、部队国防等部门也都会造成一定的影响。

(4)任何国家都不会任由他国肆意侵害自身的国家战略安全利益。

(5)九一八事变是日本侵略扩张"大陆政策"的必然产物。

错误用例

(1)近现代日本对中国的侵犯是全方位的、多层面的,那不仅是一场军事战争,而且是一场"文化战""思想战"。(此处应该用"侵略")

(2)1937年8月中苏两国签订了互不侵略条约,此后不久苏联就向中国提供了大批军火,并派遣志愿空军人员来华作战。(此处应该用"侵犯")

(3)拖欠农民工工资,严重侵犯了农民工合法权益,由此引发的群体性事件时有发生,影响社会稳定。(此处应该用"侵害")

缺乏　缺少

释　义

缺乏(quēfá):〈动〉(所需要的、想要的或一般应有的事物)没有或不够。例如:"缺乏美感""缺乏战斗经验""缺乏有效锻炼"。

缺少(quēshǎo):〈动〉缺乏(多用于人或物的数量不够)。例如:"缺少工作人员""缺少探亲路费"。

辨　析

两个词都有"不足、不够"的意思,经常可以换用,例如:"缺乏(缺少)斗志""缺少(缺乏)骨干"。但略有不同之处,主要是:

(1)对象不完全不同。"缺乏"的对象一般指事物,可以是具体事物,如材料、设备、武器等;也可以是抽象事物,如经验、斗志、艺术性等。"缺少"的对象除了事物,还可以是人,例如:"他缺少懂电脑的助手。"

(2)语意的轻重略有不同。"缺乏"的语意比"缺少"要重一些。

(3)"缺的东西"在数量上有所不同。"缺少"指的所缺的东西数量上要少一些,是可数的;而"缺乏"指的所缺的东西在数量上要多一些,有时不可数。例如:"材料缺乏"一定是缺的数量或种类比较多,而"缺少材料"缺的数量或种类就不多。

例　句

(1)他缺乏勇气,这是他最终失败的根本原因。

(2)我们这个课题组缺少一位博士生。

错误用例

(1)你报来的先进材料,还缺乏一两个具体实例。(此处应该用"缺少")

(2)你父亲住院,你们一定很忙吧? 如果你家缺乏护理工,可以找我们。(此处应该用"缺少")

(3)这个乡比较偏僻落后,教育资源严重缺少,希望能引起有关部门的关注。(此处应该用"缺乏")

融化　熔化　溶化

释　义

融化(rónghuà):〈动〉冰、雪等受热变为液体。例如:"路面上的冰都融化成了水。"

熔化(rónghuà):〈动〉熔解;固体加热到一定程度变为液体。例如:"小铁块在加热炉中慢慢熔化。"

溶化(rónghuà):〈动〉溶解;(固体)溶解在液体里。例如:"先用水将颗粒盐溶化后再拌入凉菜中。"

辨　析

以上三个词是同音词,都有固体的东西分解变为液体的意思。不同之处在于:

（1）对象不同。"融化"多指冰、雪、霜等在光照下变为液体；"熔化"多指某种固体（金属、蜡等）因受高热而变成液态或胶状；"溶化"是指固体在液体中溶解的过程。

（2）方式不同。"溶化"需要有液体才能发生，而"融化""熔化"则不需要另外有液体；"融化""熔化"都需要受热才能完成，而"溶化"一般不受温度的限制。

📖 **例　句**

（1）随着冰雪的融化，大地开始复苏。
（2）刘铁匠把铁块熔化了，准备打造一把大铁铲。
（3）他把食盐溶化在竹筒中，躲过了敌人的搜查。

🔍 **错误用例**

（1）他将溶化的蜡水倒进模具中。（此处应该用"熔化"）
（2）他用小勺搅拌着咖啡，想让方糖融化得快一点。（此处应该用"溶化"）
（3）冰云是由微小的冰晶组成的。这些小冰晶在相互碰撞时，冰晶表面会增热而有些熔化，并且会互相黏合又重新冻结起来。（此处应该用"融化"）

收集　搜集

✏️ **释　义**

收集（shōují）：〈动〉收拢聚集。例如："收集创作素材""收集群众的意见"。

搜集（sōují）：〈动〉搜寻汇集。例如："研究这个冷门课题需要到民间搜集资料。"

两个词都有把东西聚集在一起的意思,差异主要在于侧重点不同。"收集"侧重在"收",即把分散的东西收拢在一起;而"搜集"则是侧重在"搜",即把难以找到的东西搜寻汇集在一起。例如:"他把学生提出的问题都收集在一起。""他辛苦搜集来的字画在战火中焚为灰烬。"这两句中的"收集"和"搜集"不能互换。

例　句

(1)为了凑学费,他经常跑到各家小饭店收集饮料瓶,然后卖给垃圾收购站。

(2)为了写这本书,他们搜集了不少关于风俗、政府、宗教、当地动植物等方面的宝贵资料。

错误用例

(1)难忘小时候拾麦穗的时光,在收割过的田野里捡拾那些散落的麦穗,往往能搜集一大篮子。(此处应该用"收集")

(2)你别大意,听说律师正在收集关于你的犯罪证据。(此处应该用"搜集")

推脱　推托

释　义

推脱(tuītuō):〈动〉推卸,不肯承担。例如:"要避免各部门之间相互推

常用动词易混词语辨析

脱责任。"

推托(tuītuō)：〈动〉托故推辞拒绝。例如："老王推托有病不来值班。"

辨　析

两个词都有推却之意。区别在于：

(1)侧重点有所不同。"推脱"着重指摆脱、推卸责任、问题、事情等，使与自己无关；"推托"是借故推辞，即不直接加以拒绝，而是找借口婉言拒绝。

(2)使用对象有所不同。"推脱"的对象是与己有关的事，多为责任、错误等；"推托"的对象是别人请求的事。

例　句

①意识到问题的严重性后，他就想方设法要推脱责任。
②他推托有事，没有参加今天的晚会。

错误用例

(1)明天的讨论十分重要，谁也不能推脱不来。(此处应该用"推托")

(2)近来，网约车频出事故，平台总推托自己是"居间人"，平台到底是"居间人"还是"承运人"，发生事故该承担什么责任？(此处应该用"推脱")

调整　调节

释　义

调整(tiáozhěng)：〈动〉改变原有的情况，使适应客观环境和要求。例如:"调整需求结构""调整市场物价""调整作息时间"。

调节(tiáojié):〈动〉从数量上或程度上等多方面进行调整,使适合要求。例如:"调节室内温度""调节市场货币供应量"。

辨　析

两个词都有进行改变使符合要求之意。区别主要在于侧重点和使用范围有所不同。"调节"使用的范围较窄,着重指控制,在一定的数量或范围内进行改变,使符合要求;"调整"使用的范围比较广,侧重于指重新整顿、整理,使合理、平衡、不混乱。

例　句

(1)退下来的干部往往需要调整心态,否则容易产生抑郁情绪。

(2)出于任务完成的进度考虑,车间主任在几个小组人员配置上进行了调整。

(3)水能调节动物的体温。

(4)他性格活泼,说话幽默,特别善于调节紧张的气氛。

错误用例

(1)以前产品价格比较混乱,影响了销售,自从他们调节了价格,订货单如雪花般不断飞来。(此处应该用"调整")

(2)西湖要疏浚,主要为的是调整杭州城的气候。(此处应该用"调节")

常用动词易混词语辨析

停顿　停止　停滞

现代汉语常用**易混**词语辨析

释　义

停顿(tíngdùn)：①〈动〉短暂停留。例如："写这个字的弯钩时要稍微停顿一下。"②〈动〉中止；中断。例如："战争让学校的一切都陷于停顿状态。"③语流中的间歇。例如："他讲话速度快，几乎没有停顿。"

停止(tíngzhǐ)①〈动〉不再进行或不再实行。例如："逾期交费可停止供电。""第四套人民币部分券别停止流通。"②〈动〉停留；停息。例如："孩子的哭声停止了。"

停滞(tíngzhì)：〈动〉因受阻而不继续前进。例如："技术停滞不前""思维处于停滞状态"。

辨　析

以上三个词都有"停留不前"的意思。不同之处在于：

(1)含义稍有不同。"停顿"是暂时停下，以后还要继续进行；"停止"是到此为止，不再往下进行了；"停滞"是受到阻力，难以进行下去。

(2)因含义的不同而组合对象也不相同。"停止"是主动停下来，可以带动词宾语，例如："停止前进""停止议论""停止工作"。"停顿"因为是暂时的停留，因此后面可以跟时间性名词，例如："停顿一会儿""停顿了三秒"。"停滞"是受阻不能前进，因此后面一般不能带宾语，只能说"停滞不前"；或者说停留在某种状态里，例如："'京津冀一体化'始终停滞在设想的层面。"

例　句

(1)王老师是个工作狂，一做起事情来就好像一台机器一样连轴转，一刻也不停顿。

(2)这场连阴雨下了有三天了，看起来还没有停止的迹象。

(3)随着战争的爆发，这个项目不得不处于停滞状态。

🔍 **错误用例**

(1)他很悲伤，停止了好久，才又接着讲话。(此处应该用"停顿")

(2)转眼春天到了，可以让供暖设备停滞运作了。(此处应该用"停止")

(3)由于后续资金跟不上，周口文昌生态园工程停顿，变成了"半拉子"工程。(此处应该用"停滞")

泄露　泄漏

✏️ **释　义**

泄露(xièlòu)：〈动〉(机密等)透露。例如："不得泄露行动计划。"

泄漏(xièlòu)：①〈动〉(液体、气体等)从孔洞、缝隙等处漏出。例如："煤气泄漏""原油泄漏"。②〈动〉比喻不小心而走漏(机密等)。例如："消息已经泄漏了。"

📖 **辨　析**

两个词都有"漏出去"的意思。不同之处在于：

(1)对象不同。"泄露"的内容一般都是指不应该或不愿意让人知道看到的事物，机密文件、神秘事物、隐私内幕等，例："泄露组织机密""泄露天机""泄露内幕"。"泄漏"的对象通常指气体、液体等物。

(2)行为主体的意识不同。"泄露"带有主动意味，而"泄漏"则是被动的,不小心的结果。

(1)干部要严格遵守纪律,不能泄露国家机密。

(2)现在必须处理核泄漏这个严峻的问题了。

(3)他很纳闷,所有知情人都被他处理了,不知道这个消息是怎么泄漏出去的。

错误用例

(1)敌人把他打得遍体鳞伤,但他咬紧牙关,不肯泄漏半点机密。(此处应该用"泄露")

(2)郑州一居民家中天然气泄露,经测量浓度可引起爆炸,致使该栋楼部分居民紧急撤离。(此处应该用"泄漏")

消费 消耗

释 义

消费(xiāofèi):〈动〉为了生产或生活需要而消耗物质财富或接受有偿服务等。例如:"要合理地消费时尚产品""物质消费"。

消耗(xiāohào):①〈动〉(精神、力量或物资等)因使用或损耗而逐渐减少。例如:"体力消耗很快""原材料消耗"。②〈动〉使消耗。例如:"尽量消耗敌人的有生力量。"

辨 析

两个词都有使财富减少损耗的意思。不同之处在于:

(1)对象有所不同。"消费"的对象一般是比较具体的财富物资;而"消耗"的对象可以是具体财、物,也可以是抽象事物,如精力、时间等。

(2)意义侧重点不同。"消费"侧重于指把东西用掉,以满足生产、生活需要,是用金钱收入、支出的经济行为。而"消耗"重在指一种单纯的损耗,指一点一点地用掉或逐渐减少。例如:"东部地区能源消费量大于生产量",强调的是能源通过金钱交易使用量比较大;"降低医院能源消耗、节省医院运营成本",强调的是能源损耗的量比较大。

(3)语法功能有所不同。"消耗"有使动用法,而"消费"没有。

例　句

(1)年轻人总喜欢超前消费。

(2)这些额外的工作消耗了他大量的精力。

(3)他很后悔,刚才一时发怒,消耗了过多的弹药。

(4)美国是一个资源消耗大国,从能源消费方面讲,如世界平均水平按每人每年 100 吨计算的话,美国则是世界平均水平的 5 倍。

错误用例

(1)常常感叹生命经不起消费,好像什么都还没有做,日子就这样一天天地过去了。(此处应该用"消耗")

(2)强劲的国内消耗帮助抵消了企业投资疲软和美国出口下降的影响。(此处应该用"消费")

醒悟　省悟

释　义

醒悟(xǐngwù):〈动〉从迷惑、迷惘中清醒、觉悟过来。例如:"幡然醒悟。"

省悟(xǐngwù)：〈动〉经过思考终于明白。例如："经过反思，他终于省悟过来了。"

 辨 析

两个词都有明白过来的意思。《现代汉语词典》第 7 版在"省悟"词条下解释为"醒悟"，很多情况下人们直接把"省悟"写成"醒悟"，但仔细辨析二者还有不同之处，主要在于：

（1）侧重点不同。"醒悟"侧重于"醒"，强调清醒的结果，且有如梦初醒的形象色彩。"省悟"侧重于"省"，强调省察思考的过程。

（2）行为的施受情况有所不同。"醒悟"有被动的意味，多指在外界作用下明白过来。"省悟"比"醒悟"带有更多的主动意味，是通过自己的思考、内省明白过来。

（3）行为的完成情况有所不同。"醒悟"有猛醒的意味，常常是一下子明白过来，例如："幡然醒悟。""省悟"则是在省察思考过程中慢慢明白过来。

（4）句法功能有所不同。"醒悟"一般不带宾语，只能带补语；而"省悟"可以带宾语。

例 句

（1）原来这一切都是他搞的鬼，不是你的提醒，我还醒悟不过来。
（2）你能省悟到这一点已经很不容易了，很多人到死都不能明白呢。

错误用例

我们要奉劝那些仍不悔过的痴迷者，接受教训，快快省悟，赶快回头。（此处应该用"醒悟"）

现代汉语常用 **易** **混** 词语辨析

掩蔽　掩藏　掩护

掩蔽(yǎnbì)：〈动〉遮掩隐蔽，多用于军事方面。例如："小分队掩蔽在矮墙的后面。"

◎另，有名词义，指遮蔽的东西或隐藏的地方。例如："这个土坡正好可以做我们的掩蔽。"

掩藏(yǎncáng)：〈动〉遮掩隐藏。例如："掩藏秘密文件""掩藏内心痛苦"。

掩护(yǎnhù)：①〈动〉采取某种方式暗中保护或不使暴露。例如："我们会在你的周围掩护你""掩护地下工作者"。②〈动〉对对方采取有效手段以保护己方安全。例如："你们在这儿截击敌人，掩护大部队安全转移。"

◎另，有名词义，指作战时遮蔽身体的工事、山冈、树木等。例如："茂密的小树林成为战士们的掩护。"

辨　析

三个词都含有"藏起来使不暴露"之意。不同之处在于：

（1）侧重点有所不同。"掩蔽"重在遮蔽，挡住使人不会看见；"掩藏"重在隐藏，藏起使人不会知道；"掩护"重在保护，使得到安全。

（2）使用范围有所不同。"掩蔽"用于具体的人或物，不能用于抽象事物，例如可以说"掩蔽身体"，不能说"掩蔽痛苦"。"掩藏"既可用于具体的人或物，也可用于抽象事物，例如："掩藏文件""掩藏心事""掩藏秘密"。"掩护"可用于保护人，例如："用身体掩护同伴"；也可用于保障主要行动目标的完成,例如:"让老三连留下掩护部队转移",而"掩蔽""掩藏"不能这么用。

(3)词性功能有所不同。"掩蔽""掩护"都可以做名词用,而"掩藏"则没有名词功能。

(4)在组成专有名词方面也有不同。"掩蔽"可构成组合名词,例如:"掩蔽效应""掩蔽体""掩蔽剂"等,而"掩护""掩藏"没有这种组合。

📖 例 句

(1)车道被一株大柏树掩蔽着。

(2)狐狸的尾巴是掩藏不住的。

(3)这场暴风雪掩护了我们的行动。

🔍 错误用例

(1)炮火掩蔽着我们,很快就接近了敌人的碉堡。(此处应该用"掩护")

(2)他太天真了,根本就无法掩蔽心底的秘密。(此处应该用"掩藏")

(3)西厢村是一个古村落,群山环绕,浓荫掩护,附近还有一个山水自然汇聚而成的清澈美丽的水库,确实是度假胜地。(此处应该用"掩蔽")

掩盖　掩饰

📝 释 义

掩盖(yǎngài):①〈动〉从上面遮盖。例如:"用草苫子将地上的蔬菜掩盖起来。"②〈动〉隐藏；隐瞒。例如："掩盖真相。"

掩饰（yǎnshì）〈动〉设法掩盖（真实的情况），不使外露。例如："他用骄傲掩饰自卑""用谎言掩饰真实意图"。

📖 辨 析

两个词都有"掩盖隐藏而不使外露"的意思。不同之处在于：

（1）侧重点不同。"掩盖"侧重于"盖"，重在遮蔽覆盖。而"掩饰"侧重于"饰"，重在假托遮掩，亦即假托其他伪饰遮掩真实的目的、意图或情况。若对象是缺点或错误，"掩饰"则含有贬义。

（2）对象和使用范围不同。"掩盖"的使用范围较宽，对象可以是具体的事物，也可以是抽象的事物。例如："一片绿荫掩盖着的小道""一种倾向掩盖另一种倾向"，这两句中的"掩盖"不能换成"掩饰"。"掩饰"适用范围较窄，对象常限于抽象事物，且是人可以操作控制的抽象事物。例如："用欢笑掩饰悲伤"，也可以说成"用欢笑掩盖悲伤"；但"他企图用谎言掩饰其叛乱的意图"，句中的"掩饰"就不宜换成"掩盖"。

✏️ 例 句

（1）他内心深处的冷漠被其迷人的外表所掩盖。

（2）大雪能够掩盖血迹，却掩盖不了你的犯罪事实。

（3）王晓刚出身干部家庭，与人交往中毫不掩饰自己的优越感。

🔍 错误用例

（1）他故作大方的回答，掩盖了他贪婪的目的。（此处应该用"掩饰"）

（2）这本书力图站在一个脱离任何偏见、成见的角度，公平地还原被掩饰的经济的真相，提供一个认识经济问题的正确思路！（此处应该用"掩盖"）

预备 准备

释 义

预备(yùbèi):〈动〉准备;打算。例如:"我要预备明天的功课。""我预备去黄山旅游。"

◎注意:"预备"不要写成"豫备"。

准备(zhǔnbèi):①〈动〉预先安排或筹办。例如:"准备发言稿""准备上场演出"。②〈动〉打算、计划。例如:"准备给高三的学生讲点应考心理学。"

辨 析

两个词都有"预先安排,打算"的意思,有的情况下可以互相换用。例如:"预备功课"可以说成"准备功课";"预备晚饭"也可以说成"准备晚饭";"已经预备好了"也可以说成"已经准备好了"。不同之处在于:

"预备"是预先准备着,后面还有正式的,有"候补"的意味,因此与"预备"的搭配组合就有"课前预备铃""步兵预备役""预备党员"等,这些都不能换成"准备"。"准备"是"预先安排筹划",所以在"要有思想准备""做好精神准备"等组合搭配上,也不能换成"预备"。

例 句

(1)会议的准备工作正在进行。

(2)不打无准备之仗,不打无把握之仗。

(3)各就各位,预备——跑!

(4)中国共产党第十九次全国代表大会 17 日下午在人民大会堂举行

预备会议。

🔍 **错误用例**

（1）我们还没有做好生二孩的预备。（此处应该用"准备"）

（2）为了更好地完成任务，我们成立了突击准备队，随时能上去。
（此处应该用"预备"）

援救　援助　支援

✎ **释　义**

援救（yuánjiù）：〈动〉援助解救。例如："援救景区遇险游客。"

援助（yuánzhù）：〈动〉支援；帮助。例如："援助黄泛区灾民。"

支援（zhīyuán）：〈动〉支持援助。例如："支援灾区。"

📖 **辨　析**

以上三个词都有"出手帮助"的意思，"援助"和"支援"有时可以通用，例如："支援（援助）灾区人民。"不同之处在于：

（1）侧重点不同。"援救"侧重点在"救"，帮助遇难者使脱离痛苦或危险。例如："援救落水儿童""援救卡在烟筒里的小猫"。"援助"侧重点在"助"，是以出钱、出力或出主意以及提供精神上支持等方式相助别人，提供助力。例如："援助不发达地区""援助非洲难民""在律师团援助下，弱势群体的法律意识正在增强"。"支援"侧重点在"支"，支持，有鼓励和赞助的意思，是对需要帮助的人、集体或国家地区给予物质或精神上的帮助。"援助"重在外援，被援助方相对弱小没有力量；而"支援"重在增加被支援方的力量，外援只是辅助。例如："支援山区建设""支援前线作战"就不能说成"援助山区建设""援助前线作战"。

（2）使用范围和对象不同。"援救"相助的对象往往是有生命的人或动物且正处于某种困境或危难之中,生命难以保障,有求助的紧迫感,救助的主要是生命;"援助"和"支援"的对象没有这样的危险处境,主要在物质或精神方面进行帮助。"援助"一般是国家、政府、政党、集体的行为,而且援助的规模比较大;"支援"可以是国家、政府、政党、集体的行为,也可以是个人行为,其援助的规模可以大,也可以小。例如:"他每月拿出钱来支援弟弟上学",其中的"支援"不能换成"援助"。

（3）在语素能否颠倒方面有所不同。"援救"可以变换成"救援",字序颠倒而词义不变;"援助""支援"则不能这样颠倒。

 例　句

（1）得到消息后,他们马上赶到事故现场,援救车内幸存人员。

（2）他眼看着他们向那个深渊走去,却无法援救他们。（巴金《家》十四）

（3）过去我们主要是援助他们,现在则强调双方经济合作。

（4）没有你们的支援,我是不会成功的。

（5）呼叫总部,请求炮火支援,目标:登陆点。

错误用例

（1）一人有难,众人相帮;一方有难,八方援助。这是中华民族的传统美德。（此处应该用"支援"）

（2）那时他在被火围困的房子里哭泣,渴望支援,心中非常害怕。（此处应该用"援救"）

（3）法律援救是一项扶助贫弱、保障社会弱势群体合法权益的社会公益事业。（此处应该用"援助"）

增多　增加

增多（zēngduō）:〈动〉增加,使更多。例如:"游客不断增多。"

增加（zēngjiā）:〈动〉比原来增多,使再多些。例如:"增加人数""收入增加了"。

辨　析

两个词都有"使再多些"的意思。不同之处在于:

（1）词的构成形式不同。"增多"是补充式结构,"多"补充说明"增"的结果;而"增加"是并列式结构,"增"和"加"意思相同。

（2）因其结构不同,用法不同。"增多"因为是补充结构,后面不能再带宾语。例如:"观众不断增多"不能说成"不断增多观众"。"增加"是并列结构,因此后面可以带宾语。例如:"增加生产""增加成本""增加名额"等。

例　句

（1）这几天大幅度降温,因受凉导致感冒发烧的市民随之增多。

（2）这几年随着知名度的提高,他的财富也增加了。

（3）沙质土壤增加了救援难度。

错误用例

由于需求量的上涨,他们不得不增多生产,以满足供应。（此处应该用"增加"）

展览　展示　展演

现代汉语常用**易混**词语辨析

释　义

展览(zhǎnlǎn)：〈动〉把物品陈列出来供人参观。例如："智能机器人展览""花卉展览"。

◎另，有名词义：展览的活动；展出的物品。例如："参观展览。"

展示(zhǎnshì)：〈动〉清楚地摆出来给人看；显示。例如："把成果展示在评委面前。"

展演(zhǎnyǎn)：〈动〉以展览为目的而演出（文艺节目等）。例如："展演优秀剧目""戏曲展演"。

辨　析

三个词都有"拿出来供大家观看"的意思。不同之处在于：

（1）对象有所不同。"展览"的对象比较广泛，艺术品、工业产品、农产品、科技发明等各行各业的产品都可以包括，例：："国画展览""花卉展览""中学生航空模型展览""汽车展览"。"展示"多用来凸现景物、现象、操作、商品等，例如："展示新农村的欢乐景象""伤害展示""展示太空物理现象""展示实验操作过程""企业商品展示"。"展演"多是用于表演，例如："展演新编剧目""中小学生自编课本剧展演""传统社火民俗展演"。

（2）适用范围有所不同。"展览""展演"适用范围较窄，都有"把展出项目组织陈列出来供人参观、观看"的意思，有一定的规模，所不同的只是"展演"需要表演。"展示"适用范围宽，既可以大规模专门组织观看展示项目，也可以在生活中随时、随地拿出来给人看。

(3)词性功能有所不同。"展览"除作动词外,还可以作名词,意思是"展出的物品""展出的活动",例如:"参观展览。""展示""展演"不能作名词用。

(4)构词能力不同。"展览"构词能力较强,可构成"展览会""展览馆"等,也可简缩构成新词语,例如:"美展""画展""影展"等。"展示""展演"没有这样的构词能力。

例 句

(1)他的画展时间不长,总共才展览了三天。

(2)他向评委展示了自己设计的自动调控仪。

(3)拉美风情舞蹈展演很成功。

错误用例

(1)老师在课堂上给学生们展览了沙尘暴肆虐的各种景象。(此处应该用"展示")

(2)明天是周末,我们已经约好一起去博物馆参观展演。(此处应该用"展览")

(3)甘肃艺百科技文化有限公司和甘肃歌舞剧院共同投资数千万打造的创新全息展示经典舞剧《丝路花雨》,即将在全国上映。(此处应该用"展演")

常用

形

容词易混词语辨析

安静　平静　宁静

释　义

安静（ānjìng）：①〈形〉没有声音；不嘈杂。例如："屋子里安静极了。"②〈形〉平安稳定。例如："安静的日子没过几天，就来了新任务。"

平静（píngjìng）：〈形〉（心情、环境等）平和安静。例如："老人心情很平静。""当地局势逐渐恢复平静。"

宁静（níngjìng）：〈形〉（环境、心境）安静；平静。例如："山村的夜晚很宁静。""这几天心里颇不宁静。"

辨　析

三个词都有静的意思，都可以形容人或环境，有时可以互换。不同之处在于：

（1）侧重点有所不同。"安静"多形容人的行为动作和环境；"平静"多形容人的心情、表情或社会、国家的秩序；"宁静"多用以形容环境和人的心境。

①在形容环境时，"安静"重在指多人共处的小环境没有声响；"平静"重在指没有动荡，或者大环境秩序稳定；"宁静"既指没有嘈杂的声响，也指没有动荡，大环境很稳定。例如："平静的水面"也可以说"宁静的水面"，但不宜说"安静的水面"；又如："教室里安静极了"，不宜说成"教室里平静极了"。"宁静"在形容环境时多用来形容夜晚或僻静的地方，例如："宁静的夜晚""宁静的大山"。

②在形容人的时候，"安静"重在指人不吵闹，性格安定沉稳，例如："这是个安静听话的小孩子。""平静"指人心情或表情上平和，没有不安或激动，例如："他看起来心情很平静。""他的面部表现得很平静。""宁

静"则是形容人的心境在较长时间内保持沉静稳定,不易受影响,例如:"没有宁静的心境,就不能实现远大的理想。"

(2)程度范围有所不同。"宁静"的程度比"安静""平静"要深,且持续的时间长。

 例　句

(1)老师一言不发,使得学生们逐渐安静下来。

(2)我只希望安静地生活,不愿意被打扰。

(3)潟湖的水面总是那么平静。

(4)他面上很平静,看不出生气的样子。

(5)你且到莫渔翁家里暂住几时,等地方宁静之后,我差人来接你。

(6)家是宁静的港湾,让经历了大风大浪的人在这里休养他那疲惫的身心。

错误用例

(1)这幅画背景辽阔深远,更加烘托出人物内心的平静。(此处宜用"宁静")

(2)这两天双方都没有开火,局势倒也安静了下来。(此处应该用"平静")

(3)小家伙宁静地坐在那里,不吵也不闹。(此处应该用"安静")

安适　安闲　安逸

释　义

安适(ānshì)〈形〉安宁舒适。例如:"婴儿在摇篮里睡得很安适。""过简单的生活,心里安适。"

安闲(ānxián):〈形〉安适清闲。例如:"他安闲自在地度过了一个假期。""爷爷退休后过着安闲的日子。"

安逸(ānyì):〈形〉安闲舒适。例如:"生活不能太安逸。""他这几年养尊处优,生活过得十分安逸。"

辨 析

三个词都有"舒适"的意思,有时可以通用。例如:"安适的生活",也可以说"安闲的生活""安逸的生活"。但具体使用时又有所区别,主要是:

(1)侧重点有所不同。"安适"侧重于"适",安静舒适,例如:"伤病员在疗养院过着安适的生活。""安闲"侧重于"闲",安静清闲,例如:"他整天忙里忙外,一刻也不得安闲。""安逸"侧重于"逸",安乐悠闲舒服自在,例如:"小两口儿过得很安逸。"

(2)适用范围有所不同。"安适"多形容生活与环境让人感到舒适,适合己意;"安闲"多形容人空闲的状态,没有过多事务打扰;"安逸"多形容安闲自由、舒服享乐的生活状态。

(3)句法功能有所不同。"安适"多用作定语、谓语、补语和状语,例如:"安适的生活""心里安适""过得很安适""安适地睡着了"。"安闲"多用作状语、定语、谓语和宾语,例如:"羊儿安闲地在山坡上吃草""安闲的生活""生活安闲""不得安闲"。"安逸"多作谓语、定语、宾语和补语,例如:"生活安逸""安逸的生活""追求安逸""过得很安逸"。

(4)构词和语用色彩有所不同。"安闲""安逸"可以重叠为"安安闲闲""安安逸逸",而"安适"不能这样重叠。在某些时候,"安逸"带有贬义色彩,例如:"贪图安逸生活",而"安适""安闲"不带贬义。

例 句

(1)一个老城,有山有水,全在天底下晒着阳光,暖和安适地睡着,只

等春风来把它们唤醒,这不是个理想的境界?（老舍《济南的冬天》）

（2）这个家庭旅馆虽然小,但真像家里一样,令人感到安适和自在。

（3）比起大城市的喧嚣与快节奏的生活,在小镇上生活是很安闲的。

（4）此时小孩子正安闲地在桌子旁吃着一块蛋糕,家里倒也安静下来。

（5）太安逸的生活往往会消磨人的意志。

（6）安安逸逸地坐在摇椅里,看着书,喝着茶,别提多美了!

 错误用例

（1）他父亲现在已经退休,过着很安适的生活。（此处应该用"安闲"）

（2）看到老父亲在敬老院里安逸的生活,刘清平放下了心,随后踏上了北上打拼的路。（此处应该用"安适"）

（3）我们应该在困难中磨炼自己,不能只贪恋安闲的生活。（此处应该用"安逸"）

安详　慈祥　祥和

释　义

安详(ānxiáng):〈形〉表情平静,动作从容。例如:"他神态安详地站在那里。""两位老人在小路上安详地散步、聊天。"

◎注意:"安详"不能写作"安祥"。

慈祥(cíxiáng):〈形〉慈善和蔼。例如:"慈祥的笑容。"

祥和(xiánghé):①〈形〉吉祥和顺。例如:"岁月祥和。"②〈形〉慈祥;和蔼。例如:"大殿内的石佛像看上去神态祥和。"

　　三个词意思相近而有交叉,在形容神态面色上可以互换,例如:"神态安详(慈祥/祥和)",但具体应用上又有所不同。主要是:

　　(1)侧重点有所不同。"安详"侧重于形容表情平静、举止动作从容稳重;"慈祥"侧重于形容态度神色慈善而和蔼;"祥和"侧重于形容环境、气氛等的吉祥和谐。例如可以说"举止安详",但不能说"举止慈祥"或"举止祥和";可以说"祥和的氛围",但不能说"慈祥的氛围"或"安详的氛围"。

　　(2)适用范围有所不同。"安详"可以用于形容老年人,也可以形容年轻人;"慈祥"一般用来形容母亲或者老年人;"祥和"可以形容环境气氛,也可以形容人。在形容人时,"祥和"与"慈祥"一样多用来形容老年人,但"面容慈祥"重在形容老人的面色仁慈和蔼;而"面容祥和"则重在形容老人慈善和顺,能影响到周围气氛,令人感到和谐宁静。

例　句

　　(1)江姐安详地注视着他(成岗),声音里带着深深的温暖:"党给了你最大的信任。"(罗广斌、杨益言《红岩》十三)

　　(2)只剩下那个箱子,由一个日本人看守着。陈策装作很安详的样子,径直走到他的跟前,和颜悦色地同他交涉。(吴玉章《辛亥革命》十四)

　　(3)乳山市乳山口镇蚬子嘴村生活着一位温和慈祥的110岁老太太姜玉英。

　　(4)笔者可以感受到,整个弘愿寺上下洋溢着祥和友善的氛围。

　　(5)从高处看,这座大佛有5米多高,下面有莲花底座,佛像神态祥和自然,坐东面西,背靠青山。

(1)大哥悲伤地对前来吊唁的人说:"父亲走时显得非常慈祥,就像睡着了一样,脸上没有一点痛苦之色。"（此处应该用"安详"）

(2)我心头震撼,生出一种莫名的虚幻的激动,和着昙花生命的韵律,仿佛能进入一片安详的精神高地。（此处应该用"祥和"）

(3)每当想起祖母,我就仿佛看到了她那安详的面容,听到了她那亲切的唠叨。（此处应该用"慈祥"）

宝贵　名贵　珍贵

释　义

宝贵(bǎoguì):〈形〉极有价值的;很值得重视的;珍贵。例如:"我的时间非常宝贵""宝贵的生命""宝贵的经验"。

名贵(mínguì):〈形〉有名而且珍贵。例如:"名贵的手表""名贵的树种"。

珍贵(zhēnguì):〈形〉价值大或意义大;宝贵。例如:"珍贵的文献资料""珍贵的药材""珍贵的礼物"。

辨　析

三个词都有"价值大、可贵"的意思,有时可以互换。但在使用中,又有所不同,主要区别在于:

(1)侧重点不同。"宝贵"侧重于贵重,常用来形容抽象事物,例如生命、精神、青春、品质、感情、时间、财富、遗产等。"名贵"侧重于品质高贵、罕见而有名气,常用来形容具体事物,如衣物、手表、跑车、宝石、动植物、字画等。"珍贵"侧重于珍奇、稀有,常用来形容具体事物,例如礼物、纪念品、动植物、文献资料等，也可以形容抽象事物，例如友谊等。

（2）情感色彩不同。"宝贵"和"珍贵"都带有个体主观色彩，二者所形容的东西常常是认为贵重而值得重视的，"宝贵"是因为所形容的东西贵重或者极有价值而值得重视；"珍贵"是因为形容的东西稀少、难得、有价值或有意义而值得重视，东西本身也许并不贵重。"名贵"所形容的东西常常是客观上因品质高贵、罕见而被大众广泛推重。

📖 **例 句**

（1）各级政府和有关部门要认真实施"十三五"文物事业发展规划，把宝贵的历史文化遗产保护好传承好利用好。

（2）王技术员在培育无土蔬菜方面有着宝贵的经验，我们要注意学习。

（3）长白山中有很多名贵的木材和药材。

（4）银杏树是一种非常珍贵的古老树种。

（5）这张照片很珍贵，是我和小学同学毕业时的留影。

🔍 **错误用例**

（1）他常常对我说，援疆经历将成为他人生中的珍贵财富。（此处应该用"宝贵"）

（2）劳斯莱斯银魅是非常宝贵的汽车，现在存世的银魅不超过10辆。（此处应该用名贵）

（3）临别时他送了我一套他自己制作的书签，在我看来，这是我得到的最名贵的礼物了。（此处应该用"珍贵"）

暴戾　暴烈

✎ **释　义**

　　暴戾(bàolì)：〈形〉[书]粗暴乖张；凶恶残忍。例如："性情暴戾""暴戾恣睢"。

　　暴烈(bàoliè)：①〈形〉凶暴猛烈。例如："火势暴烈。"②〈形〉暴躁刚烈。例如："我大哥性子暴烈，难以劝说。"

✐ **辨　析**

　　两个词都有凶暴的意思。不同之处在于：

　　(1)语体色彩有所不同。"暴戾"是书面语；"暴烈"可以用于书面，也可以用于口语。

　　(2)使用范围有所不同。"暴戾"使用范围较窄，主要用于形容恶人恶势力的凶狠残暴，例如："隋炀帝性情暴戾，是历史上出名的暴君。""军阀暴戾恣睢，鱼肉百姓。""暴烈"适用范围比"暴戾"广，既可以形容人的性情暴躁凶猛，还可以形容其他事物势头猛烈，例如："火势暴烈""暴烈的狂风"。

　　(3)感情色彩有所不同。"暴戾"是贬义词，只用来描写坏人、坏事，即便是一般人，描写的也是负面情绪；而"暴烈"是中性词，描写的不一定是坏人坏事，描写的状况也不一定带有负面色彩。

✐ **例　句**

　　(1)幽王为人，暴戾寡恩，动静无常。(冯梦龙《东周列国志》第二回)

　　(2)日本帝国主义者在侵华战争中，暴戾恣睢，嗜血成性，滥杀无辜百姓，犯下数不尽的滔天罪行。

（3）父亲是个性情暴烈的人,每次他拿着成绩单回家,都要遭受父亲的暴打。

（4）大海总是具有两面性:有时平静而友善,有时却显露出它那暴烈而险恶的性情。

（1）暴烈的歹徒击毙了打算按响警铃的工作人员,又将其他人赶到角落里,命令他们蹲下。(此处应该用"暴戾")

（2）三国名将张飞性情暴戾,轻视士卒,经常随意打骂部属,这也是最终导致他死亡的根本原因。(此处应该用"暴烈")

暴躁　急躁

释　义

暴躁(bàozào):〈形〉遇事急躁,容易发怒。例如:"性情暴躁冲动""脾气暴躁爱发火"。

急躁(jízào):①〈形〉着急不安;遇事不冷静。例如:"遇事不要急躁。"②〈形〉急于求成而行动不慎重。例如:"年轻人在工作中要克服急躁情绪。"

辨　析

两个词都有遇事不冷静的意思。不同之处在于:

（1）侧重点有所不同。"暴躁"侧重于"暴",粗暴冲动,容易发脾气。"急躁"侧重于"急",着急冲动,遇事不冷静,或急于求成,没有耐心,行动不慎重。

（2）使用范围有所不同。"暴躁"既可以形容人,也可以形容动物,例如:"他脾气暴躁,常打骂孩子""这条狗性情暴躁,经常狂吠乱叫"。"急躁"只能形容人,不能用来形容动物。

(3)程度有所不同。"急躁"的程度比"暴躁"轻。例如:"犯急躁病""急躁冒进",不能说成"犯暴躁病""暴躁冒进"。

 例 句

(1)当时西域进贡了一匹宝马"狮子骢",能够日行千里,但是性情暴躁,没有人能驯服它。

(2)我们公司的主管专制暴躁,在他手下做事常有动辄得咎的感觉。

(3)他很有才干,为人也很好,只是遇事有些急躁,不能冷静对待。

(4)急躁冒进或保守,都是不按实际情况办事,都是主观主义。(毛泽东《反对党内的资产阶级思想》)

错误用例

(1)处理事情不能暴躁,否则欲速不达。(此处应该用"急躁")

(2)心理咨询发现,脾气急躁的母亲,一定会把脾气急躁的毛病遗传给自己的女儿。(此处应该用"暴躁")

笨重 沉重 繁重

释 义

笨重(bènzhòng):①〈形〉庞大沉重,不便使用或不灵巧。例如:"笨重的手推车""身体比较笨重"。②〈形〉繁重而费力。例如:"他从事笨重的体力劳动。""他干的都是笨重活儿。"

沉重(chénzhòng)①〈形〉分量重。例如:"沉重的行李""挑的担子很沉重"。②〈形〉严重,程度深。例如:"病情沉重"。③〈形〉心情不开朗,思想负担重。例如:"他的心情很沉重。"

繁重(fánzhòng):〈形〉又多又重。例如:"工作任务繁重""繁重的生活负担"。

📖 **辨　析**

两个词都有形容沉重费力的意思。不同之处在于:

(1)侧重点不同。"笨重"侧重在"笨",因体积庞大而沉重费力,不便使用,或者不灵活。"沉重"侧重在"沉",因分量重而感到压力大,所以能形容思想负担重,让人心情不开朗。"繁重"侧重在"繁",是因头绪繁多,事务纷乱而让人感到沉重费力,强调烦琐。例如在形容体力劳动上,这三个词语都可以用,例如:"笨重的体力劳动",强调的是劳动项目体积的庞大费力,难以取巧;"沉重的体力劳动",强调的是劳动负荷重,强度大;而"繁重的体力劳动",强调的是劳动任务头绪繁多而又沉重费力。

(2)适用对象范围不同。我们可以说"沉重的心情""沉重的思想负担",却不能换成"笨重"或"繁重"。"体力劳动"可以用"笨重""沉重""繁重"来形容,但"繁重的家务劳动"就不适于换成"笨重"和"沉重"。可以说"身体笨重""身体沉重",却不能说成"身体繁重"。关键是看所形容的对象的特点而定。

✏️ **例　句**

(1)他比较喜欢旧东西,家里摆了好多笨重的老式家具。

(2)你妻子有了身孕,这些个笨重活儿就不要让她做了。

(3)他闷闷地想着,觉得心头渐渐沉重起来。

(4)父亲去世后,养活一大家子的沉重负担就落在了他这个长子的身上。

(5)这部新机器的使用把我们从繁重的劳动中解放出来。

(6)面对繁重的学业负担,很多学生出现了不同程度的心理和身体方面的不适。

（1）我去的这家公司规模比较小，每天只是打打电话、抄抄报表、下载些各方面的资料，任务倒也不怎么沉重。（此处应该用"繁重"）

（2）他的铁皮箱虽然不大却很笨重，两个工人费了很大的劲儿才抬了进来。（此处应该用"沉重"）

草率　轻率

释　义

草率（cǎoshuài）：〈形〉（做事）不认真细致，随便应付。例如："不要草率做决定。"

轻率（qīngshuài）：〈形〉言行随便，不慎重考虑。例如："轻率许诺必寡信。""他讲话太轻率，不负责任。"

辨　析

两个词都有"随便、不认真"的意思，都有贬义色彩，有时可以换用，例如："草率的决定"也可以说成"轻率的决定"。不同之处在于：

（1）侧重点不同。"草率"侧重于"草"，不认真，不细致，毛毛草草，马马虎虎，敷衍应付；"轻率"侧重于"轻"，不慎重，不认真，随随便便。

（2）适用范围有所不同。"草率"常用来形容做事情不细致，不认真，粗枝大叶，马虎敷衍；"轻率"常用来形容说话、做事、态度、作风等不慎重考虑，不严肃对待，轻易而随便。例如："他只是草率地抽查了几个样品"，句中的"草率"不能换成"轻率"；"对于科学研究应当保持慎重的态度，不要轻率地下结论"，句中的"轻率"不能换成"草率"。

例 句

(1)他把教室草率打扫了一下,就匆匆忙忙地锁门跑了。

(2)你对这件事情不了解,不要轻率表态。

(3)这是一场高手之间的对决,双方都很慎重,不会轻率出手的。

错误用例

(1)他也没仔细核对来人身份,就草率地决定跟他走。(此处应该用"轻率")

(2)他在市场上随便找了几个人,问了一两个小问题,就轻率地结束了这次市场调研。(此处应该用"草率")

猖獗　猖狂　疯狂

释 义

猖獗(chāngjué):〈形〉凶猛而放肆。例如:"解放前,当地土匪活动十分猖獗。""近年来鼠害猖獗。"

猖狂(chāngkuáng):〈形〉狂妄而放肆。例如:"坚决回击反华势力的猖狂挑衅。"

疯狂(fēngkuáng):〈形〉发疯,形容极其猖狂。例如:"1941 年日寇向冀中根据地展开了疯狂的扫荡。"

辨 析

三个词都有放肆的意思,有时可以互换,例如:"敌人猖狂(疯狂)进攻""反动派很猖狂(疯狂)"。但使用中也有不同,不同之处在于:

(1)侧重点有所不同。"猖狂"侧重于指狂妄、放肆,任意妄为;"猖獗"

侧重于指凶猛、放肆,横行无忌;"疯狂"侧重于指狂妄放肆到失去理性。

(2)适用范围有所不同。"猖獗"形容的对象既可以是人,也可以是其他事物,常用来形容黑暗势力、投机倒把、不正之风、自然或人为灾害等的放肆横行。例如:"反动派猖獗一时。""沙尘暴十分猖獗。""金融诈骗日益猖獗。""猖狂"一般只用于形容人的行为,常用来形容敌人的进攻、反扑、反对、破坏等行动。"疯狂"既可以形容人,也可以形容其他事物,常用来形容人或动物失去理性的狂暴行为,也形容语言、思想等不受束缚,或者时代、社会等陷入狂乱。例如:"这个时代很疯狂""疯狂英语""你这个念头太疯狂了"。

(3)程度有所不同。"猖獗"的破坏程度比"猖狂"更严重,而"疯狂"是极度猖狂,情况严重到失去理智的程度。

(4)句法功能和感情色彩有所不同。"猖獗"常用作谓语;"猖狂"常用作状语和谓语;"疯狂"常用作定语、状语和谓语。

(5)感情色彩不同。"猖狂""猖獗"都是贬义词;"疯狂"一般是贬义词,有时也可以作中性词语用,例如:"疯狂英语。"

 例 句

(1)热带疾病在非洲十分猖獗。

(2)犯罪分子猖狂至极,简直无法无天。

(3)我们都有过疯狂的主意和梦想。

(4)上帝要想毁灭一个人,必先使他疯狂!

错误用例

(1)这是北京为努力遏制日益疯狂的电信诈骗犯罪而采取的最新举措。(此处应该用"猖獗")

(2)希特勒何以使最理性的民族陷入猖狂境地?(此处应该用"疯狂")

沉静　沉寂　寂静

释　义

　　沉静（chénjìng）：①〈形〉寂静；没有一点儿声响。例如："喧闹了一天的街道渐渐沉静下来。"②〈形〉（性格、心情、神色等）沉稳安静。例如："他性格沉静。"

　　沉寂（chénjì）：①〈形〉十分寂静，没有一点儿声响。例如："沉寂的大兴安岭。"②〈形〉没有任何消息。例如："沉寂多年杳无音信。"

　　寂静（jìjìng）：〈形〉没有声音，十分安静。例如："山村的夜晚寂静无声""寂静的烈士陵园"。

辨　析

　　三个词都表示"十分安静；没有声音"的意思。不同之处在于：

　　（1）形容"静"的程度不同。"沉静"和"寂静"程度相同，都是十分安静的意思。"沉寂"是"非常寂静"的意思，表示安静的程度比"沉静"和"沉寂"要重得多。

　　（2）形容"静"的状态不同。"沉静"和"沉寂"都含有"沉"的语素，因此两个词语带有从不静到特别静的意味，例如可以说"沉静下来""沉寂下来"。"寂静"只指当时的静，不带有变化的状态，所以不能说"寂静起来""寂静下去"。

　　（3）使用的范围有所不同。"沉静"除了形容环境的安静，还可以形容人的性格、心情、脸色等沉稳安静，例如："沉静的神态"。"沉寂"除了形容环境的安静，还有比喻义，可以形容没有消息，例如："消息沉寂"。"寂静"则只形容环境。

　　（4）能否构成同素反序的同义词。"寂静"有同素反序的同义词"静寂",例如:"静寂的山林""静寂的夜晚"。"沉静""沉寂"没有这种用法。

📖 例　句

(1)这两个孩子是双胞胎,外貌上难以区分,但性格不同,一个沉静,一个活泼。

(2)夜幕降临,校园里渐渐沉静下来。

(3)四周一片沉寂,只有地上的尸体和鲜血表明这里曾经发生过激烈的战斗。

(4)自从三叔到了上海,开头几年还给家里写信,后来就音信沉寂,再也没有联系了。

(5)一眼望去,广袤的大漠十分荒凉,寂静无声。

🔍 错误用例

(1)天黑了,村子里渐渐寂静下来。(此处应该用"沉静"或"沉寂")

(2)荒芜的城堡里死一般地沉静。(此处应该用"沉寂")

(3)他性情稳重,听了这一消息虽然心里惊讶,但神色沉寂,并无变化。(此处应该用"沉静")

(4)寂静数月之后,我国正在月背活动的嫦娥四号传出一个关键讯息。(此处应该用"沉寂")

诚恳　诚实　诚挚

✏️ 释　义

诚恳(chéngkěn):〈形〉真挚而恳切。例如:"他接受了大家的意见,态度十分诚恳。"

诚实(chéngshí):〈形〉真诚老实,不虚伪。例如:"这是个诚实可靠的人。"

诚挚(chéngzhì):〈形〉诚恳而真挚。例如:"表示诚挚的感谢。"

辨 析

三个词都有真诚的意思。不同之处在于:

(1)侧重点不同。"诚实"侧重于形容人的品格;"诚恳"侧重于形容人的态度;"诚挚"侧重于形容人的感情。

(2)句法功能有所不同。"诚恳"常用作状语,例如:"诚恳地接受批评";"诚实"和"诚挚"则多作定语,很少作状语,例如:"诚实的人""诚挚的慰问"。但三个词都能作谓语,例如:"为人诚实""感情真挚""态度诚恳"。

例 句

(1)这个人在检查中一点也不诚恳,完全没有说中要害问题。

(2)他做人很诚实,从不弄虚作假。

(3)在诚挚友好的气氛中,双方签订了互惠互利的合同。

错误用例

(1)他态度诚挚、充满慈爱地劝我不要耍孩子脾气,不要急于自讨苦吃。(此处应该用"诚恳")

(2)这半年来,你诚实的付出我都看在眼里,心中早就被你感动了。(此处应该用"诚挚")

(3)这个岗位需要为人诚恳、值得信赖的人。(此处应该用"诚实")

迟疑　踌躇　犹豫

释　义

迟疑(chíyí)：〈形〉拿不定主意；犹豫。例如："迟疑不决""他迟疑片刻,才接着说下去"。

踌躇(chóuchú)：①〈形〉犹豫。例如："颇费踌躇""踌躇不决""踌躇了半天,我终于直说了"。②〈形〉(书)得意的样子。例如："踌躇满志。"

◎另,还有动词义,停留;徘徊不前。例如:"踌躇不前。"

犹豫(yóuyù)：〈形〉拿不定主意。例如："犹豫不定"。

辨　析

三个词都有"拿不定主意"的意思,有时可以互换,例如:"迟疑(犹豫/踌躇)不决。"但三个词也有细微差别,主要是:

(1)侧重点有所不同。"踌躇"多侧重于从具体行动角度说,形容行动不果断;"迟疑"多侧重于从时间角度上说,不能及时拿定主意,迟缓犹豫而不果断;"犹豫"着重于从人的内心活动角度说,疑虑重重,拿不定主意。

(2)语体色彩有所不同。"踌躇"一般用于书面语;"迟疑"和"犹豫"既可以用于书面语,也可以用于口语。

(3)用法意义有所不同。"踌躇"还可以形容得意的样子,例如:"踌躇满志。"除了做形容词外,"踌躇"还有动词功能,表示徘徊不前。"迟疑"和"犹豫"没有这么多意义。

(4)在是否能重叠方面有所不同。"犹豫"和"迟疑"都可以重叠,例如:"犹犹豫豫""迟迟疑疑",表示"犹豫""迟疑"的程度深;而"踌躇"不能重叠为"踌踌躇躇"。

(1)时间不早了,你就别再迟疑了,快走吧!

(2)大敌当前踌躇不决,当断不断,其祸不可避免。

(3)这两句诗把诗人那种睥睨一切、踌躇满志的形象表现得淋漓尽致。

(4)我心里还在犹豫,到底去还是不去?

🔍 **错误用例**

(1)说到这里,她突然停了下来,犹豫了一会儿,才又接着说下去。(此处应该用"迟疑")

(2)这两个人条件都很好,我有点踌躇,不知该选哪个好,你给拿个主意吧。(此处应该用"犹豫")

充分 充实 充足

✏️ **释 义**

充分(chōngfèn)①〈形〉充足;多(多用于抽象事物)。例如:"理由很充分""事先做了充分的准备工作"。②〈形〉尽量;尽可能多的。例如:"干部应该要充分听取大家的意见。"

充实(chōngshí):〈形〉丰富;充足;饱满。例如:"忙碌而又充实的生活""粮库充实"。

◎另,还有动词义,使丰富饱满;加强。例如:"你把文章内容再充实一下。""教师要不断充实自己以适应教育发展的需要。"

充足(chōngzú):〈形〉数量多,完全满足需要。例如:"煤炭在氧气不充足的条件下燃烧会生成一氧化碳。""资金很充足。"

辨　析

三个词都有"数量足够多"的意思。不同之处在于：

（1）侧重点有所不同。"充实"侧重于指内部不空虚，有足够的内容或力量等；"充足"和"充分"都侧重于指数量足够，能满足需要。

（2）适用范围有所不同。"充实"多用来形容内容、力量、知识、生活等抽象事物；"充足"多用来形容物品、资金、空气等具体事物，也可形容论据、理由、时间、空间等抽象事物；"充分"多用来形容抽象事物。

（3）用法有所不同。"充实"除了作形容词，还有使动用法；而"充足""充分"没有。例如："充实骨干队伍"，句中的"充实"不能换成"充分""充足"。"充分"可以作状语，而"充实"和"充足"不能。例如："充分吸收优秀传统文化养分"，句中的"充分"不能换成"充足""充实"。

例　句

（1）你的理由不充分，不能说服我。

（2）小刘觉得在单位不能充分发挥自己的才能，就辞职下海经商了。

（3）你这篇文章内容不够充实，还要多举几个例子丰富一下。

（4）北京开启全民阅读模式，让知识充实人生，书香温暖城市。

（5）青少年正处于生长发育期，一定要保证充足的睡眠时间。

（6）据报道，我县粮油、肉食品和禽蛋等生活必需品供应充足，生活必需品价格总体运行平稳。

错误用例

（1）因为流动资金不充分，他无法购买这家公司的股票。（此处应该用"充足"）

（2）这两年公司不断有人调走或退休，急需招聘有经验的人员充足骨干力量。（此处应该用"充实"）

196

现代汉语常用**易混**词语辨析

（3）用人单位若无法提供充实的证据证明自己开除员工的决定具有事实和法律依据的,应承担不利的法律后果。(此处应该用"充分"或"充足")

（4）你要充足享受人生,别到老了再后悔。(此处应该用"充分")

纯粹　纯洁　纯正

✎ **释　义**

纯粹(chúncuì):〈形〉纯净不含杂质的。例如:"纯粹的羊绒。"

◎另,还有副词义,表示判断、结论的不容置疑(多跟"是"连用)。例如:"纯粹是胡说八道。"

纯洁(chúnjié):〈形〉纯正洁白,没有杂质和污点;比喻思想纯正,没有私心杂念。例如:"同学之间纯洁的友谊""心地纯洁而又善良"。

◎另,还有动词义,使纯洁。例如:"纯洁革命队伍""纯洁党内政治文化"。

纯正(chúnzhèng):①〈形〉纯粹;地道。例如:"这种酒喝起来味道纯正。""语文老师要求能说一口纯正的普通话。"②〈形〉纯洁正派。例如:"做人要思想纯正。"

✐ **辨　析**

三个词都有"纯净而没有杂质的"意思。不同之处在于:

（1）侧重点不同。"纯粹"着重于指完全、真正、不掺杂其他成分的,能体现事物本质的;"纯洁"着重于指洁净、清白,没有受到污染的;"纯正"则包括了它们两个词的意义,既有"纯净而不含杂质"的含义,又有"清白而没有受污染"的含义。

（2）适用对象有所不同。"纯粹"适用范围比较广,既可以形容人,也可以形容物,形容物时对象多是物质、食品味道、说话口音等。例如:"一个纯粹的人。""他发音很准,是纯粹的伦敦口音。""纯粹的湖南家乡菜。"
"纯洁"可以形容人,也可以形容事物,形容事物时的对象多是水质、空
气、人的思想感情以及组织等,例如:"她是个纯洁可爱的小姑娘""蓝天
上飘着几朵纯洁的白云""纯洁的心灵""队伍很纯洁"。"纯正"经常用
来形容语调、口音、味道、风格等,也用来形容动机、目的等,例如:"语音纯
正""味道纯正""我的目的很纯正"。

(3)感表色彩有所不同。"纯粹"是中性词,"纯洁"和"纯正"是褒
义词。

(4)句法功能有所不同。"纯粹"除了常作定语、宾语外,它还有副词
功能,可以作状语,多与"是"连用,表示判断或结论,例如:"这种设想纯
粹是空中楼阁,不能实现。""纯洁"和"纯粹"无此用法。"纯洁"除了常
作定语和宾语外,还多作谓语,例如:"心灵很纯洁。"此外"纯洁"还有使
动用法,可以活用作动词,可带宾语,例如:"纯洁组织",意思是"使组织
纯洁"。"纯粹"和"纯正"无此用法。"纯正"除了常作定语和宾语外,还
常作谓语,例如:"思想纯正""口音纯正"等。

 例　句

(1)一个高尚的人,一个纯粹的人,一个有道德的人,一个脱离了低
级趣味的人,一个有益于人民的人。(毛泽东《纪念白求恩》)

(2)我看上了那套纯粹的花梨木家具,摆在家里一定很气派。

(3)为了革命利益,我们还顾不上来谈个人的爱情,因此一直保持着
纯洁的同志关系,没有结婚。(黄庆云《刑场上的婚礼》)

(4)开展批评与自我批评,是为了更好地促进党员主观世界的改造,
纯洁党性。

(5)他养了一条血统纯正的德国狼犬。

(6)今天给大家带来两套纯正的美式乡村清新风格的装修效果图,
大家一起来欣赏吧!

现代汉语常用易混词语辨析

🔍 **错误用例**

(1)西川以内省的崇高和语言的诗意追求着诗歌的纯洁。(此处应该用"纯粹"或"纯正")

(2)这所谓的"长江玉石"在泸州收藏圈资深人士看来一文不值,纯正是炒作。(此处应该用"纯粹")

(3)小姑娘露出一副纯粹可爱的表情。(此处应该用"纯洁")

(4)我们党作为马克思主义执政党,只有不断保持纯粹性,才能提高在群众中的威信。(此处应该用"纯洁")

(5)少年儿童都有一颗纯正、善良的心。(此处应该用"纯洁")

(6)这种葡萄酒味道很纯粹。(此处应该用"纯正")

淳朴　纯朴

📝 **释　义**

淳朴(chúnpǔ):〈形〉忠厚朴实。例如:"性情淳朴""淳朴的家风。"

纯朴(chúnpǔ):〈形〉单纯朴实。例如:"心性纯朴""他为人诚实,思想纯朴"。

🖐 **辨　析**

两个词都有朴实的意思。因"淳"和"纯"两个语素的不同而有不同的意思。不同之处在于:

(1)侧重点不同。"淳朴"侧重于"淳",敦厚、质朴、诚实,因此"淳朴"意思重在指又忠厚又朴实。"纯朴"侧重于"纯",纯净、成分单一、没有杂质,因此"纯朴"的意思重在指又单纯又朴实。

(2)适用对象有所不同。"淳朴"常用来形容性格、风格、风俗等敦厚朴素,例如:"民风淳朴。""纯朴"常用来形容人思想单纯,生活朴素,例如:"他来自农村,为人纯朴。"

📖 例 句

(1)我的家乡地处偏远的农村,那里山清水秀,民风淳朴。

(2)这些家具外观和用料保持自然、淳朴的风格,很受人欢迎。

(3)她是一个天真纯朴的小姑娘。

(4)在生活方面,司马光节俭纯朴,也十分重视对后代进行俭朴教育。

🔍 错误用例

(1)现在的父母或许在当初也用纯朴的家风教育过孩子,但面对社会现实,很多父母担心的不是孩子不够仁厚宽容,而是怕孩子吃亏。(此处应该用"淳朴")

(2)山清水秀的神秘大瑶山养育出的瑶族女子也充满着乡间的淳朴美丽。(此处应该用"纯朴")

慈爱　慈祥

📝 释 义

慈爱(cí'ài):〈形〉慈祥而充满爱怜。例如:"父母对我们姐妹慈爱而又严厉。""老祖母慈爱地看着小孙孙狼吞虎咽,不停地说'慢点吃'。"

慈祥(cíxiáng):〈形〉慈善和蔼。例如:"爷爷的面容总是那么慈祥。"

📝 辨 析

两个词都含有"仁慈"的意思。不同之处在于:

（1）侧重点有所不同。"慈爱"除了形容态度神色外,也形容思想感情;"慈祥"侧重于形容态度神色。例如:"他对孩子十分慈爱",就不能说成"他对孩子十分慈祥"。

（2）适用范围有所不同。"慈爱"多用于形容年长者对年幼者的仁慈和怜爱之心。"慈祥"多用来形容老年人的神色态度等仁慈和蔼。

✎ 例 句

（1）"希望之家"孤儿院的院长总是用充满慈爱的目光看着她那些孩子们。

（2）我的祖父是一位慈祥可爱的老人。

🔍 错误用例

这几年我在上海漂泊不定,每当心灰意冷时,都是父亲那慈祥的鼓励给了我力量,让我坚持下去。(此处应该用"慈爱")

慈悲　慈善

✎ 释 义

慈悲(cíbēi):〈形〉仁慈而富有怜悯之心。例如:"出家人当以慈悲为怀,心存善念。"

慈善(císhàn):〈形〉仁慈善良。例如:"支持慈善事业。"

✎ 辨 析

两个词都含有"仁慈"的意思。不同之处在于:

（1）侧重点有所不同。"慈悲"侧重于指慈善和怜悯;"慈善"侧重于指仁慈和友善,对人有同情心。"慈悲"重在怜悯之心;"慈善"重在落实行善之举。例如:"他的慈善行为"不能说成"他的慈悲行为"。

(2)适用范围有所不同。"慈善"的两个语素,"慈"是指长辈对晚辈的爱,"善"是指人与人之间的友爱和互助,因此"慈善"多用来形容对人关怀,乐于行善助人。"慈悲"来源于佛教用语,指给人快乐,将人从苦难中拔救出来,因此"慈悲"不仅形容对人关怀给予帮助,而且还有悲悯之心。"慈悲"施予的是慈善和怜悯之心,范围更广,没有局限,是视众生为平等的精神的体现。

因此,"慈善"和"慈悲"虽然都含有"同情心"之意,但"慈善"多形容平凡人的关怀和助人,"慈悲"则更多的是表示上位者对弱势者的怜悯与关怀。例如:"平凡人的慈善情怀""伟人的慈悲情怀"。

(3)组合功能不同。"慈善"与别的词语组合,可以构成名词短语,例如:"慈善家""慈善事业""慈善机构"等,"慈悲"不能这样组合。

✏️ 例 句

(1)对弱者抱有同情之心,对世人存有大爱之心,这样的慈悲情怀才能真正有益于公平正义。

(2)我们这次给灾区募集了大量捐款,说明社会上还是慈善的人多啊。

🔍 错误用例

企业大发慈悲之心,给环卫工人发放大米、面、油等慰问品,本来是一件好事,但是大米过期,好事却办成了坏事。(此处应该用"慈善")

粗暴　粗鲁

📖 释 义

粗暴(cūbào):〈形〉粗鲁暴躁;粗野无礼。例如:"态度粗暴。"

粗鲁(cūlǔ):〈形〉粗野鲁莽。例如:"他为人桀骜不驯,对人也是粗鲁无礼。"

◎注意:"粗鲁"不宜写成"粗卤"。

常用形容词易混词语辨析

辨　析

两个词都有粗野的意思。不同之处在于:

(1)侧重点有所不同。"粗暴"侧重于"暴",指暴躁、粗野;"粗鲁"侧重于"鲁",指表现莽撞、冒失。

(2)适用对象不同。两个词语都可以用来形容人的行为、性格、言语、态度等。但比较起来,"粗鲁"多用于形容性格、态度、作风;"粗暴"指暴躁、粗野,多用于形容言语行为等。

(3)适用范围不同。"粗暴"的适用范围比"粗鲁"宽,除了形容人的行为、性格、言语、态度等,它还可以用来形容国家、组织等的行为,例如:"粗暴地践踏别国主权""粗暴地干涉他国内政"等;而"粗鲁"不能这样用。

例　句

(1)家长对待孩子的态度不要过于粗暴。

(2)这起事件恐怕不是简单地以"工作方法简便粗暴"就能解释得了的。

(3)何必跟他这么个粗鲁之人一般见识呢,他本来也没啥文化。

(4)这个人性子粗鲁,做事总是冒冒失失的。

错误用例

(1)这项计划粗鲁地粉碎了丘吉尔的夙愿。(此处应该用"粗暴")

(2)他虽然举止粗暴,但为人老实善良,还是可以依靠的。(此处应该用"粗鲁")

陡峭　峻峭

现代汉语常用**易混**词语辨析

释　义

陡峭(dǒuqiào)：〈形〉坡度极大，近于垂直。例如："山势十分陡峭险峻。"

峻峭(jùnqiào)：①〈形〉高峻陡峭。例如："山峰峻峭，高耸入云。"②〈形〉形容文笔刚劲有力或作风严峻。例如："赵之琛的书画作品风骨峻峭，别具一格。"

辨　析

两个词都有共同语素"峭"，"峭"的意义是"山势又高又陡"，所以两个词语都有形容山势很陡的意思。不同之处在于：

(1)侧重点不同。"陡峭"侧重于"陡"，重在指山的坡度大，近于垂直。"峻峭"侧重于"峻"，"峻"是高大的意思，所以"峻峭"重在指山又高又陡，挺拔险峻。

(2)适用对象有所不同。因为"峻"有严厉的意思，所以"峻峭"还可以用来形容文笔刚劲有力或作风严峻。"陡峭"则无此用法。

(3)适用的语体色彩有所不同。"陡峭"既可用于书面语，也可用于口语；"峻峭"多用于书面语。

例　句

(1)那条间或走过一小群一小群牛羊的陡峭的山路，迤迤逦逦，高高低低。(丁玲《杜晚香·一枝红杏》)

(2)抬头仰望，那巍峨的山峰被夏日的骄阳镀上一层金色，更显得峻峭，壮观！

（3）在当时，"文必秦汉"的口号，事实上是同江西诗人之讲句法诗律是同样的纯艺术的观点，而且也是同样的手法，都是想用古硬雄厚峻峭的风格来振起痿痹。（《中国文学批评史·唐宋派的文论》）

错误用例

（1）那峻峭的山峰连山羊也上不去。（此处应该用"陡峭"）
（2）《韩非子》在写作上的一大特点就是犀利陡峭，鞭辟入里，说理无所顾忌。（此处应该用"峻峭"）

繁华　繁荣

释　义

繁华（fánhuá）：〈形〉（城镇、街市）热闹兴旺。例如："繁华的大都市。"

繁荣（fánróng）：〈形〉兴旺昌盛，蓬勃发展。例如："繁荣富强的新中国""新农村社区一派繁荣的景象"。

◎另，还有动词义，使繁荣。例如："繁荣乡村经济""大力繁荣文化事业"。

辨　析

两个词都有兴旺的意思。不同之处在于：

（1）意义有所不同。"繁华"指人气旺盛，商业发达；而"繁荣"多指某项事业蒸蒸日上。

（2）使用对象有所不同。"繁华"多用来形容城镇、街道等富有人气的处所，形容城镇、街道的热闹，人群的众多，商业的发达等，意义较为具体；而"繁荣"则是多用来形容经济、科学、文化等事业的蓬勃发展，意义较为抽象。

(3)用法有所不同。"繁华"只是形容词;而"繁荣"除了作形容词用,还有使动用法。

 例 句

(1)他喜欢热闹,经常到繁华的地方去散步。
(2)上海是个繁华的大都市。
(3)改革开放以来,农村经济出现了前所未有的繁荣景象。
(4)为繁荣儿童文艺创作,他们做出了很多努力。
(5)七世纪的文化繁荣地区是基督教统治的西班牙。

错误用例

(1)20世纪50年代至60年代,欧洲社会经济发展迅速,国力上升,呈现出一派繁华景象。(此处应该用"繁荣")
(2)想要在繁荣的都市寻找到这样一片宁静的地方还真是不容易。(此处应该用"繁华")

非常　异常

释 义

非常(fēicháng):〈形〉不寻常的;特殊的。例如:"国民非常会议""非常时期应该采用非常措施"。

◎另,还有副词功能,表示程度极高。例如:"非常漂亮""非常愤怒"。

异常(yìcháng):〈形〉不同寻常。例如:"神色异常""异常的现象"。

◎另,还有副词义,非常,特别。例如:"异常反感""异常顺利"。

 **辨　析**

两个词意义相近,使用中却有差别。主要是:

(1)侧重点和感情色彩有所不同。作形容词时,"非常"和"异常"都有"不同寻常"的意思,但各有侧重点和感情色彩,"非常"侧重于表示"不平常、非凡"的意思,含褒义;"异常"侧重于表示"不正常、反常"的意思,含贬义。例如:"世界美丽非常。""这个人精神异常。"

(2)修饰名词时用法有所不同。"异常"和"非常"都可以修饰名词,但"异常"在修饰名词时只有形容词义,表示"不正常"的意思,例如:"异常现象""异常行为""天气异常"等。"非常"在修饰名词时,既有形容词功能,表示"不平常的、特殊的"意思,例如:"非常措施""非常时期"等;又有副词的功能,表示"程度极高"的意思,而被修饰的名词则有形容词化的特征,例如:"起了个非常中国的名字。"

(3)在能否受否定词或数量短语修饰方面有所不同。"异常"可以在前面加否定词"不、无、没有"等,也可以受数量短语修饰,例如:"并不(无、没有)异常""发现一点异常"等。而"非常"不能这样用。

(4)语体色彩有所不同。"非常"多用于口语,既可以修饰双音节词语,也可以修饰单音节词语。"异常"多用于书面语,且语气比"非常"重,多修饰双音节词语,一般不用来修饰单音节词语。例如:"异常沉重""非常漂亮""非常好"等。

(5)作副词时用法有所不同。两个词语作副词有时可以互换,例如:"非常艰苦""非常勇敢",也可以说成"异常艰苦""异常勇敢"等,但"非常"可以重叠,例如:"非常非常好","异常"不能重叠。"异常"前面可以用"不"降低程度,例如:"今年夏天北方降雨量偏高,但并不异常",而"非常"前面不能受"不"修饰。

例　句

(1)世界三大夺魂兵器,没铜没铁却厉害非常。

(2)我非常喜欢这本新出版的书。

(3)1983 年是中国的"严打时期",邓小平同志认为,现在是非常**状**态,必须依法从重从快集中打击刑事犯罪分子活动。

(4)低沉潮湿的空气,使人异常烦躁。(曹禺《雷雨》第二幕)

(5)公司制定了瓦斯异常情况汇报程序及处理办法。

(6)地震之前会有一些异常征兆出现。

 错误用例

(1)现在是异常时期,采取异常手段也是很必要的。(两处都应该用"非常")

(2)天气并不非常寒冷,在室外的乒乓球比赛还可以进行。(此处应该用"异常")

丰富　丰饶　丰盛　丰裕

释　义

丰富(fēngfù):〈形〉种类多或数量大。例如:"矿产资源丰富""教学经验丰富"。

◎另,还有动词义,使丰富。例如:"丰富居民文化生活。"

丰饶(fēngráo):〈形〉富饶充足。例如:"丰饶的江南鱼米之乡。"

丰盛(fēngshèng):〈形〉(食物等)又多又好。例如:"宴会上的酒菜非常丰盛。"

丰裕(fēngyù):〈形〉富裕。例如:"家境丰裕。"

辨　析

四个词都有数量很多、很充足的意思。不同之处在于:

（1）适用范围有所不同。"丰富"适用范围比较广泛,既可以用于物质方面,也可以用于精神方面,例如:"供应种类丰富""想象丰富""丰富的感情""丰富的学识"等。"丰盛"适用范围比"丰富"窄,一般只限于物质方面,特别是食物,例如:"丰盛的菜肴""丰盛的午餐"等。所以"物产丰富"也可以说成"物产丰盛","丰盛的菜肴"也可以说成"丰富的菜肴",但想象、经验、学识、感情等不能用"丰盛"形容。"丰饶"多用来形容某地物产富饶或家庭财产充足。例如:"长白山森林茂密,物产丰饶。""昔时兄弟努力,家业丰饶。""丰裕"常用来形容生活富足、财物充裕,例如:"如今风调雨顺,年景丰裕。"

（2）用法有所不同。"丰富"除了作形容词,还有动词功能,有使动用法,例如:"丰富群众的业余生活。"而"丰饶""丰盛""丰裕"只有形容词功能。

（3）语体色彩有所不同。"丰饶""丰裕"一般用作书面语;而"丰富""丰盛"既可以用于书面语,又可以用于口语。

📖 **例 句**

（1）文化生活的丰富多彩是社会进步的表现。

（2）普里什文是现代俄罗斯文学中的一位集大成者,他的创作极大地丰富了世界文学宝库。

（3）羊卓雍错是藏民所说的"圣湖",湖水碧波如镜,湖滨水草丰美,是一个丰饶的高原牧场。

（4）几世积累的丰饶家产,一旦毁于兵火,怎不令人痛断肝肠?

（5）这顿晚餐你们准备得太丰盛了。

（6）这王元椿弓马娴熟,武艺精通,家道丰裕。(《初刻拍案惊奇》卷三十一)

（7）殷实的家庭,丰裕的生活,使他们能够游历名山大川,博览群书,熟知儒家经典。

错误用例

（1）今天的晚会，主办单位给大家准备了丰饶的文化套餐。（此处应该用"丰富"或"丰盛"）

（2）江南水乡历来物产丰裕。（此处应该用"丰富"或"丰饶"）

（3）他是个性格活泼、感情很丰盛的人。（此处应该用"丰富"）

（4）你应该多跑几家菜场，这样能够丰盛你周末的餐桌。（此处应该用"丰富"）

（5）困难时期生活虽不丰富，可是民风淳朴，邻里之间关系融洽，互相帮助者比比皆是。（此处应该用"丰裕"）

肤浅　浮浅　浅薄

释　义

肤浅（fūqiǎn）：〈形〉（学识）浅；（理解）不深。例如："肤浅的见解""我对外国戏剧的了解很肤浅"。

浮浅（fúqiǎn）：〈形〉浅薄；肤浅。例如："这本书内容浮浅。""他对社会的认识还相当浮浅。"

浅薄（qiǎnbó）：①〈形〉学识贫乏；见解肤浅。例如："知识浅薄。"②〈形〉（感情、交往等）不深厚。例如："我们之间交情浅薄，还谈不上信任。"③〈形〉（作风、习俗等）浮躁；轻浮。例如："风俗浅薄。"

辨　析

三个词都有"学问或认识贫乏、不深入"的意思，也都有贬义，有时可以互换。例如："他对社会认识很肤浅（浮浅/浅薄）。"但三个词也有差别，主要是：

（1）侧重点有所不同。"肤浅"侧重指不深入,还止于表面;"浮浅"侧重指浅而薄,浮在表面;"浅薄"侧重指轻浮缺乏学识或修养。

（2）使用范围有所不同。"肤浅"多形容人的学问见解等还局限在表面,不够深入,有待进一步加深。例如:"他对数学的任何一个领域都不是肤浅地研究的",此句中的"肤浅"不能换成"浮浅"或"浅薄"。"浮浅"多用来形容人浮在表面,不扎实,不肯深入,也可以形容人的认识或作品的内容。例如:"只会高谈阔论,其实浮浅得很",此句中的"浮浅"不能换成"肤浅"或"浅薄"。"浅薄"多用来形容因知识少经验贫乏而认识修养差。例如:"浅薄的人总是喜欢以貌取人"此句中的"浅薄"不能换成"肤浅"或"浮浅"。"浅薄"还可以用来形容感情交往和作风习俗等,而"肤浅""浮浅"不能这样用。

例　句

（1）很多人对园林景观的认识很肤浅,认为园林只是种花种草,挖湖堆山,置石理水。

（2）有些人写文章喜欢故作深奥,其实浮浅得很,根本经不起推敲。

（3）别看她打扮时髦,你只要跟她一交谈,就会知道她多么浅薄庸俗。

错误用例

（1）我们的友情非常深厚,并不是你想象得那般肤浅。(此处应该用"浅薄")

（2）我刚介入这个课题,研究还很浮浅。(此处应该用"肤浅")

（3）这种审美机制同时又带来了三方面的缺陷:主体之情的淡化,个人风格的淡化以及内容的肤浅。(此处应该用"浮浅")

好看　美丽　漂亮

现代汉语常用**易混**词语辨析

释　义

好看(hǎokàn)①〈形〉漂亮；美观。例如："妹妹长得好看。""店铺装饰得很好看。"②〈形〉精彩。例如："这本武侠小说很好看。""梅兰芳的戏真好看。"③〈形〉体面；光彩。例如："学生有出息，老师脸上也好看。"④〈形〉表示使某人难堪。例如："敢不听话就要你好看。"

美丽(měilì)：〈形〉好看；能给人美感的。例如："美丽的城市""让青春焕发出美丽的光彩"。

漂亮(piàoliang)：①〈形〉好看。例如："漂亮的衣服。"②〈形〉出色。例如："这件事办得真漂亮。"

辨　析

三个词都有"外表能给人愉悦"的意思，都可以形容人或事物。不同之处在于：

(1)语体色彩不同。"好看"和"漂亮"多用于口语，而"美丽"多用于书面语。

(2)用法有所不同。"漂亮"可以重叠成"漂漂亮亮"，而"好看"和"美丽"不能重叠。

(3)侧重点不同。"好看"侧重于让眼睛看着舒服，能让人一直看下去，因而引申出"精彩(引人入胜)""体面"等含义，也引申出它的反语意义"使人难堪"，例如："要你好看"即"让你不舒服"的意思。"漂亮"侧重于外形上的出彩亮丽，引人注目，因而可引申出"言语行为等出彩、出色"的含义，例如："小姑娘个个打扮得花枝招展、漂漂亮亮。""他能写一手漂亮的书法。""他法语讲得漂亮。""美丽"则侧重于"给人以美感"，不只是外表的美感,也有内涵的美感,因此可以形容"美好"的人或事物。例如我们可以说"美丽的祖国""美丽的青春""美丽的心灵",但不可以说成"好看(漂亮)的祖国""好看(漂亮)的青春""好看(漂亮)的心灵"。

例　句

(1)你戴那顶帽子很好看。

(2)如果你能考上北大,咱爸妈脸上也好看。

(3)敢把这件事泄露出去,我就要你好看!

(4)我的故乡靠近太湖,是美丽富饶的鱼米之乡。

(5)夏天的夜晚,躺在草地上仰望美丽的星空,常常让人浮想联翩。

(6)这小姑娘不但长得漂亮,还能说一口漂亮的普通话。

(7)话说得漂亮有啥用?关键要看行动!

错误用例

(1)随着国歌的乐曲声,漂亮的五星红旗冉冉升起。(此处应该用"美丽")

(2)这封信上话说得倒是好看,实际上表现出来的就不是那么回事了。(此处应该用"漂亮")

(3)父亲瞪了我一眼说:"脸蛋儿美丽能顶饭吃?还是能干的姑娘好。"(此处应该用"好看"或"漂亮")

宏伟　雄伟

释　义

宏伟(hóngwěi):〈形〉(规模、场面等)宏大壮美。例如:"规模宏伟的故宫建筑群""宏伟的蓝图"。

雄伟(xióngwěi):①〈形〉高大而有气势。例如:"居庸关气势雄伟。"
②〈形〉高大壮实。例如:"小伙子长得英俊雄伟。"

辨　析

两个词都有"气势雄壮盛大"的意思,有时可以互换,例如:"气势雄伟(宏伟)的万里长城。"但两个词语又有不同之处,主要是:

(1)侧重点不同。"宏伟"侧重于恢宏宽阔,"雄伟"则是侧重于雄壮高大。

(2)使用对象范围不同。"宏伟"通常用来形容规模、计划等,可以形容具体事物,也可以形容抽象事物,例如:"宏伟的工程""宏伟蓝图"等。"雄伟"通常形容人的形体、事物的气势等,一般用于形容山峰、歌声、建筑物等具体事物,不能形容理想、计划等抽象事物。例如:"宏伟规划"不能说成"雄伟规划"。"身材雄伟""歌声雄伟"不能说成"身材宏伟""歌声宏伟"。

例　句

(1)圆明园昔日宏伟壮丽的景物已荡然无存。

(2)四个现代化的宏伟目标要在我们这一代实现。

(3)我终于见到了雄伟的井冈山。

(4)我的表哥身材雄伟,是姑娘们的理想对象。

错误用例

(1)新建的纪念碑庄严宏伟,在夕阳中显得极有气势!(此处应该用"雄伟")

(2)从飞机上往下看,北京大兴国际机场雄伟壮观,令人赞叹!(此处应该用"宏伟")

荒诞　荒谬

📖 释　义

荒诞(huāngdàn)：〈形〉过于离奇，非常不真实，不合情理。例如："荒诞不经""小说情节十分荒诞，很不真实"。

荒谬(huāngmiù)：〈形〉极端错误，毫无道理。例如："荒谬的观点""这人的言论太荒谬"。

📖 辨　析

两个词都有不合理的意思。不同之处在于：

(1)侧重点不同。"荒诞"侧重于指不合事实，而"荒谬"则多指不合事理。

(2)适用对象不同。"荒诞"多用于形容艺术作品在反映现实生活时的不真实，荒唐离奇，以及反映生活内容的传言等不符合事实，无从考据。"荒谬"多用于形容言论或观点等错误，不合事理。

(3)在是否能组成专有名词方面有所不同。"荒诞"与别的语素可以组合成专有名词，例如："荒诞主义""荒诞派"等；"荒谬"则不可以。

📖 例　句

(1)这个话剧情节太荒诞了。
(2)荒诞作为一种审美形态，是西方现代社会与现代文化的产物。
(3)他的观点很荒谬，不值得一驳。

🔍 错误用例

(1)他在现场发表了一段荒诞绝伦的言论后，见无人回应，只好摸摸鼻子走了。(此处应该用"荒谬")

(2)这些故事都是荒谬可笑的,根本脱离了生活,显得不合情理。(此处应该用"荒诞")

简洁　简捷　简略

释　义

简洁(jiǎnjié):〈形〉简明扼要,干净利索。例如:"这篇论文文字简洁,基本上没有废话。"

简捷(jiǎnjié)①〈形〉(言语行为)直率,爽快。例如:"他性格豪爽,说话也很简捷。"②〈形〉简便快捷。例如:"这种办法要更简捷一些。"

◎注意:过去在表达"简便快捷"的意思上也可以写作"简截",现在一般写作"简捷"。

简略(jiǎnlüè)〈形〉简单粗略;不详细。例如:"内容简略。"

辨　析

三个词都用来形容简单。不同之处在于:

(1)侧重点有所不同。"简洁"侧重于"洁",指说话作文能抓住重点,简单明白,侧重于没有废话,例如:"简洁明了。"其反义词是"繁冗"。"简捷"侧重点在"捷",指说话办事直截了当,不绕弯子;也指做事方法快捷简便,手续不繁杂,例如:"谈吐简捷明快""算法简捷。""简捷"的反义词是"繁杂"。"简略"侧重点在"略",指言语或文章的内容简单粗略、不详细,例如:"叙述过于简略,不能说明问题。"其反义词是"详细"。

(2)感情色彩有所不同。"简洁"和"简捷"含褒义,而"简略"是中性词。

(3)适用范围有所不同。"简洁"和"简略"都常用来形容说话或写文章;"简捷"常用来形容说话做事或做事方法。

(1)这本书对这个内容写得太简略,仍然没有解决我的问题。

(2)你这人说话总是绕弯子,就不能简捷些吗?

(3)这段教学视频演示简捷、便利,一般教师都可以操作。

(4)他写的下乡调研报告文字简洁,叙事清楚,深受领导重视。

错误用例

(1)《聊斋》是用文言文写的小说,每篇故事都写得简捷精练,生动曲折,引人入胜。(此处应该用"简洁")

(2)办事处最近大力整顿工作作风,前来办事的人都能感到过程简单,手续简略,方便极了。(此处应该用"简捷")

(3)你提交的材料比较简洁,最好补充些事例丰富一下。(此处应该用"简略")

精细　精致

释　义

精细(jīngxì):①〈形〉精密细致;非常细巧。例如:"这件衣服做工很精细。"②〈形〉精明能干,非常细心。例如:"这个人为人精细,是个好管家。"

精致(jīngzhì):〈形〉精巧细致;周密。例如:"这款手表看起来很精致。"

辨　析

两个词都有精巧的意思。不同之处在于:

常用形容词易混词语辨析

217

（1）侧重点有所不同。"精细"侧重于做工的细腻或做人的细心,反义词是"粗糙"或"粗疏";而"精致"则侧重于造型的精巧、别致,反义词是"粗糙"。

（2）适用对象有所不同。"精细"可以用于物,也可以用于人;而"精致"多用于形容器物,很少用于形容人和事。例如:"他考虑问题很精细""她是一个非常精细的人",两个"精细"都不能换成"精致";"这个包包看起来很精致""他的面部长得很精致",两个"精致"不宜换成"精细"。

📖 例　句

（1）住进新房后,我换了一套做工精细的家具。
（2）一个人再精细,也免不了出差错。
（3）这把小刀很精致。
（4）桌子上摆着几样精致的小工艺品。

🔍 错误用例

（1）他从国外回来,给女儿买了一套做工非常精致的衣服。(此处应该用"精细")
（2）这件小工艺品造型优美精细,让人爱不释手。(此处应该用"精致")

精心　专心

✍ 释　义

精心(jīngxīn):〈形〉特别用心;非常小心。例如:"她护理病人很精心""精心培育幼苗"。

专心(zhuānxīn)〈形〉用心专一。例如:"学习应该专心。"

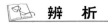

两个词都有非常用心的意思。不同之处在于：

(1)用法意义有所不同。"精心"指用心精细,思虑周密,常和组织、设计、制作、治疗等搭配。"专心"指用心专一,精力集中,常和工作、学习、听讲、研究等搭配。

(2)侧重有所点不同。"精心"指特别用心、非常小心,因此侧重于强调用心的程度;"专心"指用心专一不受外界干扰,所以侧重于强调用心的范围。

例　句

(1)在他的精心照顾下,我的伤很快就好了。

(2)他精心策划了这台节目,准备在比赛那天献演。

(3)老师正在专心备课,没听见你敲门。

(4)这道题我在课堂上讲过,看来你没有专心听我讲课。

错误用例

(1)他特别喜欢那把猎枪,没事就拿出来专心地护理擦拭,儿子想要看看,他也不让看,说:"去,去,一边儿玩去。"(此处应该用"精心")

(2)外面太乱,我无法精心设计,还是明天再做吧。(此处应该用"专心")

阔绰　阔气

释　义

阔绰(kuòchuò):〈形〉阔气;奢华。例如:"这人出手一向很阔绰。"

"苏州城最阔绰的人家。"

阔气(kuòqi):〈形〉铺张奢侈。例如:"商店门面装潢得很阔气。"

◎另,还有名词义,指豪华奢侈的派头。例如:"相互攀比,显摆阔气。"

辨 析

两个词语都有"生活奢侈"的意思。不同之处在于:

(1)侧重点有所不同。"阔绰"侧重于"绰",宽裕,富裕,多用来形容手头宽裕,花钱可以铺张奢侈。"阔气"侧重于"气",气派、气势,多用来形容铺张奢华气势,或做事讲排场气派,显摆有钱。例如:"这人爱摆阔气"句中的"阔气"不能换成"阔绰";而"老板出手阔绰,对员工从不吝啬",其中的"阔绰"不能换成"阔气"。

(2)语体色彩有所不同。"阔绰"多用于书面语,例如:"她已经习惯了过阔绰的生活";"阔气"多用于口语,例如:"这人穿得阔气。"

例 句

(1)NBA球星薪资高,每日消费阔绰得很,奥尼尔就说过他沃尔玛单笔消费的记录。

(2)现在,不少地方、部门和单位讲排场、比阔气,花钱大手大脚,奢侈之风盛行,群众反映强烈。这种不良风气必须坚决制止。(温家宝2007年《政府工作报告》)

错误用例

(1)大哥为家里牺牲了很多,这几年家中阔气了,父亲就想给大哥一点补偿。(此处应该用"阔绰")

(2)他家里摆设很阔绰,一看就是有钱人家。(此处应该用"阔气")

亮丽　靓丽

亮丽（liànglì）①〈形〉美丽而有光彩。例如："大厅布置得很亮丽。"
"衣服的颜色让她在舞会上更加亮丽。"②〈形〉优美；响亮。例如："运用
排比等修辞手法，可以使文章变得生动亮丽。""音质清晰亮丽。"

靓丽（liànglì）:〈形〉漂亮；美丽。例如："京剧里花旦扮相总是很靓
丽""靓丽的容颜"。

辨　析

两个词都有美丽的意思。但使用中又有区别，不同之处在于：

（1）侧重点不同。"亮丽"侧重于"亮"，明亮美丽而有光彩。"靓丽"
侧重于"靓"，"靓"是方言词，好看、漂亮的意思，所以"靓丽"侧重于指
漂亮。

（2）使用范围有所不同。"亮丽"使用范围较宽，既可以形容人漂亮
有光彩，也可以形容其他事物明亮而光彩夺目，还可以形容声音优美响
亮。"靓丽"则只能形容人漂亮。

（3）形容人时性别有所不同。"亮丽"可以形容女人，也可以形容男
人，例如："亮丽小伙。""靓丽"多用于形容年轻女性，例如："这姑娘能歌
善舞，靓丽俊美。"方言词"靓"则形容男女都可以，例如："靓仔""靓女"，
意思是漂亮小伙、漂亮姑娘。

例　句

（1）橱窗里的各种饰品在灯光的映照下显得无比亮丽。

（2）他们身穿民族服装，走在大街上，成为都市一道亮丽的风景。

(3)商家喜欢用靓丽的女孩子做广告代言人。

错误用例

(1)军训让我们的青春更加靓丽。(此处应该用"亮丽")
(2)联欢会上,他那靓丽的歌喉征服了无数女同学的心。(此处应该用"亮丽")

现代汉语常用**易混**词语辨析

美满　圆满

释　义

美满(měimǎn):〈形〉美好圆满。例如:"他的婚姻很美满。"
圆满(yuánmǎn):〈形〉完满无缺。例如:"任务已经圆满完成。"

辨　析

两个词意思相近,都有圆圆满满的意思。不同之处在于:

(1)侧重点不同。"美满"侧重于完美、美好,令人满意。"圆满"侧重于完满、周全,指事情的发展完全符合人们的期望。

(2)使用范围不同。"美满"多用于形容生活、家庭、婚姻等完美,令人感觉满意、愉快、幸福,没有缺憾。例如:"美满家庭""婚姻美满""生活美满幸福"等,其中的"美满"一般不用"圆满"。"圆满"多用于形容会议、会谈、活动等举办得顺利周全,完满而没有缺陷,符合预期,令人满意;也用来形容回答问题或陈述理由、完成任务等完美无缺,没有漏洞,令人满意。例如:"这项工作圆满完成。""你的回答很圆满。""会议圆满结束。"这些句子中的"圆满"也不能换成"美满"。

例　句

(1)这几年,他事业顺利,家庭美满,可以说是春风得意,令人羡慕。

（2）他们真心相爱,谁都相信他们会结成美满姻缘,谁知一个小小误会导致关系破裂。

（3）这次校庆活动虽然遇到很多问题,但有各方校友的支持,总算圆满结束了。

（4）他用这次的成功为自己的职业生涯画上了一个圆满的句号。

（5）《西游记》中唐三藏师徒历经八十一难取得真经,最后功德圆满,都修成了正果。

🔍 错误用例

（1）这次竞赛活动开始筹办时遇到了很多阻力,不过进行得还算顺利,结果也很美满。（此处应该用"圆满"）

（2）要想生活圆满幸福,需要付出很多努力。（此处应该用"美满"）

麻痹　麻木

📝 释　义

麻痹(mábì):〈形〉比喻思想麻木,失去警觉。例如:"保持警惕,不要麻痹大意。"

◎另,还有动词义,①身体某一部分的感觉及运动功能完全或部分丧失。例如:"局部麻痹。"②使失去警惕性;使疏忽。例如:"故意示弱麻痹对方。"

麻木(mámù):①〈形〉身体某部分发麻以至丧失感觉。例如:"右手麻木。"②〈形〉比喻对外界事物反应迟钝,不敏感。例如:"目光呆滞,表情麻木。"

📖 辨　析

两个词都有"感觉功能丧失"的意思,也都可以用作比喻。不同之处在于：

（1）含义有所不同。"麻痹"指的是疾患，是一种由神经系统病变而引起的感觉及运动功能完全或部分丧失，例如："小儿麻痹症"；由其含义而引申为失去警惕，疏忽大意，例如："思想麻痹。""麻木"是指发麻的感觉，引申为反应迟钝，例如："思想麻木""麻木不仁"。

（2）词性功能有所不同。在"感觉丧失"的意义上，"麻痹"是动词，而"麻木"是形容词。只有在比喻义上，两者才都是形容词。

（3）比喻义用法意义有所不同。"麻痹"的比喻义是形容失去警觉，可以用作动词；"麻木"的比喻义是形容反应迟钝，且不可以作动词用。

 例　句

（1）一定要加强防火安全意识，不能因为没发生什么问题就麻痹大意起来。

（2）他们一直制造假象麻痹我们，直到最后才放出黑马。

（3）等一下我，坐久了腿有点麻木。

（4）现在不少人变得越来越麻木，对社会上弱势群体的不幸漠不关心。

错误用例

（1）敌人的阴谋诡计使我丧失了原则，思想麻木，辨不清方向。（此处应该用"麻痹"）

（2）我们早已做好了准备，严阵以待，绝不会麻木不仁的。（此处应该用"麻痹大意"）

（3）这碗麻辣烫麻椒放得太多了，我的舌头都麻痹了。（此处应该用"麻木"）

（4）最近睡眠不好，脑子有点麻痹，让我上场只怕无法正常发挥。（此处应该用"麻木"）

明白　清楚

释　义

明白(míngbɑi)：①〈形〉清楚；容易了解。例如："道理说得很明白。"②〈形〉公开的；明确的。例如："他明白表示反对这项提案。"③〈形〉聪明；懂道理。例如："老张可是个明白人，用不着多提醒。"

◎另，还有动词义，知道；懂得。例如："我明白你的心思。"

清楚(qīngchu)：①〈形〉(事物)清晰、明白、有条理，容易让人辨识和了解。例如："写得很清楚""口齿清楚""把你的意思解释清楚"。②〈形〉指对事物了解得透彻。例如："对这件事情背后的意义他看得很清楚""调查清楚"。

◎另，还有动词义，明白；了解。例如："我对他近几年的工作情况不太清楚。"

辨　析

两个词都是形容词，都有动词功能，意思很接近，使用中容易混淆。其实有差异，不同之处在于：

(1)侧重点有所不同。在作形容词时，"明白"侧重于形容内容不深奥或情况不复杂，容易让人了解或理出头绪；"清楚"侧重于形容事物的形象、色彩、声音等不模糊，清晰或有条理，容易让人辨识了解。

(2)意义内涵有所不同。在作动词时，"明白"的意思常指"懂得"，而"清楚"的意思常指"了解"。例如："谁都明白他这话的意思"，句中的"明白"不能换成"清楚"；"这件事的前因后果我都清楚"，句中的"清楚"不能换成"明白"。

例　句

(1)我已经把这道题讲得很明白了,你要还不懂,那我就没办法了。

(2)我没明白你的潜台词。

(3)我已经调查清楚了,他们那天没有出门。

(4)我不清楚他们之间的关系。

错误用例

(1)那时候我还小,很多道理我都不清楚。(此处应该用"明白")

(2)你的良苦用心我都清楚,我不会让你失望的。(此处应该用"明白")

(3)他说话声音很低,但我还是都听明白了。(此处应该用"清楚")

(4)那天开会我睡着了,布置了些什么任务我都不明白。(此处应该用"清楚")

浓烈　浓郁　浓厚　深厚

释　义

浓烈(nóngliè):〈形〉浓重强烈。例如:"浓烈的酒味""战场上硝烟浓烈""两个人有着浓烈的感情""这篇小说有很浓烈的政治色彩"。

浓郁(nóngyù):①〈形〉(香气等)浓重。例如:"浓郁的香味。"②〈形〉茂密。例如:"浓郁的松林。"③〈形〉(色彩、气氛、意识、兴趣等)强烈;厚重。例如:"封面设计以厚重为主,红黑两种色彩十分浓郁""过节的气氛很浓郁""浓郁的兴趣"。

浓厚(nónghòu):①〈形〉(烟雾、云层等)多而密。例如:"天空一片浓厚的黑云渐渐压了过来""楼道里弥漫着浓厚的黑烟。"②〈形〉(色彩、气氛、意识、兴趣等）强烈；厚重。例如："浓厚的西方色彩""浓厚的封建意识""兴趣很浓厚"。

深厚（shēnhòu）：①〈形〉又深又厚。例如："土层深厚"。②〈形〉（感情）深切浓厚。例如："深厚的情谊。"③〈形〉（基础）牢固而雄厚。例如："古文功底深厚。"

辨　析

四个词都是形容词，意义相近。有时可以互换。例如在形容感情时，可以说"浓烈的感情""浓厚的感情"，也可以说"感情浓郁""感情深厚"等。又如在形容气氛、兴趣等，"浓郁"和"浓厚"也可以互换。但四个词语又有不同之处，主要是：

（1）适用范围有所不同。"浓烈"多用来形容气味、感情或情绪等，例如："感情浓烈""身上散发出浓烈的酒味"等。"浓郁"和"浓厚"都可以用来形容"色彩、气氛、意识、兴趣"等。但除此之外，"浓郁"还可以用来形容花草等香味浓重，以及林木等生长得茂密，郁郁葱葱的。"浓厚"还可以用来形容烟雾、云层等多而密。"深厚"除了可用来形容感情浓厚外，还可以形容土地等又深又厚，以及由此而引申出的比喻义，形容基础牢固而雄厚。

（2）侧重点有所不同。"浓烈"和"浓郁"都可以形容味道，但"浓郁"侧重于味道浓厚而有香气；"浓烈"则侧重于味道浓厚而强烈。"浓烈"和"浓厚"都可以形容烟气，但"浓烈"形容烟气浓而有强烈的气味，例如："浓烈的硝烟"；"浓厚"则形容烟气浓而密，例如："浓厚的黑烟。""浓厚"和"深厚"都可以形容感情，但"浓厚"侧重于形容感情浓重亲密；而"深厚"则侧重于感情牢固坚实。

例　句

（1）小小工棚里又脏又乱，散发出一股浓烈的烟、酒及其他混合气味。

(2)墙上的壁画充满了浓烈的宗教色彩。

(3)他所创作的小说全都散发着浓郁的乡土气息。

(4)每到四五月份,整个校园就飘满了浓郁的丁香花的味道。

(5)这里充满了浓厚的文化氛围,深深地吸引了我们这一行六人。

(6)他突然对公共事务有了浓厚的兴趣,还报名参加了志愿者。

(7)同学四年,我们之间已经建立起深厚的情谊。

(8)这地方是老区,群众基础十分深厚。

 错误用例

(1)一道闪电撕破了深厚的乌云,刺目的白光晃得他睁不开眼睛。(此处宜用"浓厚")

(2)当警察赶到时,围观群众已将散发着浓郁酒气的肇事司机扣留。(此处应该用"浓烈")

(3)父母虽然反对,却不可能让他们分手,因为两个人感情已经很浓厚了。(此处应该用"深厚")

(4)"天命诏旨书"反映了太平天国浓烈的封建意识,其政权不具有民主性。(此处应该用"浓郁"或"浓厚")

亲密　亲切

释　义

亲密(qīnmì):〈形〉(感情、关系等)亲近密切。例如:"亲密战友""姐妹们感情亲密"。

亲切(qīnqiè):①〈形〉非常亲近。例如:"他的笑容很亲切。""这里一切都让我们感到亲切"。②〈形〉真挚而恳切。例如:"请代我致以亲切的问候。""老师亲切的话语让我很受鼓舞。"

📖 辨 析

两个词都有亲近的意思。不同之处在于:

(1)侧重点有所不同。"亲密"侧重于强调关系密切;"亲切"侧重于强调感情真挚,态度恳切。因此"亲密"相对的词语是"疏远",而与"亲切"相对的词语是"淡漠"。

(2)适用对象范围有所不同。"亲密"常用来形容人的关系状态,例如:"两人看上去很亲密的样子"。"亲切"常用来形容人在感受某一事物时的心情,例如:"这些花草树木让他感到亲切。""他的一番话很亲切。"因此,"亲密"的适用对象一定是两人或两人以上的人们之间的关系或感情;"亲切"的适用对象则是一方对另一方的感情或态度,有时也形容双方互相的感觉,例如:"双方进行了亲切友好的谈话。"

📖 例 句

(1)他们曾经是最亲密的战友,如今却如仇人般互相看不顺眼。

(2)在新春佳节来临之际,省领导带着党和政府的深情关怀,深入各地亲切走访慰问贫困人口和困难群众。

(3)主席亲切的话语时时响在他的耳边。

🔍 错误用例

(1)老师对我亲密地微笑着,鼓励我继续努力。(此处应该用"亲切")

(2)两个孩子亲切交往了三年,今天终于走上了婚姻的殿堂。(此处应该用"亲密")

优雅　幽雅

释　义

优雅（yōuyǎ）：〈形〉优美高雅。例如："他举止大方、谈吐优雅。""他的居室布置得十分优雅。"

幽雅（yōuyǎ）：〈形〉幽静雅致。例如："这里的环境很幽雅。""别墅景致幽雅古朴。"

辨　析

两个词都是形容词,都是褒义词,因其读音相同,词义相近,用法也接近,在使用中常有混淆现象。其实两者有不同的意义用法,区别之处在于:

(1)侧重点有所不同。"优雅"侧重在"优",优美、美好,用来形容人或事物的优美而高雅。"幽雅"侧重在"幽",幽深、安静,用来形容环境的幽静雅致。因此,"优雅"的反义词是"粗俗","幽雅"的反义词是"喧闹"。

(2)适用对象和范围有所不同。"优雅"使用范围较宽,既可以形容人,也可以形容其他事物,常用来形容人的言谈举止、风度姿态、着装打扮、生活方式,或与人有关的环境、处所以及音乐、美术作品等。"幽雅"适用范围比较窄,一般只用来形容环境和景致等。

例　句

(1)从居室环境就可以看出,主人是一个追求优雅生活的人。

(2)河北省有保存最完整的文庙古建筑群,文庙建筑气势恢宏,院内苍柏林立,花草相依,环境幽雅。

🔍 **错误用例**

（1）我姑姑风度翩翩，谈吐幽雅，跟她待在一起，你会感觉到非常愉悦的。（此处应该用"优雅"）

（2）学校环境优雅，能令孩子们学习更专注，效率更高。（此处应该用"幽雅"）

（3）这家酒店环境布置非常幽雅，令人有一种居家的温馨美好的感觉。（此处应该用"优雅"）

【下编】

常用

代

词易混词语辨析

一　人称代词辨析

俺　我　咱

释　义

俺(ǎn)：〈代〉〈方〉人称代词。①我们。例如："俺几个马上就要走了。"②我。例如："俺一个人就能干好。"

我(wǒ)：〈代〉人称代词。①说话人称自己。例如："我吃过早饭了。""他让我快点儿走。"②有时称我们，例如："我国""我市"。③自己。例如："自我批评""忘我劳动"。

咱(zán)：〈代〉人称代词。①咱们。例如："咱回家吧，天快黑了。""咱队这次篮球比赛得了冠军。"②〈方〉我。例如："咱不上他的当。""这事儿咱见得多了。"

辨　析

三个词都是人称代词，都用于第一人称，都可以指代单数和复数。不同之处在于：

(1)含义有所不同。"我""俺"有"自己"的意义，而"咱"则没有此意义。

(2)语体色彩有所不同。"俺"属于方言词汇，多用于口语；"我"属于普通话基本词汇，既可以用于口语，也可以用于书面语；"咱"有方言色彩，也多用于口语。

（3）用于复数时,指称对象有所不同。"我"用于复数时,是指"我们一方",不包括对方,例如:"我党""我军"。"我"的复数形式"我们",用法有两种:①不包括对方。例如:"你去看电影,我们去看京剧。"②包括对方。例如:"我们都是过来人,知道这是怎么回事儿。""俺"用于复数时,不包括对方听话者。例如:"俺娘俩都是头回来这里。""俺"的复数也说"俺们",同样不包括对方听话者。例如:"你自己吃吧,别管俺们。""咱"用于复数时,包括听话人在内。例如:"咱相跟上走。""咱"的复数形式也说"咱们",也包括听话人在内,例如:"咱们比他们来得早。"

（4）在是否能对举方面也有不同。"我"在使用时有时可以和"你"对举,例如:"你追我赶""你争我夺"。而"俺"和"咱"不能这样对举。

📖 例　句

（1）谁不说俺家乡好。

（2）俺们那旮旯都是东北人。（《东北人都是活雷锋》歌词）

（3）今天我请客,大家都来吧。

（4）她和雷大哥远,咱和雷大哥近,她不痛心咱痛心!（京剧《杜鹃山》温其久台词）

🔍 错误用例

1. 你好,咱有个问题要请教一下,从这条路能到石家庄吗?（此处应该用"俺"或"我"）

2. 这个班年轻人很要强,训练起来你不让俺,俺不让你的,谁都想拿第一。（两处应该用"我"）

3. 热烈欢迎省教育厅各位领导莅临咱校检查指导!（此处应该用"我"）

4. 闺女啊,委屈啥?他看不起我,我还看不起他呢。赶明儿大妈给你介绍个更好的,气气他。（此处应该用"咱"）

你　您

你(nǐ):〈代〉人称代词。①称对方(一个人)。例如:"你今年都30了。"②有时指称你们。例如:"你校""你班"。③用于泛指,指任何人,有时也指说话人自己。例如:"当时他们那个吵啊,真叫你受不了。"

您(nín):〈代〉人称代词。"你"或"你们"的敬称。例如:"先生您好。""您两位请坐。"

辨　析

两个词都是人称代词,都用于第二人称,称听话的对方,都可以指代单数和复数。不同之处在于:

(1)称谓的感情色彩不同。"你"是普通称谓,感情色彩属于中性词;而"您"是敬称,带有尊敬的感情色彩。在具体使用中,有时用"你"称呼对方,表示两人关系亲近;而用"您"时表明两者关系并不亲近,表示敬而远之的冷淡之意。

(2)适用范围不同。"你"适用于平辈之间,或者长辈对晚辈、上级对下级的情况;而"您"适用于晚辈对长辈,或者下级对领导的称谓。

(3)指称意义有所不同。"你"有泛指意义,而"您"没有。

(4)在是否能对举方面也有不同。"你"在使用时有时可以和"我"或"他"对举,配合使用,表示许多人参与行动或彼此采取同样的行动。例如:"大家你也说,他也说,提了不少意见"。而"您"不能这样对举。

(5)复数形式上也有所不同。"你"的复数形式可以用"你们"表示;而"您"不能这样用,在口语中表示复数一般也不用"您们",而是在"您"后加数量词,例如:"您二位请进。"

常用代词易混词语辨析

239

(1)此事可让当事人与你部协商解决。

(2)您的学术成就让我十分钦佩。

错误用例

(1)凡事都要讲规矩,如果他也争,您也抢,还怎么得了?(此处应该用"你")

(2)伙计见了,赶紧跑过来招呼道:"客官,你们几位楼上请!"(此处应该用"您")

他 她 它

释 义

他(tā):〈代〉人称代词。①称自己和对方以外的某个人,一般用于称代对话双方以外的第三方男性。例如:"他是我们的足球队长。"②表示泛指,不分男性或女性。例如:"人如果太骄傲,他就会退步。"③与"你"配合使用,表示任何人或许多人。例如:"你也嚷,他也闹,班里一下子变得乱哄哄的。"④表示虚指,不指具体的对象(用在动词和数量词之间)。例如:"喝上他几口酒""美美地睡他一觉"。

◎注意:"五四"以前"他"兼称男性、女性以及一切事物。而现代汉语书面语中"他"一般只用来称男性。另,"他"还可以作指示代词,意思是"另外的;其他的"。例如:"他日""其他人""他乡遇故知"等。

她(tā):〈代〉人称代词。①称自己和对方以外的某个女性。例如:"她是我上初中时候的班主任。"②称自己敬爱或珍爱的事物。例如:"我的祖国,她是那么美丽而富饶。"

它(tā):〈代〉人称代词。称人以外的事物。例如:"这马很温顺,骑上它很安全。"

辨 析

三个词都是第三人称代词,使用起来有区别,主要是:

(1)适用范围有所不同。"他"适用范围比较广,既可以指第三方男性,也可以泛指任何人,不分男女,还可以虚指;"她"指称范围比较窄,一般指称第三方女性;"它"适用范围也比较窄,一般指称人以外的个体事物,有时也可以称代事物群体,例如:"这些麻雀常在我家窗前叫,把它们轰走了,过一会儿又飞回来。"

(2)感情色彩有所不同。用"她"可以指称人们心爱或珍惜的人或事物,带有主观色彩;而"他"和"它"则没有这种用法。

(3)复数形式有所不同。"他"可以和"你"对举,配合使用,既可以表示任何人,也可以表示许多人,例如:"幼儿园里孩子们正在玩抢球的游戏,你也抢,他也夺,好不快乐。"而"她"和"它"一般不这样用。三个词都可以和"们"组成复数形式,"他们"指代自己和对方以外的若干人,其中可以有男有女,或者有人也有动物;"她们"主要指称自己和对方以外的若干女性;"它们"则指称人以外的不止一个事物。

◎注意:一群人中全是女性用"她们",有男有女则用"他们",不能用"他们和她们"或者"他(她)们"。

例 句

(1)周末他来给我过生日。

(2)等咱攒够了钱,也盖他几间房子,省得让人瞧不起。

(3)几年前进城务工的农民子女都到了入学年龄,要给他们安排好学校。

(4)看我家的小猫咪,她可是我的乖妹妹。

常用代词易混词语辨析

241

（5）这可是一条纯种德国猎犬，你看它的毛多顺啊！

🔍 错误用例

（1）祖国，永远不会忘记忠于他的孩子。（此处应该用"她"）

（2）假期里我一般上午在家读书写稿子，其它时间则会出去散步或者找朋友聊天。（此处应该用"他"）

（3）心中认准了一件事，你就要把他干到底。（此处应该用"它"）

（4）我家是个大家庭，每到过年，二叔二婶、三叔三婶就会带着他（她）们的孩子们来我们家一起过节。（此处应该用"他们"）

自己　自身　自我　本人　本身　个人

✏️ 释　义

自己（zìjǐ）：〈代〉人称代词。①指代人或事物本身，通常用来复指前面的名词或代词（代替的主体有时不出现）。例如："爷爷自己看好了这双运动鞋，就买下了。""自己的事情自己处理。""瓦片不会自己从墙外飞过来，一定是有人扔的。"②用在名词前面，指说话人这方面的，表示关系密切。例如："这两个是自己人，不必客气。""自己家里出了这样的事，怎能不着急。"

自身（zìshēn）：〈代〉人称代词。相当于"自己"，强调不是别人或别的事物。例如："解决这个问题，应从自身下手。""经济的发展，有自身的规律。"

自我（zìwǒ）：〈代〉人称代词。相当于"自己"，多用在双音节动词前面，表示动作行为由自己发出，又以自己为对象。例如："自我检点""自我炫耀"。

本人（běnrén）：〈代〉人称代词。①指说话人自己。例如："这项任务过于繁重,本人实在承担不了。""没有问题,本人一定说到做到。"②指当事人自己或前面提到的人自己。例如:"履历表必须本人填写,别人不得代填。""这件事情,领导还要找老李本人谈谈。"

本身(běnshēn):〈代〉人称代词。指代人或事物自身。例如:"他本身素质就不高,还不用心学习。""大家对演员的关注超过了他演的角色本身。"

个人(gèrén):〈代〉人称代词。①一个人(和"集体"相对)。例如:"个人利益应该服从于集体利益。"②复指前面的名词或代词,相当于"自己"。例如:"这件事情,小赵个人没有表态。""我个人同意这样处理。"③用于自称,用于正式场合发表意见。例如:"个人认为,这是违法行为,坚决反对。"

辨 析

以上六个词都是反身代词,指称自己,有时可以互换。例如:"事物发展有自身的规律",句中的"自身"可以换成"自己";"他个人对这件事没有表态",句中的"个人"也可以换成"本人"或"自己"。除了指代人或事物本身之外,具体使用时六个词语又有区别,主要是:

(1)语义侧重点有所不同。

"自己"侧重于复指前面的主体,这个主体可以是单数,也可以是复数,例如:"你自己先去。""你们自己先干吧。"有时候这个主体可以省略,例如:"自己动手,丰衣足食。"

"自身"侧重于强调不是别人或别的事物,而就是自己,这个自己可以是确指,也可以是泛指,例如:"提高自身修养""依法保护自身利益"。

"自我"侧重于强调自己对自己,例如:"自我批评""自我反省"。

"本身"侧重于强调指代人或事物自身的本来面貌,而不是别的什么,例如:"这位老师本身素质不错,提高的潜力很大。""故事本身很吸引人。"

"本人"侧重于强调是某人自己而非别人,与"自身"的区别在于强调的是当事人自己,而不是泛指,例如:"这个身份证确实是他本人的。"

"个人"侧重于指代单个的人,它也复指前面的主体,和"自己"的区别在于"个人"复指的只能是一个人或者说是单数。例如:"你们自己先干吧",句中的"自己"就不能换成"个人"。

(2)适用范围或对象有所不同。

"自己"适用范围较广泛,既可以泛指,也可以特指或任指。用到"自身""自我""本人""本身""个人"的语境,很多情况下都可以换成"自己",例如:"这只是我个人(自己)的意见。""关注自身(自己)的利益。""这个包就是她本人(自己)的。""自我(自己)反省吧。""地球绕太阳旋转时本身(自己)也在不停地转动。"此外,"自己"还可以用在名词前面,指说话人这方面的,表示一种亲密的关系,例如:"他们都是自己人,放心吧。"其他几个词语都不能这样用。

"自身"使用范围比较窄,多用于说明原因、情况或条件,语境特别强调是自己而不是别的人或事物,例如:"这次事故要从你自身寻找原因。"

"自我"适用范围也较窄,多用在自己对自己的情况,指个体对自己存在状态的认知或评价,例如:"自我肯定""自我教育"。

"本人"和"自身"都强调不是别人而是自己,有时可以换用,例如:"你自身(本人)条件不足就不要争这个名额了。"但在需要强调当事人自己时,就只能用"本人",例如:"这份表格只能本人填写。"另外"本人"适用范围只能是人而非事物;"自身"则可以指代人,也可以指代事物。

"本身"适用范围较窄,多用在强调人或事物自身,有时可以和"自身"换用,例如:"这个人本身(自身)就有问题""挖掘企业本身(自身)的潜力"。但"本身"有时更强调的是人或事物的原本面貌,而"自身"强调的是人或事物自己,例如:"泥菩萨过江,自身难保",此句中的"自身"不能换成"本身";"爱情里要是掺杂了和它本身无关的算计,那就不是真的爱情",此句中的"本身"不能换成"自身"。

"个人"在运用中多与集体相对应,例如:"这只是我个人的意见",暗指不代表集体或大家。另外,"个人"也能复指前面出现的主体,它与"自己""本人"有时可以互换,但意义稍有差异。例如:"我个人同意这样处理",意思是不代表集体或组织的意见;"我本人同意这样处理",意思是不反对别人或组织的处理意见;"我自己同意这样处理",意思是没有人强加于自己的意志。

(3)句法功能有所不同。

"自己"可以强调主语、定语,不能强调宾语。如可以说:"他自己去见了局长。"(强调主语)"他想听听局长自己的说法。"(强调定语)但不能说"他去见了局长自己"(强调宾语),这里的"局长自己"要换成"局长本人"。另外"自己"在强调主语、定语时,主语、定语只能是人而不能是事物,例如不能说"电动车自己没有毛病,只是没有电了",句中的"自己"要换成"本身"或"自身";也不能说"故事自己的吸引力是很大的",句中的"自己"要换成"本身"或"自身"。

"自身"一般强调的是定语,有时也强调主语和宾语。例如可以说:"保证安全是由铁路运输生产自身的特点所决定的。"(强调定语)"在绕地球公转的同时,月亮自身也在转动。"(强调主语)"这问题原因出在他自身。"(强调宾语)在很多情况下,"自身"和"本身"的句法功能相同(详见下面"本身"辨析)。

"自我"一般做主语、宾语或定语,也可以作谓语,例如:"自我批评"(作主语),"表现自我"(作宾语),"自我意识理论"(作定语),"这个人十分自我"(作谓语)。

"本人"可以强调主语、定语和宾语。所强调的主语、定语和宾语必须是人而非事物。例如:"他让大家早点来,可他本人却迟到了。"(强调主语)"问问他本人的意见。"(强调定语)"我没有见到肇事者本人,看见了几个目击者。"(强调宾语)

"本身"可以强调主语、定语和宾语,强调主语时,如果主语是人,则

"本身"后面所跟的谓语动词只能是表存现意义的非自主动词"存在""有"等,例如:"作为一个外国人,他汉语发音本身存在很多不足,这不奇怪""他本身有很多优点"。"本身"跟"有"组合时,后面的宾语必须是抽象名词,而不能是具体名词,例如:"这个研究本身有一个不断完善的过程。""本身"强调的主语是事物时,除了跟"存在""有"等动词外,还可以跟"在 + 动作动词"结构组合,例如:"月亮本身在不停地转动。""本身"强调定语时,修饰的中心词只能是抽象名词,例如可以说"这是她本身的问题",但不能说"这是她本身的书包"。"本身"强调宾语时,其宾语只能是事物而不能是人,例如可以说"要想弄清事物的特点就必须研究事物本身",而不能说"自从他升了职,我就很难见到他本身"。

"个人"能够作主语、定语和宾语,例如:"个人认为这意见很好"(作主语),"征收个人所得税"(作定语),"批评要就事论事,不要针对个人"(作宾语)。"个人"强调宾语时,常常要和表示集体的名词对举,例如:"他只喜欢我个人,而不喜欢我的家庭。"

例 句

(1)家长应该让孩子学会整理自己的房间,不要事事依赖家长。

(2)消防员们不顾自身安危,冲入火场抢救伤员。

(3)工作的最高境界,其实就是为了实现自我价值,而绝不是为了名和利。

(4)这件事结果如何,我本人并不是很清楚。

(5)任何事物都有其本身的发展规律。

(6)对于个人投资者而言,网贷存在很多风险。

错误用例

(1)这本小说情节自己就很有趣。(此处应该用"本身")

(2)你都本身难保了,还扬言保护别人?(此处应该用"自身")

（3）我喜欢到海边放飞自身,享受自由的快乐。(此处应该用"自我"或"自己")

（4）对照身边榜样找差距,就是要给自我找一个目标,发挥榜样的力量,激励自我不断进取。(此处应该用"自己")

（5）我没有见到医生个人,只看见了几个值班护士。(此处应该用"本人")

（6）领导干部应该多考虑集体利益,而不能一味强调本人的利益。(此处应该用"个人"或"自己")

别人　旁人　他人

释　义

别人(biérén):〈代〉人称代词。另外的人,指代除自己或某人以外的人。例如:"这事我只告诉你,不必对别人说。""别人都没有说什么,只有他不同意。"

旁人(pángrén):〈代〉人称代词。其他的人;当事人以外的人。例如:"这件事情由他负责,旁人不必过问。"

他人(tārén):〈代〉人称代词。指代其他的人;别人。例如:"老李这个人关心他人比关心自己多。""你应当顾及他人的感受。"

辨　析

以上三个词都是旁指人称代词,与"自己"相对,指代自己以外的人,也指代某人以外的其他人。具体使用起来又有细微区别,主要是:

（1）指代意义略有不同。在具体运用中,"旁人"因语素"旁"有"旁边"的意思,因此除了指自己以外的人,还可以特指旁边的人,例如:"想打他却误伤旁人。""别人""他人"没有这种特指。

（2）语体色彩和使用范围略有不同。从汉语的发展来说，指代别的人，上古多用"他人"，中古多用"旁（傍）人"，而近现代多用"别人"。因此在使用时，"他人"的书面语色彩更浓厚一些。法律用语中也多用"他人"。例如："不得侵害他人人身权益""尊重他人著作权"。"别人"既可以用于书面，又可以用于口语，使用范围比较广。"旁人"使用范围较窄，一般用于口语。

现代汉语常用易混词语辨析

 例　句

（1）每一家都是这样，在屋子里的时候，自己的花是让别人看的；走在街上的时候，自己又看别人的花。

（2）这是我们自家事，旁人少掺和。

（3）我们曾如此期盼外界的认可，到最后才知道：世界是自己的，与他人毫无关系。

错误用例

（1）人应该学会处理好自己与自己、自己与旁人、自己与环境的关系。（此处应该用"他人"）

（2）我想约她一起去，可她却答应了他人。（此处应该用"别人"）

（3）有位男子开车回家过年，为了炫耀，他降下车窗不停和路人打招呼，他人拦都拦不住。（此处宜用"旁人"或"别人"）

（4）权利人有权排斥别人对其名誉的侵害，并要求加害人承担相应的民事责任。（此处应该用"他人"）

大家　大伙儿

释　义

大家(dàjiā)：〈代〉人称代词。①指一定范围内所有的人；也可以单独使用。例如："大家听清楚了,今后每星期五下午开例会。""大家的事,每个人都有一份责任。"②可以放在复数人称代词后面表示复指。例如："你们大家不必着急,住宿已经安排好了。""这是我们大家的意见。"

◎注意:某人或某些人跟"大家"对举的时候,不在"大家"的范围之内。例如："我给大家传达一份文件。"("大家"里面不包括"我")"有人使用公款大吃大喝,大家都来揭发检举他。"("大家"里面不包括"有人")

大伙儿(dàhuor):〈代〉〈口〉人称代词,相当于"大家",也说"大家伙儿"。在书面文字中,有时不用儿化,写作"大伙"。例如:"大伙都来了,你有什么话快说吧。""大伙都护着我,我心里一直记着哩。"

📖 **辨　析**

以上两个词都是括指人称代词,指某个范围内所有的人,在具体使用中有区别,主要表现在:

(1)适用范围和语体色彩有所不同。"大家"的适用范围比较广泛,既可以用于书面语,也可以用于口语,所有使用"大伙儿"的地方都可以换成"大家";"大伙儿"适用范围比较窄,只用于口语。

(2)用法功能有所不同。"大家"可以放在"我们""你们""他们"等复数人称代词后面表示复指,例如:"我们大家""你们大家""他们大家";而"大伙儿"(大家伙儿)则有时可以放在"咱(们)"的后面表示复指,例如:"咱大伙儿。"

(3)感情色彩有所不同。说话者用"大家"时,所指代的众人可以是周围的人,也可以是不出现在说话者周围的人,而且也没有很亲近的色彩。说话者用"大伙儿"时,所指代的众人一般是已经出现在周围的人,常表示一种亲近的感情,例如:"到时候咱大伙儿一块儿去玩。"

📖 **例　句**

(1)饭菜马上就准备好了,我们大家再耐心等待几分钟吧。

(2)大年三十,送外卖的小伙子还在往来奔波给大家送年夜饭。

(3)既然大伙儿都这么说,那就定下来吧。

(4)大伙儿今天干得很卖力,可以早点回不?

 错误用例

今天我给大伙儿拜年啦!祝大伙儿春节幸福安康,生活愉快,万事如意!(第二个"大伙儿"应该用"大家")

二　指示代词辨析

这　此　这么

释　义

这(zhè):〈代〉指示代词。①指示比较近的人或事物,可以单用,也可以后面跟量词或数量词,或直接跟名词。例如:"这是一棵枣树。""这块月饼好吃。""这三个人都是五班的。""这年轻人很有才干。"②与"那"相对,表示众多的人或事物,不确指某人或某事物。例如:"他在这里转了半天,又看这又看那。""老王一会儿怀疑这,一会儿又怀疑那,对谁也不相信。"③这时候,含有强调意味。例如:"我们这才知道上了人家的当。"

◎注意:在口语里,"这"单用或者后面直接跟名词时,读zhè,例如:"这水真清";后面跟量词或数量词时,常常读zhèi,例如:"这个有问题。"

此(cǐ):〈代〉指示代词。①这;这个。用于近指,与"彼"相对。例如:"此人看着面熟""此地出产药材""由此及彼"。②有时候代较近的时间、地点。例如:"从此他们再也没有来过。""几个同学商量好了,今天下午在此聚会。"②有时候代较近的状态、程度等,相当于"这样"。例如:"长此下去,就把儿子惯坏了。""事已至此,谁也处理不了。"

这么(zhè·me):〈代〉指示代词,这样,指代性质、状态、方式、程度等。也说"这么样"。例如:"这么恶劣的天气,我们不要到郊外去。""都过清明了,天气还这么冷。""他就这么样说的。""没想到,三岁的孩子长这么样高。"

◎注意:"这么"在旧时也写作"这末",现代汉语中一般不用。

辨　析

以上三个词都是近指指示代词,指示或替代距离较近的人或事物,具体运用中又有区别,主要是:

(1)使用范围有所不同。"这"的使用范围比较宽,除了指示或替代距离较近的人或事物外,还可以跟"那"对举,表示众多事物,不确指某事物,例如:"小孩子问这问那的,一点儿也不怕生。""这"还能用在动词、形容词前表示夸张语气,例如:"你这喊呀,可世界都知道了。""这"还能代替"这时候"以加强语气,例如:"我这就走。""我想了半天,这才明白过来。""此"的使用范围较窄,常跟"彼"对举使用,例如:"此一时彼一时""此起彼伏"等。"这么"的使用范围在三个词中最窄,其他两个词都可以指代人或事物,而"这么"只能指代性质、状态、方式、程度等,不能指代人。另外,"这么"有时可以跟"那么"对举,表示某种动作或情况,例如:"战士们正在操练呢,一会儿这么着,一会儿又那么着。"

(2)语体色彩有所不同。"这"既可以用于口语,也可以用于书面语;"此"一般只用于书面语;"这么"则常用于口语。

(3)在是否可以儿化方面有所不同。"这"在口语里可以儿化,表示"这里"或"这时",例如:"开会地点是这儿吗?""打这儿起我说了算。""这么"虽然用于口语,但不能儿化。"此"不能用于口语,也就不能儿化。

（4）组合功能有所不同。"这"后面可以跟表示时间或地点的名词，例如："这时""这时候""这里""这地方"等，但不能说"这处"。"此"后面也可以跟表示时间或地点的名词，例如："此时""此处""此地"，但不能说"此时候""此里""此地方"。"这么"后面不能跟表示时间或地点的名词，如不能说"这么时候""这么里""这么地方"等。"这""这么"后面都可以跟数量短语，例如："这一会儿""这么一会儿"，但现代汉语中"此"不能跟数量短语，如不能说"此一会儿""此三个人"等。

✎ 例 句

（1）坐在这间教室里的人都是家长。

（2）这闺女长得真俊！

（3）可是"友邦人士"一惊诧，我们的国府就怕了，"长此以往，国将不国"了。（鲁迅《"友邦惊诧"论》）

（4）邮件退回，上写"查无此人"。

（5）你这么做行吗？大家会同意吗？

（6）干脆这么着吧，你用这一把，我用那一把。

🔍 错误用例

（1）我就坐在此了，你能怎么着？（此处应该用"这儿"或"这里"）

（2）我就不信这么个邪，太不科学。（此处应该用"这"）

（3）这地出产药材，尤其是人参。（此处应该用"此"）

那 彼 那么

✎ 释 义

那(nà)：〈代〉指示代词。用于远指，与"这"相对，例如："那地方"

"那个人""那是我的课本""那儿有很多房子"。

◎另,也有连词功能,表示根据前面所说的事实或假设,申说应有的结果或引出某种判断,常同"既然""如果"配合使用,这个意思也常常说成"那么"。例如:"如果天不下雨,那我就跟你去。"

彼(bǐ):〈代〉指示代词。用于远指,与"此"相对,常用于书面语中。例如:"彼时彼地""此起彼伏"。有时用作人称代词,指对方"他",与"己""我"相对,例如:"知己知彼""彼退我进"。

那么(nà·me):〈代〉指示代词,那样。用于远指,指代性质、状态、方式、程度等。也说"那么样"。与"这么""这样""这么样"相对。例如:"他的为人那么善良,人们都很称赞。""天空像海水那么蓝。""我还没有见过那么样的好衣服。""原来情况那么样糟,难怪人们都替他发愁。"

◎另,"那么"也作连词,表示根据前面所说的事实或假设,申说应有的结果或引出某种判断,常同"既然""如果"配合使用。例如:"既然你们答应了人家,那么就这样办吧。""如果双方同意,那么就干起来吧。"

辨 析

以上三个词都是远指指示代词,指示或替代距离较远的人或事物,具体运用中又有区别,主要是:

(1)使用范围有所不同。

"那"的使用范围比较宽,除了指示或替代距离较远的人或事物外,还可以跟"这"对举,表示众多事物,不确指某事物,例如:"他一回来就干这干那,一点也不闲着。""那"还可以用在动词、形容词前面表示夸张,这个用法又可说作"那个",例如:"任务完成了,他们那(个)欢呼啊!那(个)高兴啊!"

"彼"的使用范围较窄,除了指示或替代距离较远的人或事物外,还可以指代对方,常跟"此""己""我"等对举使用,例如:"顾此失彼""知己知彼,百战不殆""彼竭我盈"等。

"那么"的使用范围在三个词中最窄,其他两个词都可以指代人或事物,而"那么"只能指代性质、状态、方式、程度等,不能指代人。另外,"那么"有时可以跟"这么"对举,表示某种动作或情况,例如:"这小两口正闹别扭呢,这个是这么着,那个又是那么着,可叫人怎么着啊!"

　　(2)语体色彩有所不同。"那"既可以用于口语,也可以用于书面语;"彼"只用于书面语;"那么"通常多用于口语。

　　(3)在是否可以儿化方面有所不同。"那"在口语里可以儿化,表示"那里"或"那时",例如:"他是在那儿找着的。""打那儿起我就再没见过他。""那么"虽然用于口语,但不能儿化。"彼"不能用于口语,也就不能儿化。

　　(4)语法功能有所不同。

　　"那"属于"代名词",它的功能同名词大体相同。后面可以跟表示时间或地点的名词,例如:"那时""那时候""那里""那地方"等,但不能说"那处"。

　　"彼"属于"代名词",它的功能同名词大体相同。后面也可以跟表示时间或地点的名词,例如:"彼时""彼处",但不能说"彼时候""彼里""彼地方"。

　　"那么"属于"代副词",它的功能同副词大体相同。后面不能跟表示时间或地点的名词,如不能说"那么时候""那么里""那么地方"等。"那""那么"后面都可以跟数量短语,表示估计或强调数量之多或少,例如:"得有那(么)一人多高""那(么)一会儿工夫",但在现代汉语中"彼"不能跟数量短语,如不能说"彼一会儿""彼三里地""彼两个人"等。

　　此外,"那""那么"具有连词功能,可以和"如果""既然"搭配使用,例如:"既然来了,那(么)就多住两天。""如果你说得对,那(么)我们会听你的。""彼"没有这种功能。

 例　句

　　(1)把那边桌上的那杯水给我拿过来。

254

现代汉语常用**易混**词语辨析

（2）少一个人那怎么行？我一定要去！

（3）驾上那理想的小舟,驶向幸福的彼岸。

（4）联想是由一事物想到另一事物的心理过程,是由此及彼的一种思维活动。

（5）我说你是猫儿食,就吃那么一点儿够吗？

（6）他有那么一屋子书,你要不要参观一下？

🔍 错误用例

（1）由此处到那处,这是一个遥远的距离。（句中的"那"应该用"彼"）

（2）你一会儿这样,一会儿又那么样,到底怎么才好？（句中的"那么"应该用"那"）

（3）本来我应该去,但彼时候我家妞妞要打疫苗,实在是走不开呀！（句中的"彼"应该用"那"）

每　各

✏️ 释　义

每(měi)：〈代〉指示代词,用于分指,指全体中的任何一个或一组。例如："每个人都说出了自己的看法。"

◎另,还有副词功能,表示同一动作行为有规律地反复出现。例如："每到放学后,他都会先去小花园看看自己种的花才回家。"在书面语中,"每"还可以表示动作行为发生的次数多,又作"每每"。例如："春秋佳日,每每携家人郊外踏青。"

各(gè)：〈代〉指示代词,用于分指,指一定范围内的所有个体,略相当于"每个"。例如："各人有各人的打算。"

◎另,还有副词功能,表示分别做某事或分别具有某种属性。例如:"各有各的道理""各领风骚数百年"。

 辨 析

两个词都是分指指示代词,分指一定范围内的所有个体,但使用中又有区别,主要是:

(1)侧重点有所不同。"每"和"各"都有逐指个体而统括全体的作用,但"每"侧重统指全体,即偏重指个体之间的共性;"各"则侧重逐指个体,即偏重指个体之间的差别。例如:"得知比赛获胜的消息后,全班每一个人都高兴极了",这句中的"每"不能换成"各";"集中优势兵力,各个歼灭敌人",这句中的"各"不能换成"每"。

(2)语法功能有所不同。

a)后加成分是数量词时有所不同。"每"可以和数量短语连用修饰名词(数词为"一"的时候可以省略),例如:"每五个人""每(一)束花"。"各"不能和数量短语连用修饰名词,只能与量词连用修饰名词,例如:"各位老师""各个角度"。

b)后加成分是动量词时有所不同。"每"可以和动量词连用,例如:"每遍""每回""每趟";"各"一般不与动量词连用。

c)句法功能有所不同。"每"和"各"组成的短语都能充当句子的主语、宾语、定语,但"每"组成的短语还能充当句子的状语;而"各"组成的短语一般不能作状语,但和"从"组成从字结构短语时可以作状语。例如:"每个房间都亮起了灯。"(主语)"声音响彻每个角落。"(宾语)"每人的书包里都有一个煮熟的鸡蛋。"(定语)这三个句子中的"每"都可以换成"各"。"他每年都长两三厘米。"(状语)这句中的"每"不能换成"各"。"敌人从每个方向包围上来。"(状语)这句中的"每"可以换成"各"。

d)在句子中与"都"同现时有所不同。"每"和"各"都能在句子中与"都"同现,但与"每"同现的"都"不能省略,否则会影响句意;而与"各"

同现的"都"可以省略而不会影响句意。例如:"当年的每一件小事都成为我们珍贵的记忆。"这句中的"都"有强调作用,不能省略。"毕业典礼大会就要开始了,各个班级的学生、各个学科的老师,(都)按照顺序找好了自己的座位。"这句中的"都"可以省略。

例 句

(1)平均每十六个学时占一个学分。

(2)他给每个孩子都发了一本新书。

(3)房间采光很好,阳光能够从各个角度射进来。

(4)大家各有自己的道理,谁也说服不了谁。

错误用例

(1)我们要争取各场比赛都能赢。(此处应该用"每")

(2)每人拿好自己的东西,早点回家休息吧。(此处应该用"各")

某 或 有的

释 义

某(mǒu):〈代〉指示代词。①指不确定的人或事物。例如:"某人""某事""某种想法""某些条件"。②指不知道名称或不便于明说的特定的人或事物。例如:"同事王某""南乡某村"。③有时用来代替自己的名字(常含有勇于负责的意味)。例如:"有人问起这件事情,让他找我张某。"④有时用来代替别人的名字(含有不客气的意思)。例如:"我早知道他吴某想搞什么名堂了。"

◎"某"有时可以叠用,例如:"某某人。"

或(huò):〈代〉指示代词。〈文〉泛指某人或某事物,相当于"有人"

"有的"。例如："人固有一死，或重于泰山，或轻于鸿毛。"

◎另，还有副词和连词功能。作副词时，"或"表示估计、猜测，相当于"大概""也许"，也可以说"或许"。例如："这东西或许有用。"作连词时，表示等同关系，或用于叙述句里表示选择，也可以说成"或者""或是"。例如："大家都叫他老王或老王头。""或多或少总会有一点儿收获。"

有的(yǒu·de)：〈代〉指示代词，指人或事物全体中的一部分（多重复使用）。例如："有的人就爱瞎咧咧。""院子里的人有的说，有的笑，真叫热闹。"

辨　析

以上三个词都是不定指指示代词，用于指代不确定的人或事物，具体运用中又有区别，主要是：

(1)适用范围及语体色彩有所不同。"某"的适用范围比较广，既可以指不确定的人或事物，也可以用于指代不知道名称或不便于明说的特定的人或事物，还可以用于代替自己或他人的名字，以加强某种语气；既可以用于口语，也可以用于书面语。"或"作为指示代词时，适用范围比较窄，多用于书面语，泛指某人或某事物。"有的"适用范围也比较窄，一般用于口语。

(2)组词功能有所不同。"某"常见的组词搭配是"某些""某个""某某"，用来指称一般的人或事物名称，例如："某些想法""某个人""某某单位"等；叠用的"某某"指称的人或事物与"某个"一样是单数。"某"也可以用在表示时间或地点的名词前面，例如："某年某月某日""某乡""某校""某班"；还可以和姓氏搭配组合，例如："张某""李某"等。"或"作为指示代词时一般只能单用，没有相应的组词。"有的"是指人或事物全体中的一部分，因此，和它组合的名词必须是能表示复数的集合名词，不能是个体名词，如可以说"有的卫星"，不能说"有的月亮"。

 **例　句**

（1）某些人的想法就是可笑。

（2）或告之曰："青州军言将军造反，今丞相已到，何不分辩，乃先立营寨邪？"（罗贯中《三国演义》第十六回）

（3）有的人活着，他已经死了；有的人死了，他还活着。（臧克家《有的人》）

错误用例

他举着一摞纸道："这就是有的人的创造性想法？他真是胡闹！"（句中的"有的"应该用"某"）

别　旁　另　另外　其他　其余

释　义

旁（páng）：〈代〉指示代词，相当于"别""另外""其他"。例如："当时没有旁人在场，不知道为什么两个人吵起来了。""我没有旁的事了。"

◎另，还有方位名词功能，意为"旁边"。例如："心无旁骛。"

别（bié）：〈代〉指示代词，相当于"另外"。例如："别人也有这样的书。""还没有发现他有别的毛病。"

◎另，还有副词功能，表示在所说的范围之外，意思是"另外"。例如："别有用心。""别"作副词还可以表示劝阻，或与"是"连用表示猜测。例如："你别去学校了。""他今天没来，别是感冒了。"

另（lìng）：〈代〉指示代词，相当于"另外"。例如："另一份工作""另一个人"。

◎另，还有副词功能，意思是"另外"，表示在所说的范围之外。例如:"另有任务""另找工作"。

另外(lìngwài):〈代〉指示代词,指上文所说的范围之外的人或事物。例如:"这些问题都解决了,另外的几个问题研究一下怎么处理。"

◎另,还有副词功能,表示在所说的范围之外。例如:"我另外给了他一份材料。""另外"还有连词功能,意思是"此外"。例如:"我做完了今天的作业,另外还预习了明天的课程。"

其他(qítā):〈代〉指示代词,相当于"别的"。例如:"除了没有房子住,还有其他问题需要解决。""先安排住下,其他问题以后再说。"

其余(qíyú):〈代〉指示代词,剩下的。例如:"其余问题都解决了。""留下这几个人,其余的人都走。"

辨 析

以上六个词都是旁指指示代词,指所说范围之外的人或事物,意思很接近,有时可以互换,例如:"别(另)有风味""其他(其余)人等""旁(别)人"但在具体使用中又有区别,主要是:

(1)组合功能有所不同。

a)在指人时,"别""旁""其他""其余"都可以直接跟"人"组合,例如:"别人""旁人""其他人""其余人"等,而"另"和"另外"不能。"另"需要加数量短语才能跟"人"组合,例如:"另一个人";"另外"需要加"的"或者数量短语才能跟"人"组合,例如:"另外的人""另外一些人"。

b)在指事物时,"其他""其余"可以直接跟事物名词组合,例如:"其他事""其他东西""其余事物""其余货物"等。"别""旁""另""另外"在口语中指事物时,不能直接跟事物名词组合,如不能说"别事""旁事物""另物""另外东西"等。"别""旁"要加"的"才能跟事物名词组合,例如:"别的笔""旁的事"。"另"需要加数量短语才能跟事物名词组合,例如:"另一间房屋"。"另外"需要加"的"或者数量短语才能跟事物名词组合,例如:"另外的东西""另外一些汽车"。但是在书面语中,"别""另""旁"

可以和一些单音节的表事物名词组合成专有名词,例如:"别墅""别集""别称""另案""另类""旁支""旁系""旁证"等。

(2)语体色彩有所不同。

"别""另""其余""旁"的书面语色彩比较浓,"另外"的口语色彩比较浓,"其他"则通用于书面语和口语。在现代汉语口语中,"别""另""旁"不能直接跟事物名词组合,但在文言色彩很浓的书面语中却可以,例如:"空无别物""另案办理""旁门左道"等。

(3)确指泛指情况有所不同。"其余""其他"都指示或代替剩下的人或事物,但"其余"常用于确指,所指的范围、数量等多是明确的,例如:"这些我都做完了,其余的你做一下吧。""其他"常用于泛指,所指的范围、数量等多不明确,例如:"我们可以理解你,但其他人会怎么看你呢。"

(4)句法功能有所不同。"其他""其余"一般只作定语,例如:"我是工薪族,除了工资没有其他的收入。""全班只有三个人留下来,其余人都走了。""别""另""另外"除了作定语,还有副词功能,可以作状语,例如:"别人不知道"(定语),"别有洞天"(状语);"另一些人还拿不到课本"(定语),"另搞一套"(状语);"房间里还有另外一个人呢"(定语),"那些我们另外说"(状语)。"旁"因为还有方位名词功能,除了作定语还可以作状语,例如:"除了这些,你还带了旁的东西啊"(定语),"旁敲侧击"(状语)。

(5)语言习惯和侧重点有所不同。虽然都有"另外"的意思,但由于语言习惯和侧重点有所不同,在运用上也有不同。例如:"打入另类",一般不能换成"打入别类",因为"别"还有动词功能,意为"鉴别",所以有成语"分门别类",在此"别类"是动宾词语,是按照事物特性分别归类的意思,所以不能和"另类"互换。又例如:"旁门左道"不能换成"别门左道",固然因为成语的固定格式不能随意改变,而"旁"另有"旁边"的意思,"旁门"指正门之外的侧门,引申为非正统的门类,所以不能换成"别门";而"别门别派",意思是指除了自己所说的门派之外的其他门派,并不是说它是非正统的门派,因此也不能说成"旁门旁派"。

例 句

(1)我不知道旁人会这么想,我以为大家都很欢迎我呢。

(2)这种狗对主人非常忠心,而且对主人的家人也很温顺,但对陌生人就另当别论了。

(3)我还有另外的选择吗?

(4)人工预算单价差额部分只计取税金,不计其他费用。

(5)你先带走这些东西,其余的给我留下。

错误用例

(1)我刚进公司的时候,什么都不懂,说话直来直去的,被打入了别类,后来才学会如何与别人相处。(第一个"别"应该用"另")

(2)"人心齐,泰山移",可是现实中,还有很多人另外搞一套,消解着全党上下的合力。(此处应该用"另")

(3)你给我的一百块钱,我花了85块5毛,其他的都在桌子上放着。(此处应该用"其余")

(4)尊重旁门另派,取长补短,严禁排斥另派言行,团结同道,互助互帮,共同提高技术水平。(此句中的"旁""另"都应该用"别")

三 疑问代词辨析

谁 孰

谁(shéi):〈代〉疑问代词。①用于问人,可指一个人,也可以指几个人。例如:"今天谁值日?""谁的论文还没交?"②用在反问句中,表示没有一个人。例如:"谁不夸他好?"③用于虚指,表示不知道的人或无须说出和说不出姓名的人,相当于某人或"某些人"。例如:"我的书不知道被谁拿走了。""今天上午没有谁来过。"④用于任指,表示任何人。a)用在"也"或"都"前面,表示所说的范围之内没有例外。例如:"这事谁也不知道。""大家争先恐后,谁都不肯认输。"b)主语和宾语都用"谁",指不同的人,表示彼此一样。例如:"他们俩谁也说服不了谁。"c)两个"谁"字前后照应,指相同的人。例如:"大家看谁合适,就安排谁去办这件事。"

孰(shú):①〈文〉〈代〉疑问代词,问人,相当于"谁"。例如:"人非圣贤,孰能无过?"②〈文〉〈代〉疑问代词,问事物,相当于"什么"。例如:"是可忍,孰不可忍?"③〈文〉〈代〉疑问代词,表示选择,相当于"哪个"。例如:"两队比赛,孰胜孰负?大家拭目以待"。

辨 析

两个词都是询问人的疑问代词,但在运用中有区别,主要是:

(1)语体色彩不同。"谁"既可以用于口语,也可以用于书面语;而

常用代词易混词语辨析

"孰"只用于书面语。

(2)适用范围不同。"谁"在现代汉语中适用范围比较宽,义项也比较多;一般用于指人,指物的情况很罕见,只在古诗文中有,例如:"知向谁边?"而"孰"在现代汉语中适用范围比较窄,义项也比较少,主要用于书面语;除了指人,也可以指物或表示选择,例如:"孰重孰轻"。

(3)句法功能有所不同。在现代汉语中,"谁"的句法功能比较多,可以作主语、判断合成谓语、定语、宾语等,例如:"谁来了?"(主语)"这人是谁?"(判断合成谓语)"谁的消息最准确?"(定语)"这个任务安排给了谁?"(宾语)"孰"在现代汉语中一般只能作主语。

(4)在是否有重叠用法方面也不同。"谁"可以重叠使用,表示无须说出某人的名字,例如:"媳妇儿每天都跟他说着谁谁买了房,谁谁又换了一部新车,这让他倍感压力。"而"孰"没有这种用法。

 例 句

(1)是谁带来远古的呼唤?是谁留下千年的祈盼?(《青藏高原》歌词)

(2)"我这是为你好!"说这句话和听这句话的人到底孰是孰非?

错误用例

(1)面子与事业两相比较,谁重谁轻,一目了然。(此处应该用"孰")

(2)老屋被拆掉了,今年燕子归来,找不到旧巢,会落在孰家的屋檐下?(此处应该用"谁")

现代汉语常用易混词语辨析

什么 甚 啥 吗 何 哪

✎ **释 义**

什么(shén·me)：〈代〉疑问代词。①表示疑问。a）单用，问事物。例如："你找什么？""这是什么？"b）用在名词前面，问人或事物。例如："什么人？""什么事儿？"②用于虚指，指不确定的事物。例如："他们正议论什么。""我想喝点儿什么。"③用于任指，不论什么。a）用在"也"或"都"前面，表示所说的范围之内没有例外。例如："他什么东西都不吃。"b）两个"什么"前后照应，表示由前者决定后者。例如："你想吃什么就吃点什么。""你什么时候搬过来，我就什么时候搬走。"④表示惊讶或不满。例如："什么？都这会儿了还没回来？""这是什么歌啊，太难听了！"⑤表示责难。例如："你急什么？又不是你的事儿。""你在这装什么大瓣蒜？"⑥表示不同意对方的话。例如："什么半年就好，一年也做不完。"⑦用在几个并列成分前面，表示列举不尽。例如："这家面食馆生意好，什么包子呀，饺子呀，各色面条呀，做得又精致又好吃。"

◎注意："什么"不宜写作"甚么"或"什吗"。

甚(shèn)：〈方〉〈代〉疑问代词，相当于"什么"。例如："来的是甚人？""都是多年的熟人了，有甚说甚。"

啥(shá)：〈方〉〈代〉疑问代词，相当于"什么"。例如："他干啥去了？""有啥问题，快说。"

吗(má)：〈方〉〈代〉疑问代词，相当于"什么"。例如："干吗？""吗事儿？"

◎注意：疑问代词"吗"不能写作"嘛"，"嘛"是语助词。北京方言中有"干嘛"，天津方言中有"嘛事儿"，其中"嘛"在普通话中已统一作"吗"，见《现代汉语词典》第7版。

◎另,还可以作疑问助词,用在句末表示疑问,此时读音为轻声"·ma"。例如:"今天是星期五吗?""换了你,你干吗?"作疑问语气助词的"吗"不能写作"嘛"。

何(hé):〈代〉疑问代词,常用于书面语中。①相当于"什么"。例如:"何人何事?""何时何地?"②相当于"哪里"。例如:"此事从何说起?"③用于反问。例如:"谈何容易?"

哪(nǎ):〈代〉疑问代词。①表示要在几个人或事物中确定一个或一部分,可以单用,也可以用在量词或数量短语前面。单用的时候指事物。例如:"我分不清哪是南哪是北。""我们这里有皮鞋、布鞋,你要哪种?""我们班有两个叫王华的,你找哪一个?"②单用,相当于"什么",常和"什么"交替着用。例如:"什么叫好,哪叫差,你能分得清?"③用于虚指,表示不能确定的某一个。例如:"哪天有空我们聚一聚。"④用于任指,表示任何一个,常跟"都"或"也"配合使用,或者两个"哪"前后呼应。例如:"哪个好买哪个。""你拿哪本书都可以。""哪个也不合适。"⑤用于反问,表示否定。例如:"没有前人栽树,哪有后人乘凉?"

◎注意:"哪"在口语中单用时读 nǎ;后面跟量词或数量短语时,常常读 něi 或 nǎi。

 辨　析

以上六个词主要是询问事物的疑问代词,但在运用中有区别,主要是:

(1)语体色彩有所不同。"甚""啥""吗"三个词因为来源于方言词语,口语色彩浓厚;"何"是文言词汇,所以一般用于书面语;"什么""哪"既可以用于口语,也可以用于书面语。

(2)使用范围有所不同。"什么"的适用范围很广,有很多意义和用法,在问人和事物时,在句中可以代替"甚""啥""吗""何""哪"的使用。在单用时表示问事物,但这个事物不包括对时间和地点的疑问,如果问时

现代汉语常用**易**混词语辨析

间和地点,需要加上表示时间、地点的名词,例如:"现在什么时候了?"
"这是什么地方?""这是什么村子?"而"甚""啥""吗"在现代汉语中相当
于"什么",其中"甚""啥"在单用表示问事物时,也不包括问时间地点,要
问时间地点需要加上表示时间、地点的名词,例如:"这是甚(啥)地方?"
"甚(啥)时候去的?"而"吗"一般只是问事物,例如:"干吗?""吗事儿?"
在方言中可以加表示时间地点的名词来问时间地点,例如:"吗(嘛)时
候""吗(嘛)地儿",但在普通话中很少这样说。"何"有相当于"什么"的
义项,也有相当于"哪里"的义项,所以单用时可以表示问原因,例如:"为
何不来?"也可以问方向地点,例如:"从何而来""何去何从";但单用时一
般不能问时间,需要加相应名词,例如:"何时离开?""哪"作为疑问代词,
单用时一般只能问地点,可以儿化,但不能问时间,例如:"分不清哪是
哪。""这是哪儿?"

(3)组词功能有所不同。"哪""啥""甚"可以跟"会儿"组合表示对
时间的疑问,例如:"哪会儿""甚会儿""啥会儿",可以跟"样"组合表示
问性质状态。例如:"要哪样颜色的笔?""长啥样?""甚样算好的?"而
"吗""何"不能与"会儿""样"组合。"什么"可以跟"样"组合,但不能跟
"会儿"组合。"哪"还可以组成其他名词,例如:"哪里"表示问地点,"哪
个""哪些""哪门子"表示问事物;而"什么""甚""啥""吗""何"没有这
种组合。

✏️ **例　句**

(1)你在翻找什么? 这里什么也没有。

(2)昨天来的是甚人? 要干甚?

(3)你啥时候来的? 也不通知我一声。

(4)一回来就吵架,我干吗要喜欢你?

(5)不知何年何月才能轮到一次。

(6)你去库里看看,哪个能用你就拿哪个吧。

(1)飞蛾喜光,甚里有火光它就飞向甚里。(句中的两个"甚"都应该用"哪")

(2)你知道何地方有卖这种铲子的吗?(句中的"何"应该用"什么"或"啥""甚")

(3)不管吗时,无论吗方,我似乎都能听到这一声声的呼唤!(句中的"吗"应该用"何")

(4)你家那个小四儿什么时学会打算盘的?(句中的"什么"应该用"啥"或"甚")

(5)他算啥门子亲戚?早八辈子都不来往了。(句中的"啥"应该用"哪")

(6)我迷路了,不知道甚是南甚是北。(句中的"甚"应该用"哪")

怎么　怎样　怎

释　义

怎么(zěn·me):〈代〉疑问代词。①询问性质、状态、方式、原因等。例如:"你怎么了?""这场纠纷怎么解决?""他怎么不去上学了?"②泛指性质、状态或方式。例如:"大权交给你,你想怎么办就怎么办。""这东西怎么弄也弄不好。"③用于虚指不确定的性质、状态或方式。例如:"不知道怎么搞的就成功了。"④用于否定句中,表示一定程度。例如:"他刚进入演艺界,还不怎么会演戏。""我不怎么了解他。"⑤表示反问或感叹。例如:"你不来怎么行呢?""这场比拼怎么输得那么快呢!"

怎样(zěnyàng):〈代〉疑问代词。也说"怎么样"。①询问性质、状态、方式等。例如:"那是一部怎样的电影?""你说我怎样回复他才好?"

②用于泛指,即不论什么性质、状态、方式等。例如:"想想从前怎样,看看现在怎样。""人家怎样说,你就怎样做。"③表示虚指,即不确定性质、状态方式等。例如:"也不知道他怎样做出来的。""常听人说你怎样怎样好,今天总算见到了。"

怎(zěn):〈口〉〈代〉疑问代词。相当于"怎么"。例如:"他怎能骗我?""你怎不去考试?"

辨　析

以上三个疑问代词用来询问性质、状态、方式或原因等,但具体使用又有区别,主要是:

(1)语体色彩有所不同。"怎么"和"怎样"既可以用于书面语,又可以用于口语;"怎"则一般只用于口语。

(2)使用范围有所不同。"怎么"使用范围较广,意义用法比较多样,很多情况下能够直接替代"怎样"或"怎",例如:"他怎样做你就怎样做。""不知道她怎样一动就站在了院子当中。""你怎不来。"这些句子中的"怎样""怎"都可以换成"怎么"。"怎样"的使用范围比"怎么"要窄,一般用于询问性质、状态、方式等,不能询问原因,例如:"他怎么没来",不能说成"他怎样没来"。但在征询意见时,应该用"怎样",不能用"怎么",如果想用,则必须加个"样"字,例如:"咱们先干完这点活再去吃饭,怎样(怎么样)?""怎"在意思上相当于"怎么",但比后者使用范围窄,一般只用于口语。

(3)用法意义有所不同。"怎么""怎样""怎"都可以作谓语,"怎么"和"怎"作谓语时询问的是起始状况,是自己原本不知道的状况,例如:"你这是怎了?""你胳膊怎么了?""今天怎么了? 来了这么多人?"而"怎样"作谓语时询问的是跟进情况,是原来知道一些,而想进一步询问,例如:"你近来怎样?""你身体怎样了?"除了作谓语,"怎样"还能作补语和宾语,询问状况,例如:"他去了那里后做得怎样?"(补语)"你现在打算怎样?"(宾语)而"怎么"和"怎"不能作补语和宾语。

(4)组合功能有所不同。"怎么"可以组合一些词语，如组合成"怎么样"，相当于"怎样"；还可以用于否定和反问，以表示委婉语气，例如："画得不怎么样。""你能把他怎么样?"组合成"怎么的"，用于口语，相当于"怎么样"；组合成"怎么着"，询问动作或情况，也可以泛指动作或情况，例如："下班后你打算怎么着?"而"怎"可以组合成"怎地"或"怎的"，是方言词汇，相当于"怎么"和"怎么样"，例如："他怎地(的)不来?""我就不让你走，看你能把我怎地(的)?""怎么""怎样"可以叠用，表示泛指，而"怎"不能叠用。例如："你总说他怎么怎么好，我见了也就一般。""别人说你怎样怎样，我并不认同。"

📝 例　句

(1)你是怎么搞的？这么狼狈啊！
(2)钢铁是怎样炼成的?
(3)你有困难怎不早说?

🔍 错误用例

(1)我做得怎么不用你说。（此处应该用"怎样"）
(2)这里是我家,可由不得你想怎么就怎么！（此处应该用"怎样"）
(3)昨天你怎样没参加她的婚礼？（此处应该用"怎么"）
(4)吃了那药后,近来咳嗽怎了？（此处应该用"怎样"）
(5)你这是怎样了？脸色这么难看！（此处应该用"怎么"）
(6)听他说得怎怎好,其实都是吹牛！（此处应该用"怎么怎么"或"怎样怎样"）

多会儿　多咱　多早晚

释　义

多会儿(duōhuìr)：〈口〉〈代〉疑问代词。相当于"什么时候"。①询问时间。例如："现在起身,多会儿到家呀?"②指某一时间或任何时间。例如："他多会儿也没误过课。""你多会儿有空多会儿去。"③用在"没"或"没有"后面,指不长的时间。例如："我才干了没多会儿,还不累。""他坐了没有多会儿就走了。"

◎注意:在口语中也读作 duōhuǐr。

多咱(duō·zan)：〈方〉〈代〉疑问代词。相当于"什么时候",是由"多早晚"演变来的。例如："他多咱回家的?"

多早晚(duō·zaowǎn)：〈方〉〈代〉疑问代词。相当于"多咱"。例如："这是多早晚的事?"

辨　析

以上三个疑问代词都是询问时间的疑问代词,具体使用中略有区别,主要是:

(1)语体色彩有所不同。三个词都用于口语,都有"什么时候"的意思,但"多咱"和"多早晚"来源于方言,所以地方色彩更浓厚一些,更接近于平民生活。

(2)用法有所不同。"多会儿"可以和"没""没有"连用,表示时间不长,而"多咱""多早晚"不能这样用。

例　句

(1)他多会儿走的?

271

（2）我可还得在这儿住，多咱我拉上包月，才住宅门去。（老舍《骆驼祥子》）

（3）赵老我管！我一定管！我看着，多咱修沟，我多咱去工作！我老头子不说谎！（老舍《龙须沟》）

（4）你多早晚回来的？怎不告诉我一声？

 错误用例

今年天旱得厉害，昨个雨也没下多咱就停了。（此处应该用"多会儿"）

多少　几　几多　几何　几许　若干

 释　义

多少（duō·shao）：〈代〉疑问代词。①询问数量。例如："你班有多少人？""去年你家卖了多少玉米？"②用于任指，表示不能确定或无须说出的数量。例如："你知道多少就说多少，不要夸大。""来多少人就准备多少人的饭。"

◎另，"多少"读音为"duōshǎo"时，为名词，指数量大小。例如："大家收获多少不等。"也可以作副词，一是指"或多或少"。例如："既然来了，你多少说两句话吧。"二是"稍微"的意思。例如："水多少有点凉。"

几（jǐ）：〈代〉疑问代词。询问数量（估计数目不太大）。例如："来了几个客人？""还有几天开学？"

◎另，还有数词功能，指大于一小于十的不定的数量。例如："几把椅子""他刚十几岁""这个学校不大，也就几百个学生"。

◎又另，"几"儿化后可以用于询问哪一天。例如："今天是几儿啊？"

几多（jǐduō）：〈文〉〈方〉〈代〉疑问代词，相当于"多少"。例如："问君能有几多愁？恰似一江春水向东流。""这根木头几多重？""我不知花了几多钱财，才收了这些。"

◎另，还有副词功能，相当于"多么"。例如："这小姑娘几多懂事！"

几何(jǐhé)：〈文〉〈代〉疑问代词，相当于"多少"。例如："此书价值几何？"

几许(jǐxǔ)：〈文〉〈代〉疑问代词，相当于"多少"。例如："消息半浮沉，今夜相思几许？"

若干(ruògān)：〈代〉疑问代词。①询问数量。例如："预算资金若干。"②指不定的数量。例如："若干问题。"

辨　析

以上六个词都是询问数量的疑问代词，具体使用时还有区别，主要是：

（1）语体色彩有所不同。"多少""几""若干"既可以用于书面语，又可以用于口语。"几多"来源于方言词汇，古代诗词中多有使用的例子，因此也可以通用于书面语和口语。"几何""几许"一般用于书面语中。

（2）在能否跟量词组合方面有所不同。"多少""几""几多""若干"后面能跟量词，例如："有多少个人""订几份报纸""佛山市有几多个区""打了若干口立井"。"几何""几许"不跟量词组合。

（3）词性功能有所不同。"多少"读音为"duōshǎo"时，有名词和副词的功能，作名词时指数量大小，作副词时意为"或多或少"或"稍微"。例如："每个人带的包大小不等，装东西多少也不一致。""反正住下了，多少停几天。""嗓子多少有点哑。""几"除了作疑问代词，还有数词功能，指大于一小于十的不定的数量。例如："几个水果。""几多"除了作疑问代词，还有副词功能，相当于"多么"。例如："几多漂亮的鳊鱼。"

（4）询问数量的多少有所不同。"多少""几多"指的数量可以多，也可以少；而"几许""几何"一般偏指数量少；"几""若干"指不确定的数量,一般大于1、小于10。例如问小孩子年纪可以问"几岁了",问老大爷就不好这样问。

(1) 历史长河大浪淘沙,送走了多少岁月?

(2) 苹果树几年可以开花结果?

(3) 兵火之际,东逃西躲,不知拆散了几多骨肉! (冯梦龙《警世通言·范鳅儿双镜重圆》)

(4) 对酒当歌,人生几何! (曹操的《短歌行》)

(5) 你添了几根银发,我多了几许白髯。(郭小川《赠友人》)

(6) 谁明白老婆子从他手中用过若干钱? (王统照《山道之侧》)

错误用例

(1) 那天睡得沉,不知过了几许支队伍。(句中"几许"应该用"几""几多""多少"或"若干")

(2) 树木死亡后被掩埋在地下,要经过若干年才能形成煤炭啊! (句中"若干"应该用"多少")

多　多么　何等

释　义

多(duō):〈代〉疑问代词。①用在疑问句里,询问程度或数量。例如:"他的身材有多高?""你的年龄有多大?"②指某种程度。例如:"有多大力气使多大力气""干了没多久"。

◎另,"多"还有其他词性功能:①〈形〉数量大,跟"少"相对,例如:"多样文化"。②〈动〉在原有数目上超出或增加。例如:"今年多了2万游客。"③〈数〉（用在数词或数量词后面）表示零头。例如："二十多岁"
"五年多了"。④〈副〉用在感叹句里，表示程度很高，相当于"多么"；或者
用在其他句式里，表示"大多、大都"。例如："生活多美好啊！""你们班多
是90后的吧？"

多么（duō·me）：〈代〉疑问代词。①用在疑问句里，询问程度或数
量。例如："这里离你家多么远？""这棵老槐树有多么粗？"②指某种程
度。例如："不管工作多么困难，他从不叫苦叫累。"

◎另，还有副词功能，用在感叹句中，表示程度很高。例如："一眼望
去，草原多么辽阔啊！"

何等（héděng）：〈代〉疑问代词。用在疑问句中，相当于"怎样的"
"什么样的"。例如："真厉害啊！他是何等人物？""他有何等背景？"

◎另，还有副词功能，用感叹的语气表示不同寻常，相当于"多么"。
例如："这是何等精妙的艺术！""何等壮观的场面！"

辨 析

以上三个词都是疑问代词，也都有副词功能，有时可以通用，例如用
在感叹句中时，都表示程度很高，可以互换。例如："这是多（多么/何等）
精彩的画面啊！"但具体使用中还略有区别，主要是：

（1）词性功能和适用范围有所不同。"多"有很多词性功能，义项也
多，因而其适用范围较广；"多么""何等"适用范围相对较窄。

（2）询问对象有所不同。"多""多么"主要用于询问程度或数量，而
"何等"则主要询问性质、状态。例如："无论天气多冷，每天早晨他都要
出去跑步"，句中的"多"可以换成"多么"，但不可以换成"何等"。"无论
天气冷到何等程度，每天早晨他都要出去跑步"，句中的"何等"不能换成
"多"或"多么"。

（3）语体色彩有所不同。"多么"既可以用于口语，也可用于书面语；
"多"则是常用于口语；"何等"一般用于书面语。

例　句

(1)我们画这幅图用多大比例合适?

(2)不管你多么用力,也无法推动这块大石。

(3)你在这件事中扮演了何等角色? 真当大家都是傻子吗?

错误用例

(1)不管任务何等难,他从不叫苦叫累。(此处应该用"多"或"多么")

(2)这院里住着多么样的人? (此处应该用"何等")

现代汉语常用**易混**词语辨析

常用

副

词易混词语辨析

一　范围副词辨析

都　全

释　义

都(dōu)：〈副〉①表示总括全部,除疑问句外,所总括的对象必须放在"都"前面。例如："大伙儿都同意。""他什么都没说。"②表示更进一步,相当于"甚至"。例如："他获奖的事连家里人都不知道。""他待我比亲哥哥都好。""今年天气一点都不热。"③相当于"已经",句末常用"了"。例如："都十二点了,快睡觉吧。""都这么大了,还玩积木?""水面都结冰了。"④在疑问句中表示总结,总括的对象(疑问代词)置于"都"后面。例如："你都上哪去了?""他对你都说了些什么?"

◎另,副词"大都"意为绝大部分,"都"读作"dū",口语中也读"dōu"。

全(quán)：〈副〉①表示在所说的范围内没有例外,相当于"完全""都"。例如："全是合法收入""交来的东西全收下了"。②表示程度上百分之百,相当于"完全""全然"。例如："全新的装备""他全不考虑自己的利益"。

辨　析

两个词都是表示范围的副词,都有总括全部的意义,不同之处在于侧重点不同。"都"侧重于表示数量上全部包括在内,没有例外;而"全"侧重于指范围内齐全完备,没有例外,是各个部分的总和。

📖 例 句

（1）今天我请客,大家都来吧。

（2）这些天你都去了哪些地方?

（3）人家都来道歉了,你就别再赶走他了。

（4）这些书我全给你留着。

（5）他就这么冲上去了,全不顾个人安危。

🔍 错误用例

（1）今天去电视台录制节目,你们小组全要去,一个全不能少。(句中第二个"全"应该用"都")

（2）我到家的时候,天已经都黑了。(句中的"都"应该用"全")

了 毕 尽

✏️ 释 义

了(liǎo):〈副〉〈文〉完全,一点儿。例如:"了无惧色""了不相干"。

毕(bì):〈副〉〈文〉相当于"完全"。例如:"锋芒毕露""神态毕肖"。

尽(jìn):〈副〉"完全""都"。例如:"事情办得不尽如人意。""他说的尽是闲话。"

🖊️ 辨 析

以上三个词都是表示总括范围的副词,都有"完全"的意思。不同之处在于:

（1）语体色彩不同。"了""毕"都是书面语,常见于成语和文章的整句中;而"尽"既可以用于书面语,也可以用于口语。

（2）用法有所不同。"了"后面常跟否定词"无""不"等组合,例如:"了无生趣。""毕""尽"则没有这一限制。

（3）侧重点有所不同。"了"侧重于表示小的方面,常用于否定句中,表示一点儿都没有的意思;"毕"侧重于表示齐全、都具备;"尽"侧重于表示充分显露,全都是。

 **例　句**

（1）我们企业这几年不景气,工人也不来上班,厂子里到处都是破败的痕迹,了无生气。

（2）齐白石画的苍蝇蚊子栩栩如生、纤毫毕现!

（3）他那书包里装的尽是些没有用的石头。

错误用例

（1）昨天学校举行了建校 100 周年典礼,各方代表精英荟萃,群贤尽至,一片欢腾的气氛。（此处应该用"毕"）

（2）他是个能干的人,这件事情办得了如人意。（此处应该用"尽"）

（3）你既然做错了,就应该听取大家的意见,可是你却毕无愧色,毫无悔改的意思。（此处应该用"了"）

完全　全然

释　义

完全(wánquán):〈副〉相当于"全部""全然"。例如:"完全赞成""完全解决"。

全然(quánrán):〈副〉相当于"完全地"。例如:"他全然没有觉察""全然不顾个人安危"。

两个词都是表示总括范围的副词,都有"完全"的意思。不同之处在于:

(1)侧重点有所不同。"完全"侧重于指全部、完整,毫无保留,无所遗漏;而"全然"侧重于一点也无例外地,全都。

(2)用法有所不同。"全然"在使用时后面常跟"不""没有"等否定词,而"完全"则没有这个限制。

📖 例 句

(1)这个人沉稳踏实,派他去,你完全可以放心。

(2)玄宗敕宣翰林学士,拆开番书,全然不识一字。(《警世通言·李谪仙醉草吓蛮书》)

🔍 错误用例

你说要分家,我全然同意,怎么分,你说个办法。(此处应该用"完全")

概 一概 一律

✏️ 释 义

概(gài):〈副〉一律。例如:"概不负责""概不退换"。

一概(yīgài):〈副〉表示适用于全体,没有例外,相当于"全""都"。例如:"逾期一概销毁。""假日一概停办。"

一律(yīlù):〈副〉表示适用于全体,没有例外。例如:"男女一律平等。""出入校门,一律出示证件。"

📖 **辨　析**

以上三个词意思相同,都是表示总括范围的副词,都有"适用于全体,没有例外"的意思,但在使用中又有些微差别,主要表现在:

(1)语体色彩有所不同。"概"多用于书面语,"一概""一律"既可以用于书面语,又可以用于口语。

(2)适用范围有所不同。"概"多用于成语中,例如:"概不退换""概莫能外"等。"一概"多用于事物,如通知、规定等,例如:"此前所作规定一概取消。""一律"多用于人或者集体、有生命的,也可以用于一般事物,例如:"党纪面前一律平等。""疫情未控制之前一律不得外出。""所有商品一律明码标价。"

(3)用法有所不同。"概"后面多跟否定词"不""无""莫"等;"一概"只用于动词前,限于对事物的概括;"一律"可用于动词前,也可用于名词或名词短语前。"一概"后面连用的词必须是复音节词;"一律"后边的词音节不限。

✏️ **例　句**

(1)所有农耕文明时代的文化都具有保守性,无论东西方,概无例外。

(2)凡是好的建议,我们一概采用。

(3)文章标题一律用二号字体。

🔍 **错误用例**

(1)你们放心,我会采取中立,一概不相助。(句中的"一概"应该用"概")

(2)进入了新社会,妇女地位提高,男女一概平等。(句中的"一概"应该用"一律")

只 止 仅仅 仅只

释 义

只(zhǐ)：〈副〉①表示仅限于某个范围。例如："这几种拳术中,他只会打太极拳。""他只懂一门外语。""万事俱备,只欠东风。"②只有、仅有。例如："家里只我一个人。""只他一家就打了三万斤粮食。""只笔记本就买了十几本。"

止(zhǐ)：〈副〉仅、只。例如："这本小说我看过不止三遍。""这类商号,何止一家?"

仅仅(jǐnjǐn)：〈副〉表示限于某个范围,相当于"只"。例如："他文化程度不高,仅仅念到初中二年级。""买了饭票,兜里仅剩下十几块钱。"

仅只(jǐnzhǐ)：〈副〉相当于"仅仅"。例如："去年我村仅只旅游一项,就收入四十万元。"

辨 析

四个词都是表示限制范围的副词,都有"只有、仅有"的意思,但在使用中略有区别,主要是：

(1)侧重点有所不同。"只"侧重于表示仅仅局限于某个范围,除此之外没有别的,例如："我只会下五子棋,不会别的。""止"侧重于表示数量上的限制,例如："我和他玩五子棋,输了不止两盘。""仅仅""仅只"都相当于"只",但更加强调,例如："仅仅我同意你去是不够的。""仅只洗车一项,今年就花费了两千多元。"

(2)用法有所不同。在表示"只有、仅有"的意思时,"只"一般用在代词、名词或名词性词组前面,例如："来的只你一个人吗?""止"一般用于否定或疑问中,例如："我读《红楼梦》岂止五遍""来过不止一次"。"仅仅"一般用在动词、数量词、名词或名词性短语前。如果"仅仅"用在动词前,则表示限制在一定范围内,例如:"仅仅锻炼是不够的。"用于数量词前,表示数量少,例如:"仅仅三天我就学会了开车。"用在名词或名词性短语前,表示举出其中突出的,有"单只是"的意思,这个用法与"仅只"相同,例如:"仅仅(仅只)衣服一类就装了一大箱子。"

（3）在能否和"不"连用方面有所不同。"只"和"不"可以组合为连词,表示递进,例如:"他不只学习好,动手能力也强。""止"和"不"可以组合成副词"不止",表示超出某一范围或数量,例如:"我爷爷不止一百岁了。""他不止一次出现在赛场上。""仅仅"和"不"组合后的副词"不仅仅",比"不止"更有强调作用。"仅只"不能和"不"组合成词。

📖 例　句

（1）新华书店搞了一次作家签名售书活动,只一个上午就卖出了一千本。

（2）你不止一次来我这里捣乱,意欲何为啊?

（3）你看到的仅仅是冰山一角。

（4）那里消费水平太高了,仅只生活费,就花去我一半积蓄。

🔍 错误用例

（1）你那次生日宴会,不止我去了,连老奶奶也去了。（此处应该用"只"）

（2）你如此做法,何只是渎职? 简直就是犯罪。（此处应该用"止"）

（3）这不仅只是我一个人的意见,大伙儿都这么说。（此处应该用"仅仅"）

专　专门

现代汉语常用**易混**词语辨析

释　义

专(zhuān)：〈副〉光，只，专门。例如："你专挑贵的买。""李医生专治眼科病。"

专门(zhuānmén)：〈副〉①相当于"特地"。例如："我是专门来拜访他的。"②表示动作行为仅限于某个范围。例如："这次开会，专门讨论计划生育问题。"

辨　析

两个词都是限制范围的副词，但在使用中略有区别，主要是：

(1)语体色彩有所不同。"专"多用于口语；"专门"既可以用于口语，也可以用于书面语。

(2)组词功能有所不同。"专"组词能力比较强，组词后多为书面语，例如："专程""专诚"。"专门"组词能力弱，只有少数一些词语，如"专门人才""专门家"等。

例　句

(1)他这个人专爱和我斗气。

(2)这钢琴是我专门为你调试过的，祝你演出成功。

错误用例

这家饭店专经营各地特色风味。(此处应该用"专门")

单　单单　光

单(dān)：〈副〉〈口〉表示限于某个范围,相当于"仅""只"。例如："搞科研不能单凭热情。"

单单(dāndān)：〈副〉〈口〉表示限于某个范围,相当于"仅仅""只是"。例如："别的书没有带,单单带了几本小说。"

光(guāng)：〈副〉〈口〉相当于"仅""只"。例如："光说不行,必须实干。""光书就装了两箱子。"

辨　析

以上三个词都是表示限制范围的副词,都相当于"仅、只"的意思,一般都用于口语,基本上可以互换,但在使用中略有差异,区别主要在于：

(1)语气上略有不同。"单单"因为使用了重复,语气上比"单""光"要重一些,更加强调限制的范围。

(2)用法上略有不同。"单单"一般用于句(或分句)首,例如："别的还好说,单单这一项就无法承受。"而"单""光"可以用于句首,也可以用于句中,例如："单说不练假把式。""我们不能单凭经验办事。""光这点人手还不够。""今天我不光要说你,还要揍你呢。""单""单单"可以表示递进和转折的意思;而"光"可以表示递进,不能表示转折意思,例如："别人都赞成,单(单单)你反对",句中的"单"或"单单"包含转折,有"但是你和别人不一样"的意思,所以不能换成"光";再如"这事情已经定了,单(单单)你反对有什么用",句中的"单"或"单单"含有递进,意思是"只有你反对没有用,还要有其他人一起反对才行",所以这里可以换成"光"。

📝 **例　句**

(1)总结生产成绩,不能单看数量,还要注意质量。

(2)挑了半天,单单挑了一双胶鞋。

(3)找对象光看外表是不够的,更要看重品行。

🔍 **错误用例**

(1)小区老人都到广场跳舞去了,光刘大妈没有去。(此处应该用"单"或"单单")

(2)我算见识了他的本事了,单就凭他一张嘴,就能把死的说活了。(此处应该用"单单")

二　程度副词辨析

最　极　顶　至

📝 **释　义**

最(zuì):〈副〉表示某种属性超过所有同类的人或事物。例如:"新疆维吾尔自治区是我国面积最大的省级行政区。""我姐姐是我们家最聪明的孩子。"

极(jí):〈副〉表示最高程度。例如:"极个别的人""极重要的事"。

顶(dǐng):〈副〉〈口〉表示最高程度,相当于"最""极"。例如:"顶好""顶爱出去旅游"。

至(zhì):〈副〉多用于书面语中,表示最高程度,相当于"极""最"。例如:"至少""至多""至高无上""感人至深"。

辨 析

四个词都是表示最高程度的副词,但在使用中略有区别,主要是:

(1)语体色彩有所不同。"最""极"既可以用于口语,也可以用于书面语;"顶"常用于口语;而"至"常用于书面语。

(2)使用范围有所不同。"最"适用范围较广泛,用在动词、形容词前,表示某种属性达到极点,超过一切同类,例如:"他的力气最大。""谁最能为群众说话,群众就最拥护谁。"用在表示时间、数量的形容词前,表示估计或能允许的最大限度,例如:"最快也要一天才能到达。"用于某些方位词前面,表示方位的极限,例如:"最上边""最左边"。用在表心理活动的动词和助词前,表示某种情感、认识、态度等达到最高程度,例如:"小妹最喜欢秋天。""我最了解他。""这娃最能吃苦。""极"适用范围没有"最"那么广,常用于形容词和部分动词前面,表示最高程度,例如:"极好""极光滑""极受欢迎"等。"顶"一般用于口语中,用在动词和形容词前,表示程度最高,例如:"顶喜欢""顶好"。"至"适用范围相对较窄,多用于书面语中,表示程度最高,例如:"至高无上""至为感激"。

(3)用法有所不同。"最""极""至"加形容词可以直接修饰名词,例如:"最美中国""极乐世界""至亲好友",而"顶"不能这么用。"最"可以修饰"先""后""前"等表示先后顺序的形容词,例如:"我最先来的",这里不能换用"顶""极""至"。"顶呱呱""顶尖"等说法也不能换成"最""极""至"。在"他跑得极快""演得极好"两例中,"极"本身是作了"快""好"的状语,作补语的是"极快""极好"两个词组。"极"除作状语,还可以作补语,但前面不能带"得",后面要加"了",例如:"美极了""佩服极了"。而"最""顶""至"不能作补语。

(4)在能否重叠方面有所不同。在口语中,"最""顶"都可以重叠使用,表示程度更加强,例如:"最最漂亮""顶顶喜欢"等,而"极""至"不能重叠用。

📖 例 句

(1)他是当今世界上最红的影星。

(2)中国极北的地方,叫作漠河。

(3)这次收的红花药材顶多50斤。

(4)这次宴会来的都是至交好友。

🔍 错误用例

(1)顶后到达的人是谁?(此处应该用"最")

(2)他这话造成了至坏的影响。(此处应该用"最"或"顶""极")

(3)今天送来的草莓好吃最了。(此处应该用"极")

(4)他是我们班学习极尖的人物。(此处应该用"顶")

绝 绝顶 绝对

📖 释 义

绝(jué):〈副〉①相当于"极""最"。例如:"起得绝早""绝大部分""绝密情报"。②相当于"绝对"(用在否定词"不""无"前面)。例如:"决不妥协""绝无恶意"。

绝顶(juédǐng):〈副〉相当于"极端""非常"。例如:"绝顶聪明""这是一个绝顶周密的计划"。

绝对(juéduì):〈副〉①表示充分肯定,相当于"完全""一定"。例如:"我对这项工作绝对负责。""这对我们绝对有利。"②相当于"最""极"。例如:"绝对大多数。"

辨 析

三个词都是表示最高程度的副词,但在使用中略有区别,主要是用法有所不同。

用于否定式时,"绝"和"绝对"意思相同,例如:"我绝(绝对)没有说你的坏话",但"绝"不能用于肯定式,而"绝对"可以用于肯定式。"绝顶"修饰的多为双音节词,而"绝对""绝"(后者只用于否定)既可以修饰单音节词,也可以修饰双音节词。例如:"绝无此事""绝不同意""绝对没有这种事""绝对听你的话"。"绝""绝对"一般作状语,而"绝顶"除了作状语,还可以作补语。例如:"聪明绝顶。"

例 句

(1)我昨天见识了一幅绝妙的书法。

(2)而见海鸥,却使我联忆到千古颂赞美人,颂赞到绝顶的句子是"婉若游龙,翩若惊鸿"。(冰心《山中杂记》七)

(3)我绝对赞成组织上的这个决定。

错误用例

(1)这是一份绝顶密情报。(此处应该用"绝")

(2)一个狡猾绝对的人,是没有真正的朋友的。(此处应该用"绝顶")

(3)我绝顶不是这样的人。(此处应该用"绝对")

大 特 深

释 义

大(dà):〈副〉表示程度深。例如:"大红大紫""大吹大擂""大放厥

常用副词易混词语辨析

词"。

特(tè):〈副〉①相当于"特别""格外"。例如:"天气特冷""马路特宽"。②相当于"特地""专"。例如:"特办残疾人运动会""特设老年人休息室"。③〈文〉相当于"仅""只"。例如:"岂特百里哉?""此恃匹夫之勇耳。"

深(shēn):〈副〉表示程度超过一般,相当于"很""十分"。例如:"深信不疑""深有同感""深谙其中滋味"。

辨 析

三个词都是表示非常程度的词,但在使用中略有差异,主要是:

(1)语体色彩有所不同。"大"作为表示程度深的副词,既可以用于口语,也可以用于书面语。"特"用在口语中时,是超过一般程度的副词;用于文言中时,则是表示限制的副词。"深"作为表示超过一般程度的副词,通常多用于书面语,少见于口语。

(2)用法有所不同。"大"可以用在"不"的后面,组成"不大"("大"相当于"很"或"太"),有两种情况,①表示程度浅,例如:"不大好""不大熟悉";②表示"不经常",例如:"不大玩牌""不大运动"。"特""深"则没有这种用法。

(3)意义有所不同。三个词都有"超出一般"的意思,但"特"还有"特地、专门"的意思,而"大""深"没有。"特"还有限制副词"仅、只"的意思,"大""深"也没有。

(4)都能和"为"组成副词,但"为"的读音不同。"大""深"和"为"组成副词"大为""深为",表示程度很深的意思,"为"读作 wéi;而"特"和"为"组成副词"特为",意思是"特地","为"读作 wèi。例如:"听了她的话,我大为感动。""这是我特为你做的。"

例 句

(1)他突然露出这一手,让人大吃一惊。

(2)妈妈,我特想你,你什么时候就不忙了啊?

(3)当前网络金融诈骗者活动猖獗,很多人都深受其害。

错误用例

(1)这种药还是第一次用,效果如何不深清楚。(此处应该用"大")

(2)我甚至怕去挣断那捆绑住我的锁链,大恐会因此而陷入更加不利的境地。(此处应该用"深")

(3)他是我特为敬佩的良师益友,我以认识他为荣。(此处应该用"大"或"深")

太 过 过于

释 义

太(tài):〈副〉①表示程度极重(用于积极方面,含有赞叹语气)。例如:"这里风景太美了。""我太高兴了。"②表示程度过分(用于不如意的事情)。例如:"水太热,不能喝。""会客室太小,坐不下这么多人。""他这么说话,太不谦虚了。"③用在否定词"不"后面,含有委婉语气。例如:"不太愿意""不太顺利"。

过(guò):〈副〉相当于"过于""非常"。例如:"要求过高""言辞过激"。

过于(guòyú):〈副〉表示程度或数量超过限度,相当于"太"。例如:"手续过于烦琐""过于辛苦"。

辨 析

以上三个词都是表示非常程度的副词,但有略微差异,区别主要在于:

（1）感情色彩有所不同。在表示程度非常重的意思上，"太"既可用于积极的方面，含有赞叹语气；又可用于消极的方面，含有不如意的语气，例如："真是太伟大了""这太不像话了"。"过"和"过于"一般用于不如意的事情上，例如："尺寸过大""他过于保守了"。

（2）用法略有不同。"太"既可以修饰单音节词，也可以修饰双音节词，例如："太好了""太漂亮了"；"过"一般只能修饰单音节词，例如："过快""过少"；而"过于"只能修饰双音节词，例如："过于安静""过于听话"。

📖 例　句

（1）你的歌唱得真是太好了！
（2）土豆煮得时间过长了，都煮化了。
（3）他过于迁就孩子了，都把孩子惯得没样子了。

🔍 错误用例

那个地方过于美好了，我还想再去一次！（此处应该用"太"）

非常　十分　异常　特别　格外

✏️ 释　义

非常（fēicháng）：〈副〉表示程度极高，相当于"极其""十分"。例如："成绩非常突出。""心情非常激动。""他非常关心群众。"

十分（shífēn）：〈副〉表示程度很高。例如："对此十分赞成。"

异常（yìcháng）：〈副〉相当于"非常""特别"。例如："天气异常炎热。""心情异常兴奋。"

特别（tèbié）：〈副〉①相当于"非常""格外"。例如："天空特别蓝。"

"风景特别美。"②相当于"特地""专门"。例如:"在他的讲话中,特别讲到了环境保护方面的问题。"③常跟"是"连用,表示强调,相当于"尤其"。例如:"游客,特别是年轻游客,喜欢玩这种高难度的游戏。"

格外(géwài):〈副〉①表示程度超过寻常,例如:"格外动人""格外热情"。②表示额外,另外。例如:"格外增添一些设备""他个子矮,格外给他拿了一把椅子"。

辨　析

以上五个词都是表示非常程度的副词,但在使用中有差异,区别主要在于:

(1)语义和适用范围有所不同。五个词都含有表示程度很高的意思,但"特别"还有表示"特地""专门"和"尤其"的意思;"格外"还有表示"额外"的意思。受语义影响,"特别""格外"在与动词或动词短语搭配时,选择对象的范围更加广泛。例如:"特别规定""特别嘱托",不能换成"非常""十分""异常";而"格外增加""格外奖赏"也不能换用"非常""十分""异常"。

(2)语体色彩有所不同。"特别""非常""十分"多用于口语,其中"特别"的口语色彩最为浓重,"非常"次之,"十分"的口语色彩最弱。"格外""异常"一般用于书面语。

(3)用法有所不同。

a)"十分""特别"前面可以加"不",让原本程度受到削弱,表示降低程度,例如:"不十分好""不特别开心"。"非常"前面可以用"不是"表示降低程度,例如:"情况不是非常糟糕。""异常""格外"不能这么用。

b)"非常""特别"可以修饰限制单音节词,而"十分""格外""异常"一般修饰限制双音节词。

c)另外,"非常""特别"有一些特别用法,例如:"非常 + 之 + 动(形)""非常(特别) + 名"结构,例如:"我非常之想念你。""形势非常之严峻。""这个专业非常热门。""这个女孩特别爷们儿。"

(4)在是否可以重叠方面有所不同。"特别""非常"都可以重叠使用,例如:"非常非常漂亮""他对我特别特别好"。而"异常""十分""格外"一般不能重叠用。

(5)感情色彩有所不同。"非常""特别""十分"既可以用于积极的情感方面,也可以用于消极情感方面,例如:"非常(特别/十分)美丽""非常(特别/十分)糟糕"。"格外"多用于积极的情感色彩,例如:"天空格外晴朗。""房间格外明亮。""异常"通常多用于消极的情感色彩,例如:"情况异常严重。""病情异常危险。"

📖 例 句

(1)这个小山村有一棵非常高大的槐树,据说有 300 多年历史了。

(2)大家十分尊敬他,称呼他李老。

(3)今年旱情异常严重,土地龟裂,水稻枯死,江河湖库水位持续走低。部分地区出现群众饮水困难。

(4)联欢会上,大家玩得格外开心,特别是李梅,都快玩疯了。

(5)为了鼓励小明发言,老师格外设立了一项积极参与奖,还特别作了说明。

🔍 错误用例

(1)他把房间装修得异常漂亮,还格外改装了厨房窗户。(句中"异常"宜用"非常"或"特别""十分""格外";而"格外"应该用"特别")

(2)我知道你十分十分生气,但还是要注意分寸。(句中"十分"应该用"非常"或"特别")

(3)这个人的蛮横无理让我特别之痛苦。(句中"特别"应该用"非常")

(4)这样的成绩不非常理想。(句中"非常"应该用"特别"或"十分"）

（5）医生说赵大爷的病格外严重，已经不能再做手术了。（句中"格外"宜用"特别"或"十分""异常""非常"）

很 好 良 颇

📝 **释 义**

很（hěn）：〈副〉表示程度相当高，例如："速度很快""很有气魄""大家的见解很一致"。

好（hǎo）：〈副〉①用在形容词、动词前面，表示程度深（多含赞叹语气）。例如："好大的广场""好香的米饭""课本弄丢了，害得我好找""好不容易遇到这次机会"。②用在形容词、数量词前面，表示数量多或时间久。例如："好多""好几次""好半天"。

良（liáng）：〈副〉〈文〉相当于"很""甚"。例如："受益良多""沉思良久"。

颇（pō）：〈副〉①相当于"很""相当地"。例如："成绩颇佳""颇有影响""颇感意外"。②〈文〉相当于"略""稍为"。例如："颇采古礼。"

📖 **辨 析**

四个词都是表示非常程度的副词，但在使用中有差异，区别主要在于：

（1）语体色彩和适用范围有所不同。

"很"适用范围非常广，既可以用于书面语，又可以用于口语，通常用来修饰动词、形容词，但因其口语色彩浓厚，还可以修饰一些名词，例如："很中国""很淑女"，常用于陈述语句中。

"好"适用范围也比较广，通常用于口语，表示程度深，常用于感叹语句中,例如:"好高的个子""好香的饭菜"。

"良""颇"通常用于书面语,因受书面语限制而适用范围比较窄。"良"一般只用来修饰很少的一些表示时间、程度、数量的形容词,例如:"感慨良深""用心良苦""受益良多""良久不语"。

"颇"一般用于比较典雅的有文言色彩的语境,多见于文言功底很深的文人的文章之中。例如:"颇足快乐""我心中颇以为然""感触颇深"。

(2)用法有所不同。

①"很":a)"很"和形容词。有些形容词不受"很"的修饰,如可以说"很对""很短暂",不能说"很错""很永远"。"很"不能修饰表示状态的形容词,如不能说"很通红""很煞白""很笨笨""很黑乎乎""很脏不拉几"。b)"很"和动词。"很"修饰的动词必须是表现心理、情绪、态度、评价的,例如:"很喜欢""很害怕""很愿意""很赞成"等。"很"不能修饰行为动词,例如不能说"很唱""很爬",但可以修饰少数动词短语,例如:"很有存在感""很讲道理"。

②"好":a)"好"修饰数量词"一""几""半"以及时间词或者形容词"多""久"等,表示强调数量多或时间久。例如:"他在商店里转了好半天""好久没来了"。b)用在动词、形容词前面表示程度深。例如:"我好忙。""天好冷。"c)用在表示积极意义的形容词前面表示询问。例如:"老先生好大年纪?""这里到你家有好远?"

③"颇":a)可以修饰一些表现心理、情绪、态度、评价的动词。例如:"颇高兴""颇愿意"。b)可以修饰少数动词短语。例如:"颇有存在感""颇讲道理""颇以为然"。c)也可以修饰一些形容词。例如:"颇短暂""颇厚道"。

④"良":一般只修饰少数表示时间、程度、数量的形容词,而且这些形容词必须是较高程度的。如可以说"感慨良深",不能说"感慨良浅";可以说"受益良多",不能说"受益良少"。

(3)在能否重叠方面有所不同。"很""好"修饰的动词、形容词构成的短语可以重叠,例如:"很(好)喜欢很(好)喜欢""很(好)多很(好)多";而"良""颇"不能这么用。

(4)句法功能有所不同。"很"除了作状语外,还可以跟在谓语后面的"得"字后作补语,表示程度高,例如:"美得很""差得很""怕得很"。"好""良""颇"只能作状语,不能作补语。

(5)在是否能和"不"搭配方面有所不同。

"很"前面加"不"表示程度减弱,例如:"不很好",表示比"很好"程度弱。"很"后面加"不"表示加强否定,例如:"很不好""很不友好",表示对"好""友好"的强烈否定。

"好"前面不能搭配"不",但在后面可以搭配"不",组成"好不",用在某些双音节词前面表示程度深,带有赞叹语气,例如:"让我好不伤心""广场上好不热闹",这种用法中的"好不"可以和"好"互换而意思不变,表示肯定,都是"好伤心""好热闹"的意思;"好不容易"也可以说"好容易",但表达的是否定的意思。

"良"无论前后都不能与"不"搭配。

"颇"前面不能用"不",只能在后面搭配,例如:"颇不宁静""颇不愿意"。

📝 例 句

(1)这种植物生命力旺盛得很。

(2)出来大半年了,我好想家啊!

(3)想不到才过了一年,他们家就破败了,真让我感叹良多啊。

(4)程长顺虽然颇以成人自居,可是到底年轻,心眼简单,所以一五一十地回答,并没有觉出亦陀只是没话找话的闲扯。(老舍《四世同堂》)

(5)在西方人看来,中国有许多风俗习惯是颇为费解的。

🔍 错误用例

(1)听了兰英的话,他沉默下来,良久都没说话。(此处应该用"很")

（2）我和他已经颇多颇多年没有联系了。（此处应该用"很"）

（3）成一眼就看到了我，孩子似的雀跃着，迎上来，显得颇为懂事。（此处应该用"很"）

（4）他全身名牌，很以名人自居，坐在那里等人来觐见。（此处应该用"颇"）

（5）我跑了十几家超市，很容易才买到你说的这个东西呢。（此处应该用"好"）

比较　较　较为

 释　义

比较(bǐjiào)：〈副〉表示具有较高的程度。例如："这个工具比较好使。""他身材比较高。"

较(jiào)：〈副〉表示相比而言程度更进一层，相当于"比较"。例如："较少""较多""较好""较差"。

较为(jiàowéi)：〈副〉表示与同类事物比略有差别，例如："这里环境较为艰苦。"

辨　析

三个词都是表示比较程度的副词，但在使用中略有差异，区别主要是：

（1）语体色彩有所不同。"比较""较"既可以用于书面语，又可以用于口语；"较为"则多用于书面语。

（2）用法有所不同。

①修饰形容词："比较"修饰的形容词，既可以是单音节词，也可以是双音节词，例如"比较乖""比较听话"；"较"一般修饰单音节形容词，例

如:"老师傅技术较高";"较为"修饰的形容词只能是双音节词,例如:"老师傅技术较为高超"。

②修饰动词:三个词修饰的动词一般是能愿动词短语或表示心理、情绪、评价等的动词及其短语。"比较"修饰的既可以是单音节也可以是双音节的,例如:"比较能吃苦""比较喜欢读书";"较"修饰的一般是单音节词,有时也可以修饰双音节词,例如:"较能吃""较喜欢白色";"较为"只能修饰双音节词,例如:"较为赞成""较为喜欢阅读"。

(3)否定式有所不同。三个词的否定式随修饰的词性不同而有所差异,并不一定都加"不"。例如修饰一些形容词时,其否定式不是加"不",而是用来修饰其反义词,例如:"比较好",其否定式不是"比较不好",而是"比较差";"较难",否定式是"较易";"较为安静"否定式是"较为热闹"。修饰动词时,其否定式也不是"比较(较、较为)+ 不 + V"形式,而是"不大 + V"形式。例如:"比较能吃苦",否定式不是"比较不能吃苦",而是"不大能吃苦";"较为满意"否定式是"不大满意";"较能吃"否定式是"不大能吃"。

📝 例 句

(1)这时敌我双方的炮火都比较岑寂。(魏巍《东方》第五部第十五章)

(2)艰难环境下长大的孩子懂事较早。

(3)这一点我是较为满意的。

🔍 错误用例

(1)让人表面服从容易,让人心里佩服则较为难。(此处应该用"比较")

(2)水患是古代较严重的自然灾害之一。(此处应该用"较为"或"比较")

更　更加　更为　更其

✏ 释　义

更(gèng)：〈副〉①更加。例如："过了五月,天气更热了。""这样做更好。""人们更有干劲了。"②〈文〉表示行为重复或继续进行,相当于"又""再"。例如："欲穷千里目,更上一层楼。"

更加(gèngjiā)：〈副〉表示程度加深,或者是数量上进一步增加或减少。例如："经济更加繁荣。""市面更加萧条。""道路更加畅通。""工作更加卖力。"

更为(gèngwéi)：〈副〉相当于"更加"。例如："衣着更为整洁。""比起过去,生活水平更为提高。"

更其(gèngqí)：〈副〉〈文〉更加。例如："更其难办""更其浓厚"。

🖊 辨　析

四个词都是表示比较程度的副词,但在使用中略有差异,区别主要是：

(1)语体色彩和适用范围有所不同。"更""更加"既可以用于书面语,又可以用于口语,释义适用范围较广,其中"更"口语色彩更浓一些；"更为""更其"一般只用于书面语,而"更其"还带有文言色彩,适用范围最窄。

(2)语义有所不同。"更"除了"程度更深一层"的含义外,还有表示行为重复或继续进行之意,而"更加""更为""更其"没有此义。

(3)用法略有不同。"更加""更为""更其"多用在双音节的形容词和动词前面,一般不用在单音节词前面,如果后面跟了单音节词,会在这个单音词后面加"了",例如："这日子更加好了。""更"既可以用在单音节形容词和动词前面,也可以用在双音节词前面,例如:"更坏""更乖""更讨厌""更信任"。

(4)语气略有不同。一般来说,在具体使用中,"更加"的语气比"更"要重,而"更为"比"更"语言节奏更舒缓一些。

📖 例 句

(1)这次做的家具比以前做得更好看了。

(2)我们青年人要用自己的智慧把国家建设得更加富强。

(3)更为可恨的是,这么多惨痛的教训都没有改变他们无视规则的行为。

(4)我希望这野草的朽腐,火速到来。要不然,我先就未曾生存,这实在比死亡与朽腐更其不幸。(鲁迅《野草·题辞》)

🔍 错误用例

(1)对人不仅要听其言,更为要观其行。(此处应该用"更")

(2)风,更加猛了;雪,更加大了。(此处应该用"更")

(3)听了老师的表扬,这几个学生干得更其欢了。(此处应该用"更")

(4)100年的风雨磨砺,100年的创新发展,我们的党更伟大,我们的人民更富裕,我们的祖国更繁荣富强。(此处应该用"更加")

(5)相比农村学校,城市学校的各项设施更齐全,师资力量更雄厚,学生的眼界更开阔,学习成绩相对来说也就更突出。(句中的"更"应该用"更为")

越　越发　愈　愈加　愈益

释　义

越(yuè):〈副〉重复使用,a)"越……越……"形式,表示程度随着情况的发展而加重。例如:"态度越认真,工作越细致""越走越快"。b)"越来越……"形式,表示程度随着时间的推移而加重。例如:"生活越来越好了。""他越来越不像话了。"

越发(yuèfā):〈副〉①表示与过去相比,程度加深,相当于"更加"。例如:"他近几个月越发胖了。"②与前面的"越"或"越是"呼应,作用跟"越……越……"相同。例如:"越到夏天,雨水越发多了。""上级越是催促,他们越发推托。"

愈(yù):〈副〉重复使用,表示程度随着情况的发展而加重,相当于"越……越……"。例如:"山路愈走愈陡。""愈到后期,困难愈多。"

愈加(yùjiā):〈副〉相当于"越发"。例如:"面容愈加消瘦。"

愈益(yùyì):〈副〉〈文〉相当于"越发""更加"。例如:"掘进愈益艰难。"

辨　析

以上五个词都是表示比较程度的副词,但在使用中略有差异,区别主要是:

(1)语体色彩有所不同。"越""越发"多用于口语,亦可用于书面语;"愈""愈加"一般用于书面语;"愈益"一般用于书面语,且文言色彩浓厚。

(2)用法有所不同。

"越"一般不单用,必须连用,组成"越……越……"或"越来越……"形式,表示程度随着情况的发展或时间的推移而加重。

"越发"可以连用,也可以单用,单用时相当于"更加",但只能是在表示事物进一步变化的意义上,可以与"更加"通用。如果表示两种事物比较的"更加"不能换成"越发"。

"越发"可以与"越"连用,组成"越……越发……"格式,这种情况下与"越……越……"格式的用法基本相同,但仅限于用在中间有停顿的两个分句中,而"越……越……"没有这个限制。例如可以说"风越刮越大",但不能说"风越刮越发大"。

"愈"和"越"一样通常是连用的,不同的是"愈"多用于书面语。

"愈加""愈益"用法与"越发"基本相同,不同的是"愈加"和"愈益"多用于书面语,而且"愈益"文言色彩更浓一些。

例　句

(1)事情越来越向着好的方向发展了。

(2)我越了解他,就越发对他不满意。

(3)愈是寒冷,愈是风欺雪压,梅花开得就愈精神,愈鲜艳。

(4)秋冬艾灸是极好的保健养生方法,坚持施灸可以让身体愈加健康。

(5)眼因流多泪水而愈益清明,心因饱经忧患而愈益温厚。

错误用例

(1)小区垃圾越堆越发高了,业主们纷纷投诉。(句中的"越发"应该用"越")

(2)我妹妹越漂亮了。(句中的"越"应该用"越发")

(3)看完手稿,林翔脸色愈平静。(此处应该用"愈加")

(4)吃完药我的肚子愈益难受了。(此处应该用"越发")

常用副词易混词语辨析

略 略微 略为 略略

释 义

略(lüè):〈副〉表示程度轻微,相当于"稍微"。例如:"他的身高比弟弟略高一些""略胜一筹""略有修改"。

略微(lüèwēi):〈副〉相当于"稍微"。例如:"他略微停了一下,接着说下去。""头上略微出了点汗。"

略为(lüèwéi):〈副〉多用于书面语中,相当于"稍微"。例如:"略为迟疑一下""成效略为好些"。

略略(lüèlüè):〈副〉相当于"稍微"。例如:"略略看了一下""微风吹来,湖面上略略漾起波纹"。

辨 析

以上四个词都是表示轻微程度的副词,都用在形容词或动词前面,表示程度轻微、时间短促或数量不多,有时可以互换,但使用中略有不同,主要是:

(1)语体色彩和适用范围有所不同。"略微""略略"既可以用于口语,又可以用于书面语,而"略微"适用范围比"略略"更为广泛;"略""略为"多见于书面语,适用范围较窄。

(2)用法有所不同。"略"后面一般带单音节词,例如:"略有所闻""略知一二"。"略微""略为""略略"后面多带双音节词,或者是在单音节词后面再加助词、量词等凑足音节,例如:"略微修改一下""略为休憩即可""略略吃了一点"。

例 句

(1)至于中医,我只是略知皮毛;所能向人传授的,只有古书而已。

（2）汽车在村口略微停了一会儿就开走了。

（3）如果说我比别人看得略为远些，那是因为我是站在巨人们的肩膀上的缘故。

（4）虽然下了场雨，但在久旱的土地上也只是略略湿了点地皮。

🔍 错误用例

（1）从没出过远门的我也算略微尝艰辛，初步感受了一下社会。（此处应该用"略"）

（2）我给你略修改了一下，你看行不？（此处应该用"略微"）

稍　稍稍　稍微　稍为　稍许

✏️ 释　义

稍（shāo）：〈副〉表示数量不多、程度不深或时间短暂，相当于"略微"。例如："裤腿稍长""时间稍晚""稍等一下"。

稍稍（shāoshāo）：〈副〉稍微，略微。例如："我的手表稍稍快了点""稍稍有些不满"。

稍微（shāowēi）：〈副〉表示数量少或程度浅。例如："天稍微有点儿热。""稍微添上点儿钱就能买了。"

稍为（shāowéi）：〈副〉多用于书面语中，相当于"稍微"。例如："稍为观察一下。"

稍许（shāoxǔ）：〈副〉相当于"稍微"。例如："见儿子回来，他心里稍许安定了些。""小心地上潮，稍许铺垫点儿东西吧。"

🖊️ 辨　析

以上五个词都是表示轻微程度的副词，都可用在形容词或动词前面，表示程度浅、数量少或时间短暂，一般情况下可以换用，但使用中略有不同，主要是：

（1）语体色彩和适用范围略有不同。"稍微""稍稍"既可以用于口语，又可以用于书面语，使用范围比较广；"稍""稍为""稍许"多见于书面语，使用范围相对较窄。

（2）用法略有不同。"稍"后面一般带单音节词，例如："稍息""稍等"；"稍微""稍稍""稍许""稍为"后面一般带双音节词，或者是在单音节词后面再加助词量词或短语等以凑足音节，例如："稍微多了点儿""稍为有点把握""稍稍侧了侧身子""稍许有些不舍"。

例　句

（1）时间稍纵即逝，我们必须分秒必争。

（2）以后还要打交道，这次稍稍给他点面子吧。

（3）这是间阴面房，光线稍微暗了点儿。

（4）这些马勇遂到他家，从上房里搜起，衣箱橱柜，全行抖擞一个尽，稍为轻便值钱一点的首饰，就掖在腰里去了。（《老残游记》第四回）

（5）遵照医嘱，高血压病人应该吃清淡点，炒菜稍许放一点盐即可。

错误用例

（1）配载计划员正在编制装船积载图，请稍为等片刻。（此处应该用"稍"）

（2）新上任的局长脾气粗暴，属下稍许有不敬，非打即骂。（此处应该用"稍"）

微 小 聊 毫

释 义

微（wēi）：〈副〉①表示程度不深，相当于"稍""略"。例如："微调存款利率""微感不适"。②表示颜色淡薄。例如："肤色微黑"。

小（xiǎo）：〈副〉①短时间地。例如："小坐片刻""小住几天"。②相当于"稍稍""略微"。例如："小有名气""小试锋芒"。③用在数字前面，表示略微小于（某个量）。例如："今年我小四十了。""在那里读了小十年书。"

聊（liáo）：〈副〉〈文〉①相当于"稍微"。例如："聊表谢意""聊胜于无"。②相当于"姑且"。例如："聊以自慰""聊备一格"。

毫（háo）：〈副〉表示极少，相当于"一点儿"。例如："毫不费力""毫无进展"。

辨 析

以上四个词都是表示轻微程度的副词，都用在形容词或动词前面，表示程度浅、数量少或时间短暂，一般情况下可以换用，但使用中略有不同，主要是：

（1）语体色彩和使用范围略有不同。"小"作为副词，既可以用于口语，也可以用于书面语，使用范围在这些词语中范围较广；"微""聊""毫"多用于书面语，"聊"还带有明显的文言色彩，使用范围相对较窄。

（2）用法意义有所不同。

"小"常用在动词前作状语，表示程度轻微，例如："牛刀小试"；或者表示时间短暂，而且代表时间的词语一般不能是确数，也不能过长，例如可以说"小坐片刻""小住几天"，不能说"小坐一刻""小住了大半年"。

"小"也可以用在数量词(短语)前表示"接近于、略少于",但后面的数量词语一般是十的倍数,例如:"买车花了小三十万""来了小一百人""今年小八十了",不能说"花了小十五元""带了小一百二十人""今年小八十三了"。

"微"作为副词可以用在动词、形容词前表示程度轻微,相当于"略微""稍微",也可以用在表示颜色的形容词前,表示颜色淡,例如:"水微凉""面色微红""微有不同",但不能用于否定中,例如不能说"水微不凉""面色微不红""微不同"。

"聊"作为副词,除了表示轻微程度的"稍微"之意外,还有"暂且、姑且"之意,例如:"聊表寸心""聊以自娱"。

"毫"作为副词,只能用于否定词"不""无"前表示对程度的否定,例如:"毫无羞耻之心""毫不吝啬"。

(3)在是否可以重叠方面有所不同。"小""微"都可以重叠使用,例如:"小小收获了一把""微微叹了口气""空气微微有些凉意";而"聊""毫"不能重叠使用。

📝 例 句

(1)对你的计划我不打算大改,只做微调。

(2)不过是去小住,不用带那么多东西。

(3)一点礼品不成敬意,不过聊表诚意而已。

(4)这个人毫无悔改之心,简直不可救药。

🔍 错误用例

(1)我们不必再谈了,因为你微无诚意。(此处应该用"毫")

(2)今天我聊感不适,请你帮我请个假吧。(此处应该用"微")

(3)辛苦了大半年,到年终盘点,倒是毫有收获。(此处应该用"微"或"小")

三 时间副词辨析

初 原 本 本来 原来 原本

释 义

初(chū)：〈副〉相当于"第一次""开始"。例如："初到这里""大梦初醒""初进工厂"。

原(yuán)：〈副〉相当于"原来""本来"。例如："原有两部电话""原不准备去"。

本(běn)：〈副〉①原先，先前，相当于"本来"。例如："他本不喜欢武术。""我本是河北人。"②表示理应如此，相当于"本来"。例如："本该早些买房。"

本来(běnlái)：〈副〉①相当于"原先""先前"。例如："他本来不懂外语，这几年才学了一点儿。""我本来要买辆汽车，后来又决定不买了。"②表示理应如此。例如："资金不够，本来就不该办什么企业。"

原来(yuánlái)：〈副〉①相当于"本来""先前"。例如："我原来有过这种打算。"②表示发现真实情况或有所醒悟。例如："原来是姐姐叫我。""忽听窗外忽啦忽啦地响，原来是刮起风来了。""原来如此。"

原本(yuánběn)：〈副〉相当于"原来""本来"。例如："我原本是学俄语的，后来改学英语了。"

辨 析

以上六个词都是表示时间、频率的副词，经常可以互相换用，但使用

中略有不同,主要是:

(1)语体色彩略有不同。"初""原""本"一般用于书面语;而"本来""原来""原本"既可以用于书面语,又可以用于口语。例如:"本"和"本来"语义完全相同,区别只在于"本来"还可以用于口语。

(2)语义侧重点略有不同。a)作为副词,"本来"和"原来""原本"都有"原先""先前"之意,但"本来"还重在表示这一事物理当如此,"原来"还重在表示说话人有所发现或有所醒悟,"原本"则只表示"原先""先前"之意。b)"原"和"初"都有"最初""开始"的意思,但"初"侧重于表示"第一次""开始",例如:"初稿"重在指作者未经删改的第一稿,而"原稿"重在指作者送交印刷前的稿子,未必是第一稿。

(3)用法略有不同。"初""原""本"后面一般带单音节词,少见双音节词;而"原来""原本""本来"后面通常带双音节词,或者是在单音节词后面再加助词或短语等以凑足音节。

📖 **例　句**

(1)李先生初出茅庐就立了这么一大功,真是可喜可贺!

(2)探险队原以为小道会突然中断,却发现它蜿蜒向前,一直伸到远方。

(3)林先生本不愿女儿离家远去,奈何世道不太平,只好同意。

(4)我们全家本来计划好春节出去旅游,都被疫情闹得也不敢出门了。

(5)幸亏你提醒了我,我原来还准备买这只股票呢。

(6)张老汉原本以为自己是为民除害,直到被逮捕,他才恍然大悟,原来自己真是犯了法。

🔍 **错误用例**

(1)听到后面有人喊我的名字,回头一看,原本是多年不见的老战友。(此处应该用"原来")

(2)到现在你后悔有什么用？原来就不该借那笔高利贷。(此处应该用"本来")

(3)我爸初不愿意我去城里读书的,后来还是我大爷劝了他半天,他才答应了。(此处应该用"原本"或"本来""原来")

历来　向　向来　一向　从　从来

✎ **释　义**

历来(lìlái):〈副〉相当于"从来""一向"。例如:"历来这样""我国历来就有孝敬父母的传统"。

向(xiàng):〈副〉表示从过去到现在(后面常跟"不""无""未")。例如:"向不过问""向无交往""向未察觉"。

向来(xiànglái):〈副〉相当于"从来""一向"。例如:"向来那样""处长向来很忙,不大操心这类小事情"。

一向(yīxiàng):〈副〉表示从某个时期到现在,相当于"向来"。例如:"弟弟一向沉默寡言。""他一向喜欢绘画。"

从(cóng):〈副〉从过去到现在。例如:"这样的知心话我从未听过。"

从来(cónglái):〈副〉从过去到现在。例如:"他从来没有说过别人坏话。"

✎ **辨　析**

以上六个词都是表示时间、频率的副词,有时可以互换,但使用中略有差异,主要是:

(1)语体色彩有所不同。"向"常用于书面语,且带有明显的文言色彩。"历来""向来""一向""从""从来"既可以用于书面语,又可以用于口语。

(2)用法有所不同。a)"向"常用于否定句中;而"向来""一向"则多用于肯定句,少见于否定句,例如:"向未听说""向来如此""一向很好"。"从""从来"一般用于否定句中,少见于肯定句。"历来"通常不用在否定句中。b)"一向"和"向来"用法基本相同,但在有明确的时间界限时,只能用"一向"而不能换成"向来",例如:"这两年他一向如此",这里就不能换成"向来"。

📖 例 句

(1)关中一带人杰地灵,历来都是藏龙卧虎之地。

(2)我们两家向无交往,更何况事涉隐私,他的事情我并不知道。

(3)她这个人吃饭向来都很挑剔,很难伺候,保姆在她家一般都做不长。

(4)我弟弟在学校时一向很听老师的话。

(5)我从没回过老家,只是听大人们说起过家乡的事情。

(6)他考试从来都没有下过90分。

🔍 错误用例

(1)他是个勤快的人,历来不睡懒觉。(此处应该用"从来")

(2)我向不知道你这么爱打扮,早知道就给你买那化妆品了。(此处应该用"从"或"从来")

(3)他从来很老实,不会骗人的。(此处应该用"历来")

(4)十年了,我向来把你当亲妹妹,可你是怎么对我的?(此处应该用"一向")

已 已经 已然

✏️ **释　义**

已(yǐ):〈副〉①相当于"已经"(与"未"相对)。例如:"已见成效""人已来齐""话已说明,不再重复"。②〈文〉相当于"后来""过了一会儿"。如:"已而大雨倾盆""已忽天日晴朗"。③〈文〉相当于"太""过"。例如:"不为已甚。"

已经(yǐjīng):〈副〉表示动作、变化完成或达到某种程度。例如:"事情已经办成。""天已经亮了,他们还没起床。""这所大学已经成立一百多年了。"

已然(yǐrán):〈副〉多用于书面语中,相当于"已经"。例如:"情况已然这样,也就不必过于自责了。""岁月已然逝去。"

✒️ **辨　析**

三个词都是表示时间、频率的副词,有时可以互换,但使用中略有差异,主要是:

(1)语体色彩和使用范围有所不同。"已""已然"只用于书面语,使用范围比较窄;"已经"既可以用于书面语,又可以用于口语,使用范围比较广。

(2)用法有所不同。

a)"已经"用在动词、形容词前面,表示动作变化在某一时间之前就已经发生或完成了,故句末常带时间助词"了";如果动词、形容词是单个的单音节词,句末就必须带"了"。而"已然""已"句末可以不带"了"。

b)"已经"既可以带双音节词,也可以带单音节词;"已然"要带双音节词;"已"一般带单音节词。

常用副词易混词语辨析

315

(1)他说完抬头望天,见日头西坠,天色已晚,只得转回门中。

(2)大雨已经下了整整一天了,水库水位眼看就要超过警戒线了。

(3)长白山即将迎来一年之中最美的季节,冰雪尚未消融,春花已然破冰绽放。

错误用例

(1)太不像话了,小孩已然哭了,你还不依不饶的。(此处应该用"已经")

(2)话已经带到,请好自为之!(此处应该用"已")

(3)江南犹是千川绿,塞北已经遍山红。(此处宜用"已然")

始终　一直

释　义

始终(shǐzhōng):〈副〉表示从始至终,相当于"一直"。例如:"我始终反对他这样处理。""我的观点始终未变。"

一直(yīzhí):〈副〉①表示不改变方向。例如:"一直往南走。"②表示动作或状态始终持续不变。例如:"自打入冬后他就一直在咳嗽。"③强调所指的范围。例如:"他爱学习,从小学一直读到博士研究生毕业。"

辨　析

两个词都是表示时间、频率的副词,有时可以互换,但使用中略有差异,主要是:

(1)语义侧重点有所不同。"始终"侧重于强调从开始到结束,"一直"重在强调动作不间断或状态没有变化。例如:"要始终贯彻党的方针政策",句中的"始终"不能换成"一直";"一直往前走,不要拐弯",句中的"一直"也不能换成"始终"。"一直"还有强调所指范围的意思,而"始终"没有。

(2)用法有所不同。"一直"后面的动词可以带表示时间的词语;强调所指范围而"始终"后面的动词不能这么带。例如:"我们一直等到下午五点",句中的"一直"不能换成"始终"。

📖 例 句

(1)爷爷始终没有告诉我父亲是被谁杀害的,这成了我的心病。
(2)高个子农民挑着柴火一直往县城的方向去了。(周立波《山乡巨变》上一)

🔍 错误用例

(1)我们要一直坚持正确的信仰。(此处应该用"始终")
(2)他始终战斗到深夜十二点。(此处应该用"一直")
(3)你沿着这条河始终往右走就到了。(此处应该用"一直")

才 刚 刚刚

✏️ 释 义

才(cái):〈副〉①表示事情发生不久,相当于"刚刚"。例如:"他才走,还没有到家呢。""妈妈才做好了早饭。"②表示事情发生或结束得晚。例如:"除夕他才到家。""都九点了,人才到齐。""他到七十岁才享上清福。"③表示只有具备某种条件然后怎样(前面常有"只有""必须"或含有这类意思的词语)。例如:"只有这样躺着才觉得舒服。""必须深入群众才能了解实际情况。"④表示范围小、数量少或程度低,相当于"仅仅"。例如:"这所学校才有五个班。""那年他才三岁。""我才背得起十斤东西。"⑤表示强调(句尾常用"呢")。例如:"模样才俊呢!""他才不去呢!"

刚(gāng):〈副〉①表示动作、情况不久之前发生,相当于"才"。例如:"他今天早晨刚走。""心情刚平静下来。"②后面跟"就""又"配合使用,表示两个动作或情况接连发生。例如:"学校刚开了学,他就请病假住医院了。""客人刚喝完一杯茶,主人又给他倒了一杯。"③表示勉强达到某种程度。例如:"能见度很低,刚看得见跑道。""声音非常小,刚能听清。"④表示程度、数量正好在某一点上,相当于"恰好"。例如:"不迟不早,刚到八点。"

刚刚(gānggāng):〈副〉表示仅能达到某种程度,相当于"仅仅"。例如:"他的身高刚刚有一米五。"

◎口语中"刚刚"还有表示事情发生不久的意思,这一意义相当于"才""刚"。例如:"这是怎么了? 刚刚还好好的呢。"

辨 析

三个词都是表示时间、频率的副词,有时可以互换,但使用中略有差异,主要是:

(1)语气和语体色彩略有不同。在表示"仅仅"的意思上,"才""刚"语气一般,而"刚刚"比"刚""才"语气重,有强调意味。在表示"事情发生不久"的意思上,"刚刚"比"才""刚"强调的时间间隔更短。另外,"刚刚"口语色彩比"才""刚"浓厚。

(2)语义侧重点和适用范围有所不同。三个词都有"仅仅"的意思,但"才"和"刚"除了此意义,还有很多其他意义,使用范围较广;而"刚刚"使用范围较窄,意义除了"仅仅",就只有在口语中才有的"才""刚"的意思。

(3)用法有所不同。a)"才"后面可以跟否定词语,而"刚""刚刚"不能。例如可以说"只有这里才不会有蚊子",不能说"只有这里刚(刚刚)不会有蚊子"。b)"刚"可以和副词"一"连用,表示两个动作或情况接连发生,例如:"刚一回来就吵着要走。""刚刚""才"不能和"一"连用。c)"刚刚"可以和"才"连用,而"刚"不能,例如:"他刚刚才一米五",不能说"他刚才一米五"。"才"可以和"刚""刚刚"连用,例如:"大戏才刚(刚刚)开始。"

例 句

(1)经历过苦难的人才更懂得珍惜幸福。
(2)道路很窄,刚能过去一个人。
(3)城市刚刚受到一次严重的台风袭击。

错误用例

(1)你怎么刚刚一回来就要走?（此处应该用"刚"）
(2)这东西刚才上市,很新鲜呢。（此处应该用"刚刚才"）
(3)你给他看了他刚不会着急。（此处应该用"才"）

方　方才　方始　始

释 义

方(fāng):〈副〉〈文〉①正在;正当。例如:"方兴未艾。"②还;尚。例如:"来日方长。"③相当于"才"。例如:"如梦方醒。"

◎另,还有其他词性:①名词,意思是"方向""方形""方面""地方""药方""方法""数学上的自乘"等。例如:"去南方""方形桌子""错在对方""一方水土养一方人""祖传秘方""治军有方""3 的立方"等。②量词。例如:"一方砚台。"

方才(fāngcái):〈副〉表示事情发生得晚。例如:"直到夜晚,他方才回家。""喊了半天,方才有人出来开门。"

◎另,还有名词功能,相当于"刚才"。例如:"方才有人来找王处长。"

方始(fāngshǐ):〈副〉多用于书面语中,相当于"方才"。例如:"这种树长得慢,现在种上,十年后方始长成。"

始(shǐ):〈副〉相当于"才"。例如:"千呼万唤始出来""始告结束"。

◎另,①还有名词功能,意思是"最初""开始"。例如:"始终如一""始于足下"。②还有形容词功能,意思是"最早的,最先的"。例如:"始祖"。

辨 析

四个词都是时间副词,有时可以互换,但使用中略有差异,主要是:

(1)语体色彩和使用范围有所不同。"方""始"作副词时使用范围比较窄,多用于书面语,且文言色彩更为浓厚一些;"方才"使用范围较宽,既可以用于书面语,又可以用于口语;"方始"一般用于书面语,使用范围在几个词里最窄。

(2)词性功能有所不同。"方才"除了作时间副词,还有名词功能;"方"除了作副词,还可以作名词和量词;"始"除了作副词,还有名词、形容词功能;"方始"则只有副词功能。

(3)语义侧重点有所不同。"方才"侧重于表示事情出现得晚;"方始"强调在某种事情的前提下才开始;"方""始"都有相当于"才"的意思,除此之外,"方"还表示"正当""正""还","始"则还强调开始。

(4)用法有所不同。"方""始"后面多带单音节词,有时也带词组;"方才""方始"多带双音节词或词组。

例 句

(1)如今一别,不知何日方能相会。

(2)因为有事要处理,联欢会都开始了他方才走进会场。

(3)《动摇》用一个半月时间方始定稿。(茅盾《创作生涯的开始》)

(4)此人命运坎坷,直到中年赖贵人提拔,始有所成。

🔍 错误用例

(1)我家小妹年方才二八。(此处应该用"方")

(2)千里之行方始于足下。(此处应该用"始")

(3)老衲数十年苦学,今日方才知天外有天,人上有人。(此处宜用"始"或"方")

(4)辛苦写作半年,今日始完成初稿,急忙送去了出版社。(此处应用"方始")

(5)他出去游玩了三年多,方始回来,椅子都没坐热呢。(此处应用"方才")

常　常常　经常　时　时时　时常

✏ 释　义

常(cháng):〈副〉相当于"时常""常常"。例如:"常见""常说""常有这样的事"。

常常(chángcháng):〈副〉表示事情的发生不止一次,而且时间相隔不久。例如:"他工作非常努力,常常获得好评。""今年冬天常常下雪。"

经常(jīngcháng):〈副〉表示动作行为屡次发生,相当于"时常""常常"。例如:"队长经常提醒大家注意安全。""我们经常下乡考察。"

◎另,还可以作形容词,意思是"平常的,日常的"。例如:"他开夜车是经常的事。"

时(shí):〈副〉①表示时间、频率,相当于"时常"。例如:"时有出现"

"时有所闻"。②两个"时"前后连用,例如:"时……时……"或"时而……时而……"形式,表示不同现象或事情在一段时间内交替发生或不断改变,相当于"有时……有时……""一会儿……一会儿……"。例如:"时阴时晴""时断时续"。

时时(shíshí):〈副〉相当于"时常"。例如:"他时时牢记父母的嘱托。""我时时想起这件往事。"

时常(shícháng):〈副〉表示动作行为经常出现,相当于"常常""经常"。例如:"这里时常出现这种现象。""近来我们时常遇到这种问题。"

辨　析

六个词都是表示时间、频率的副词,有时可以互换,但使用中略有差异,主要是:

(1)语体色彩和使用范围略有不同。"时""时时"一般只用于书面语,使用范围较窄;"常""常常"多用于口语,使用范围较宽;"经常""时常"口语、书面语都很常见,使用范围较宽。

(2)语义侧重点略有不同。"经常"强调动作行为屡次发生,有时指较长时间接连地、比较有规律地反复出现,强调一贯性;"常常"比"常"更强调表示动作行为发生的次数多,但不像"经常"那样有规律,有一贯性;"时常"表示一些时候常有发生,但频率没有"常常"那么高;"时时"强调每时每刻,比"时"的频率更高。

(3)用法有所不同。

a)"常""时"后面多带单音节词,而"时时""时常""常常""经常"后面一般带双音节词或词组。

b)"时""常"两个词都可以前后连用,例如:"时好时坏""常来常往";"时时"常跟"刻刻""处处"连用,例如:"时时刻刻""时时处处";"经常""时常""常常"不能这么连用。

c)"时"前后连用为"时……时……"形式时,"时"后面通常带单音节词,但"时而……时而……"没有这种限制。

d)"经常"有形容词功能,而其他几个词没有这个功能。

e)"时""时时"不能用于否定,"不时""时不时"的意思等同于时常、经常。"常""时常""常常"的否定式是"不常",一般不说"不时常"或"不常常"。"经常"的否定式是"不经常"。

📖 例 句

(1)这孩子常来我们这里画画。

(2)他十年前那次英雄壮举,至今还常常浮现在我的脑海里。

(3)学校时常举办书法展览。

(4)高校实验室安全事故时有发生,暴露出实验室安全管理仍存在薄弱环节。

(5)这人太精了,时时都在算计别人。

(6)他因为经常写日记,慢慢地写作水平也提高了。

🔍 错误用例

(1)自从吵架后,我们就不时常来往了。(此处应该用"常"或"经常")

(2)现在他升了职,工作太忙,十天半月不回家是常常的事。(此处应该用"经常")

(3)斯文扫地之事,时时有所闻,实在令人慨叹。(此处应该用"时")

到底 终 终于 终归 终究 毕竟

✍ 释 义

到底(dàodǐ):〈副〉①表示经过种种变化或曲折后最后出现某种结

果,相当于"终于"。例如:"工厂到底办起来了""问题到底解决了"。②用在疑问句里,表示深入探究。例如:"到底有没有'雪人'?""他到底答应过没有?"③多用于强调某种事实或原因,相当于"毕竟"。例如:"到底是新办法好。"

终(zhōng):〈副〉多用于书面语中,相当于"终于"。例如:"终获成功"。

终于(zhōngyú):〈副〉表示经过较长时间最后得到结果(多用于积极方面)。例如:"日子终于过好了。""他的病终于痊愈了。"

终归(zhōngguī):〈副〉表示不论怎样最后必然如此。例如:"讲了多少困难,终归还得还债"。

终究(zhōngjiū):〈副〉相当于"毕竟""终归"。例如:"个人的见闻终究有限。""台湾终究要回归祖国。"

毕竟(bìjìng):〈副〉到底;终归(强调事实或原因)。"他毕竟是无意的,可以原谅。"

 辨 析

以上六个词都是表示时间、频率的时间副词,使用时略有差异,主要是:

(1)语体色彩和使用范围略有不同。"到底"既可以用于口语,又可以用于书面语,使用范围较宽;"终于""终归""终究""毕竟"则一般用于书面语,相对较窄;"终"只用于书面语,使用范围在这些词里最窄。

(2)用法略有不同。

a)"终"一般只带单音节词;而"到底""终于""终归""终究""毕竟"一般带双音节词,或者是单音节词加助词或短语以凑足音节。

b)在陈述句中,"到底"修饰的动词必须带"了",例如:"任务到底完成了。""终"修饰的动词不能带"了",例如:"我们终将成功。""终于""终归""终究""毕竟"修饰的动词可以带"了",也可以不带"了",例如:"任务终于(终归/终究)完成(了)。""他毕竟年纪大了。""他毕竟年纪已大。"

c)"到底"可以用在疑问句中，尤其是正反疑问句中，例如："他到底隐瞒了什么？""他到底走了没有？""终于"可以用于疑问句，但不能用于正反问句中，例如可以说"他终于走了吗"，但不能说"他终于走了没有"。"终究""终归""毕竟"一般用于非疑问句中。

d)在强调事实或原因时，"到底"和"毕竟""终究""终归"可以通用，例如："他到底(毕竟/终究/终归)还是个孩子。"而"终于"没有这种用法意义。

e)"到底"和"终于"都有表示经过较长时间最后得到结果的意思，但"终于"一般用于积极方面，"到底"可以用于积极方面也可以用于消极方面。

📖 例　句

(1)课题到底批下来没有？

(2)送君千里终须一别。

(3)看你这么高兴，是终于想通了吗？

(4)这虽是笨办法，但终归是有用的。

(5)这房子简单收拾一下就可以了，我们终究是要回老家去的。

(6)可是，有什么办法呢，她毕竟离开了我们。(魏巍《东方》第六部第二章)

🔍 错误用例

(1)我等了两天，终归等到你回来了。(此处应该用"终于")

(2)这次公务员考试，你终究参加不参加？(此处应该用"到底")

(3)他终于还是个孩子呢，哪能不想家呀！(此处应该用"终归"或"到底""终究""毕竟")

(4)这孩子做过无数次实验，终于还是失败了。(此处应该用"到底")

正　在　正在　正好　刚好

释　义

正(zhèng)：〈副〉①相当于"恰巧""刚好"，例如："我刚下火车，正来了公交车。"②加强肯定语气。例如："正是考虑广大群众的利益，我们才这样干。"③表示动作在进行中或状态在持续中。例如："我们正收拾房间。""他正高兴着呢。"

在(zài)：〈副〉相当于"正在"。例如："爸爸在看电视。""河水在上涨。"

◎另，还有介词和动词功能。①作介词，表示引进跟动作行为有关的时间、处所、范围、条件等。例如："他在家里做作业。""把书放在桌子上。"②作动词，表示人或事物的位置，或者是表示"存在""留在""决定于"等。例如："那天我在家""音容宛在""康熙在位61年""谋事在人"。

正在(zhèngzài)：〈副〉表示动作在进行中或状态在持续中。例如："我们正在排练。""情况正在好转。"

正好(zhènghǎo)：〈副〉相当于"恰巧"。例如："我去厂里找小王，正好在路上遇见了他。"

刚好(gānghǎo)：〈副〉相当于"恰巧"。例如："这一刀，刚好把西瓜切成两半儿。"

辨　析

五个词都是表示时间、频率的时间副词，使用时略有不同，主要是：

(1)侧重点有所不同。

a)在表示动作状态持续的副词义时，"正"着重于指时间；"在"着重于指状态；"正在"既指时间，又指状态。

b)在表示"恰巧"的副词义时,"正"侧重于表示时间相合,赶在一起,重在"正可以";"正好""刚好"则更强调时机的偶然性,表示时机巧到符合人心意。

c)"正"还有加强肯定语气的作用,而其他词语没有,例如:"正因为你的阻挠我才更要努力",句中的"正"不能换成"在""正在""正好""刚好"。

(2)语体色彩有所不同。"正""在""正在"既可以用于书面语,又可以用于口语,而"正好""刚好"一般用于口语。

(3)用法有所不同。

a)在表示动作状态持续的副词义时,"在""正在"可以直接和动词组合,例如:"我们在讨论。""他们正在跳舞。""正"和动词组合,如果是陈述句,还需在句末加语气词"呢",如果是疑问句还需在句末加疑问语气词"吗",例如:"我们正讨论呢。""他们正跳舞吗?"但是如果是整句的书面语,则不用加语气词,例如:"天正蓝,云正轻,风正暖,同学正年少。"

b)在表示"恰巧"的副词义时,"刚好"一般用于积极的一面,而"正"既可以用于积极的一面,又可以用于消极的一面。例如:"我去找他玩,正赶上他家老爸病重",句中的"正"就不宜换成"正好""刚好"。

c)"正在"后面如果跟的是名词,则"正"和"在"应该是两个词,是副词"正"和介词"在"。例如:"昨天我正在家洗衣服","在家"是介宾短语修饰"洗衣服"。"正好"有时也可以是两个词,即副词"正"和形容词"好"。例如:"你来得正好,我正等着你呢。"

d)在表示动作状态持续的副词义时,"在"可以表示反复进行或长期持续,而"正""正在"不能。例如:"我常常在想你""我一直在看书",不能说"我常常正(正在)想你""我一直正(正在)看书"。

e)"在"后面不能跟介词"从",而"正""正在""正好""刚好"不受此限制,例如可以说"我正(正在、好、刚好)从你家出来",不能说"我在从你家出来"。

📖 例　句

(1)正因为领导下来检查工作,他才那么积极表现。

(2)你找我干吗? 我正写作业呢。

(3)人在做天在看。

(4)中国在世界上正在发挥着重要的作用

(5)我们正好将计就计,让他把假情报带回去,就可以设计陷阱了。

(6)这件衣服我穿太肥大了,给你穿刚好合适。

🔍 错误用例

(1)我离开的时候他正好忙着,可能现在还在家。(此处应该用"正")

(2)好的,我在从单位出来,在向你家赶呢。(句中第一个"在",应该用"正"或"正在""正好""刚好")

(3)我跟你说,警察赶到的时候,那些歹徒正把钱塞进麻袋。(此处应该用"正在")

偶　偶尔　偶或　偶然

📝 释　义

偶(ǒu):〈副〉偶然;偶尔。例如:"偶有所闻""偶一为之"。

◎另,还有其他词性:①作名词,a)意思是木雕或泥塑的人或动物形象。例如:"木偶""偶像"。b)夫妻或夫妻中的一方。例如:"配偶""丧偶"。②作形容词,意思是"双数的,或成双成对的"。例如:"偶数。"

偶尔(ǒuěr):〈副〉间或;有时候。例如:"夜很安静,偶尔听到几声狗叫。""我常常穿布鞋,偶尔也穿皮鞋。"

◎另,还可作形容词,意思是"偶然发生的"。例如:"这是偶尔的事。"

偶或(ǒuhuò):〈副〉间或;有时候,相当于"偶尔"。例如:"偶或受到表扬,就高兴得了不得。"

偶然(ǒurán):〈副〉间或;有时候,相当于"偶尔"。例如:"这里一向僻静,偶然也能看到行人。"

◎另,还可作形容词,意思是"事理上不一定会发生而发生的,超出一般规律的"。例如:"偶然之中有必然。"

辨　析

四个词都是表示时间、频率的副词,表示某种情况出现次数稀少,不是经常的或者说时间是短促的、不定的,使用时经常可以互换,但也略有不同,主要是:

(1)语体色彩和使用范围有所不同。"偶""偶或"仅用于书面语,使用范围较窄;而"偶尔""偶然"既可以用于书面语,又可以用于口语,使用范围相对较宽。

(2)侧重点有所不同。"偶尔"侧重于表示次数少,与之相对的是"经常";"偶然"侧重于表示意外,与之相对的是"必然"。"偶""偶或"与"偶尔"侧重点相同,区别在于使用时的语体色彩。与"偶"相对的是"常",与"偶或"相对的是"每常"。

(3)用法有所不同。"偶"后面能带单音节词,例如:"妙手偶得";"偶或""偶尔""偶然"后面一般带双音节词或单音节词的短语形式,例如:"偶或来访""偶尔为之""偶然看到"。

(4)词性功能有所不同。"偶"除了作副词,还可以作名词和形容词;"偶尔"和"偶然"除了作副词,还可以作形容词;"偶或"只作副词。

例　句

(1)只有长期积累,才能偶有所得。

（2）老父亲在家中一向很沉默，不过偶尔发一次怒火，也能显出威严。

（3）这门现在关着，偶或闪开了一条缝。（茅盾《子夜》二）

（4）在荒无人烟的大漠行走，偶然还能看到一片绿洲，令人惊喜！

🔍 错误用例

（1）生活是由一个又一个的偶尔事件联结起来的，充满了戏剧性。（此处应该用"偶然"）

（2）那一日偶或遇街头，才知道他已然退伍回村了。（此处应该用"偶"）

（3）沙漠里偶会出现海市蜃楼的现象。（此处应该用"偶尔"或"偶然"）

四　处所副词辨析

到处　随处　随地

到处（dàochù）：〈副〉相当于"处处""各处"。例如："我到处检查过了，没有发现丢失的书包。"

随处（suíchù）：〈副〉不拘什么地方，相当于"到处"。例如："随处都能买到这种帽子。""随处可见环卫工人。"

随地（suídì）：〈副〉不拘什么地方。例如："保护环境卫生，不得随地吐痰。""看见有人随地乱扔果皮果核，立即捡起来放进垃圾箱里。"

 **辨 析**

三个词都是表示处所、位置的副词,有时可以互换,使用起来略有差别,主要是:

(1)侧重点有所不同。

a)"到处"侧重于强调整体概念,指范围内所有的地方,没有遗漏;"随处"和"随地"强调每一个部分,指范围内随便哪一个地方。

b)"到处"和"随处"所指的范围既可以是地面上,也可以指空间内的各个方面、任何地方,例如桌子上、窗户上、墙角处等等;"随地"只限于指范围内的地面上。例如:"不可随地吐痰",就不能换成"到处""随处"。

(2)用法有所不同。"随处""随地"可以和"随时"连用,而"到处"不能。例如:"这里风光明媚,随时随处可见写生的画者。"这句中的"随处"可以换成"随地",不能换成"到处"。

例 句

(1)溶洞里到处是奇形怪状的石笋和石钟乳,引人入胜,令人惊叹。

(2)这段时间流感爆发,医院里到处都是忙碌的医生护士。

(3)小草,随处可见,看似不起眼,却有着顽强的生命力。

(4)随地乱扔垃圾是破坏市容的不道德行为。

错误用例

(1)一个人成功的秘诀,在于他能够随时到处把握时机。(此处应该用"随地"或"随处")

(2)三月的江南,随地是草长莺飞的景象。(此处应该用"到处")

就此　就地

✏️ **释　义**

就此(jiùcǐ)：〈副〉表示就在此地或此时。例如："就此分手""就此前去"。

就地(jiùdì)：〈副〉表示就在原处。例如："就地正法""就地销毁"。

📖 **辨　析**

两个词都是表示处所、位置的副词,有时可以互换,使用起来略有差别,主要是语义侧重点有所不同。

a)"就此"既可以表示处所位置,又可以表示时间;而"就地"只表示处所位置。

b)"就此"所指的地方往往代表着说话人所在的脚跟前,此时此地的小范围;"就地"所指范围要相对宽一些,例如:"就地正法",意思是在当地处决,当地范围可宽可窄,既可以是执行者周围的小地方,也可以是执行者所在的大的行政区。

📖 **例　句**

(1)我们前期已经投入了那么多的人力物力,难道就此罢手吗？实在不甘心哪!

(2)眼看炸弹就要爆炸,大家急忙就地卧倒,也顾不得其他了。

🔍 **错误用例**

(1)好啦,就地打住吧,我不想再听你高谈阔论了。(此处应该用"就此")

(2)我们家乡竹子很多,人们盖房子、做家具往往就此取材,十分方便。(此处应该用"就地")

五 动态副词辨析

仍 仍旧 仍然

释 义

仍(réng):〈副〉相当于"仍然"。例如:"文稿仍需修改。""吃了药,仍不见效。"

◎另,有动词功能,表示"沿袭"或"接连不断"。例如:"一仍其旧。"

仍然(réngrán):〈副〉表示情况持续不变或恢复原状。例如:"他仍然保持着当年那种踏实肯干的作风。""他只休息了两天,仍然又回去加班加点了。"

仍旧(réngjiù):〈副〉相当于"仍然"。例如:"这些老家伙态度仍旧没有丝毫改变。"

◎另,有动词功能,表示照旧,按照原来的样子保持不变。例如:"体例仍旧,不必改动。"

辨 析

三个词都是动态副词,表示动态、方式,有时可以互换,使用起来略有差别,主要是:

(1)语体色彩有所不同。"仍"多用于书面语,"仍旧"多用于口语,

"仍然"书面语、口语都很常用。

(2)用法有所不同。"仍"后面一般带单音节词,"仍然""仍旧"一般带双音节词或短语。

 例 句

(1)革命尚未成功,同志仍须努力。

(2)光华师生虽然脱离圣约翰大学,但教学内容、方法和标准一仍其旧。

(3)外面风虽然停了,雪可仍旧下着,你得穿厚点。

(4)尽管采取了很多措施,但粮价仍然居高不下。

错误用例

(1)每天别人都下班了,他仍喜欢待在单位,考虑工作中的问题。(此处应该用"仍旧"或"仍然")

(2)30年过去了,她风韵仍然,岁月似乎对她格外垂青。(此处应该用"仍旧")

(3)事已至此,他仍旧未悔改,还在幻想着有朝一日可以卷土重来。(此处应该用"仍")

依然　依旧

释 义

依旧(yījiù):〈副〉表示情况跟原先一样,相当于"仍旧"。例如:"别人都走了,他依旧坐在那里看报纸。"

◎另,有动词功能,表示照旧。例如:"景色仍旧,心情非昨。"

依然(yīrán):〈副〉相当于"仍然"。例如:"老宅依然如故。""三年过去,情况依然没有什么改变。"

◎另,有动词功能,表示照旧。例如:"小城风物依然。"

辨　析

两个词都是动态副词,表示动态、方式,而且都有动词功能,好多情况下可以互换,但具体分析起来还是略有差别,主要是语义侧重点略有不同。"依然"侧重指跟以前一样,继续保持不变;"依旧"除了表示"跟以前一样"的意思外,有时还强调照旧,指事情经过变化后又恢复原状。例如:"整理完家后,写字台依旧放在了窗户下",句中的"依旧"不能换成"依然";"几年过去了,问题依然没有得到解决",句中的"依然"也不宜换成"依旧"。

例　句

(1)一眼望出去,见窗外小松树依然青翠欲滴,不受季节影响。
(2)江山依旧在,几度夕阳红。
(3)物是人非花依旧,异乡每见心依然。

错误用例

(1)到外面打拼几年,还是依然回到了故乡。(此处应该用"依旧")
(2)我对你的心依旧如故。(此处应该用"依然")

连　接连　连连　一连

释　义

连(lián):〈副〉相当于"连续"。例如:"连任三届组织部部长""连胜三局"。

接连(jiēlián)：〈副〉表示一次又一次地，一个又一个地。例如："我接连上诉了三次。""他们的队员接连跳过深沟。"

连连(liánlián)：〈副〉表示动作连续不断。例如："连连夸奖""连连摆手"。

一连(yìlián)：〈副〉表示(相似的动作或情况)动作连续不断或情况连续发生，强调数量多或时间长。例如："一连打了三个胜仗""一连发了两次高烧"。

辨　析

四个词都是动态副词，表示动作或情况发生的动态、方式或频率等，有时可以互换，但具体分析起来还是略有差别，主要是：

(1)语义侧重点略有不同。"连"表示行为动作或情况的连续。"连连"侧重于表示行为动作或情况反复出现，但不代表连续不断。例如："这几年物价连连上涨"，这个句子的意思表示物价上涨的情况反复出现，但不一定是连续的上涨。"一连"侧重于表示一段时间内行为动作或状态的持续不断，突出数量的多或大。例如："他一连背了十几首诗歌"，这个句子的意思是持续不断地背了十几首诗，量比较大。"接连"侧重于强调动作行为或情况一次又一次或一个又一个地反复出现，而且持续不断。

(2)语气强度有所不同。四个词都有语素"连"，"连"语气强度一般；"连连"是"连"的重叠，语气最强；"一连"语义强度和表达功效比"连连"弱；"接连"又比"一连"弱。

(3)用法有所不同。

a)"连""接连""连连"修饰的动词可以带动态助词"着"，而"一连"则不能。例如："母亲连连点着头表示赞同。""这段路口连(接连)着出现交通事故。"这两个句中的"连连""接连""连"都不能换成"一连"。"一连"修饰的动词可以带动态助词"了"，例如："一连发表了三篇文章。"

b)"一连"后面的动词必须要带数量词组;"接连""连"修饰的动词可以带也可以不带数量词组;"连连"则一般不带数量词组,即便偶尔带数量短语,其数量也不确定。例如可以说"一连摇了五次手",也可以说"连连摇了几下手",但不能说"连连摇了五次手"。"一连""接连"可以直接用在数量短语前面,而"连""连连"不能。例如:"一连(接连)三天都吃住在农家。"句中的"一连(接连)"不能换成"连(连连)"。

c)"连"后面一般跟单音节词,例如:"连选连任";"连连""接连"后面一般跟双音节动词(词组),例如:"连连获胜""接连破产";"一连"后面可跟多音节词组,例如:"他一连说错了五六个成语。"

✍ 例 句

(1)他这段时间状态不够好,连战连败。
(2)今年市场不景气,公司接连亏损。
(3)艺术家们的精彩表演,使满场观众连连喝彩,掌声不断。
(4)我一连给他去了三封信,都如石沉大海,没有一点消息。

🔍 错误用例

(1)秋雨连连下了半个多月。(此处应该用"一连")
(2)外面的说话声一连传到他的耳边。(此处应该用"接连")
(3)他接连任了两届主席。(此处应该用"连")
(4)这位女明星人气很旺,有一次出远门,众多粉丝跟随其后,一连追五城。(此处应该用"连")

屡 屡次 屡屡

✍ 释 义

屡(lǚ):〈副〉〈文〉相当于"屡次"。例如:"屡见不鲜""屡试不爽"

"屡禁不止"。

　　屡次(lǚcì)：〈副〉表示一次又一次。例如："屡次打破纪录""屡次夺魁"。

　　屡屡(lǚlǚ)：〈副〉多用于书面语中，相当于"屡次"。例如："屡屡受阻。"

辨　析

　　三个词都是动态副词，表示动作或同类行为多次重复，有时可以互换，但具体分析起来还是略有差别，主要是：

　　(1)语体色彩和使用范围有所不同。"屡""屡屡"使用范围相对较窄，多用于书面语，"屡"文言色彩更为浓厚一些；"屡次"则是口语、书面语都常用，使用范围较广。

　　(2)语气强度略有不同。"屡屡"是"屡"的重叠，其语气强度比"屡""屡次"要强得多。

　　(3)用法有所不同。"屡"只修饰单音节动词，而且只可修饰部分动词；"屡屡"不能修饰单音节动词；"屡次"既可以修饰双音节词，也可以修饰单音节词或短语。

例　句

　　(1)搜身的纠葛，在香港屡见不鲜。（鲁迅《略谈香港》）
　　(2)我屡次问她，她总含笑不说。（冰心《六一姊》）
　　(3)虽然屡屡失败，但他仍不气馁。

错误用例

　　(1)这次运动会上，他们班屡创造新纪录。（此处应该用"屡次"或"屡屡"）
　　(2)秦良玉为明王朝屡屡建奇功，是中国历史上唯一载入将相列传的女将军。(此处应该用"屡")

再　再三　一再　又

释　义

再(zài)：〈副〉①表示动作行为(多指未出现的)的重复或继续,相当于"又一次"(有时专指第二次)。例如:"再审""再议"。②表示程度加深,相当于"更加"。例如:"挨得近点儿,再近点儿。"③表示继续下去就会怎样或也不会怎样。例如:"再闯红灯,就要罚款了。""你再哀求,他也不会饶恕。"④表示动作将在另一动作结束之后出现。例如:"你办完了手续再走。"⑤表示有所补充,相当于"另外""又"。例如:"桌上摆着稿纸、钢笔,再就是水杯和眼镜。"

◎另,可作动词,意思是"再继续;再出现"。例如:"风光不再。"

再三(zàisān)：〈副〉用在动词前面或后面,表示一次又一次。例如:"再三推荐""考虑再三"。

一再(yīzài)：〈副〉表示一次又一次。例如:"我一再提醒你提高警惕。""他一再致谢。"

又(yòu)：〈副〉①表示动作、状态重复或继续。例如:"说了又说""他又犯病了"。②表示几种性质或情况同时存在(大多重复使用)。例如:"又高又大""又谦虚又和善"。③表示补充、追加。例如:"雪后路滑,他又背着很重的东西,走到天黑才到家。"④表示整数之外又加零数。例如:"一年又五个月。"⑤表示轻微的转折。例如:"心里有很多想法,一时又不知道该怎么说。"⑥用在否定句或反问句里,加强语气。例如:"他又不是第一次出差,你就不用再三嘱咐了。""买这点儿东西又花得了几个钱?"

常用副词易混词语辨析

四个词都是动态副词,表示动作或同类行为反复出现,有时可以互换,但具体分析起来还是略有差别,主要是:

(1)语义侧重点有所不同。

a)在表示动作行为重复或持续时,"再"多指未实现的或持续性的动作或行为,"又"则用于已实现的。例如:"让我再听一遍"(待实现),"让我再休息一会儿"(待持续),"又听一遍"(已重复),"又休息一天"(已继续)。"再"有时专指"第二次","又"则没有这个专指义。

b)"又"多用于相同和并列的情况,"再"多用于承接和递进的情况。"又"有轻微转折义,而"再"没有。

c)在表示一次又一次的意思时,"一再"和"再三"都相当于"屡次",只是"屡次"强调动作行为的次数多,"一再"强调行为动作的重复性;而"再三"则含有上述两重意思,强调的是多次重复。

(2)感情色彩略有不同。"再三"多用在中性或表示积极意义的词语前面,而"一再"不受这个限制。如可以说"一再犯错误",一般不说"再三犯错误"。

(3)用法略有不同。

a)"再"和"不"连用时,"不再"表示动作行为不重复下去,例如:"我不再写了。""再不"表示动作行为坚决不重复下去,例如:"我再不写了。"

b)"再"除了作状语,还有动词性,还可以作谓语。例如:"青春不再。"其他词语不能作谓语。"再三"既可以放在动词前面作状语,也可以放在动词后面作补语,例如:"考虑再三","一再""再""又"不能这样用。

c)"一再"可以用在自主动词(指能由动作发出者自由支配的动作行为)的前面,也可以用在非自主动词的前面;而"再三"一般只能用在自主动词的前面。例如可以说"他一再告诫自己不要去凑热闹","他再三提醒小妹不要忘了时间";但不能说"这种错误再三发生,公司理应赔偿"

"他再三获奖"。"一再"可以用在能愿动词前边,而"再三"不能这样用。例如:"你自己不好,却一再要说别人",句中的"一再"不能换成"再三"。

d)"又"通常表示已发生的动作行为的重复,但有时也可以用于预测带有规律性的情况将重复出现,或者是当说话人认为动作重复的次数过多时。例如:"冬天又要来了。""下周又轮到你值日了。"其他词没有这种用法。

e)"又""再"可以前后连用,例如:"又香又甜""再接再厉",只是前者是并列关系,后者有承接递进关系;"一再""再三"则不能这样连用。

📖 例 句

(1)他冲着门外喊道:"老板,来两个菜,再来一碗汤。"

(2)眼下先搞好复习考试,旅游的事暑期再作计较。

(3)他再三嘱咐茶房,甚是仔细。(朱自清《背影》)

(4)我从不放过在作品以外说话的机会,我反复说明,一再提醒读者我的用意在什么地方。(巴金《探索集·灌输和宣传》)

(5)本来想推辞这项工作,又怕被人误解。

🔍 错误用例

(1)我们搞的这项实验再三失败,大家都很灰心。(此处应该用"一再")

(2)怎么一再是你? 你还真是阴魂不散哪! (此处应该用"又")

(3)我再听一遍,才发现真的有三处错误。(此处应该用"又")

(4)机不可失时不又来。(此处应该用"再")

(5)他思索一再,决定照纸条上说的做,果然把吸水器组装好了。(此处应该用"再三")

忽　忽地　忽而　忽然

现代汉语常用**易混**词语辨析

释　义

忽(hū)：〈副〉①忽然。例如："忽听窗外有人走动。"②忽而。例如："声音忽高忽低。""天气忽阴忽晴。"

忽地(hūdì)：〈副〉突然；忽然。例如："这天儿忽地就下起雨来了。"

忽而(hūér)：〈副〉①相当于"忽然"，但不常用。例如："脸上忽而现出恐惧的神色。"②同时用在意思相反或相近的动词、形容词等前面，表示情况变化迅速。例如："忽而冷，忽而热""忽而哭，忽而笑"。

忽然(hūrán)：〈副〉表示情况发生得迅速而又出乎意料。例如："本来说好的事，他忽然又变卦了。""正要出门，忽然刮起风来。"

辨　析

四个词都是动态副词，表示动作的动态、方式，有时可以互换，但具体分析起来还是略有差别，主要是：

(1)语体色彩和使用范围有所不同。"忽""忽而"使用范围较窄，多用于书面语，"忽而"书面语色彩最为浓厚；"忽地""忽然"书面语和口语都常用，使用范围比较宽。

(2)语义侧重点有所不同。四个词语都表示动作或情况的突发性以及瞬时性。"忽""忽而"连用时强调动作行为或情况无规律、无预兆地交替变化；"忽地"在表示突发瞬时方面语义最强；"忽然"可以接程度不深、量小的程度副词，例如："忽然有点儿伤感""忽然轻轻笑了"，说明在突发和瞬时方面语义稍弱。

(3)组合用法有所不同。

a)能否连用。"忽""忽而"可以连用，例如："忽阴忽晴""忽而快忽而慢";"忽地""忽然"一般不这样用。

b)与"不""只"相接情况不同。"忽然"的后面可以出现"不",而"忽"后面则不能出现"不"。例如:"他怎么忽然不理人了",句中的"忽然"不能换成"忽"。"忽然"后面可以接范围副词"只",而其他几个词都不可以接"只"。例如可以说"鸟笼里忽然只剩下了一只鸟",不能说"鸟笼里忽(忽地/忽而)只剩下了一只鸟"。

c)句首和句末使用位置不同。四个词都可以放在句首,但"忽"必须紧跟后面的句子成分,不能用逗号隔开,而"忽而""忽地""忽然"可以隔开。例如:"忽一老师傅叫道:'你回来!'"这句话不能说成"忽,一老师傅叫道:'你回来!'""忽然"可以放在句末,而"忽""忽而""忽地"一般不放在句末。例如:"你一向不爱运动,今天怎么想起跑步了,忽然?"这句中的"忽然"不能换成"忽""忽而""忽地"。

d)与"之间"组合情况不同。"忽然"可以和"之间"组合,例如:"忽然之间好像天塌了。""忽""忽而""忽地"不能这样用。

e)后接单双音节词语情况不同。"忽"后面多接单音节词,少接双音节词;"忽地"一般接双音节词或单音节加助词的短语形式;"忽而""忽然"一般接双音节词,也有少数接单音节词的情况,例如:"忽而说""忽然问"。

f)与"一下子"相接情况不同。"忽地""忽然"后面可以接"一下子",例如:"他忽地(忽然)一下子站了起来。""忽""忽而"不能这样用。

(4)句法功能有所不同。

a)"忽""忽而"连用形式的句法功能比较多,可以作状语、谓语、定语、宾语,还可以作主语。例如:"忽阴忽晴是这段时间天气的特点。"(主语)"风忽强忽弱,不知道穿什么衣服好。"(谓语)"好像忘了时间,只感到忽而花开忽而雪落。"(宾语)"他忽而快忽而慢地走着。"(状语)"湖面传来忽高忽低的笑声。"(定语)"忽地""忽然"则通常用作状语。

b)"忽"一般用于肯定句中;"忽地""忽而""忽然"既可以用于肯定

句,也可以用于否定句。

 例 句

（1）母亲点上蜡烛,借着忽明忽暗的烛光一针一线地缝补着儿子衣服上的破口。

（2）一只麻雀忽地飞了起来。

（3）孩子们在草地上欢快地跑着,追逐着那些忽而东忽而西的漂亮蝴蝶。

（4）窗外忽然传来一阵嘈杂的脚步声。

错误用例

（1）他忽地小声说道:"给我拿张纸来。"（此处应该用"忽然"）

（2）我也不知道他为啥忽不理我了。（此处应该用"忽然"）

（3）我见他扔了一块石头,那狗忽而一下就跑了。（此处应该用"忽地"）

（4）刘长春独自在房间里琢磨着他的音乐创作,忽然大笑,忽然又长吁短叹。（此处应该用"忽而"）

（5）周末无事,静望秋空,忽而见一行大雁飞过,声声嘶鸣,渐飞渐远。（此处宜用"忽"）

突　突然　忽然

释 义

突(tū):〈副〉忽然。例如:"神情突变""气温突降。"

◎另,有动词义,意思是:①猛冲。例如:"突破。"②高于周围。例如:"突起来。"

突然(tūrán):〈形〉在短促时间里发生,出乎意外。例如:"突然爆发""事情来得太突然"。

忽然(hūrán):〈副〉表示情况发生得迅速而又出乎意料。例如:"他说着说着,忽然笑起来。"

✍ **辨　析**

三个词意思相近,都有"动作或情况发生迅速而又出乎意外"之意,使用中又有区别,主要是:

(1)词性功能有所不同。"突"和"忽然"都是动态副词,表示动作或事情发生的动态、方式,不过"突"除了作副词,还有动词和名词的功能。"突然"是形容词。

(2)语体色彩和语气强度有所不同。"突"一般用于书面语;"突然""忽然"既可以用于书面语,也可以用于口语。在表示瞬发和意外方面,"忽然"语气稍弱;"突"和"突然"较强,更强调意外和瞬发性,"突"在时间上显得更短促。

(3)用法有所不同。

a)"突"后面一般带单音节词,例如:"人口突增";"突然""忽然"一般带双音节词或短语,例如:"突然断电""忽然下雨了"。

b)句中担当的成分不同。"突"除了作状语,作动词用时还可以作谓语,例如:"突破了敌人阵地。""突然"除了作状语,还可以作定语、谓语、宾语、补语,例如:"突然的灾祸"(定语),"消息太突然"(谓语),"我不觉得突然"(宾语),"这事情发生得太突然"(补语)。"忽然"只能作状语。

c)"突然"和"忽然"都可以和"之间""间"组合,例如:"突然(之)间""忽然(之)间";而"突"则不能这样用。

✎ **例　句**

(1)项羽在垓下带部下八百多人突围,到了东城时只剩下二十八个骑兵。

（2）2020 年春节期间武汉突发新冠肺炎疫情,全国多地均有扩散。

（3）敌人突然发动进攻,让我们措手不及,导致失败。

（4）事情有些突然,我来不及准备。

（5）他四处看看,忽然神秘地对我说:"这个消息我只告诉你,别跟别人说。"

错误用例

（1）昨夜客人突大增,客房不够,经理让把会议室腾出来。（此处应该用"突然"）

（2）他忽然出现在门口,把大家吓了一大跳。（此处应该用"突然"）

（3）风云突然变,事情难以预料。（此处应该用"突"）

（4）他先小声说话,说到开心处,突然提高了嗓门,周围看书的人都不满地看了他一眼。（此处宜用"忽然"）

连忙 急忙 赶忙 赶紧 赶快

释　义

连忙(liánmáng):〈副〉相当于"赶紧""急忙"。例如:"部长从屋里走出来,人们连忙上前跟他握手问好。"

急忙(jímáng):〈副〉急速匆忙。例如:"上课铃声响了,他急忙拿着书包进了教室。"

赶忙(gǎnmáng):〈副〉相当于"赶紧""急忙"。例如:"睁眼一看,天大亮了,他赶忙起来。"

赶紧(gǎnjǐn):〈副〉抓紧时间,毫不拖延。例如:"天快黑了,赶紧回家。""时间不早了,赶紧上路。"

赶快（gǎnkuài）：〈副〉抓紧时间，加快速度。例如："事情急迫，赶快去办。""人都到齐了，赶快开会吧。"

辨　析

五个词都是动态副词，表示动作的动态或方式，意义相近，有时可以互换，但使用中又不完全相同，主要区别是：

（1）语义侧重点有所不同。

①"连忙""急忙"和"赶忙"侧重于描写行为主体"心里着急，迫不及待，急促匆忙"，但"连忙"侧重于表示因心急而动作行为连接得紧促；"急忙"侧重于表示因心里急切而动作匆促；"赶忙"侧重于表示因心急而赶时间，导致动作迅速而用时短促。

②"赶紧"和"赶快"在语义上侧重于描写行为主体"抓紧时间，加快速度，毫不拖延"，其中"赶紧"强调时间上的抓紧，"赶快"强调动作速度上的加快。

③"赶紧""赶快"带有主观意志性，特别是带有说话人将自己的主观意志强加于听话人身上的隐含意义，而"赶忙""连忙""急忙"则是客观叙述动作快、用时短。

（2）使用范围有所不同。"连忙""急忙"和"赶忙"一般只能用来说已然的事，不能用来说未然的事。"赶紧"和"赶快"既可以用来说已然的事，也可以用来说未然的事。例如："小王把小笔筒扔到外面垃圾桶里，周姨赶紧捡了回来。"这句中的"赶紧"是说已然的事可以换成"赶快""赶忙""连忙""急忙"。又如："知道小妹下午要回来，父亲叫我赶紧买菜准备晚饭。"这句中的"赶紧"是说未然的事，可以换成"赶快"，但不能换成"赶忙""连忙""急忙"。

（3）用法有所不同。

a）"连忙""急忙"和"赶忙"不能单独使用，"赶紧"和"赶快"在句中可以单独使用。例如："时间来不及了，赶快吧。""赶紧地，不要迟到了。"

这两句中的"赶快""赶紧"都不能换成"赶忙""连忙""急忙"。

b)"连忙""急忙""赶忙"一般不能用于祈使句中,"赶紧""赶快"可以用于祈使句中。例如:"赶快卧倒""赶紧加油",句中的"赶快""赶紧"不能换成"连忙""赶忙""急忙"。

c)"赶紧"和"赶快"在句中可以与表示未然的助动词"能""得(děi)""要""会""应该"等连用,而"赶忙""连忙"和"急忙"则不能。例如:"天要下雨了,我得赶紧(赶快)回家。"这句中的"赶紧(赶快)"不能换成"连忙""赶忙""急忙"。

d)"赶紧""赶快"在句中可以和表示心理活动的动词共现,而"赶忙""连忙""急忙"不能这样用。例如:"他盼望着女儿一家赶快回家过年。""小刘想赶紧去学校。"这两句中的"赶快""赶紧"不能换成"赶忙""连忙""急忙"。

e)"连忙""急忙""赶忙"修饰的动作行为主体一般不能是第二人称,而"赶紧""赶快"不受限制。例如可以说"你赶紧(赶快)去吧",但不能说"你赶忙("连忙"急忙")去吧"。

(4)在是否能和"不"连用方面有所不同。"连忙""急忙"和"赶忙"不能与"不"连用,"赶紧"和"赶快"可以与"不"连用。例如:"离面试还有三天,你还不赶快看看相关资料?""你不赶紧帮他找份工作? 一直这么待着也不是个事儿。"两句中的"赶快"和"赶紧"不能换成"赶忙""急忙"和"连忙"。

📖 **例 句**

(1)菩萨知是悟空,连忙下座相迎。(《西游记》第五十九回)

(2)二人领命,急忙回山打点行李牲口去了。(《儿女英雄传》第十一回)

(3)吓得敌人又赶忙钻回到地堡里。(魏巍《东方》第五部第六章)

(4)明天叫五婶再去一趟,赶快给她把婆家说定了就算了! (赵树理

《登记》一)

(5)他赶紧坐好,把嘴唇偷偷的舔活润了。(老舍《四世同堂》十六)

错误用例

(1)一听你病了我就赶忙赶来了。(此处应该用"连忙"或"急忙")

(2)敌人来了你就急忙跑,别让他们抓活的!(此处应该用"赶紧"或"赶快")

(3)那后生见老太太脸色不好,想连忙叫急救车,又一下找不到电话。(此处应该用"赶紧"或"赶快")

(4)眼看车就要开走了,奶奶连忙叫着孙女:"英子,英子,赶忙上来!"(句中"连忙"应该用"急忙";"赶忙"应该用"赶紧"或"赶快")

(5)这房子年头长了,如不赶忙维修,恐怕要塌了。(此处应该用"赶紧"或"赶快")

渐　渐次　渐渐

释　义

渐(jiàn):〈副〉渐渐;逐渐。例如:"天色渐明。""存粮渐少。"

渐次(jiàncì):〈副〉相当于"逐渐"。例如:"灾情渐次减弱。"

渐渐(jiànjiàn):〈副〉相当于"逐渐"。例如:"过了清明,天气渐渐暖和起来。""晚上十点钟以后,马路上的行人渐渐少了。"

辨　析

三个词都是动态副词,表示动作的动态或方式,意义相近,有时可以互换,但使用中又不完全相同。主要区别是:

(1)语体色彩有所不同。"渐""渐次"多用于书面语,而"渐渐"书面语、口语都很常用。

（2）语义侧重点有所不同。"渐"侧重表示程度或数量逐渐变化或增减；"渐渐"是"渐"的重叠式，比"渐"更强调逐渐而缓慢地变化；"渐次"则侧重有层次地变化或增减。例如说"公园里各种花卉渐次开放"，是强调这些花卉不是同一时间开放，而是有的快有的慢，就不能换成"渐渐"。

（3）用法有所不同。

a）"渐"后面一般带单音节词，"渐渐""渐次"一般带双音节词或单音节词加助词的短语。

b）"渐"可以和时间名词"日"组合成"日渐"，表示逐渐之意，此时后面带双音节词；而"渐渐""渐次"不能与"日"组合。

c）"渐渐"后面可以带助词"地"，而"渐"和"渐次"不能。

d）"渐"可以前后连用，构成"渐……渐……"形式，可以强调动作或事物的逐渐变化，例如："渐行渐远"；"渐渐"可以带助词"地"后，重叠为"渐渐地……渐渐地……"形式；而"渐次"不能这样用。

例 句

（1）这项制度的出台，目的在于防微杜渐，更好地建设我们的团队。

（2）别的病房中的呻吟哀叹，乘着屋中的静寂渐次侵进来。（老舍《赵子曰》第四章）

（3）火车渐渐远去，而我的心也像插上了翅膀，飞向了远方。

错误用例

（1）在抗击新冠肺炎疫情中，全国各地"十三五"重大工程和项目渐渐复工，以时不我待的紧迫感加快推进。（此处应该用"渐次"）

（2）我在山坡前读书，天色渐黑了才回家。（此处应该用"渐渐"）

（3）这些默默的关心，渐次地如春风一样化开了他心中的坚冰。（此处应该用"渐渐"）

(4)父亲日渐渐衰老,我的心也渐渐沉重。(此处应该用"渐")

逐步　逐次　逐个　逐渐

常用副词易混词语辨析

释　义

逐步(zhúbù):〈副〉一步接一步地。例如:"影响逐步扩大。"

逐次(zhúcì):〈副〉一次又一次地;依次。例如:"逐次核实有关情况。"

逐个(zhúgè):〈副〉一个接一个地。例如:"逐个立案""逐个检测"。

逐渐(zhújiàn):〈副〉表示程度或数量慢慢增加或减少。例如:"这几年来,储备逐渐增多。""事业逐渐发展。"

辨　析

四个词都是动态副词,表示动作或情况的动态或方式,使用中略有不同,主要是:

(1)语义侧重点略有不同。"逐步"侧重于表示动作行为有计划、有节奏地循序渐进,例如:"制度逐步加以改革。""逐次"侧重于动作行为依照次序进行,例如:"队伍逐次前进。""逐个"强调一个紧挨着一个地,例如:"问题必须逐个解决。""逐渐"则侧重于强调程度或数量慢慢增加或减少,例如:"天气逐渐寒冷起来。"

(2)使用范围略有不同。表示可以有意识、有步骤、分阶段进行的,常用"逐步";事物能够按照次序来进行的,多用"逐次"。涉及的事物可以用"个"作量词的,多用"逐个"(如果不能用量词"个"的事物,则不能用"逐个"。例如法律条文,一般量词用"条"而不用"个",所以要讨论法令法规则要说"逐条讨论");表示事物或数量慢慢地、自然而然变化的,多用"逐渐"。

（3）用法略有不同。"逐渐"可以修饰形容词，而"逐步""逐个""逐次"则不能修饰形容词。例如："水逐渐冷了"，不能说"水逐步（逐个/逐次）冷了"。

例 句

（1）我们必须有新的生活积累、新的知识和本领；而这些，都只有在深入生活的过程中才能逐步熟悉和掌握起来。（巴金《迎接社会主义文艺的春天》）

（2）汉朝制度基本上承袭秦制，汉后历代制度又自汉制逐次演变而成。（范文澜，蔡美彪等《中国通史·绪言一》）

（3）这种小食品要买逐个包装的，比较卫生。

（4）只要坚持体育锻炼，身体就会逐渐强壮起来。

错误用例

（1）随着岁月的流逝，战争给人们带来的痛苦将逐步淡化。（此处应该用"逐渐"）

（2）心理医生可以通过逐个晤谈，解决访问者严重的失眠问题。（此处应该用"逐次"）

（3）对旅客实施安检时，安检人员应当引导旅客逐次通过安全门。（此处应该用"逐个"）

（4）我们要坚持试点先行、逐渐推广，循序渐进，从而赢得最终的成功。（此处应该用"逐步"）

六　判断副词辨析

必　必定　必然　定　定然　一定

　释　义

必(bì):〈副〉①相当于"必定""必然"。例如:"火车夜里两点必开。""坚持到底,必能成功。"②相当于"一定要""必须"。例如:"事必躬亲""事情到了这种地步,不必自我辩解"。

必定(bìdìng):〈副〉①表示判断或推论的确凿或必然。例如:"他有了资金,必定会买房。""根据情况判断,犯罪分子必定隐藏在附近。"②表示意志的坚决。例如:"下午我必定来送你。"

必然(bìrán):①〈形〉事理上确定不移的,与"偶然"相对。②〈名〉哲学上讲不以人的意志为转移的客观规律。例如:"这是历史的必然。"

定(dìng):〈副〉相当于"必定"。例如:"定能创造佳绩""这里定有缘故"。

◎另,有其他词性:①作动词,意思是"稳定""(使)固定""决定""约定"。例如:"他心神不定""定住不动了""时间定在后天了"。②作形容词,意思是"已经确定的"。例如:"定时炸弹。"

定然(dìngrán):〈副〉必定。例如:"相信我,此事定然能成。"

一定(yīdìng):〈副〉表示坚决或确定。例如:"一定要抓紧时间""没有按时到场,一定家里有事"。

◎另,有形容词义,意思是:①适当的;某种程度的。例如:"一定条件下可以转化""水平有一定的提高"。②特定的。例如:"发展到一定阶段的产物。"③固定的;确定的。例如:"有一定的字数限制。"

 辨 析

以上六个词意思相近,都是表示肯定判断的副词,使用中略有区别,主要是:

(1)词性功能有所不同。"必""必定""定然"都只是判断副词;"定"除了作判断副词外,还可以作动词、形容词;"一定"除了作判断副词外,还可以作形容词;"必然"是形容词,还可以作名词。

(2)语体色彩有所不同。"必""定"通常用于书面语,文言色彩比较浓厚;"定然""必然""必定"多见于书面语而少见于口语;"一定"则是多见于口语而少见于书面语。

(3)语义侧重点有所不同。"必""必定"侧重于在客观事理基础上的主观强调;"必然"侧重于强调"客观事理上确定如此"的意义;"定然""定"更强调"主观上推断如此"的意义;"一定"除了表示"主观上推定如此"的意思外,还有表示态度坚定的意义。"必定""必"除在客观事理基础上的主观强调之意外,也有态度坚决的意思。所以,"你放心,我明天一定来看你",句中的"一定"可以换成"必定""定""必",但不能换成"定然""必然"。

(4)用法有所不同。

a)搭配的词不同。"必""定"后面一般带单音节词,"必定""必然""定然"通常带双音节词或短语。"必定"在口语中有时后面带单音节词,例如:"他必定走。"

b)作句子成分不同。"必""必定""定然"一般作句子的状语。"必然"除了作状语,也可以作判断合成谓语、定语、宾语,例如:"必然如此"(谓语)、"这是必然的"(宾语)、"失败是必然结果"(定语)。"定"除了作状语,还可以作谓语、定语,例如:"一言为定"(谓语)、"已成定论"(定语）。"一定"除了作状语，还可以作定语，例如："量变到一定程度可以发生质变。"

c）作状语时，"必然"可以带助词"地"，而且带"地"的状语也可以放在句首，例如："我们必然地会走向光明。""必然地，我们会走向光明。"其他几个词作状语都不可以这样用。

d）否定的形式不同。

"一定"的否定式要用"不"，"不"放在前面表示不能确定的推测，例如："他不一定来"；放在后面表示明确否定，例如："他一定不来。"

"必"的否定式在其前面要用"未"或"不"，当"必"表示推论确定的意思时，其否定式是"未必"。例如："无情未必真豪杰。"当"必"表示坚定必须的意思时，其否定式是"不必"。例如："不必如此。""必"也可以在后面加"不""无"，表示断然否定。例如："必不同意""必无好事"。

"必定""必然""定然"的否定式是"必定不""必然不""定然不"。例如："我必定不会逃走。""这两国必然不会开战。""那辆车定然不是105路。"

"定"的否定式是"不定""定不""定没"，"不定"表示不能确定的推论，后两个表示断然否定。例如："我还不定什么时候回来。""我定不做他想。""这事定没商量。"

e）"必"可以和"想"组合成词，表示肯定的推测。例如："门前小树想必还在。"其他词语不能和"想"组合。

📖 例 句

（1）多行不义必自毙。

（2）国家的统一，人民的团结，国内各民族的团结，这是我们的事业必定要胜利的基本保证。（毛泽东《关于正确处理人民内部矛盾的问题》）

（3）如不及时排查，必然会留下隐患。

（4）我想那缥缈的空中,定然有美丽的街市。（郭沫若《天上的街市》）

（5）只要你肯等我,我定不负你。

（6）为了咱村的生产建设,我们想你一定会答应我们的!（赵树理《三里湾》）

📖 **错误用例**

（1）不管你选择了哪一派,都定然地要走入那一条路的。（此处应该用"必然"）

（2）今天一定要下雨。（此处应该用"必然"或"必定""定然"）

（3）这次考试我必然要成功。（此处应该用"一定"或"必""定"）

（4）你要敢跑,我可不必定饶你。（此处应该用"一定"）

（5）这双鞋这么旧,未定是他的。（此处应该用"必"）

（6）咱俩什么关系啊? 放心好了,你的婚礼我必然去。（此处应该用"必定"或"一定"）

（7）这人笑着出来了,想定官司打赢了。（此处应该用"必"）

准　准定　一准　保准　准保

📖 **释　义**

准（zhǔn）:〈副〉〈口〉保准;一定。例如:"他明天准到。""事情准能办成。"

◎另,有其他词性:①作名词的意思是"标准"。例如:"以此为准。"②作形容词意思是"准确的"。例如:"这块怀表年代长了,走得不太准。"③作动词时意思是"批准;允许"。例如:"不准他来""准许你使用"。

准定（zhǔndìng）:〈副〉表示完全肯定,相当于"一定"。例如:"吃下这药准定会好。""我准定去,你放心吧。"

一准(yīzhǔn):〈副〉准定;必定。例如:"明天上午我一准去接你。"

保准(bǎozhǔn):〈副〉一定。例如:"这里面的交易他保准不知道。"

◎另,有其他词性:①作形容词,意思是"可以信任的,可靠的"。例如:"这个人说话可是不保准。"②作动词,意思是"担保(做到)"。例如:"我保准他不会迟到。"

准保(zhǔnbǎo):〈副〉表示肯定或保证。例如:"放心,他准保去参加考试。"

辨 析

五个词都是判断副词,意思基本相同,都表示肯定的意思。但在使用中略有区别,主要是:

(1)词性功能有所不同。"准"除了作副词,还可以作名词和形容词;"准定""一准""准保"只作副词;"保准"除了副词功能,还可以作形容词和动词。

(2)语体色彩有所不同。五个词基本都用于口语,而"准"除了口语,有时还可以用于书面语。

(3)用法有所不同。

a)搭配词不同。"准"后面一般带单音节词,偶尔可以带表示心理活动的双音节动词,例如:"这块花布她准喜欢"。"准定""准保""保准""一准"既可以跟单音节词,也可以跟双音节词或短语。

b)与主语位置关系。"准"只能放在主语后面,不能放在主语前面。"准定""一准"一般只放在主语后面。"保准""准保"可以放在主语前面,也可以放在主语后面,例如:"保准(准保)他会来。""他保准(准保)会来。"

c)否定形式不同。

"准"作副词时,完全否定是"准不""准没""准无",例如:"他准不喜欢这款手表""准没好下场""准无好事";不明确否定是"没准",相当于"可能",例如:"他没准儿不喜欢这款手表。"

"保准"作副词时,完全否定是"保准不",不明确否定是"保不准",相当于"可能""保不定",例如:"我保准能在规定时间里完成。""我保不准能完成任务。"

"准定""一准""准保"这三个词的否定式都在词后面带"不",例如:"他准定不来了。""他一准不去考试。""他准保不上班。"

d)是否存在正反词形式。"准"和"保准"都有正反问形式,例如:"准不准""保准不保准"。"一准""准定""准保"不能用于正反问。

 例 句

(1)市场准入门槛是指某项产品或服务进入一个市场所必须达到的最低标准。

(2)若不是倒了草厅,我准定被这厮们烧死了。(施耐庵《水浒传》第十回)

(3)那么,就得连夜送到报馆,要他明天一准登出来。(鲁迅《彷徨·肥皂》)

(4)我笑了笑说:"你们都说得对,可是不论照谁说的写上去也保准出事。"(赵树理《金字》)

(5)它们安静不动地低声地说:"你们放心吧,这儿准保暖和。"(老舍《济南的冬天》)

错误用例

(1)他说的这些到底准定不准定啊?(两个"准定"应该换成"保准"或"准")

(2)看来,这天气可是不准保啊。(此处应该用"保准")

(3)这场球赛,三班一不准要输。(此处应该用"保不准")

（4）我不准保他吃过饭。（此处应该用"保准"）

（5）偷偷摸摸到仓库来，准定无好事。（此处应该用"准"）

确　确乎　确实　的确

释　义

确（què）：〈副〉相当于"的确"。例如："确有这样一位先生""他确曾来过这里"。

◎另，有形容词义，意思是：①坚决；不动摇。例如："我确信如此。"②真实的；符合实际的。例如："此事确凿无疑。"

确乎（quèhū）：〈副〉相当于"的确"。例如："价钱不贵，质量又好，确乎应当买下这件东西。"

确实（quèshí）：〈副〉对客观情况的真实性表示肯定，相当于"的确"。例如："我确实最近工作太忙，抽不出时间去。""你这当哥哥的，确实也做得不够意思。"

◎另，有形容词义，意思是"真实可信的"。例如："这消息确实吗？"

的确（díquè）：〈副〉完全确实，表示对情况的肯定。例如："我的确是晚上到的。""现在的生活的确比过去好多了。"

辨　析

四个词都属于判断副词，意思基本相同，但使用起来又略有不同，主要是：

（1）词性功能有所不同。"确""确实"除了作副词，还有形容词功能；"确乎""的确"只能作副词用。

（2）语体色彩和使用范围有所不同。"确""确乎"常用于书面语，使用范围较窄；"确实""的确"在书面语和口语中都很常用，使用范围较宽。

（3）语气强度有所不同。四个词在表示真实肯定的意思上都带有较强的主观性，按照语气由弱到强的程度依次为：确、确乎、确实、的确。

（4）用法有所不同。

a)"确实"在句中可以独立使用，例如："他已经长大了，确实！""确实，你还不够自立！""确""确乎""的确"不能这样独立使用。

b)"确"后面一般带单音节词，"确乎""确实""的确"一般带双音节词或短语。

c)"确实"除了作状语，作形容词时还可以作定语、谓语、补语，例如："确实的消息"（定语），"消息确实"（谓语），"他说得确确实实"（补语）。"确"除了作状语，作形容词时还可以作定语，例如："确论""确证"。"确乎""的确"一般只作状语。

d)是否可叠用。"的确"可以重叠为"的的确确"；"确实"可以重叠为"确确实实"，用以加强语气；而"确""确乎"不能这样重叠。

例 句

（1）2月6日午间，记者从温州市委统战部海外联络处获得确认，"包机运送物资"确有其事，但当前具体航班时间还未确定。

（2）他确乎有一点像一棵树，坚壮，沉默，而又有生气。（老舍《骆驼祥子》一）

（3）从她那动作的滞钝以及步履的沉重，又见得她确实有点衰老了。（叶圣陶《夜》）

（4）我不相信他的话，但是我并没有确实的证据证明他没有恋爱的经验。（巴金《春天里的秋天》）

（5）我已经找专家确认过，这幅画的确是齐白石的真迹。

错误用例

（1）我们的队伍已经转移了？的确吗？（此处应该用"确实"）

（2）看她表情，我就可以断定她确阅读过这本名著。（此处应该用"确乎"或"确实""的确"）

（3）证据确确乎乎都摆在这儿了，你是赖不掉的！（此处应该用"确确实实"或"的的确确"）

自　自然　当然

✎ 释　义

自（zì）：〈副〉相当于"自然""当然"。例如："朋友自会主动帮忙。""对比今昔，自有许多感触。"

◎另，有其他词性：①作代词，指"自己"。②作介词，表示"从""由"。

自然（zìrán）：〈副〉表示理所当然。例如："抓紧时间，勤奋好学，知识自然能够不断提高。"

◎另，有其他词性：①作名词，指自然界。②作形容词，a）表示"天然的"。例如："自然美。"b）表示"自由发展的"。例如："听其自然。"c）读音 zì ran，表示"不矫揉造作，不呆板"。例如："动作自然。"⑤作连词，表示语义转折或追加说明。例如："我们赞美英雄，自然，也肯定平凡的美。"

当然（dāngrán）：〈副〉表示合情合理，没有疑问。例如："集体的事情，我们大家当然应该关心。""既付出了很多精力，当然会有收效。"

◎另，有形容词义，意思是"应该如此"。例如："你反对也是当然的。"

✑ 辨　析

三个词都是判断副词，表示对于事理或情理的充分肯定，使用中有时可以互换，但略有区别，主要是：

（1）语体色彩有所不同。"自"多用于书面语；"当然"多用于口语；"自然"书面语和口语都常用。

（2）词性功能有所不同。除了作副词，"自"还有代词和介词的功能；"自然"还有名词、形容词和连词功能；"当然"还有形容词功能。

（3）语义侧重点有所不同。"自然"和"当然"都含有"合乎事理或情理"的意思，但"当然"常表示"情理所必然"，强调理所应当，例如："这孩子乖巧,我当然喜欢"；"自然"常表示某种现象的发生是合乎规律顺乎情理的，强调顺势而成，例如："功到自然成"。"自"相当于"自然"和"当然"，根据语境都可以有所侧重。

（4）搭配用法有所不同。

a)"自"后面一般带单音节词，"自然""当然"通常带双音节词或词组。

b)搭配词语不同。"自"作副词时，经常搭配的词语是"自当别论""自当如此""自有定论"等，这些词语中的"自"也不能换成"自然""当然"。"自然"经常搭配使用的词语是"自然形成""自然而然""功到自然成"等，这些词语中的"自然"也不能换成"当然"。"当然"经常搭配成的词语是"想当然""理所当然""当然代表"，这些词语中的"当然"都不能换成"自然"。

c)作其他句子成分。除了作状语，"当然"还可以和"想"组合成"想当然"，作"想"的宾语；而"自"和"自然"不能和"想"组合。"当然"和"自然"还可以作谓语，例如："那当然""听其自然"，而"自"不能。

d)是否可作句子中的插入语。"自然"和"当然"都可以在两个分句间作插入语，"自然"作插入语时，是连词，表示语意转折或追加说明，例如："我们要学习别人的优点,自然,别人也会借鉴我们的长处"；"当然"用在分句或句子开头作插入语时，是副词，承接上文，有退一步补充说明的作用，例如："他是个很优秀的战士,当然,还有些毛躁,有待改进。"而"自"不能作插入语。

📓 **例 句**

(1)小觉小悟,久而久之,自能大彻大悟。

(2)在《道德经》中,老子就讲述了很多人生哲理,如果你领悟了这些道理,财富、福气自然会去找你。

(3)带露折花,色香自然要好得多。(鲁迅《朝花夕拾·小引》)

(4)小二黑自己没有错,当然不承认,嘴硬到底。(赵树理《小二黑结婚》六)

🔍 **错误用例**

(1)只要我们肯努力,老天当然会眷顾。(此处应该用"自"或"自然")

(2)你已经违约,我自可以找其他人合作。(此处应该用"当然"或"自然")

(3)我摔坏了他的杯子,还钱给他理所自然。(此处应该用"当然")

(4)他恶狠狠地说:"你说,我该不该去?""自然……该去。"我掩饰着自己不自然的声音,小声说道。(第一处"自然"应该用"当然")

(5)这几个孩子都是在生活中、阅读中因为兴趣而自认识了一些汉字。(此处应该用"自然")

(6)法律不外乎人情,虽说他罪有应得,但情况特殊,当然应从轻判决。(此处应该用"自")

似　似乎　仿佛　好像　像

✏️ **释　义**

似(sì):〈副〉表示不确定,相当于"似乎"。例如:"似应从宽处理。"

◎另,有其他词性:①作动词,表示"像,相类"。例如:"似是而非。"②作介词,用在"好""强"之类的形容词后面,引进比较对象。例如:"一天好似一天""一个强似一个"。

似乎(sìhū):〈副〉表示不很肯定,相当于"仿佛""好像"。例如:"有人似乎说过这样的话。""他似乎听到远处有人走路的声音。"

仿佛(fǎngfú):〈副〉似乎,好像。例如:"他说起几十年前的事津津有味,仿佛又回到了儿童时代。"

◎另,有动词义,相当于"像""类似"。例如:"他们父子俩长得相仿佛。"

好像(hǎoxiàng):〈副〉表示不很肯定,相当于"似乎""仿佛"。例如:"好像有过这样的事儿,但不记得了。"

◎另,有动词义,相当于"类似""有点儿像"。例如:"他俩长得一模一样,好像双生兄弟。"

像(xiàng):〈副〉相当于"似乎""仿佛"。例如:"他抬着头,像在看什么。"

◎另,有其他词性:①作动词。a)表示跟某人或某事物相同或相似,相当于"近似"。例如:"他长得像妈妈。""你俩写的毛笔字很像。"b)表示"如同"。例如:"像这种树苗还有吗?"②作名词,表示比照人或动物制成的肖像。例如:"铜像""雕像"。

✎ **辨　析**

以上五个词都是判断副词,表示不很确定的判断,在有些情况下可以互换。但使用中又有区别,主要是:

(1)语义侧重点有所不同。"似""似乎"更倾向于客观冷静地叙述,说话人虽主观上认为所猜测的事情发生的可能性比较大,但仍要交由听话者评判,客观性强。"好像""像"带有更多说话人的主观性,可以突出说话人的委婉语气,以便使听话者接受自己的观点,主观性强,而且还侧重于表示事情看起来如此而实际不然。"仿佛"带有更多的随意性和猜测性,和"好像""像"很接近,但"仿佛"突出的是所涉及事物的类似性,两种事物关系比较近,有很多一致性;而"像""好像"突出的是所涉及事物的相似性,两种事物关系比较远,本质是不同的,只有某一点相似。

(2)语体色彩有所不同。"似""似乎""仿佛"多用于书面语,"像""好像"多用于口语。"似""似乎"多用于叙述语体,语气比较庄重。"仿佛"多用于叙述语体,多用比拟。"像""好像"与其他三个词相比更多用于对话语体中。

(3)句法功能有所不同。"好像"在句中的位置可以后置,而"像""似""似乎""仿佛"不能后置。例如:"马局长去北京了好像",这句中的"好像"不能换成"像""似""似乎""仿佛"。"似""好像""像""仿佛"还有动词义,后面可以带宾语,例如:"眼前景物似真似幻。""他俩好像亲兄弟。""我长得像我哥。""他坐在那里一动不动,仿佛一座雕像。""似乎"只能作副词,不能带宾语。

(4)否定形式有所不同。"似""像"的否定形式是"不似""不像"。而"好像""似乎""仿佛"的否定形式是"好像不""似乎不""仿佛不",其中"不"可以紧跟"好像""似乎""仿佛",也可以中间插入别的成分。例如:"他说的似乎不是我。""好像我不是这个队伍中的一员。""看他那脸色,仿佛他嘲讽的是别人而不是我。"

例　句

(1)无可奈何花落去,似曾相识燕归来。

(2)他似乎是在和寒风及与它结伴而来的冰冻挑战。(叶君健《火花》一)

(3)昆明这都市,罩着淡黄的斜阳,伏在峰峦围绕的平原里,仿佛发着寂寞的微笑。(艾芜《人生哲学的一课》)

(4)那信恐怕没有被郁达夫保留,但写那信的心境直到现在都还能

仿佛。(郭沫若《创造十年续篇》二)

(5)那知这一脚并不像踢到肉上,好像踢到一块生铁上,把五个脚指头几乎碰断。(吴敬梓《儒林外史》第五十二回)

(1)他看上去脸色不太好仿佛。(此处应该用"好像")

(2)战士们勇敢地冲了上去,似乎一只只豹子。(此处应该用"仿佛")

(3)他坐在那儿半天不动,看上去不似乎是真人,倒像个木偶。(句中的"似乎"应该用"像"或"似")

(4)等一下,在这里好像我才是一把手吧? 我就定在后天了。(此处应该用"似乎")

(5)他的行事风格让人难以捉摸,仿佛风又仿佛雨,似乎真又似乎幻。(句中"仿佛"应该用"像","似乎"应该用"似")

不　别　没　没有

📝 **释　义**

不(bù):〈副〉①用在动词、形容词或其他副词前面表示否定。例如:"不说""不会""不省事""不大好""不一定"。②相当于"不用""不要"(表示客气)。例如:"不谢""不送""不客气"。

别(bié):〈副〉①表示禁止或劝阻,相当于"不要"。例如:"别弄错了。""你别喊了,大家都睡午觉呢!""别不当回事儿。"②跟"是"合用,表示揣测(所揣测的事情往往是自己所不愿意的)。例如:"时间都超过了半小时,别是火车误点了吧?""看你脸色不好,别是生病了吧?"

没(méi):〈副〉未;不曾(对"已然""曾经"的否定)。例如:"我没吃过这种水果。""黄豆还没长出芽来。"

◎另,有动词义,表示跟"有"相对。例如:"他没钱付账。"

没有(méiyǒu):〈副〉①表示"已然"的否定。例如:"他还没有付款。""天还没有亮呢。"②表示"曾经"的否定。例如:"张师傅没有说过这样的话。""他从没有找过我。"

◎另,有动词义,表示跟"有"相对,相当于"没"。例如:"他没有教材。"

辨　析

以上四个词都是表示否定的副词,有时可以互换使用,但在具体使用中还有差异,主要区别是:

(1)语义侧重点有所不同。

a)"不"着重在对句子中的某个点进行否定,不包括对过程的否定;"别"既可以否定过程,也可以否定非过程,同时还有禁止、劝阻的语义;"没"和"没有"侧重于对过程的否定。例如:"今天他没(有)来扎针",否定的是"扎针"这一整个过程;"今天他不来扎针",否定的是"来"这个动作点;"今天他别来扎针了",否定的既有"来"的动作这个点,又有对"扎针"这一过程的否定,同时又着重于禁止。

b)"不"有时也可以表示劝阻,但语气比"别"要轻。例如:"不哭,不哭"劝阻中带有"哄"的意思,而"别哭,别哭"则是禁止的意思多一些。

c)"别"有表示揣测的意思,例如:"别是他不来了吧?"而"不""没""没有"没有揣测的意思。

d)"不""别"着重于主观意愿的否定,主观性强,"别"的主观意愿更强烈一些;"没""没有"则是着重于对客观事实的否定,客观性强。

(2)使用范围有所不同。

a)"不"可以用于现在、过去、将来任何时间范围,使用范围很宽。例如:"你过去不是,现在不是,将来也不会是我的朋友。""他不吃饭了。"

"我明天不去上海了。""别"只能用于否定现在和将来的语境,使用范围相对较窄。例如:"你下次可别把饭做煳了""明天你别上班了",这两句不能说成"你上次可别把饭做煳了""你昨天别上班了"。"没""没有"只对现在和过去语境进行否定,使用范围也相对较窄。例如:"天还没(没有)亮呢""昨天他还没(没有)生病呢",不能说"明天天还没(没有)亮呢""下周他还没(没有)生病呢"。

b)"不"可以用于表示对一贯性、真理性、规律性情况的否定;"没""没有"只是对非一贯性的客观情况的否定,例如:"他从不吃早饭",句中的"不"不能换成"没""没有",只能说"他今天没吃早饭"。而"别"则是对情况加以主观性禁止或劝阻,例如:"你永远别跟坏人打交道。"

(3)语体色彩有所不同。"不"既可以用于口语,也可以用于书面语;"别"和"没"多用于口语;"没有"多用于书面语。

(4)用法有所不同。

a)能否修饰名词。"不"可以修饰否定名词,例如:"你这么做很不淑女。"而"别""没""没有"不能。

b)搭配的动词性质不同。"不""没""没有"都能用来否定动作动词(表示身体或心理活动),例如:"我相信他",否定可以说"我不相信他""我没(没有)相信他"。状态动词(说明性质或状态)一般只用"不"修饰否定,而不能用"没""没有"。例如:"他爱财",否定只能说"他不爱财",不能说"他没(没有)爱财"。表示变化的动词,否定要用"没""没有",而不能用"不"。例如:"他死了",动词"死"包含着从生到死的变化过程,所以否定可以说"他没(没有)死",而不能说"他不死"。如果一定要用"不"否定,就要加表示能愿或心理的动词,例如:"他不愿意死。""他不想死。"

c)"别"一般用于对第二人称或第三人称的动作进行否定,例如:"你别相信他。""叫他别死。"对第一人称动作的否定含有祈求的意思,例如:"我还是别相信他吧。""请别让我死。"其他词没有这样的限制。

d)"不"和"没""没有"都可以在疑问句中构成正反问,例如:"是不是""知不知道""走没走""红了没有";"别"不能这样用。

e)是否可连用。"不"可以前后连用,组成"不……不……"格式,表示强调否定,例如:"不干不净""不明不白"。"没"可以前后连用为"没……没……"格式,表示动作或状况的连续或无穷尽,例如:"没日没夜""没完没了"。"没有"可以连用在假设或条件复句中,表示强调否定,例如:"没有党就没有我的今天。""别"没有这些用法。

f)"不"不能修饰否定性质形容词,例如:"雪白""粉红""黑黝黝""亮晶晶"等,但可以修饰否定非性质形容词,例如可以说"不硬""不白""不猛烈""不坚强"等。这类形容词不能用"没""别"否定。

📖 例 句

(1)这不是你家,你别进来。
(2)这里没你的事,你别掺和。
(3)我从来不吃小摊上的东西。
(4)你给他的钱他都留着,一分都没花。

🔍 错误用例

(1)都这么晚了,他不是不来了吧?(此处应该用"别")
(2)你不这么认真行不行?(此处应该用"别")
(3)他既没喜欢猫,也没喜欢狗。(此处应该用"不")
(4)没早没晚的,你咋这个时候回来?(此处应该用"不")
(5)你别给我做饭,那我吃什么?(此处应该用"没"或"没有")

不必　不待　不要　不用　无须

释　义

不必(bùbì)：〈副〉①用在动词或形容词前面,表示事实上或情理不需要。例如:"不必多带东西""声音小点儿,不必喊叫""大纲不必详细"。②〈文〉相当于"不一定"。例如:"弟子不必不如师,师不必贤于弟子。"

不待(bùdài)：〈副〉多用于书面语中,相当于"不必""不用"。例如:"处境何等困窘,自不待言。""不待细看,一目了然。"

不要(bùyào)：〈副〉表示禁止或劝阻。例如:"不要随地吐痰。""不要浪费粮食。"

不用(bùyòng)：〈副〉表示没有必要,不需要。例如:"不用管我,忙你的去吧!""不用解释,我都知道了。"

无须(wúxū)：〈副〉用不着,不必要。例如:"无须惦记。"

◎注意:"无须"和"无需"不同,后者是动词,意思是"不需要"。

辨　析

以上四个词都是表示否定的副词,有时可以互换,但在使用中还略有差异,主要表现在:

(1)语体色彩有所不同。"不必""不待""无须"一般用于书面语;"不要"多用于口语;"不用"一般书面语和口语都常用。

(2)用法有所不同。

a)"不必""不用""不要"可以单用;而"不待""无须"不能单用,必须作句中的一个成分。例如:"我去接你吧? 不必(不用)。""要不要我帮你拿? 不要。"这些句子中的"不必""不用""不要"都不能换成"无须"或"不待"。

b)"不用""不要""无须""不待"可以放在主语前面,例如:"不用你管""不要你做这件事""无须你操心费力""不待他解释";而"不必"不能放在主语前。

c)"不必"可以单独作谓语,例如:"小红也得去吗? 她不必。"而"不用""不要""不待""无须"不能这样用。

d)"不要"可表示禁止或劝阻,所以多用于祈使句;而"不用""不必""不待""无须"多用于陈述句。

例　句

(1)这次没考好,你也不必气馁,下次再努力就是了。

(2)祥林嫂比初来时候神气舒畅些,不待指引,自己驯熟的安放了铺盖。(鲁迅《祝福》)

(3)做人要踏实,千万不要好高骛远。

(4)事实俱在,你不用再狡辩了。

(5)有了自己的车,他可以不再受拉车的人的气,也无须敷衍别人。(老舍《骆驼祥子》一)

错误用例

(1)你不要带这么多东西,那里什么都有。(此处应该用"无须"或"不必""不用")

(2)不必你管这些事,会有专门的人来做。(此处应该用"无须"或"不要""不用")

(3)"到时候我们都要下坑道吗?""无须!"(此处应该用"不必"或"不用")

常用副词易混词语辨析

倒　反倒　反　反而　却

释　义

倒(dào)：〈副〉①表示同一般情况或主观意料相反，相当于"反而""却"。例如："弟弟倒比哥哥懂事。""没想到四十个学生倒有八个不及格。"②用在"得"字后的补语之前，表示同事实相反，含有责怪语气。例如："说得倒轻松，你来试试。"③用在复句前一分句，表示让步。例如："见过倒见过，就是没有深交。"④用于舒缓语气。例如："如果人手不够，我倒愿意帮忙。""他碰了你一下，倒不是故意的。"⑤表示催促或追问。例如："去还是不去，你倒说句话呀！"

反(fǎn)：〈副〉表示跟上文意思相反或出乎预料，相当于"反而""反倒"。例如："去给人家帮忙，反被人家怀疑是来打探消息的。"

反倒(fǎndào)：〈副〉相当于"反而"。例如："让你抓紧时间学习，你反倒玩儿起来了。""本想给他出点力，反倒被他误解。"

反而(fǎnér)：〈副〉表示跟上文的意思相反或出乎意料，起转折作用。例如："问题不但没有解决，反而越来越复杂了。""老人家年纪大了，反而比年轻人干得更欢。"

却(què)：〈副〉表示语气轻微的转折。例如："这件事情早就想找他谈谈了，却一直没有适当的机会。"

辨　析

以上五个词都是语气副词，都有转折语气的意思，但在使用中略有差

别,主要是:

(1)语义侧重点有所不同。

"倒"因为有舒缓语气,所以发展出反驳、拒绝、劝阻、建议、催促、让步责问等多种语义用法,使用范围较宽,其转折侧重于强调与事理或常情相反,也可以表示与自己的想法或别人的想法相反。

"反而"和"反"侧重于跟上文意思相反或出乎预料,表示转折语气。"反倒"是对"反"或"倒"的合一使用,表示相反或出乎预料的语气有所加强。

"反倒""反""反而"都带有"不应如此而出现了"的含义,不但出乎预期,而且还和预期相对立,都有递进式转折语气,有时含有抱怨义,比"倒"的责怪语气稍重。

"却"有强调和转折语气,不过语气较轻,有事与愿违的无奈,不含抱怨,语气比较客观。

(2)用法有所不同。

a)使用位置不同。"倒"在句中既可以用在前一个分句中,又可以放在后一个分句中,还可以用在单句中。例如:"说得倒好听,谁信他呢!""容貌一般,打扮倒还可以。""这地方风景倒是挺美的。""反倒""反""反而"只能放在后一个分句中。例如:"本想帮他,反倒被他误解。""他自己糊涂,反说别人不懂道理。""他凡事抢在前头,手下的人反而无法表现自己。""却"可以用于复句,也可以用在带有转折成分的单句中,且只能用于转折成分后一个词语或短语中。例如:"年纪还不算大,却常忘事儿。""历史是无情却又公正的。"

b)是否可逆转。"倒""却"都能用于可逆转的转折句中,例如:"这家店倒还干净,就是菜式少了点",这句可以逆转为"这家店菜式少了点,倒还干净";"一边是欢声笑语,一边却是愁眉苦脸",可以逆转为"一边是愁眉苦脸,一边却是欢声笑语"。"反""反倒""反而"不能这样逆转。

c)有的"却"式句中,如果两个方面同时存在而又互相矛盾时,"却"

不能换成"倒";两个方面具有一致特征却又有相当差异时,"却"也不能换成"倒"。例如:"我爱他,却又害怕和他在一起""这两个战士,一个高大威猛,一个却是瘦小精干",这两个句子中的"却"都不能换成"倒"。

d)"却"可以组合成"A却B"的格式,充当句子的状语、定语、谓语、补语、宾语等;而"倒""反""反倒""反而"不能这么组合,一般也只能作句子的状语。例如:"我了解他贫困,却不知努力向上的个性是怎么形成的。"(定语)"她每天都在等待,日子过得痛苦却又甜蜜。"(补语)"七百多个孩子坐在大阶梯教室里却鸦雀无声。"(谓语)"他缓慢却又坚定地走了过去。"(状语)"他年纪小却很懂事。"(宾语)

📖 例 句

(1)吃葡萄不吐葡萄皮儿,不吃葡萄倒吐葡萄皮儿。

(2)可是这没有妨碍他的眼力;反倒因此激动了他的蛮脾气,格外发狠练枪,从"嫩手"打成了一个不坏的"老手"。(吴组缃《山洪》一)

(3)他没有被失败打倒,反更有冲劲了。

(4)如果故事本身很简单,勉强乱加情节,反而不好了。(老舍《关于业余曲艺创作的几个问题》)

(5)林小姐却反不哭了,瞪着一对泪眼,呆呆地出神。(茅盾《林家铺子》一)

🔍 错误用例

(1)这衣服款式却是还行,面料差了点。(此处应该用"倒")

(2)我在小学时反而能背诵一千多首诗,现在记忆力可是不行了。(此处应该用"倒")

(3)20世纪80年代,现实主义诗歌和乡土诗歌获得了长足的发展,如今倒沉寂了下来。(此处应该用"反而""反倒")

(4)每日里在外打拼,披星戴月,来回奔波,浑不知身在何处,反而认他乡是故乡。(此处应该用"反")

(5)下周同学聚会,你却是来不来呀,给我句话。(此处应该用"倒")

竟 竟然 竟自 居然

释 义

竟(jìng):〈副〉①〈文〉"终于"。例如:"有志者事竟成。"②表示出乎意料,相当于"居然"。例如:"事实俱在,你竟敢矢口抵赖!""大家都很吃惊,这样的事他竟答应了。"

竟然(jìngrán):〈副〉表示出乎意料。例如:"这样明显的骗局,竟然还有很多人相信它。""她一打扮,竟然如此漂亮。"

竟自(jìngzì):〈副〉相当于"竟然"。例如:"群众提了这么点儿意见,他竟自勃然大怒。"

居然(jūrán):〈副〉表示出乎意料,相当于"竟然"。例如:"人们都不相信,他是大学毕业,居然说出这样的话。""刚刚答应的事,他居然忘了。"

辨 析

以上四个词都是语气副词,都表示出乎预料,有时可以互换,但在使用中又有略微差异,主要是:

(1)语体色彩和使用范围有所不同。"竟""竟自"多见于书面语,使用范围较窄;"竟然"多见于口语,也常见于书面语,使用范围较宽;"居然"多用于书面语,少用于口语,使用范围比"竟然"略窄。

(2)语义特征有所不同。

"竟"除了表示出乎预料的语气副词义,还有表示"终于"的时间副词义。例如:"水滴竟能石穿。"

"竟然"除了表示出乎预料,有时也可以表示程度加深。例如:"他本来就体弱多病,最近两周竟然卧床不起了。"

在出乎预料的语义上,"竟然"侧重于表示完全出乎预料,或更加出乎预料,甚至达到了让人吃惊的程度,语气较重。例如:"他无辜含冤入狱,竟然长达 10 年。"

"居然"侧重于强调超出预期。例如:"这次我的数学居然及格了。"

(3)感情色彩有所不同。"居然"比"竟""竟自""竟然"感情色彩上更强,常表示不尊敬或鄙视轻蔑的感情色彩,带有贬义;而"竟""竟自""竟然"有时用于对好事的意外和惊喜,含褒义色彩。例如:"没想到事情竟(竟然、竟自)做成了。"

(4)用法有所不同。

a)"竟"后面多带单音节词,"竟自""竟然""居然"多带双音节词或短语。

b)"居然"在句子中的位置比较灵活,既可以放在主语后面,也可以用在主语前面。而"竟""竟然""竟自"只能放在主语后面。例如:"我说这么大声居然你都听不见",这句中的"居然"不能换成"竟""竟然""竟自"。

c)"居然"可以单独用,而"竟""竟自""竟然"不能单独用。例如:"你做了汉奸,居然?"

 例 句

(1)你竟敢破坏我的生意,我岂能再用你?

(2)眼看希望越来越渺茫,不料他的出现,竟然让事情出现新的转机。

(3)我想她会回来,到如今竟自没消息,好狠心!(老舍《牺牲》)

(4)就为这么一点小事,他们兄弟居然同室操戈!

错误用例

(1)那时他还只是一个普通公务员,才过了两年,他居然已经成了处长。(此处应该用"竟然")

(2)竟然你不知道这件事? 早都传开了啊。(此处应该用"居然")

(3)他就这么走了,竟自? (此处应该用"居然")

(4)本是十拿九稳之事,却都失败,十年追求,所有梦想,竟然成泡影。(此处应该用"竟")

几　几乎　简直

✎ 释　义

几(jī):〈副〉〈文〉表示接近某种情况,相当于"将近""差不多"。例如:"几无例外"。

几乎(jīhū):〈副〉①表示非常接近,差不多。例如:"她的头发几乎全白了。"②表示眼看就要发生而结果并未发生。例如:"我昨天几乎摔断了腿。"

简直(jiǎnzhí):〈副〉强调差不多如此或完全如此(含夸张语气),例如:"天气太冷,冻得人简直受不了。""泥捏的人像,简直跟真人一模一样。"

✎ 辨　析

三个词都有"差不多"的意思,但使用中略有差别,主要是:

(1)副词种类和感情色彩有所不同。"几""几乎"一般认为是程度副词,表示事物的发展程度的,不带有主观评注性;"简直"是语气副词,带有主观评注性。例如:"老街变化很大,我几乎找不到家了",这句是对自己家附近变化程度的客观描述,如果把"几乎"换成"简直",语气就加强了,对变化程度有了主观感情色彩。

(2)语体色彩和使用范围有所不同。"几"只用作书面语,且文言色彩比较浓厚,使用范围比较窄;"几乎"多用于书面语,少用于口语;"简直"书面语和口语都常用。

(3)语义侧重点有所不同。

a)"几"表示状况、数量等接近某种程度,虽没达到,但相差无几;"几乎"来源于"几",和"几"侧重义相同,只是可以用于口语。在表示接近的程度上,"简直"要高于"几乎","几乎"的核心义是接近于某种事实,而"简直"的核心义是确认事实,或接近完全。

b)"简直"还有强调夸张的语气,而"几""几乎"没有。

c)"几乎"还有"表示眼看就要发生而结果并未发生"的意思,"简直""几"则没有此义。

(4)用法有所不同。

a)"几"后面一般带单音节词;"几乎""简直"一般带双音节词或短语,但不能修饰双音节性质形容词和状态形容词。例如可以说"他简直(几乎)黑如锅底",不能说"他简直(几乎)漆黑极了"。

b)"几""几乎"可以用于特指问,而"简直"不能。例如:"为什么他几乎在一夜之间成了拥有上万粉丝的网红?""为什么他跑销售成功率几近于零?"这两句中的"几""几乎""几"不能换成"简直"。"简直"可以用于反问句,而"几""几乎"不能。例如:"你这样做简直就是在明抢么?"句中的"简直"不能换成"几(乎)"。

c)"几""几乎"和"简直"都能修饰否定副词"不""无""没(没有)"等,但"几""几乎"修饰否定副词后,其句意是肯定的;而"简直"修饰否定副词后,其句意是否定的。例如:"你这人简直不讲理",表示说话人认为这人的确是不讲理的。又如:"喝酒多少才合适? 这几无定例。"表示还是有一两个定例的。

d)"几乎"在句子中的位置比较灵活,可以用于主语后面,也可以用于主语前面,但当主语是单一成分时,"几乎"就只能放在主语后面。例如:"他每次考试的成绩几乎都在前三名",也可以说"他几乎每次考试的成绩都在前三名";而"他几乎跑了第一",不能说"几乎他跑了第一"。"简直"一般只能用于句子的主语后面,不能用于前面。

📖 例 句

(1)此书作者生活年代几不可考。

(2)我们的太太和先生的蜜月旅行,几乎延长到两年。(冰心《我们太太的客厅》)

(3)听说土匪进了城,几个人几乎吓破了胆,站都站不直了。

(4)如果再不给你回信,那简直是铁石心肠了。(闻一多《给臧克家先生》)

🔍 错误用例

(1)为什么我哪次出门简直都能遇到你?(此处应该用"几乎")

(2)这几乎就是一本烂账,让我如何查得出来?(此处应该用"简直")

(3)数据表明,2月车市全军覆没几乎成定局。(此处应该用"几")

偏　偏偏

📖 释 义

偏(piān):〈副〉相当于"偏偏"。例如:"你要我去,我偏不去。"

偏偏(piānpiān):〈副〉①表示故意跟常情或别人的要求相反。例如:"大家都同意这个方案,他偏偏出来反对。""让我去买皮鞋,我偏偏不去。"②表示故意跟实际情况或客观需要相反。例如:"通知写得明明白白,偏偏他不看看。"③表示事实跟主观愿望恰恰相反。例如:"我想出去旅游,偏偏遇上下大雨。"④表示限制范围,近似于"单单""唯独"(用于疑问句中,含有不满语气)。例如:"大家都到齐了,为什么偏偏他没有来?"

辨　析

两个词都是语气副词,意思相同,用法也接近,有时可以互换。但细心辨析仍有差别,主要表现在:

(1)语气强度有所不同。"偏偏"是"偏"的重叠式,有强调作用,因此语气较"偏"要重一些。

(2)语义侧重点有所不同。"偏"的核心语义是"主观故意",强调施事者的主观意志与行为跟语境预期相反,侧重于行为主体的主观意志;"偏偏"的核心语义除了有"主观故意"外,还有"客观违愿",强调客观事实与说话人的预期相反,侧重于说话人对此的感受与评价。

例　句

(1)说好大家都去扫雪,你偏当耳边风。

(2)让你注意保密,你偏要到处嚷嚷。

(3)越是盼望着天黑,天却偏偏比往日更长。(峻青《黎明的河边·变天》)

(4)你无非是要我败,我偏偏不败。(闻一多《愈战愈强》)

错误用例

(1)上周五我有事去找他,他偏不在家。(此处应该用"偏偏")

(2)明知山有虎,偏偏向虎山行。(此处应该用"偏")

常用介词易混词语辨析

一　引进时间、方位、处所

打　从　由　自

释　义

打(dǎ)：〈介〉〈口〉①相当于"从"的义项①和义项②。例如："打这儿往东走。""他打东门进来。""打星期一起，该你们小组打扫卫生。"②引进事物产生的根源。例如："他这病就是打受凉落下的。"

从(cóng)：〈介〉①引进动作行为开始的时间、处所、范围，相当于"自"。例如："从太原到大同""从这儿往东""从今天起""从不会到会""从浅到深"。②引进动作行为经过的路线、场所。例如："从窗口往外看""从水里游过去"。③引进动作行为的根据。例如："从工作上考虑""从用纸看，这字画是宋代的"。

由(yóu)：〈介〉①表示经由。例如："由东边进村""由小路走"。②表示动作的起点、变化的来源。例如："由南到北""由蝌蚪变成青蛙"。③引进动作的施事者。例如："经费由我方提供。""客人由厂长陪同。"④引进凭借的对象。例如："由试验结果看，效果良好""由此可知"。⑤引进产生的原因或方式。例如："咎由自取""大会代表由选举产生"。

自(zì)：〈介〉引进动作行为的起点、来源或起始的时间，相当于"从""由"。例如："自天津出发""自古以来""来自山区"。

辨　析

以上四个词都是介词，都有引进时间、方位、处所等语义特征，使用中

稍有不同,主要是:

(1)语体色彩有所不同。"打"多用于北方口语;"从"则是书面语、口语都常见。"自""由"多见于书面语,且有文言色彩。

(2)语义各有不同侧重。"从""打""自"都有"引进动作行为开始的时间、处所、范围"的语义特征;"从""打""由"还可以引进动作行为经过的路线、场所;"从""由"都可以引进动作行为的根据或凭借;"打""由"都有"引进事物产生根源或原因"的语义特征;"由"还能引进动作的施事者,而其他几个词不能。

(3)用法有所不同。

a)"从""打""自"都能跟名词组成介宾短语,但因语体色彩不同而搭配也有不同。例如:"自小就聪明",介宾短语"自小"也可以搭配成"从小""打小";但像"自古就是""自幼喜欢"带有很重的书面语色彩,其中的"自古""自幼"不能换成"从古""打古""从幼""打幼"。

b)"从"和"由"可以引进变化的起点和来源,因此能组成"从(由)古到今""从(由)南到北"。"自"可以引进起点、来源,所以能组成"自古以来""自古到今""自从……以来"。"打"可以引进事物开始的时间、处所、范围,例如:"打那时候起""打昨个到今儿""打南边儿来","打这儿到村东头"。

c)"自"组成的介宾短语表示起点时,既可以用于动词前面,也可以用于动词后面,例如:"他自天津来",也可以说"他来自天津"。"从""由""打"组成的介宾短语不能用于动词后面,只能放在动词前面。例如:"他从(由、打)外面来",不能说成"他来从(由、打)外面"。

d)能否与"从""打"搭配。"打"能和"从"组合在一起,增强了在句中的协调功能,可以跟"之前""之后""以来""以后"组合,也可以用在书面语中。例如:"打从记事以来,他就没见过父亲。""自"也能和"从"组合在一起,组合后的"自"和"从"语义都受到限制,只能引进动作或状况起始的时间。"自"和"打"能组合成"自打",和"自从"一样只能引进时间起点,但多用于口语。"由"不能和"打""从"组合。

📝 例 句

(1)小伙子,你打哪儿来呀?

(2)从你的态度上一点也看不出你有反悔的意思。

(3)相由心生即是说有什么样的心境,就有什么样的面相。

(4)农历五毒月自今日始。

🔍 错误用例

(1)入秋以后,大雁会自从北方飞到南方。(此处应该用"自"或"从")

(2)有史为证,钓鱼岛从古以来就是中国的领土。(此处应该用"自")

(3)安全教育要打娃娃抓起,礼仪教育也要打娃娃抓起。(此处应该用"从")

(4)看问题要注意从表及里,从现象看到本质。(句中第一个"从"应该用"由")

(5)你们放心,既然我们已经开始合作,这笔亏损自我们公司承担。(此处应该用"由")

朝 冲 往 望 向

✏️ 释 义

朝(cháo):〈介〉引进动作行为的方向、对象,相当于"向""对"。例如:"衙门口朝南开。"

冲(chòng):〈介〉〈口〉①相当于"向"。例如:"他冲我招手。"②相当于根据。例如:"冲你这种作风,也该升职啦。"

　　往(wǎng):〈介〉引进动作行为的方向,相当于"朝""向"。例如:"往西边看""我们的汽车开往李庄"。

　　望(wàng):〈介〉引进动作行为的方向、对象,相当于"向""对"。例如:"望南看了看""望我鞠了个躬"。

　　向(xiàng):〈介〉引进动作行为的方向、目标或对象。例如:"向前进""奔向远大的目标""向优秀人物学习"。

辨　析

　　以上五个词都是介词,都引进动作行为的方向,有时可以互换。但在使用中略有不同,主要是:

　　(1)语体色彩有所不同。"冲"只能用于口语;而"朝""向""往"既可以用于口语,也可以用于书面语;"望"多用于书面语。

　　(2)语义侧重点和使用范围有所不同。

　　"朝"只表示方向,不表示对象,而表示的方向既可以是动作的方向,也可以是事物所对的方向,所以"朝"可以用于移动的人或动(事)物,也可以用于静止的事物。例如:"我朝外面走去。""汽车朝北开走了。""这房间朝南。"

　　"冲"除了表示动作的方向,还表示动作的原因或根据。例如:"这个战士冲着敌人的碉堡扑了上去。""我是冲我娘的面子来的,冲你,我死也不登你的门。"前一例句中的"冲"可以换成"向""朝",后一例句中的"冲"不能换成"朝""向""望""往"。

　　"往""望"作介词时都有表示动作移动的方向。例如:"我往(望)后院跑去","后院"只是动词"跑"移动的方向。但"望"还有"引进对象"的语义,"往"没有。例如:"他望我点点头。"句中的"望"不能换成"往"。"往""望"在引进动作移动方向上,可以和"朝""向""冲"通用,但"往""望"没有表示"朝向"的语义,因此"朝大海看去"中的"朝"可以换成

"向",不能换成"往""望"。

"向"不仅可以表示动作的方向,而且可以表示动作的对象。例如:"他向墙角看去","墙角"是动作"看"的方向;又如"向雷锋同志学习","雷锋同志"不仅是"学习"的方向,也是"学习"的对象目标。这些句中表示引进对象目标的"向"不能换成"朝""冲""往""望"。

(3)用法有所不同。

a)"冲""朝""向"组成的介词短语之间可以插入"着",例如:"冲(朝/向)着那儿跑",而"望""往"不能。

b)"冲""朝""向""望"可以直接跟人的名词组合,例如:"冲我傻笑""朝他挥挥手""向妈妈汇报""望我摇了摇头";而"往"不能直接跟人的名词组合,例如不能说"往我跑",要想组合就要加个方向性词语,以引进移动方向,例如:"往我这儿跑""往我面前站"。

c)"朝""冲""向""望"都能引进动作对象,有两种情况:第一,当引进对象比较固定时,如果谓语动词是具体的,"朝""冲""向""望"可以互换,例如:"他朝(向/冲/望)我眨眨眼",对象"我"是固定的,谓语动词"眨眨眼"是具体的;如果谓语动词是抽象的,介词只能用"向",不能用"冲""朝""望",例如:"我可以向你负责",谓语动词"负责"是抽象的,"向"不能换用"冲""朝""望"。第二,当引进对象不太固定时,引进的介词要用"向",不能用"冲""朝""望",例如:"这钱是我向同学那里借的",对象"同学那里"不固定,因此"向"不能换用"冲""朝""望"。

d)"向"和"往"组成的介词短语可以充当谓语动词的补语,例如:"我们奔向远方。""车子开往保定。"而"朝""冲""望"不能这样用。

e)一个句子中需要不止一个介词时,为使文字生动,可以通用的介词也要变化使用。例如:"小孙子向他跑来,他赶紧把椅子向边上挪了挪,向着孩子走过去",这句中介词"向"可以适当换用"朝""往""望"等。

📖 **例　句**

(1)这个孩子很阳光,凡事都朝好的方面想。

(2)你冲我发什么火？难道你就没责任？

(3)你往那边挤一挤,给我腾个地儿。

(4)他郑重地望我点了点头,默默走了出去。

(5)深秋的天空,一群大雁排成人字形,向南方飞去。

 错误用例

(1)放心,不望别人,就望你的面子我也不能拒绝。(句中两个"望"都应该用"冲")

(2)我急忙往弟弟跑去,把他抱了起来。(此处应该用"向"或"朝""冲")

(3)你应该冲好学生看齐,别老跟坏孩子交往。(此处应该用"向")

(4)我们全都欢呼着,奔朝那鲜花盛开的地方。

(5)房东向我夸耀道:"这房子窗户往南,又没有遮挡,很亮堂的。"(句中的"往"应该用"朝"或"向")

顺　沿

 释　义

顺(shùn):〈介〉引进依从的路线或凭借的情势机会。例如:"顺路看看""顺口答应""顺手牵羊"。

沿(yán):〈介〉顺着(江河、道路或物体的边)。例如:"沿江边走""沿墙根儿种花"。

辨　析

两个词都是引进方位或处所的介词,后面都可以加"着"。但有区别,主要是:

现代汉语常用**易混**词语辨析

（1）语义侧重点和使用范围有所不同。

a）"沿""顺"都表示动作经过的路线，与其搭配的介词宾语都有线性和延伸性的语义特征，都可以引介江河类、街道类、庭院空间类以及身体部位类等名词或短语。但"沿"更侧重于线性路径，尤其是边缘性、序列性的线性；而"顺"更侧重于延伸性语义特征，有依照、遵循、趁势的语义特征。例如："沿着墙根走"，其语义重心在"沿着墙根的边缘走"；而"顺着墙根走"，其语义重心在"顺着墙根走出去"。

b）当搭配的是门、户、村、家等这类型的名词时，有表示按序列一个个地过去的意思，线性很强，只能用"沿"不能用"顺"。例如："挑着担子沿村叫卖"，句中的"沿"不能换成"顺"。

c）当搭配的事物侧重于突出的边缘性特征，只能用"沿"不能用"顺"。例如："用大口径杯子倒水，水会沿着杯壁倒流下来"，句中的"沿"也不能换成"顺"。

d）当搭配的事物侧重于突出其延伸，一般用"顺"而不用"沿"。例如："愤怒的人流顺着官道一直延伸到城门下。"

e）当侧重表示凭借、趁势的语义特征时，只能用"顺"而不能用"沿"。例如："小船顺风而下。""火苗顺着风势越着越旺。""我就顺嘴那么一说。"这些句子中的"顺"都不能换成"沿"。

（2）用法有所不同。

a）"沿"和"顺"都可以引介思想意识类的名词或短语，如思路、意志、理论、目标等，但"沿"侧重于客观，且可以用比喻；"顺"侧重于主观，且不能用比喻。例如："沿着社会主义道路前进""沿着党指引的方向走"，这两个句中搭配事物带有比喻意，不能换成"顺"；又如"做事不能顺着自己的性子来"，引介事物带有很强的主观性，不能用"沿"。

b）"顺"引进的宾语一般是单音节词，"顺着"引进的宾语一般是双音节词或短语；而"沿"可以引介单音节词、双音节词或短语，"沿着"一般引介双音节词或短语作宾语。例如："顺路探望""顺着林间小道一直往南走""沿江而行""沿铁路向东而行""沿着黄线行驶"。

c)"沿(着)"组成的介词结构可以作句子的状语、定语、句首状语,还可以作存现句的主语。例如:"沿着河堤撤退"(状语),"沿金沙江的一次自驾旅行"(定语),"沿着铁路,我走了五十多里路"(句首状语),"沿着荷塘,是一条曲折的小煤屑路"(主语)。"顺着"组成的介词结构可以作状语和定语,"顺"组成的介词结构只能作句中状语。

📖 **例　句**

(1)你到了那里,一切顺势而为,不要强求。

(2)前路不通,你还是顺着来路返回吧。

(3)沿着校园熟悉的小路,清晨来到树下读书。

(4)那时候他遇到土匪,财物被抢劫一空,只好沿路乞讨,一个月才走回家。

🔍 **错误用例**

(1)顺墙根右行 10 米拐弯,就看到你要找的那块石头了。(此处应该用"沿")

(2)顺着河道,是一连三个村子。(此处应该用"沿着")

(3)刚一开门,就有个穿得厚厚实实的人沿着门滚了进来。(此处应该用"顺着")

(4)正好,你可以沿路考察一下这家店铺生意做得怎么样。(此处应该用"顺")

二 引进方式、方法、手段

挨 按 按照 依 照 依照

✐ **释 义**

　　挨(āi):〈介〉〈口〉表示依照(某种次序)。例如:"挨户检查""挨家通知"。

　　按(àn):〈介〉按照。例如:"按时交纳会费""按每张票五块钱计算"。

　　按照(ànzhào):〈介〉依照;根据。例如:"按照规章制度办事。"

　　依(yī):〈介〉依照。例如:"依次入场""依法治罪"。

　　照(zhào):〈介〉①按照。例如:"照此办理""照原件抄录"。②对着,向着。例如:"照胸脯拍了一下""照预定目标前进"。

　　依照(yīzhào):〈介〉引进行事所遵从的标准或依据。例如:"依照图纸制作。"

✐ **辨 析**

　　以上六个词都是依据类介词,引进动作行为的方式、方法、手段等。有时可以互换,但有不同,主要是:

　　(1)语体色彩和使用范围有所不同。"挨"只能用于口语,其所引介的宾语一般都是可以成序列的,例如家、门、户、村等,使用范围比较窄。"按""依""照"既可以用于口语,也可以用于书面语。"按照""依照"通常用于书面语,它们引介的宾语一般是规则制度、思想理论、标准方法、程序约定、号码地址、属性特征、职务关系、消息报告、调查数据等(当然内部还有差异),使用范围相对较宽。

(2)语义侧重点有所不同。

a)"依""照""依照"所引介的宾语往往是强制性的标准类,要求严格,甚至要求模仿,不容有歧义,常用于法令、法规方面或不容忽视的命令要求等。但因语体色彩不同,"依""依照"更多用于法律条文中;"照"则更多用于口语中,且往往不能替换。例如:"依(依照)刑法第一百五十七条的规定处罚",句中的"依(依照)"不能换成"照";而"照我说的办"中的"照"不能换成"依(依照)"。"按(按照)"引介的标准、法规类宾语一般没有那么严格,也没有模仿义。

b)要求此事物要用彼事物标准时,要用"按""按照"引介,不能用"依""依照""照"。例如:"不来上班又没有办理请假手续,要按(按照)旷工处理。"

c)"照"还有"对着""向着"的语义特征,而其他几个词没有。例如:"他上来二话不说照头就打。"

(3)用法有所不同。

a)"挨"引介的宾语一般是单音节词,例如:"挨门发放。""按""依""照"引介的宾语可以是单音节词,也可以是双音节词或多音节词语,例如:"依律治罪""依你们的法子办""请你按时入场""按计划行动""照章办事""照原件复印"。"依照""按照"引介的宾语只能是双音节词或短语。

b)"依""依照""照"和"挨"不能带动词宾语,"按""按照"可以带动词宾语。例如:"按(按照)测算应该就在这里",这句中"按(按照)"不能换成"依""照(依照)"。

c)"依"不能引介"法律"一词作宾语,例如不能说"依法律纳税",但可以说"依法纳税"。"依"也不能引介带有预测类语义特征的宾语,例如不能说"依天气预报,今天有大风"。

📖 例 句

(1)这种防疫宣传手册很重要,要挨家挨户发放。

(2)这事就按你说的办。

(3)如果针对普通产品消毒,84 消毒液只要按照 1∶20 的比例兑水即可。

(4)他哪有什么天分,不过是依样画葫芦罢了。

(5)照这样计算,如果把地球上所有海水中的氘的能量通过核聚变反应都释放出来,就是取之不尽的能源。

(6)依照相关数据分析,今年公司完成销售任务不成问题。

🔍 错误用例

(1)日本侵略者对我解放区实行大围剿,每进一个村子,都要按户搜查游击队。(此处应该用"挨")

(2)按照你看来,下一步我们应该做些什么?(此处应该用"照")

(3)既然犯了罪,那就照法追究好了,不用问我的意见。(此处应该用"依")

(4)我可是严格依照医生的嘱咐吃药的。(此处应该用"按照"或"按")

(5)凡是不在这个名单上的人,都依迟到处理。(此处应该用"按")

据　根据　依据

✏️ 释 义

据(jù):〈介〉引进动作行为凭借的对象或方式,相当于"根据""依

393

常用介词易混词语辨析

照"。例如:"据实上报""据我所见"。

根据(gēnjù):〈介〉表示以某种事物作为得出结论的前提或语言行动的基础。例如:"根据水文观测,近日将发洪水。""根据调查得到的材料分析,他的错误十分严重。"

依据(yījù):〈介〉引进动作行为的根据。例如:"依据事实定案。""依据医生的诊断,这是发烧的征兆。"

辨　析

以上三个词都是依据类介词,引进动作行为的方式、方法、手段等。有时可以互换,但有不同,主要是:

(1)语义侧重点和适用范围有所不同。

a)"据"语义侧重于"根据",引进"行为动作凭借的对象或方式",其引介宾语范围比较特殊,不能带"规则类、既定模式类、属性特征类"的名词,例如不能说"据游戏规则,需要三个人玩",句中的"据"应该换成"根据"或"依据"。"根据"侧重于凸显事实基础,其引介搭配的对象范围多为表示请求建议、指示原则、供述需求、文件精神、法律法规、统计数据、目标要求、推测预估等内容的名词或短语。"依据"侧重于突出"客观性"和"有所凭依",其引介搭配的对象范围多为条约协议、规定规律、方针政策、规划要求、理论原则、指标论述、信息数据、思维模式、程序办法等。

b)"据"和"根据"所引介的宾语内容允许有所增减变化;而"依据"引介的宾语有些也可以改动,但增减改动的幅度比较小。例如:"这部小说是据(根据)真人真事改编的。""依据课程标准,我们制定了教学指导意见。"

(2)用法有所不同。

a)"据"后面可以跟单音节宾语,也可以跟双音节宾语或多音节短语,例如:"据观察了解"。"依据""根据"后面只能跟双音节词或短语。

b)"据"可以引介主谓短语作宾语,例如:"据我看""据他观察""据组委会透露"等。"根据""依据"不能这样用。

c)"据""根据"可以引介动词作宾语,例如:"据说""据了解""根据报道""根据推测"等;"依据"不能引介动词作宾语。

📝 例 句

(1)据护士说,目前他的病情还不太稳定。

(2)我们不能依据这种说法去理解啄木鸟何以变得适应于它的特殊习性。(《物种起源》)

(3)根据每个人的表现给予相应的年终奖励。

🔍 错误用例

(1)我们应据有关规定处理这件事。(此处应该用"依据")

(2)科学家根据此推测,元谋猿人那时大概已经会使用火了。(此处应该用"据")

(3)依据我的估计,他这次考公务员可能性不大。(此处应该用"根据")

通过　经过　经由

📝 释 义

通过(tōngguò):〈介〉以人或事物为媒介或手段而达到某种目的。例如:"通过中介公司购买住房""通过翻译交谈""通过调查了解情况"。

经过(jīngguò):〈动〉通过(时间、处所、动作等)。例如:"衣服经过修改,现在大小合适了。""去县城要经过我们村。"

经由(jīngyóu):〈介〉路程经过(某地方或某路线)。例如:"从这里起,经由郑州到达青岛。"

三个词意义相近,但使用中又有区别,主要是:

(1)词性功能有所不同。"通过""经由"是介词,引介动作行为的手段或方式;"经过"是动词,只是语义有相通之处。

(2)语义侧重点和适用范围有所不同。

"通过"使用范围比较宽,侧重于引介手段或媒介,强调"可以达成目的或结果",既可以是具体的,也可以是抽象的。

"经过"使用范围也比较宽,侧重于"通过"(时间、处所、动作等),强调"经历和过程"。例如:"去广州要经过武汉""经由武汉去广州",都表示是路程经过,前者重在"经过武汉"这个城市,后者重在"经过武汉"的动作经历。再如:"通过各方协调,可以达成一致。""经过各方协调,终于达成一致。"两句都表示"通过某种方式动作达成某种目的",前者强调的是通过"各方协调"这一"方式""可以达成一致"的目的,后者强调的是通过"各方协调"这一"过程""终于达成一致"的结果。

"经由"使用范围比较窄,侧重于引介地点或路线,强调"途中经过",比较具体。

(3)用法有所不同。

a)"通过"可以跟"媒介、手段类"名词或以其为核心的偏正短语,而"经过""经由"不能。"经过"可以跟"历时、时间类"名词或以其为核心的偏正短语,而"通过""经由"不能这样用。例如:"通过这种途径,解决运输难的问题",这句中的"通过"不能换成"经过""经由";"经过几个月努力,他总算完成了这份调查报告",这句中的"经过",不能换成"通过""经由"。

b)"通过"可以直接跟表示人或机构的名词,而"经过""经由"不能。例如:"课堂教学改革,要通过教师来落实",这句中的"通过"不能换成"经过""经由"。

c)"通过"可以跟带结果补语的述宾短语,而"经过""经由"不能。例如:"通过隔离患者,我们控制疫情扩散",句中的"通过"不能换成"经过""经由"。

d)给"通过"的宾语作修饰语的多为"数量多样"意义的词语,如"各种、种种、多种、各方面、一系列"等。给"经过"的宾语作修饰语的多为表"时长""繁难""动量"的词语,如"很长、一段、长期、多年、短短、艰难、刻苦、痛苦、曲折、剧烈、反复、无数次、不断、一次又一次"等。给"经由"的宾语作修饰语的,一般是能够修饰限定路线、地点处所的名词、形容词、数量词或代词,如"一条""曲折""拐弯(处)""十字(路口)""街心(花园)""我们(村)""湖北(武汉)"等等。

e)"通过"和"经过"都可以跟自主性动词,如"研究""讨论""调查""实验""分析""努力""钻研""阅读"等;或带有过程意义的属性名词组成的短语,如"这个环节""如此步骤""三个阶段""五个回合"等。而"经由"只能跟路线或地点类名词及其短语。

📖 例　句

(1)我国政府一向主张通过谈判解决国际争端。

(2)经过装修,我们家现在焕然一新。

(3)我准备经由此地去上海。

🔍 错误用例

(1)通过不懈努力,我找到了破解这个密码的方法。(此处应该用"经过")

(2)你经过这条地下通道穿过去,就到了医院门口了。(此处应该用"经由")

(3)经由导游讲解,我了解到了这几个浮雕的含义。(此处应该用"通过")

凭　借　用　靠

现代汉语常用**易混**词语辨析

释　义

凭（píng）：〈介〉引进动作行为的凭借或依据,相当于"凭借""根据"。例如:"凭本事吃饭""凭经验预测"。

借（jiè）：〈介〉引进动作行为所利用或凭借的时机、条件等(有时跟后面"着")。例如:"借出差的机会探亲戚""借着月光拍照"。

用（yòng）：〈介〉引进动作行为所凭借的工具、手段等。例如:"用刀宰羊""用雷锋精神教育下一代"。

靠（kào）：〈动〉依靠,依赖。例如:"靠天吃饭""家里靠他生活"。

辨　析

以上四个词语义相近,使用中有时可以互换,但又有所区别,主要是:

（1）词性功能有所不同。"凭""借""用"是介词,分别引进动作行为凭借的手段、方法、工具、材料、时机等。"靠"现在通常认为是动词,意思是"依赖、依靠",和介词引进凭借的手段、工具等语义特征很相似。

（2）语义侧重点和适用范围有所不同。

a)"凭"的语义重点在"动作行为有所凭依",引进的宾语多为比较抽象的名词或名词短语,如"经验""本事""速度""素质""天赋""聪明""优势"等,一般不引进具体事务。例如:"凭我的优势,一定能胜过他。"

b)"借"的语义重点是"动作行为有所借助",引进的宾语既可以是比较具体的名词或名词短语,也可以是比较抽象的名词或名词短语。

c)"用"的语义重点在于"动作行为有所运用",引进的宾语既可以是比较具体的名词或名词短语,诸如"绳子""铁锅""斧子""小刀""大水桶""葫芦制成的水瓢"等;也可以是比较抽象的名词或名词短语,诸如

"爱心"仇恨""意志""毅力""雷锋精神""思想的光辉"等,使用范围比较宽。例如:"用小碗吃饭""用顽强的意志战胜病魔"。和"借"区别在于,"借"重在引进时机或条件,"用"重在引进手段或工具。例如:"借你的力量打败敌人",也可以说"用你的力量打败敌人",但前者只是"借助",自己也是施为者;而后者却是"利用",自己并不施为。

d)"靠"作为一个动词,语义重点在于"依赖、依靠",所带的宾语可以是具体的名词或名词短语,也可以是抽象的名词或名词短语。"靠"和"凭"都有"依凭"的语义特征,但"靠"重在"靠依赖而支撑","凭"重在"凭依赖而证明"。例如可以说"凭手艺吃饭",也可以说"靠手艺吃饭",但前者重在证明"吃饭"凭的是手艺这个本事,而不是其他;后者重在依靠着"手艺"支撑生计。所以"靠山吃山,靠水吃水""靠几颗巧克力支撑了三天",两个句子中的"靠"都不能换成"凭";而"你凭什么辞退我""就凭这个可以看出你的人品",两句中的"凭"不能换成"靠"。

(3)用法有所不同。

a)"凭""借""用""靠"都可以作句子的状语;但"靠"除了作状语,还可以作谓语,例如:"这个任务靠他来完成""我们就靠你了"。

b)"凭""借""靠"都可以在后面跟"着",而"用"不能。例如可以说"凭着一双灵巧的手绣出了一幅幅美丽的图案""借着微弱的光线,缝补衣裳""靠着打工赚钱养家",但不能说"用着一把大砍刀砍下一根树枝"。

c)"凭""靠"可以在前面加"全",也可以前后分别加"全"和"着",例如:"全凭(着)自觉努力才能走向成功。""全靠(着)这个小家伙上下联络,任务才完成得这么快。""借""用"不能在前面加"全"。

📖 **例 句**

(1)凭我的经验来看,眼下最重要的是先清理宿舍卫生。

(2)我借春节放假的时候去了一趟黄山。

(3)我们要用实际行动来践行爱国主义精神。

(4)平常他靠练书法消磨时间。

 错误用例

(1)我可以用一条绳子就翻上屋顶。（此处应该用"靠"或"借着"）

(2)努尔哈赤借十三副铠甲起兵造反,花了三十年建立了后金王朝。（此处应该用"靠"）

(3)他靠什么这么霸道？简直是无法无天嘛。（此处应该用"凭"）

(4)全用着聪明才智,他才终于摆脱了敌人的纠缠。（此处应该用"凭"或"靠"）

拿 以

✎ **释 义**

拿(ná):〈介〉〈口〉①引进所凭借的工具、材料、方法等,相当于"用"。例如:"拿大话吓唬人""拿数据证明"。②引进所处置或关联的对象。例如:"我拿他没办法。"③从某方面提出话题,常跟"来说""来看"配合使用。例如:"拿教育来说,偏重分数是多年的老问题。""拿学习来看,小王在班里成绩最突出。"

◎另,有动词功能,意思分别表示"用手或其他方式抓住""捕捉""掌握""领取"等。例如:"拿杯水来""拿下犯人""心里要拿稳""拿到了奖杯"。

以(yǐ):〈介〉①引进动作行为依据的方式、标准,相当于"按照""依据"。例如:"以音序排列""每户以人口计算"。②引进动作行为赖以实现的工具、手段等,相当于"用""拿"。例如:"以卵击石。"③引进动作行为的原因,相当于"因为"。例如:"以故停办""不以人废言"。④引进动作行为给予的事物。例如:"报以热烈的掌声。"⑤〈文〉相当于"在(时间)"。此义现在少见。例如:"中国共产党以 1921 年成立。"

◎另,有连词功能,表示目的。例如:"推出最新产品,以满足顾客需要。"

辨　析

两个词都可作介词,引进动作行为的方式、手段、工具等。有时可以互换,但使用中也有区别,主要是:

(1)语体色彩有所不同。"拿"一般用于口语,"以"则是用于书面语。例如,两个词都有相当于"用"的语义,用"拿"可以说"拿鸡蛋打石头""拿这个当证据",而用"以"可以说"以卵击石""以此为证"。

(2)词性功能有所不同。"拿"除了作介词,还有动词义;"以"除了作介词,还有连词功能。

(3)语义侧重点有所不同。

a)"拿"和"以"都可以引进动作行为的工具、手段、方式、材料等。除此之外,"拿"还可以引进所处置或关联的对象,例如:"我拿你怎么办。""以"没有这个语义。

b)"拿"还可以和"来说""来看"配合使用,引出某方面的话题,例如:"拿我来说,空有博士学位,又有什么用。""以"也没有这种语义。

c)"以"除了引进工具、手段、材料等,还可以引进动作行为依据的方式或标准,例如:"以姓氏笔画为序排列。""拿"不能这样用。

d)"以"还可以引进动作行为的原因和动作给予的事物,例如:"不以成败论英雄""对生活报以爱意"。"拿"也没有这样的语义。

(4)用法有所不同。"以"可以用在单纯的方位词前面,表示时间、方位、数量的界限,例如:"三天以前""长城以北""二百斤以内"。"拿"没有这种用法。

例　句

(1)就拿曹操来说,他曾以少胜多,取得官渡之战的胜利,却又因骄傲自满,在赤壁败给了弱势的孙刘联军。

(2)战士们以一当十,勇不可当,给了来犯敌人以沉重的打击。

(3)你别拿鸡毛当令箭,以为我怕你啊。

(4)我的家乡在黄河以南。

🔍 错误用例

(1)你想以我当替死鬼?别做梦了。(此处应该用"拿")

(2)拿我们的忠诚报答党和国家对我们的养育之恩。(此处应该用"以")

三　引进对象、关联

对　对于　关于

✒ 释　义

对(duì):〈介〉①引进动作行为的对象,相当于"向""跟"。例如:"对他表示敬意""对他说话"。②引进对待的对象。例如:"我对他很好。""对这件事我会重视的。"

◎另,有其他词性:①作形容词,意思是"正确的"和"对面的、对立的"。例如:"答对了!""他是你的对手。"②作动词,意思主要有:a)朝向。例如:"这面墙正对着窗户。"b)针对。例如:"刀对刀,枪对枪。"c)彼此相对。例如:"两军对峙。"d)互相拼合或配合。例如:"把碎片对在一起。"e)适合。例如:"他俩很对脾气。"f)调整使合适。例如:"对好焦距""对好时间"。g)平分成两份。例如:"说到他这个人,功过对开。"h)掺和。同"兑"。例如:"对点矿泉水。"i)核对。例如:"请对号入座。"③作名词,主要意思是"对联"或"互相配合的人或事物"。例如:"配对""对对子"。④作量词。例如:"一对夫妇。"

对于(duìyú):〈介〉引进对象或事物的关系者。例如:"对于民族问题或宗教问题应当谨慎处理。""人们对于生活待遇问题向来都很关心。""经常看书读报,对于提高文化修养很有好处。"

关于(guānyú):〈介〉引进关涉的对象。例如:"关于环保问题,领导已经做了部署。""关于彗星的知识,人们比以前知道得多了。"

辨 析

三个词都是介词,引进动作行为的对象或关联的事物,使用中语义有交叉,又有区别,不同之处主要是:

(1)词性功能和使用范围有所不同。"对"的词性功能比较丰富,在现代汉语中非常活跃,使用范围很宽。"对于""关于"只是介词,使用范围比较窄。

(2)语义侧重点有所不同。

"对"和"对于"的语义基本相同,都有"引进动作行为的对象或关联的对象"的语义,但"对"受动词的影响,还有表示"朝向、跟"和"对待的对象"的语义侧重点,即表示人与人之间的对待关系,而"对于"没有。例如:"对他很好""对他表示敬意",其中的"对"不能换成"对于";"经常看书读报,对于提高文化修养很有好处",这句中的"对于"则可以换成"对"。

"关于"的语义是"引进动作行为涉及的事物",语义侧重于"关涉、提示"而不是"指出",这一点与"对""对于"不同。

(3)用法有所不同。

a)"对"和"对于"的用法基本相同,能用"对于"的句子,一般都能用

常用介词易混词语辨析

"对"，但能用"对"的句子，不一定都能用"对于"。例如："狗对于气味非常敏感"，这句话也可以说成"狗对气味非常敏感"；"我们决不对敌人投降"中的"对"不能换成"对于"。

b）"对于"和"关于"用法很接近，有时可以互换，容易混淆，区别在于：引出关联、涉及的事物，用"关于"不用"对于"；指出对象，用"对于"不用"关于"。例如："关于青少年早恋问题，人们谈论得较多。""对于外交问题，不能随便表态。"如果对象既表示关涉，又表示指出，两者可以互换。例如："关于（对于）择校难这个问题，我们正在设法解决。"

c）"关于"具有提示性质，用"关于"组成的介词结构，可以单独用作文章题目；用"对于""对"组成的介词结构则不能。例如："关于环境保护问题"，做文章标题时不能换成"对（对于）"。

d）"关于"组成的介词结构作状语时，只能用在主语前；而"对""对于"组成的介词结构作状语时，在主语前后都可以用。例如："关于交通法，我了解得不多"，不能说成"我关于交通法了解得不多"；"对（对于）这个课题，我很感兴趣"，也可以说成"我对（对于）这个课题很感兴趣"。

e）"对""对于""关于"组成的介词结构都可以作定语，但"关于"组成的介词短语作定语时，表示的是某种事物所涉及的范围或包括的内容；而"对（对于）"组成的介宾短语作定语时没有这个意思。例如："写一篇关于疫情的报告"，这句中的"关于"不能换成"对（对于）"。

f）"对"和"对于"都能跟"来说"连用，"对……来说（说来）"结构，表示从某人或某事的角度来看；"对于……来说"结构，一般是表达说话人的判断或看法。例如："这个工作对他来说很容易完成""这个工作对于他来说很容易完成"，前一个句子表示从"他"的角度来看"工作很容易完成"，后一个句子表示说话人认为他完成这个工作"很容易"。"关于"没有这种连用结构。

 例　句

（1）我对这本书有了新的理解。

（2）你已经决定离开了吗？我对你很失望。

（3）我对于你这种不教而诛的做法,很有意见。

（4）对于广州的年宵月市,我常常有这种感受。（秦牧《花城》）

（5）关于这个问题,我们下次再讨论。

（6）我们准备了很多关于网络教学的资料。

错误用例

（1）他为新中国立下了不朽的功绩,我们对于他是深表敬意的。（此处应该用"对"）

（2）这是一本对于疫情的书。（此处应该用"关于"）

（3）关于主权问题,我们必须严肃对待。（此处应该用"对"或"对于"）

（4）关于任何一种文化传统来说,如何协调守成、创新与外来文化之间的关系始终是一个关键问题。（此处应该用"对"或"对于"）

被　给　叫　让

释　义

被(bèi)：〈介〉用于被动句中,引进行为的施事者,前面的主语是动作的受事者,施事者有时省略,相当于"叫""让"。例如："太阳被乌云遮住了""她被选为三八红旗手"。

给(gěi)：〈介〉①用在动词后面,引进交付的对象。例如："把东西还给他""献给国家"。②引进动作的对象,相当于"向""朝"。例如："让我们给国旗敬礼""给他道歉"。③引进行为的受益者,相当于"为""替"。例如："老师给我们讲课。""他给大家当导游。"④引进行为的主动者,相当于"被"。例如："房顶给大风掀掉了。"⑤引进行为的受害者。例如：

"他把水杯给我打碎了。""我把家具给他砸破了。"⑥后面带宾语"我",表示命令语气。例如:"你给我滚开!""赶快给我站好了!"

叫(jiào):〈介〉〈口〉①用于被动句中,引进行为的施事者,相当于"被"。例如:"他的帽子叫风刮掉了。""园里的菜叫猪啃光了。"②跟"看""说"配合使用,表示主观看法,相当于"依"或"照"。例如:"叫我说,今年不必搞什么聚会了。"

◎另,有动词义,主要意思有:①人或物的发音器官发出较大的声音。例如"鸡叫""叫好"。②招呼,呼唤。例如:"外面有人叫你。"

让(ràng):〈介〉〈口〉①用于被动句中,引进行为的施事者,相当于"被"。例如:"柳树让工人砍了。"②跟"看""说"配合使用,表示主观看法,相当于"依"或"照"。例如:"让我说,这样的事就弄不成。"

◎另,有动词义,主要意思有:①把方便或好处给别人。例如:"孔融让梨。"②指使,容许,听任。例如:"让我歇歇。"③避开,躲闪。例如:"让开。"

 辨 析

四个词都是介词,都可以用于被动句中,引进行为的施事者,但使用中有区别,主要是:

(1)语体色彩有所不同。作为介词,"被"在书面语和口语中都很常用,在比较庄重的场合只能用"被";而"给""叫""让"只能用于口语。

(2)词性功能有所不同。"被""给"主要的词性功能是作介词,少数情况作动词;"叫""让"主要词性功能是动词,少数情况作介词。

(3)语义侧重点和使用范围有所不同。作为介词,"被"只有"引进行为的施事者"的语义,适用范围比较窄;"叫""让"除了引进施事者,还有相当于"依"或"照"的语义,表示主观看法;"给"除了引进施事者,还可以引进交付的对象、动作的对象、行为的受益者和受害者等语义,适用范围比较宽。

（4）用法有所不同。

a）"被""给"在引进行为的施事者时，施事者可以省略；而"叫""让"不能省略施事者。例如："他被（给）坏人打了"，也可以说"他被（给）打了"；但"他叫（让）坏人打了"，不能说成"他叫（让）打了"。

b）"被""让""叫"可以和助词"给"共现，助词"给"用在谓语动词前以加强语气；而介词"给"不能跟助词"给"共现。例如："我的衣服全被（叫/让）雨水给淋湿了"，这句中的"被""叫""让"不能换成"给"。

c）"给"用在动词后面，引进交付的对象时，如果动词本身具有"给予"的含义，后面的"给"可以出现也可以不出现。例如："送（给）他一本书""我把钱还（给）你"。"被""叫""让"没有这种用法。

d）作介词时，"被"只能用于被动句；"叫、让"除了用于被动句，还可以用于一般陈述句；介词"给"除了用于被动句，还可以用于一般陈述句和祈使句。

📖 **例　句**

（1）站在甲板上望出去，我被大海波澜壮阔的景象震撼了。

（2）昨天刮了一天大风，我家窗台上的花盆给吹到楼下摔碎了。

（3）我的小狗叫一只大狗追得满地跑。

（4）解放战争期间，我三叔让人给抓了壮丁，以后再没了音信。

🔍 **错误用例**

（1）植物具有向光性，这一点很早就叫人发现了。（此处应该用"被"）

（2）庙里那棵老槐树让砍了。（此处应该用"被"或"给"）

（3）我都给你给绕糊涂了。（第一个"给"应该用"被"或"让""叫"）

（4）司马光很聪明，立刻把水缸让他砸破了，小孩得救了。（此处应该用"给"）

跟 和 同 与

现代汉语常用**易混**词语辨析

释 义

跟(gēn)：〈介〉①引进涉及的对象,相当于"和""同""向"。例如："有事多跟大家商量。""别跟他开玩笑。"②引进比较或比拟的对象,相当于"同"。例如："山区的气候跟平原不一样。""力气大得跟牛一样。"

和(hé)：〈介〉①引进跟动作有关的一方,相当于"向""跟"。例如："我常和他联系。""他和大家讲过那次不幸的婚姻。"②引进比较的对象,相当于"跟"。例如："意志和钢铁一样坚强。"③〈文〉连带。例如："和盘托出""和衣而卧"。

同(tóng)：〈介〉①引进跟动作有关的对象,相当于"和""跟"。例如："有困难同我们说""同不良现象作斗争"。②表示与某事有无联系,相当于"跟"。例如："他同这次事故无关。""建筑质量同施工队伍素质有密切关系。"③引进比较的对象,相当于"和""跟"。例如："这里的风格同别处不一样。""我同爸爸一样喜爱戏剧。"

与(yǔ)：〈介〉多用于书面语中,引进动作行为有关的对象,相当于"跟""向"。例如："与朋友约定""与坏人坏事作斗争""与日月争辉"。

辨 析

以上四个词都是介词,都能引进关联的对象,使用中可以通用,但也有细微差别,主要是：

(1)语体色彩有所不同。作介词时,"跟"常用于口语;"同""与"常用于书面语;而"和"则是书面语、口语都常用。

(2)语义侧重点有所不同。

a)四个词都可以引进关联的对象,但"跟""和""同"还可以引进比较的对象,而"与"不能。

b)"和"还有表示"连带"的语义,而"同""跟"没有这个语义。

c)"同"还表示与某事有无联系,而"跟"也没有这个语义。

例 句

(1)我已经跟老师说好了,毕业后不留校,回家乡做个村官,为家乡父老做点实事。

(2)和太阳不同的是,月亮并不会自己发光,只是折射太阳的光辉。

(3)同他竞争,你的赢面可不太大。

(4)在外交上,土库曼斯坦也显得小心翼翼,既和美俄保持友好的往来关系,也与中方称兄道弟。

错误用例

(1)你让我与他学?他哪点比我强了?(此处应该用"跟")

(2)要日本帝国主义放弃侵华野心,无异于和虎谋皮。(此处应该用"与")

(3)看你,老大个人怎么同个孩子似的。(此处应该用"跟")

(4)我看他同你不同,他是在基层摸爬滚打上来的,想问题哪会那么单纯。(句中第一个"同"应该用"跟"或"和")

除　除了　除非

释 义

除(chú):〈介〉引进排除的对象,表示不计算在内。常跟"外""以外"配合使用。例如:"这个连队除死伤外,只有七十个人。"

◎另,有动词义,意思是"去掉"。例如:"除暴安良。"

常用介词易混词语辨析

除了(chú·le):〈介〉①引进排除的对象,表示所说的不计算在内。例如:"这项工作,除了老王,没人能承担。"②引进全体事物中的某一部分,跟"还""也""只"配合使用,表示除此之外,还有别的。例如:"他除了负责审读书稿,还给青年编辑讲课。"③引进事物对立并存的两面中的一面,跟"就是"配合使用,表示不这样就那样。也说"除开""除去"。例如:"这些天,他除了批改作业就是辅导学生。"

除非(chúfēi):〈介〉引进排除对象,相当于"除了"。例如:"这块石头,除非大哥,没人搬得动。"

◎另,有连词功能,相当于"只有",表示唯一条件,常跟"才""否则""不然"等配合使用。例如:"若要人不知,除非己莫为。""除非从根本上铲除特权,才能彻底解决反腐败问题。"

辨 析

三个词都是介词,都能引进排除的对象,但使用起来还有一些差别,主要是:

(1)语体色彩有所不同。"除"一般用于书面语;"除了"多用于口语;而"除非"则是口语、书面语都常用。

(2)词性功能有所不同。"除"既有介词的功能,又有动词功能;"除非"既有介词功能,又有连词功能;而"除了"只有介词的功能。

(3)语义侧重点有所不同。介词"除"是由动词虚化而来的,所以其基本的语义特征就是"排除,表示不把它所引进的对象计算在内"。"除了"是由介词"除"发展而来,语义特征除了"排除、不计算在内"外,还有其他两个语义,一个是"除此之外,还有别的",一个是"不这样就那样",这两个语义"除"和"除非"都没有。"除非"作介词的语义就是"引进排除对象",相当于"除了"。

(4)用法有所不同。

"除"和"除了"都可以跟"外、以外、之外"等方位词配合使用,组成

"除(除了)……之外(外、以外)"格式,不同的是,"除……之外(以外、外、而外)"的语义特征是"不把引进的对象计算在内";而"除了……以外(以外、之外)"的语义特征随语境的不同而分别表示"引进对象计算在内"和"引进对象不计算在内"两种意义。例如:"除他之外都及格了"和"除了他之外,都及格了"意思一样,都表示"及格的人里面没有他";而"他除了爱唱歌以外,还爱画画",表示唱歌、画画都是他所爱的。"除非"没有这种格式。

"除非"作连词时,常跟"才""否则""不然"等配合使用,与"才"配合时,"除非"是从正面强调唯一的必要条件,语义相当于"只有";与"否则""不然"配合使用时,是从反面强调"必要条件",语气更重。例如:"除非你去,我才会去。""我不去,除非你去。"

📝 例　句

(1)除此之外,他还捐献了大批书籍。

(2)妈妈每天除了上班、做家务,还要照顾生病的奶奶。

(3)靶子离得太远了,除非神枪手,没人能打中红心。

🔍 错误用例

(1)这道题太难了,除非王芳以外,没有人能做得出来。(此处应该用"除了"或"除")

(2)没人喜欢看你失败,除了你不想赢。(此处应该用"除非")

(3)这里路况太复杂了,除非我大哥,只有你这个老司机才能把车安全开过去。(此处应该用"除了")

四　引进原因、目的

因　因为　由于

✎ **释　义**

因(yīn):〈介〉①引进原因,相当于"因为"。例如:"因病请假""会议因故改期"。②〈文〉引进动作行为的凭借、根据。例如:"因地制宜""因势利导"。

◎另,还可作连词,相当于"因为"。例如:"因无资金,所以停止营业。"

因为(yīnwèi):〈介〉引进原因。例如:"他因为屡出事故被免去了队长职务。"

◎另,还可作连词,常跟"所以"配合使用,表示因果关系。例如:"因为犯了错误,所以他受了处分。"

由于(yóuyú):〈介〉引进动作行为的原因或理由。例如:"由于技术先进,工厂效益逐年提升。"

◎另,还可作连词,表示原因,多与"因此""所以"等配合使用。例如:"由于基础知识没有学好,所以他的学习成绩长期处于下游。"

✐ **辨　析**

三个词都是引进动作行为的原因的介词,也都能作连词,语义特征基本相同,有时可以互换。但在使用中也略有差别,主要是:

(1)语体色彩和适用范围有所不同。"因为"既可以用于口语,又可以用于书面语,适用范围较宽;"因"和"由于"一般适用于书面语,适用范围相对较窄。

(2)语义侧重点有所不同。三个词的语义特征都是引进原因,"因"除了"引进原因"外,还可以引进动作行为的凭借和根据;而"因为""由于"没有这个语义。

(3)用法有所不同。

a)"因"与单音节词组成介宾短语时,不能换用"因为"或"由于"。例如:"因小失大""因公出差"。

b)"因"和"因为"可以用于后一个分句;而"由于"不能。如果要用"由于",就要加"是"。例如:"我爱读寓言故事,因为可以从中得到有益的启示",这句中的"因为"不能换成"由于"。

c)"因为"和"由于"可以和"之所以"配合使用,形成固定格式"之所以……是因为(是由于)",而"因"不可以这样用。例如:"我们班之所以成绩提高很快,是因为(是由于)我们老师教学方法好。"

📝 例 句

(1)如果每一位老师都能做到因材施教,那么将会培养出更多优秀的学生。

(2)这事与他无关,他昨天因病请假了,不在现场。

(3)因为工作需要,他上个月被借调到局里了。

(4)由于市场疲软,现在产品积压情况比较严重。

🔍 错误用例

(1)因为征信不良无法贷款,公司已宣告倒闭。(此处宜用"因")

(2)因为这些问题涉及方方面面,比较复杂,因此不可能一下子解决。(此处应该用"由于")

(3)他昨天生病住院了,由于肺部感染。(此处应该用"因为")

为 为了 为着

📝 释　义

为(wèi)：〈介〉①引进动作行为的受益者,相当于"给""替"。例如："为他办签证""为厂里出外勤"。②引进动作行为的原因、目的,相当于"因为""为了"。例如："全家都为这件事发愁""为实现宏伟的目标而努力"。③〈文〉引进动作行为的对象,相当于"向""对"。例如："此事不足为外人道。"

◎注意:"为"作介词还可以用于被动句,表示"引进动作行为的施事者",相当于"被",此时读音为"wéi"。例如:"我们的党为人民群众所拥护。"

为了(wèi·le)：〈介〉引进目的。例如："为了提高生产效率,努力学习科学技术。""为了建设伟大的祖国而奋战。"

为着(wèi·zhe)：〈介〉引进行为的目的,相当于"为了"。例如:"为着群众温暖过冬,锅炉工人经常加班。""当父母的为着儿女的幸福生活操碎了心。"

🖊 辨　析

三个词都是介词,都能引进动作行为的目的,有时可以互换。使用中略有差别,主要是:

(1)语体色彩和使用范围有所不同。"为着"一般作书面语,使用范围较窄。"为了""为"使用范围相对较宽,既可以用于书面语,也可以用于口语,其中"为"多用于书面而少用于口语,文言色彩更浓厚一些;"为了"多用于口语而少用于书面。

(2)语义侧重点有所不同。"为"除了"引进目的",还有"引进原因""引进动作对象、受益者以及施事者"的语义。"为了""为着"语义基本相同,都表示"引进目的",区别只在"为了"可以用于口语。在早期白话中,"为了""为着"也可以表示引进原因,但现在这个语义已经消失,改为用"因为"或者"为"。

(3)用法有所不同。

a)"为"和"为了"可以在前面加"目的是",形成"目的是为(为了)"的格式。而"为着"一般不能这么用。

b)"为"和"为了"后面可以跟多个动词或动词性短语,而"为着"不能。例如:"为了占有市场、扩大销售、降低成本,一些大型超级市场集团实行了连锁经营形式",这句中的"为了"可以换成"为",不能换成"为着"。

c)"为"可以和"原因""缘故"等表原因的词语配合使用,"为了""为着"不能。例如:"你就为这个缘故而离家出走?"这句中的"为"不能换成"为了""为着"。

📖 **例 句**

(1)我明天要抽空为家里买洗衣机和电冰箱,不能去你那里了。

(2)我弟弟这次考砸了,他正为到哪里补习发愁呢。

(3)战士们现在刻苦训练就是为了提高杀敌本领。

(4)成千上万的先烈,为着人民的利益,在我们的前头英勇地牺牲了。(《毛泽东选集》第三卷《论联合政府》)

🔍 **错误用例**

(1)就为了这个原因,我把房子卖了。(此处应该用"为")

(2)我为了大家所拥戴,不是你三两句话就能赶我走的。(此处应该用"为")

(3)为着获得知识,明白道理,并且学以致用,我每天都很努力。(此处应该用"为了")

(4)爸爸每天这么忙碌,目的只为着你以后不必这么辛苦。(此处应该用"为了"或"为")

常用

助

词易混词语辨析

一　结构助词辨析

的　地　得

📖 释　义

的(·de)：〈助〉①用在定语的后面。a)表示定语和中心词之间是修饰关系或领属关系。例如："美丽的花朵""他的箱子""空气的质量"。b)定语是人名或人称代词，中心词是表示职务、身份或其他的名词，表示这个人担任这个职务、取得这个身份或从事相关的活动。例如："总务处是他的处长。""今天开会，谁的主持人。"c)中心词和前面的动词合起来表示一种动作，定语是动作的对象。例如："揭他的老底""抓他的辫子"。d)"的"的前后用相同的动词、形容词等，连用这种结构，表示有这样的，有那样的。例如："扛的扛，抬的抬""长的长，短的短"。②用在名词、动词、形容词或代词后，构成名词性的"的"字结构。例如："书包是我的。""葡萄熟了，有紫的，有白的。""他不喜欢吃酸的。""他是做买卖的。"③用在谓语动词和宾语中间，强调动作的施事者或时间、地点、方式等。例如："谁敲的钟？""我是早晨买的牛奶。""他是在汽车上打的电话。"④用在两个同类的词或词组之后，表示"等等""之类"的意思。例如："锅碗瓢盆的，摆了一大片。""洗洗涮涮的，一刻也不消停。"⑤〈口〉用在两个数量词中间，表示相加或相乘。例如："五个的七个，一共十二个。""这块地是两米的四米，合八平方米。"

地(·de)：〈助〉用在作状语的词或短语后面，表示这个词或短语修饰动词性或形容词性中心语。例如:"夜渐渐地长了""公平地对待每个职工""历史地看问题"。

得(·de):〈助〉①用在动词后面,表示可能、可以(否定式用"不得")。例如:"这东西吃得。""那地方去得。""这种事情耽误不得。"②用在动词和补语中间,表示可能。例如:"扛得动""看得着""处理得完"(否定式是把"得"换成"不")。③用在动词或形容词后面,连接表示程度或结果的补语。例如:"写得清楚""站得笔直""风大得很""刀子快得很"。

📖 **辨 析**

以上三个词都是结构助词,使用中有区别,主要是:

(1)语义侧重点和使用范围有所不同。

"的"的语法意义侧重于作定语的标志,表示定语和中心词之间的修饰或领属关系、活动中的从属关系、"的"字结构,还有表示省略等等,使用范围比较宽。

"地"侧重于作状语的标志,表示它前面的词或短语修饰动词性或形容词性中心语。一般来说,描绘或限制某种动作、性状的时候,描绘与被描绘之间、限制与被限制之间,要用"地"连接。

"得"侧重于作述补结构的标志,通常用在动词或形容词后面,连接表示程度或结果的补语,也有用在动词后面,或者动词和补语之间,表示"可以""可能"。一般来说,要说明动作的情况或结果,或补充说明事物性质的程度和变化时,两者之间要用"得"连接。

作助词的"地"和"得"使用范围比"的"要窄。

(2)用法有所不同。

"的"一般用在修饰、限定的词语后面,作定语修饰限制中心语,使整个短语具有名词性特征。例如:"我的祖国""慈祥的老人""大家的"等。

"地"所跟的修饰限定语一般用于谓语的前面作状语,例如:"愉快地笑了""飞快地跑了""慢慢地吃着饭"。

"得"所跟的修饰限定语一般用于谓语的后面作补语,表示动作或事物的程度、性质、变化等。例如:"每天睡得很晚""打扫得真干净""笑得很温柔"。

此外,三个词各自还有如下许多应注意的特点:

①关于"的"。

a)定语和中心词之间是领属关系时,"的"可以省略。例如:"我(的)哥哥""机关(的)幼儿园""东西在我(的)箱子里"。但如果要强调这种领属关系,则不能省略。例如:"这是我的箱子。""他是我的哥哥,不是你的。""这是机关的幼儿园,当然会优先照顾机关里的孩子。"

b)定语是动词或动词性短语时,"的"一般不能省略。例如:"挖的坑""炒的菜""讨论的问题"。

c)定语是名词(或名词性短语)、形容词时,结合紧密的都可以不用"的",如需强调可以用"的"。例如:"我们班的同学""篮球(的)比赛""勤快(的)人""红(的)花"。

d)中心语名词泛指人或具体事物,可以用"的"字结构,也可以不用。例如:"我的房卡没有磁性了,你的(房卡)呢?""太原五中的(老师)来了吗?"中心语名词指人的称谓或抽象事物时,不能用"的"字结构。例如:"这位新来的校长比过去的校长能干",这句中的"校长"是指人的称谓,不能省略。又如:"老师的看法是选王伟做学习委员,你们的看法呢?"这句中的"看法"是抽象事物,不能省略。

e)修饰语是描写类的或带感情色彩的,不能用"的"字结构。例如:"我们取得了巨大的成功",句中的"成功"不能省略;"同学们带着依依惜别的深情",句中的"深情"也不能省略。

f)指示代词作定语限制中心语,一般不带"的"。例如:"这个人""那种东西"。

g)名词作定语时,如果是表示质料、属性等名词,与中心语的关系很紧密,一般不需要带"的"。例如:"木头桌子""数学书"。

h)数量短语作定语时,起限制作用的一般不带"的",起描述作用的要带"的"。例如:"一本书""两个人""三百块钱的裙子"。

i)并列式或套叠式多项定语修饰中心语时,"的"一般放在离中心语最近的定语后面;其他的定语,在不影响句意的情况下可以省略"的"。例如:"领导我们事业的核心力量是伟大、光荣、正确的中国共产党。""他是我爷爷结拜兄弟的儿子。"

②关于"地"。

a)数量短语的重叠形式修饰动词时,"地"可以省略。例如:"大家一个个(地)来,别拥挤。"

b)某些动词修饰动词时,"地"可以省略。例如:"交换(地)使用""配合(地)完成"。

c)单音节形容词修饰动词时,不用"地"。例如:"大喊大叫""快走"。

d)双音节形容词作状语修饰动词时,一般不用"地"。但跟动词经常组合的,可以用也可以不用"地"。例如:"认真(地)钻研""刻苦(地)学习""圆满(地)完成"。

e)形容词重叠式修饰动词时,不一定用"地"。例如:"慢慢(地)过马路""高高兴兴(地)去公园""白白(地)浪费了一桌好菜"。

f)副词作状语修饰动词或形容词时,一般不加"地"。但有些表示程度或频率的副词作状语时,可以加也可以不加"地"。例如:"非常(地)友好""渐渐(地)走远"。

g)少数名词可以作状语,其中表示方式方法或情态等的名词作状语时,不一定加"地"。例如:"赤膊(地)上阵""全面(地)推进""模范(地)遵守""深情(地)凝望"。表示性质的抽象名词作状语时,必须加"地"。例如:"历史地再现了战争场面""部分地论证了你的观点"。

③关于"得"。

a)"得"带补语,如果是一般形容词作补语时,其否定式是在形容词前加"不"。如果是副词"很"作补语时,其否定式是"不很"。例如:"他走得慢",否定式是"他走得不慢";而"这车快得很",否定式是"这车不很快"。

b)动宾结构带上加"得"的补语时,一定要重复动词。例如:"他演戏演得很好。"

c)"得"可以用在动词、形容词后面,而"得"后面的内容可以省略,表示无法形容的意思。例如:"看把你美得""瞧你说得"。

d)有些单音节词带上"得"构成双音节词,此时的"得"不是助词,而只是构词成分。例如:"觉得""认得""晓得""值得""免得"。

📝 例 句

(1)跟着我走,可以让你吃香的喝辣的。

(2)这是我们店里卖出的首饰。

(3)天渐渐地亮了起来。

(4)小孩子看着魔术表演,好奇地睁大了眼睛。

(5)点了这多的菜,你吃得完吗?

(6)这个明星最近几年很有人气,红得发紫。

🔍 错误用例

(1)鸟儿们在森林里醒来了,有的在欢快的唱着歌,有的则自由得飞来飞去。(句中第二个"的"应该用"地";"得"应该用"地")

(2)他听了老师的话,激动地脸通红。(句中的"地"此处应该用"得")

(3)杨婆婆见天气晴朗,赶紧一趟一趟的把家里的被子褥子都拿了出来,晾在院子里。(句中第一个"的"应该用"地")

(4)妈妈每到星期天就洗洗涮涮得,一刻都闲不住。(此处应该用"的")

二　动态助词辨析

着　了　过

释　义

着（·zhe）：〈助〉①用在动词后面,表示动作的持续。例如："孩子们跳着、唱着。""他在路旁站着。"②用在动词、形容词后面,表示状态的持续。例如："门开着""墙上贴着年画""饭还热着"。③用在动词或表示程度的形容词后面,加强命令或嘱咐的语气。例如："你站着!""说话声音低着点儿。""走路慢着点儿。"

◎另,"着"还有近似的容易混淆的动词功能,用在动词后面,表示有了结果或达到了目的。此时读音为"zháo"。例如："东西我已经找着了。"

了（·le）：〈助〉①用在动词或形容词后面,表示动作或变化已完成（既可以表示过去或现在完成,也可以表示将来完成）。例如："上街买了双鞋""头发白了许多""等树叶黄了就能吃柿子了"。②用在句子末尾或句子中停顿的地方,表示出现某种新的情况或发生某种变化。a)表示已经出现或将要出现某种情况。例如："刮风了""天亮了,起床吧""眼看要下雨了""再过半个月,天气就冷了"。b)表示在某种条件下,出现某种情况。例如："年纪一大,就很少出远门了。""他早点动身,就赶上头趟公交车了。"c)表示认识、行动等发生变化。例如："想来想去,我终于醒悟了。""他本来不同意买房子,后来还是同意了。""小王今年春节不回家了。"

◎另,"了"还有近似的容易混淆的动词功能,读音为"liǎo",跟"得"或"不"组合,用在动词后面,表示可能或不可能。例如:"你一个人去得了吗?""这活儿我干不了。"

过(·guo):〈助〉①用在动词后,表示动作完毕。例如:"睡过午觉就去""潮水已经涨过了"。②用在动词后,表示某种行为或变化曾经发生,但未持续到现在。例如:"我前半年到过上海。""我听人说过这样的事儿。"③用在形容词后面,表示曾经有过某种性质或状态(含有同现在做比较的意思)。例如:"春节前后冷过几天。""他家早年富过,现在衰败了。"

◎另,"过"还有近似的、容易混淆的动词功能,用在动词后,读音为"guò",有以下几种情况:a)表示人或物随动作经过某处,或从一处到另一处。例如:"从门口走过""穿过这条街道"。b)表示物体随动作改变方向,例如:"转过头去。"c)表示动作超过了合适的界限。例如:"我睡过头了""坐过站了"。d)表示超过、胜过。例如:"我跑得过他""赛过活神仙"。

辨　析

以上三个词都是动态助词,表示行为或状况的动态。但又有所区别,主要是:

(1)词性功能有所不同。三个词都是动态助词,但又各有不同的容易和其助词功能混淆的动词功能。

(2)语义侧重点有所不同。

a)"着"侧重于表示动作行为或状态情况正在进行或持续中,例如:"他穿着一件灰色大衣。""花儿正开着。""了"用在句中侧重于表示动作或情况状态的完成与实现,例如:"我写了信。""吃了午饭再接着开会。"用在句末侧重于表示出现某种新的情况或发生某种变化,例如:"他走了。""枫叶红了。""过"侧重于表示动作行为或情况状态已经完毕或曾经发生过,例如:"我来过这里。""冬天下过几天雪。"

b)"着"表示动作的进行或状态的持续,但它有相似的动词功能,可以表示动作的完成,后面常要跟"了"来配合表示完成,例如:"睡着了""找着了"。"了"和"过"都表示动作的完成,"了"用在动词后,表示完成,和过去时间没有必然联系,可以用于过去,也可以用于现在和将来,例如:"这种水果刚下来,我昨天就吃了。""我吃了饭了。""饭菜太烫,等放凉了再吃。"而"过"用在动词后,表示曾经有过的经历,和过去时间有着必然联系,只表示过去,不表示现在和将来,例如:"我去年去过北京。"

c)"着"表示动作的持续,可以表示任何一个时间段的持续性动作,例如:"他现在坐着。""我前天去他家时他正吃着饭。""我希望你明天穿着粉红色的婚纱去礼堂。""了"可以表示动作或情况的持续,也许可以延续到现在,例如:"我到了学校。"(现在可能还在学校)"桃花开了。"(现在可能还开着)。

(3)用法有所不同。

a)"着"表示的是时段上的动态,而"了""过"表示的是时点上的动态。有些动词是结束性动词,只能表示时点上的动态,所以只能用"了"和"过",不能用"着"。例如:"他死了",不能说"他死着";"你向我保证过",不能说"你向我保证着"。"活"是一个持续性动词,可以表示时段上的动态,所以可以说"他活着"。

b)"了"在句末,既可以表示情态状况,又可以表示语气;"着""过"只表示情态状况,不表示语气,如果要表示语气,需要再加语气助词。例如:"情况好着呢!""作业老师已经判过了。"

此外三个词各自还有如下许多应注意的特点:

①关于"着"。

a)书面语中,句中有几个双音节动词时,有时可以共用一个"着";单音节动词不能这样用。例如:"孩子们奔跑、嬉闹、玩耍着,留下一串串笑声。"

b)用在连动句的第一个谓语动词后面,表示方式、手段、情态等。例如:"我坐着看了会儿书。""他说着说着就笑了起来。"

c)用在某些单音节词后面,可以构成介词。例如:"顺着""沿着""为着"等。

②关于"了"。

a)句中动词如果表示的是经常性动作,不能用"了"。例如:"他每天早上吃水果",不能说"他每天早上吃了水果";"我经常在周末洗床单",不能说"我经常在周末洗了床单"。

b)宾语是动词或动词性结构时,不能在谓语动词后加"了",但可以加在句末。例如:"我决定出发",不能说"我决定了出发",但可以说"我决定出发了";"他想买新房",不能说"他想了买新房",可以说"他想买新房了"。

c)连动句或兼语句中的"了",通常要用在后一个动词的后面。例如:"我上街买了几样菜。""我哄她吃了碗饭。"

d)否定式中,"没"和"了"不能同时出现,例如不能说"我没吃过饭了"。

e)动词的宾语是数量短语时,数量词和"了"都要出现;如果是否定式,则数量词和"了"都不出现。例如:"我买了一套《红楼梦》。""我没买《红楼梦》。"

③关于"过"。

a)动作性不强的动词,如"感觉""知道""认识"等,很少带"过"。例如不能说"我知道过他",可以说"我了解过他"。

b)"过"表示曾经发生的经历,句中可以不出现时间词;也可以出现比较模糊的时间词,如"曾经""以前""半年前",一般不说很具体的时间词,如"昨晚""上星期三"等;但也有少量用例出现。

c)句中动词如果表示的是经常性动作,不能用"过"。例如不能说

"太原现在经常出现过雾霾"。

d)用"过"表示动作的完成,句末常常要加"了"配合使用。例如:"我读过这本书了。"

e)在连动句中,"过"应用在第二个动词或整个句子之后。例如:"他去上海买过东西。"

f)动词的宾语是数量短语时,数量词和"了"都要出现;如果是否定式,则数量词不出现,但"过"必须出现。例如:"我买过一套《水浒传》。""我没买过《水浒传》。"

 例 句

(1)我去的时候天气不好,正刮着大风。

(2)他跟我说过你,但没说跟你一起去过海南。

(3)几个星期内,中国快速研发了诊断试剂,尝试了诸多抗病毒治疗方法。

(4)小王低着头走了过去。

错误用例

(1)我没买了《哈利·波特》。(此处应该用"过")

(2)所有这些方案都提出过,好多人甚至还都参加了讨论。(句中的"了"应该用"过")

(3)明天旅游,你可以带过孩子来,我们可以玩到天黑着再回来。(句中的"过"应该用"了"或"着";"着"应该用"了")

(4)这个小镇很少见了外国人,也就是三年前,来了两个法国人,还在我家门口坐着喝了一杯水,照了几张相。(句中第一个"了"应该用"着";第二个"了"应该用"过")

常用

连词易混词语辨析（上）

一　并列连词辨析

和　跟　同　与

释　义

和（hé）：〈连〉连接类别、结构相同或相似的词或词组,表示并列关系,相当于"跟""与"。例如:"你和我""工人和农民""绘画、雕塑和建筑都是造型艺术"。②表示选择关系,常用于"无论""不论"或"不管"的后面。例如:"无论说和不说,你都不能自己决定。"

◎另,"和"还有介词功能,引进相关的对象。例如:"他和我讲了他小时候的故事。"

跟（gēn）：〈连〉连接名词或代词,表示并列关系,多用于口语,相当于"和"。例如:"小王跟小宋都走了。""箱子里放着书跟文具。"

◎另,"跟"还有介词功能,引进相关的对象。例如:"你有什么事就跟老师说。"

同（tóng）：〈连〉连接名词或代词,表示并列关系,多用于口语,相当于"和"。例如:"他同我一道去了南京。""工具同材料都准备齐了。"

◎另,"同"还有介词功能,引进相关的对象。例如:"你要多同大家商量。""她同我妹妹一样好。"

与（yǔ）：〈连〉连接同类的词或词组,表示并列和选择关系,多用于书面语中,相当于"和""或"。例如:"智力与体力""普及与提高""行与不行,由你来定"。

◎另，"与"还有介词功能，引进相关的对象。例如："与虎谋皮""与日俱增"。

辨 析

以上四个词都是连词，都能连接词或词组，表示并列关系。使用中可以通用，但也有细微差别，主要是：

(1)语体色彩有所不同。"跟""同"常用于口语；"与"常用于书面语；"和"则是书面语、口语都常用。

(2)语义侧重点有所不同。"和""与"除了可以表示并列关系，还可以连接选择关系；"跟""同"则只是连接并列关系。

(3)与介词的用法不同。四个词既是介词，同时也都是连词，连词与介词的区别有时难以区分，区别主要看以下几点：

a)连词所连接的前后项是平等的并列关系，在句中共作同一成分，位置互换而意义不变，介词则否。例如："我跟王老学习书法"，不能换成"王老跟我学习书法"，因此"跟"是介词；"我跟王老是忘年交"，也可以说"王老跟我是忘年交"，因此"跟"是连词。

b)如果句子的谓语部分有"都""全""一起"等词语，那么前面的"和""跟""同""与"一定是连词。例如："我和王老一起学习书法"，其中"和"为连词。

c)作介词的"跟""和""与""同"前面可以加上某些副词状语，而作连词时则不行。例如："我经常同王老学习书法"，"同"前面有了状语"经常"，所以是介词。

例 句

(1)在这次疫情中，中国展现了惊人的集体行动力和合作精神。

(2)我跟你搭伴去吧，人多了也安全。

(3)他同隔壁老刘都不在家。

(4)落霞与孤鹜齐飞,秋水共长天一色。

🔍 错误用例

(1)成败同否,我并不考虑,我只在乎参与。(此处应该用"与")

(2)红队跟绿队,你可以选一个加入,其他的不行。(此处应该用"和")

(3)让我与你一块儿走,我怕黑。(此处宜用"跟")

(4)法律工作者要处理好公跟私、情跟法的关系。(句中的"跟"应该用"和"或"与")

及　以及

✏️ 释　义

及(jí):〈连〉连接名词或名词性短语,表示并列关系,相当于"和""跟"。例如:"他们是父母及子女""教材及其他学习用品"。

◎注意:①"及"与"和""跟"虽然都能表示并列关系,但其连接的成分有时有主次之分,主要成分要放在"及"的前面,例如:"帝国主义及其走狗。"而"和""跟"连接的成分不分主次先后。②连接三项以上时,"及"要放在最后一项前面。例如:"工人、农民及士兵。"

以及(yǐjí):〈连〉①连接词或短语,相当于"及",表示并列关系。例如:"商店新进了许多水果以及新鲜的蔬菜。"②连接分句,表示并列关系。例如:"他问了我许多问题:当地的风俗习惯怎样,交通是否便利,以及扶贫工作取得哪些成绩,等等。"

📖 辨　析

两个词都是连接并列关系的连词,用法基本相同,有时可以互换。但

使用中用法略有差异,主要是:

(1)使用范围有所不同。"及"只能连接名词或名词性短语;而"以及"还可以连接动词或动词性短语,也可以连接分句,使用范围比较宽。

(2)组合搭配有所不同。"及"常跟"其"连用,而"以及"不能。例如:"所有官员及其家属",句中的"及"不能换成"以及"。

(3)在前面是否可以停顿方面有所不同。"以及"前面可以有停顿,而"及"不能。例如:"不准偷税漏税、偷工减料,以及哄抬物价",这句中的"以及"不能换成"及"。

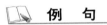 例 句

(1)这篇文章是研究行政执法中存在的问题、原因及对策的。

(2)由于历史原因以及其他方面的原因,行政机关的执法现状仍然不容乐观。

 错误用例

(1)收发文件,接待来访群众,及调查落实问题,都由我们负责。(此处应该用"以及")

(2)偷窃公物、虚报冒领及无故旷工的行为,屡禁不止。(此处应该用"以及")

(3)我们的教育必须符合儿童的天性以及其发展的规律。(此处应该用"及")

现代汉语常用**易混**词语辨析

二 承接连词辨析

而 继而 然后 而后

释 义

而(ér)：〈连〉①连接形容词、动词或词组、分句，表示多种语义关系。a)表示承接关系。例如："这是一个伟大而艰巨的任务""取而代之"。b)表示并列或递进的关系。例如："宁可少而精""他年轻力壮而又有技术"。c)表示转折关系。例如："工作多而收入少"。②用在意思相对立的主语和谓语中间，表示转折语气。例如："人民公仆而不接近群众。""共产党员而贪污受贿。"③连接状语和中心语，表示目的、原因、方式、依据等。例如："为人民而牺牲""因事故而停产""依据实情而上报"。④连接词或词组，有"到"的意思。例如："一而再，再而三""由冬而春""由近而远"。

继而(jiér)：〈连〉表示紧接在某一情况或动作之后，相当于"接着"。例如："先是呼呼地刮起大风，继而暴雨倾盆而下。"

然后(ránhòu)：〈连〉表示紧接在某一情况或动作之后。例如："你们商量商量，然后再回答他。""在这里逗留几天然后回家乡去。"

而后(érhòu)：〈连〉相当于"然后"。例如："准备好了而后开工""立正，而后举手行礼"。

辨 析

以上四个词都是连词，都可以表示承接的语义关系，有时可以互换。

但在使用中还略有差别,主要是:

(1)语义侧重点和使用范围有所不同。

a)"而"表示多种语义关系,除了承接之外,还表示并列、递进、转折等;还可以在"状语＋中心语"的偏正短语中表示目的、原因、方式、依据,等等,使用范围比较广。"继而""然后""而后"只表示承接关系,使用范围相对较窄。

b)"而"在表示承接关系上侧重于紧承上文话题,进一步展开,前后连接的项有互相补充说明的语义。例如:"我知道贵公司在招聘人员,而我就是最好的人选。"此外"而"还有先后次序关系。例如:"取而代之""胜利而归"等。"继而""然后""而后"三个词的语法意义都表示一个动作之后进行另一个动作,或一种情况之后出现另一种情况。

c)"继而"侧重于表示时间上的"紧随其后",此外还有语义上的递进和程度加深,例如:"两个人不小心撞到一起,先是口角,继而动起手来。""然后"侧重于表示时间顺序上的先后连接,例如:"首先我们要找到他,然后劝他回家。""而后"侧重于表示事理上的前后连接,连接的前后两件事相互有联系,例如:"她那时误会了我,愤然出走,而后我们再没联系过。"

(2)用法有所不同。

a)"而"连接两个单音节词时,不能省略;连接两个双音节词,则可以省略。例如:"少而精",不能说"少精";"严肃而认真"可以省为"严肃认真"。

b)连接时间顺序关系的"然后"和事理顺序关系的"而后"有时不宜互换,例如:"我先去给二班上高一的课,然后再给补习班上补习课。""只知道他回了老家,而后再没消息了。"这两句中的"而后"和"然后"不宜互换。同样侧重于连接时间顺序关系的"继而"和"然后",有时也不宜通用。例如:"先是呼呼地刮起大风,继而暴雨倾盆而下。"这句中的"继而"可以换成"然后"。"在这里逗留几天,然后回家乡去。"这句中的"然后"

不宜换成"继而"。

c)"而"可以连接形容词、动词或词组、分句,连接状语和中心语等,不能单用;"而"所连接的成分有对称性,在音节上比较和谐。"继而""然后""而后"多用于连接分句,且一般用于后一分句里,连接的前后成分不必对称。

d)"继而""然后"常与"开始""先是"等词语搭配使用。"而后"和"继而"多用于连接分句,一般不单用。"然后"可以在句中单用,例如:"然后?没有然后了。"

例　句

(1)在疫情肆虐的危难时刻,武汉地产党员干部挺身而出,奋战在建设工地上。

(2)他从地上爬起来,先是抽泣,继而号啕大哭。

(3)我先各处看看,然后再去和校长谈谈。

(4)不为外撼,不以物移,而后可以任天下之大事。(吕坤《呻吟语》三)

错误用例

(1)病毒的形态多种多样,然后形态又与功能相应。(此处应该用"而")

(2)他一口气做完作业,继而,打开电视看起来。(此处应该用"然后")

(3)我闻到一股焦煳味道,而看见一股黑色的浓烟从厨房冒出来。(此处应该用"继而"或"然后")

以至　于是　总之

释　义

以至(yǐzhì)：〈连〉也说"以至于"。表示在时间、数量、范围、程度等方面的延伸,相当于"直到"。例如:"工作经验是十年、二十年以至四五十年积累的结果。""桌子、椅子以至照明用具都备齐了。"

◎另,还可以作因果连词,表示上文所说的动作、情况程度很深而形成的结果,也说"以至于"。例如:"他很疲乏,以至于迈步都很吃力。"

于是(yúshì)：〈连〉也说"于是乎"。表示后一事紧接着前一事,后一事往往是由前一事引起的。例如:"最后一项工作研究完了,于是处长宣布散会。"

总之(zǒngzhī)：〈连〉也说"总而言之"。①承接上文,表示下文是总结性的话。例如:"有的爱读散文,有的爱读诗歌,有的爱读小说,总之我们都爱好文学。"②用在后一分句前面,列出概括性的结论。例如:"具体位置记不清了,总之是在这条街上。"

辨　析

以上三个词都是表承接关系的连词,可以连接词、词组或分句,表示前后承接关系。区别在于:

(1)语义侧重点和使用范围有所不同。

a)"以至"侧重于"延伸",多用于表示在时间、数量、范围、程度等方面由小到大、由少到多、由浅到深。"于是"侧重于"引起",多用于表示后事紧接前事,后事往往是由前事引起的,前后之间隐含因果联系。"总之"侧重于概括和总结,常用于表示作结论。

b)"以至"还可以作因果连词,和"于是"不同的是,"以至"表示由于上文所说的动作、情况程度很深而形成的结果,侧重的是"导致";而"于是"表示的是后事由前事引起,侧重的是"联系"。例如:"他很劳累,以至吃着饭就打起了呼噜",这句中的"以至"不能换成"于是";"听领导说中午要加班,于是大家都给家里打电话说不回去了",这句中的"于是"不能换成"以至"。

(2)用法有所不同。

"以至"一般用于连接词或词组,当连接的词语不止两项时,"以至"要用在最后两项之间。例如:"用了这种技术,生产效率将会提高两倍、三倍以至十倍。""于是"一般用来连接两个分句,且用在后一分句。例如:"那天停水了,于是大家商量着买几瓶矿泉水回来。""总之"一般用在承接上文,连接下文,表示对上文做总结;或用来连接两个分句,用在后一分句,表示列出概括性的结论。例如:"他们有的去了英国,有的去了澳大利亚,有的去了美国,总之都出国了。""他说了很多,总之一句话,叫你别跟着胡闹。"

📖 例 句

(1)我一直坚持写日记,从小学、中学、大学以至于今,已经有厚厚的十几本了。

(2)我到处检查,从卧室、客厅、厨房以至卫生间,都没发现作案人留下的痕迹。

(3)我希望记住她的音容笑貌,于是就留下了她的这张肖像画,做个纪念。

(4)我也记不得他是哪国人了,好像是英国,也好像是爱尔兰,总之是华人后裔。

(5)同学们按照老师要求写了作文,有的从医生角度立意,有的从患者角度立意,有的从社会制度角度立意,总之都是关于这次疫情的内容。

错误用例

(1)下班时突然下起了瓢泼大雨,以至同事们都等在大门口,想等雨小些再回家(此处应该用"于是")

(2)你就这样不停地分解下去,循环往复,总之无穷无尽。(此处应该用"以至")

(3)你给我的钱,我都用来买了彩色绸带、鲜花、花篮、气球,还有其他装饰品,于是都花完了,一分都没剩下。(此处应该用"总之")

三　递进连词辨析

而　且　而且

释　义

而(ér):〈连〉连接动词、形容词或词组、分句,表示递进关系。例如:"美而贤""武艺高强又富有谋略"。

◎另,"而"还可以表示并列、顺承或转折关系。例如:"多而杂"(表并列),"取而代之""伟大而艰巨"(表顺承),"肥而不腻""似是而非"(表转折)。

且(qiě):〈连〉①连接分句,表示递进关系,相当于"况且""而且"。例如:"那里人多,且关系复杂,凡事都要谨慎小心。"

◎另,"且"还可以表示并列关系。例如:"既高且大。"

而且(érqiě):〈连〉连接词、词组或分句,表示更进一层,前面常有

现代汉语常用易混词语辨析

"不但""不仅""不止"等词语跟它配合使用。例如:"他聪明而且好学。""他们不但迅速地完成了自己的任务,而且主动帮助其他小队。""这里不仅气候温和,而且风景美丽。"

◎另,早期白话中"而且"还可以表示并列关系。例如:"黑而且瘦。"但现在少用。

辨　析

三个词都是表示递进关系的连词,有时可以换用,但使用中还有区别,主要是:

(1)语体色彩有所不同。"而""且"一般用于书面语;"而且"既多用于书面语,也常见于口语。

(2)用法有所不同。

a)"而"和"而且"可以连接词、短语或分句;"且"一般只用于连接分句。

b)连接两个单音节词或者双音节词,连接词可以是"而"也可以是"而且"。例如:"少而精",也可以说"少而且精";"聪明而贤惠"也可以说"聪明而且贤惠"。连接两个单音节时,中间的"而""而且"不能省略;连接两个双音节词,连接词可以省略。例如:"多而(而且)杂"不能说成"多杂","聪明而(而且)贤惠"可以说成"聪明贤惠"。

c)"而且"连接分句时,前面跟"不但""不仅"相呼应,可以表示更进一层的关系;"且"与"不但""不仅"相呼应的例子很少见;"而"与"不但""不仅"等相呼应则不能表示递进关系,除非在"而"后面出现"更""也""还"等词语。例如:"他不但学习好,而人品更令人称道。"这句中的"而"并不表示递进关系,表递进的是后面的"更"。

d)"而"除了表示递进,还可以表示并列、顺承和转折关系;"而且"现在一般只用于表示递进。

例　句

（1）洪老师的演讲见解深刻而又独到,令人深受启发。

（2）昆明仙人掌多,且极肥大。（汪曾祺《昆明的雨》）

（3）有的学生理解能力很强,学东西快,而且还能举一反三。

错误用例

（1）他不但给我说了修改思路,且亲自动手帮我修改了一个章节。（此处应该用"而且"）

（2）当时,人们买食用油不光要凭油票,而数量有限,每人每月限量三两。（此处应该用"而且"或"且"）

（3）现在家里只剩下大米了,而且你又从不吃大米,不如出去买一袋面吧。（此处应该用"而"）

并　并且　况且　何况

释　义

并(bìng):〈连〉连接词、短语或分句,表示递进关系,相当于"并且"。例如:"他很能干,并有钻研精神。""工程已经告竣,并顺利通过了验收。"

◎另,"并"作连词,还可以表示承接关系,连接的前后项之间语义关系表示的只是时间上的先后,而不存在递进关系。例如:"我完全同意并拥护你的主张。"

并且(bìngqiě):〈连〉连接分句,表示更进一层。例如:"我们那里也有这种作物,并且是优良品种。"

◎另,"并且"还可以连接并列的动词、形容词等,表示几个动作同时进行或几种性质同时存在。例如:"这个青年聪明、勤奋并且很有抱负。"

442

现代汉语常用**易混**词语辨析

"他们学习并讨论了这个文件。"

况且(kuàngqiě)：〈连〉连接分句，表示递进关系，多用来补充说明理由。例如："天快黑了，况且道路又不太熟悉，不如明天再去看二姨吧。""专车接送，况且有人陪伴，一定能快去快回。"

何况(hékuàng)：〈连〉①用反问的语气表示比较起来更加显而易见，在情理之中。例如："三两个人就能完成这份工作，何况现在有十几个人呢？"②表示进一步申述理由或追加理由。例如："工程将近收尾了，何况还有这么多劳力，一定能按时交工的。"

辨 析

以上四个连词都可以表示递进关系，有时可以互换，四个词在使用中也有区别，主要是：

（1）语义侧重点有所不同。

"并"和"并且"都可以表示递进关系，表示意思更进一层，此时二者语义基本相同，但"并"除了表示递进，在实际语言运用中还可以表示顺承关系，所连接的前后项有先后顺序之分；"并且"除了表示递进关系，还可以表示并列，所连接的前后项同时并存，不分先后。

"况且"和"何况"都表示对前面所说明的原因或理由进行补充或追加，使要表达的意思更进一层，但"何况"还侧重于在反问中表示对比或衬托，使得自己表达的意思理所当然、在情理之中；而"况且"没有这种语义。

（2）用法有所不同。

a）"并"只能连接词、短语或分句，不能连接完整的句子，也不能连接语段。"并且"可以连接词、短语或分句，也可以连接完整的句子或语段。"况且"不能连接词和短语，只能连接分句、句子或语段。"何况"能连接词和短语，也能连接分句、句子，还可以连接单句中的句子成分，一般情况下不连接语段。

常用连词易混词语辨析（上）

b)"并"和"并且"都可以连接谓词性的词或短语,但"并"只能连接动词或动词性短语,连接形容词的情况很少见,而且连接的后一项形容词需加"着",表示状态的持续,例如:"痛并快乐着";"并且"可以连接动词或动词性短语,也可以连接形容词或形容词短语,例如:"他沉着并且冷静。"

c)"并"和"并且"一般不连接两个单音节词,只能连接双音节以上的词语。连接分句时,"并"连接的分句前后主语必须一致,且不能停顿,例如:"他很早就结了婚,并有了一个孩子。""并且"连接的分句或句子前后主语不必一致,还可以停顿,例如:"我们可以送货上门,并且可以打七折。""你胖了,并且,皮肤也白了。"

d)"并"必须用于第二分句的开头,承前省主语;"并且"可以用于开头,也可以用于主语和谓语之间,例如:"他并且还创造了一种快速阅读法,极大地提高了阅读速度。""况且"和"何况"在连接分句时,都是放在第二分句的开头;连接句子或语段时,一般放在两个句子或两个语段之间。

e)"并且""况且""何况"后面都可以与"也""还""又"等副词搭配使用,例如:"她喜欢穿浅颜色衣服,并且也会搭配。""最近你大有长进,况且考的又是你的长项,不必紧张。""他平时很吝啬,连家里人不到过年都舍不得给添件新衣服,何况还是给外人。""并"一般不跟"也""还""又"等搭配使用。"何况"前面还可以加"更""又",而"况且""并且""并"不能。例如可以说"……更何况还是给外人",而不能说"……更况且(并且、并)考的又是你的长项……"。

f)"何况"前面的分句可以用"尚且",组成"尚且……何况"的格式,而"况且""并且""并"不能这么用。例如:"老人在隔离期间孤独地走了,我一个外人尚且如此难受,更何况她的家人。"这句中的"何况"不能换成"况且""并且""并"。

📖 **例　句**

(1)李强顺利进入决赛,并最终夺得了冠军。

(2)中国人民、中国共产党和中国真正的革命民主派,却听见了并且记住了这个劳动者的遗嘱。(毛泽东《将革命进行到底》)

(3)你自己都愿意入社了,为什么偏舍不得骡子?况且社里又不是白要你的!(赵树理《三里湾·奇遇》)

(4)你这么年轻都受不了这份劳累,何况上了年纪的人呢?

🔍 **错误用例**

(1)他做事认真并严谨,从来不肯随便应付,这件事交给他大家都放心。(此处应该用"并且")

(2)以我们的实力,完全可以承担这个课题,并且还有两位专家担任指导教师。(此处应该用"何况"或"况且")

(3)现在路已经修好了,更况且路上还有不少人呢,你就放心吧!(此处应该用"何况")

(4)他很同情你,何况愿意帮助你渡过难关,你的厂子有救了。(此处应该用"并"或"并且")

再说　甚至　进而

✏️ **释　义**

再说(zàishuō):〈连〉连接分句,表示推进一层,说明原因或理由,表示追加一层理由,相当于"况且"。例如:"不要找什么熟人了,不大容易找到,那两个老乡恐怕已经退休,不当官儿了。"

甚至(shènzhì):〈连〉也说"甚而""甚或""甚至于"。①用在几个并列词语的最后一项前面,表示更进一层,用以突出强调这一项。例如:"参加舞蹈班的有年轻人、中年人,甚至老年人。"②用在复句的后一分句之前,表示强调后面的情况,常与前一分句的"不但"配合使用。例如:"不但本村观看演出的乡亲很多,甚至十几里外村庄的人都来了。""多少年没有见面了,甚至见了面都不认识了。"

进而(jìnér):〈连〉用在复句的后一分句之前,表示在原有的基础上再进一步。例如:"学习应该循序渐进,先学好基础知识,进而学习专业课程。"

辨　析

三个词都是表示更进一层的连词,但在使用中有所区别,主要是:

(1)语义侧重点和语气有所不同。"再说"侧重于在主要原因之外再补充说明另一个原因,语气相对客观。"甚至"侧重于强调并列几个成分的最后一项,表示和前面的相比,最后这一项是比较极端的、不太可能发生的情况,带有较高的主观评价色彩;或者是侧重于强调后一个分句所说的情况。"进而"关联的往往是两件事,侧重于表示进一步的行动,语气相对客观。

(2)语体色彩有所不同。"再说"一般用于口语;"甚至""进而"一般用于书面语。

(3)用法有所不同。

a)搭配成分不同。"再说"一般用来连接分句,实际语言运用中还可以连接完整的句子或语段,但不能连接词或短语。"甚至"可以连接词、短语或分句,也可以连接完整的句子或语段。"进而"一般连接分句。

b)是否可做停顿。"再说"后面可以不加逗号隔开,也可以稍做停顿,例如:"我不是特别满意,再说( )我妈妈也不同意,所以还是算了吧。""甚至"连接并列的几个成分时,用于最后一项的前面;连接句子时一般用于后一分句的句首,"甚至"连接分句或句子、语段时,也可以停顿。"进而"一般用于后一个分句的开头,通常不做停顿。

c)搭配其他词语构成的结构不同。"再说""甚至""进而"都是能够单独使用的连词,有时也可以在前面或后面加其他词语配合使用。

"再说"可以在后面加语气词"了"或"呢",例如:"我有点累了,再说了,那电影我已经看过一次了,不想看了。"

"进而"前面可以加"并""才""又""再""更"等副词,例如:"黄乙玲近几年开始学习佛法……通过学习佛法,体验到前所未有的快乐与平静,更进而解开了与父亲几十年来的纠葛。"

"甚至"可以有多种搭配,例如可以和"无论/不管……都"配合使用,例如:"只要有能力,无论走到哪里,都可能受到欢迎,甚至被委以重任。""甚至"还也可以在前面加"有时""后来"等表示时间的词语搭配使用;后面也可以加"也""都"等词语搭配使用,例如:"这几天他状态不好,工作老是出错,有时甚至都走错办公室。""甚至"还可以和"别说""(更)何况"等搭配,形成固定格式"别说……甚至(于)""甚至(于)……(更)何况"。也可以和关联词语"既……又/也"搭配,形成"既……又/也,甚至于……"的格式,例如:"我觉得这个地方不错,风景既美,空气又好,甚至于人也很淳朴。""这问题比较复杂,别说中层领导了,甚至(于)高院长都未必能解决。"

📖 例 句

(1)(酒)我都预备妥当了。再说,既要喝酒,必要说说话儿。(《儿女英雄传》第十五回)

(2)他家里出了事,这阵子心情不好;再说你这里工作也不多,一个人又不是干不完。

(3)中国人民将要在伟大的解放战争中获得最后胜利,这一点,现在甚至我们的敌人也不怀疑了。(毛泽东《将革命进行到底》)

(4)如何解决农村贫困问题,进而达到小康水平,这一直是我国政府工作的职责和任务。

错误用例

（1）如果不能明辨是非，就会偏听偏信，人云亦云，进而上当受骗。（此处应该用"甚至"）

（2）别再难为这孩子了，人家又不是故意的，甚至球没打着你。（此处应该用"再说"）

（3）首先必须让人发现你，再说赏识和信任你。（此处应该用"进而"）

四　选择连词辨析

或　或者　与　和

释　义

或(huò)：〈连〉连接词、短语或分句，表示选择关系。相当于"或者"。例如："或赞成，或反对，总要表明态度。""中国或外国，都没有例外。""不管刮风或下雨，他从不迟到。""或者两个人搭伴儿去，或者一个人去，切记要按时回家。"

◎另，有其他词性。①作代词时，意思是"有人；有的"。例如："或重于泰山，或轻于鸿毛。"②作副词时，意思是"或许""稍微"。例如："节前或能归来""不可或缺"。

或者(huòzhě)：〈连〉连接词、短语或分句，a)用在叙述句里，表示选择关系。例如:"这个会议或者你去,或者我去,都行。"b)表示几种情况同时发生或交替发生。例如:"早读时,班里同学们或者背古诗,或者背英语,或者预习新课。"c)表示等同关系。例如:"大家都亲切地叫她小英子或者英子。"

◎另,有副词功能,意思是"或许"。例如:"我们现在往回赶,或者还能赶上吃晚饭。"

与(yǔ):〈连〉连接类别相同或结构相近的词或短语,表示选择关系,相当于"或"。多用于书面语中。例如:"合同签与不签,都请尽快做出决定。"

◎另,"与"还可以作介词和并列连词,作介词引进动作行为有关的对象,作并列连词时表示连接的内容属于并列关系。

和(hé):〈连〉连接类别相同或结构相近的词或短语,表示选择关系,相当于"或",前面常有"无论""不论""不管"等词。例如:"报名和不报名,都由你自己定。""不论借给和不借给,都没什么。"

◎另,"和"还可以作介词和并列连词,作介词引进动作行为有关的对象,或引进跟动作有关的一方。

辨 析

以上四个词都是选择连词,表示从两种或多种情况中选择一项,或者明确说出选择前面、放弃后面。在使用中有区别,主要是:

(1)语体色彩有所不同。"或""与"常用于书面语,而"和""或者"则是书面语、口语都常用。

(2)语义侧重点和使用范围有所不同。"或""或者"语法意义基本相同,都能表示选择关系或同等关系。"和""与"除了可以表示选择关系,还可以表示并列关系。在通常语言运用中,选择关系多用"或""或者",并列关系多用"和""与"。"和""与"在词典中虽然注明选择关系,但一般用得较少,常用"还是"替代。

（3）用法有所不同。

a）可连接的成分不同。

如果连接的是单音节词语，一般要用"或"连接；当连接的是双音节词语时，多由"或者"连接。

"或者""或"可以连接分句，"或者"还可以连接完整的句子或语段；而"和""与"只能连接词或短语。

用"和""与"连接的表示选择关系的选项，往往是同一类事物的正反两面或相对照事物的两面，例如："说和不说""伟大与渺小"。

b）固定用法。某些四字语格式，只用"或"而不用"或者"，例如："或高或低""或多或少""或快或慢"等。

c）搭配不同。"或"后面一般不出现主语。"或者"后面可以出现主语。"和"表示选择关系，常用于"无论""不论""不管"的后面。例如："无论说和不说，你都不能自己决定。"

d）是否可连用。"或"跟"或者"都可以连用为"或（或者）……或（或者）"格式，而"和"跟"与"不能。

e）是否可停顿。"或者"后面可以停顿，"或""和""与"不能停顿。

📖 例　句

（1）或驾小舟游于江湖之中，或访僧道于山岭之上，或寻朋友于村落之间，或乐琴棋于洞府之内，往来莫测，不知去所。（罗贯中《三国演义》第三十七回）

（2）只要你有需要，就可以给我打电话，或者给我发邮件。

（3）我们的幸与不幸，都在他的一念之间。

（4）无论走和不走，我们都不管你，你自己决定就好了。

🔍 错误用例

（1）画中的五只牛或者行或者立，或者俯或者仰，姿态生动，真是惟妙惟肖。(句中的"或者"都应该用"或")

(2)请柬只给了一张,王明伟和刘小兰去都行。(此处应该用"或"或"或者")

(3)不论下雨与不下雨,都不会影响我的决定。(此处应该用"和")

(4)你负责做这个计划吧,或我来做也行。(此处应该用"或者")

还是 要么 抑或 与其

✏ **释 义**

还是(háishì):〈连〉①连接可供选择的若干事项。有的第一项用"是",后面用"还是";有的第一项不用"是",后面用"还是";也有的前后几项都用"还是"。例如:"你选文科还是理科,拿个主意。""到底去还是不去,你说话呀!""还是升学,还是就业,必须好好考虑。"(较少见)②连接无需选择的若干事项,常跟"不管""无论"配合使用。例如:"无论认识的还是不认识的,都得排队办理。""不管大事还是小事,他都认真处理,从不马虎。"

要么(yào·me):〈连〉连接分句,表示两种情况或两种意愿的选择关系。例如:"你打手机告诉他,要么写个纸条放在他桌子上。""要么爬山,要么长跑,我们每天一起活动。"

抑或(yìhuò):〈连〉〈文〉连接词或短语,表示选择关系,相当于"还是""或者"。例如:"你们答应,抑或不答应,请说句话。"

与其(yǔqí):〈连〉用在前一分句,常与后一分句"不如""毋宁""宁可"配合使用,表示经过比较,决定放弃前者,选取后者。例如:"如果路程不远,与其驾车旅游,不如徒步来去。""与其求助别人,毋宁自力更生。"

　　以上四个词都是表示选择关系的连词,使用中有区别,主要是:

　　(1)语体色彩有所不同。"还是""要么"既可以用于口语,也可以用于书面语;"抑或""与其"一般用于书面语。

　　(2)语义侧重点和使用范围有所不同。

　　"还是"语义侧重于因"不知而疑问",主要用于疑问句中;即使用于陈述句中,也带有疑问语气;在无需选择的句子中,有增强语气的效果,例如:"不管你是员工还是领导,都要遵守规则。"

　　"要么"常用于陈述句中,有时用于祈使句,表示的是两种意愿的选择,两者是不能相容、"非此即彼"的关系,语气比较坚定,带有强烈的主观性,通常能传达出说话人的态度和立场。有时还可以用于对话中,表示商量委婉的语气,例如:"飞机票没买到,要么我们改坐火车吧。"

　　"抑或"带有揣测的疑问语气,语义相当于"或者""还是",常用于疑问句中。

　　"与其"带有决断语气,通常用于舍弃的一面,一般用于陈述句。

　　(3)用法有所不同。

　　a)主要搭配不同。

　　"还是"多跟"是"搭配使用,组成"是……还是……(还是……)"格式,其中"是"可以省略,"还是"可以使一个,也可以是两个或两个以上。"还是"还可以跟"无论(不管/不论)"和"都"配合使用,组成"无论(不管/不论)……还是……都……"的固定格式,表示在列举的范围内都是如此,无需选择。其中"还是"选择的项目如果较多,为避免重复,还可以加"抑或",组成"无论……,还是……,抑或……"的格式。

　　"与其"可以和"不如""毋宁""宁可"等词语搭配使用,组成"与其……,不如(毋宁、宁可)……"的格式。

　　b)连接成分不同。"还是""要么"可以连接主语、谓语等句子成分,也可以连接各类词、短语、分句和句子,和别的词搭配还可以连接复句和语段。"抑或"主要连接词或短语,不能连接分句或句子。"与其"一般连接分句。

c)句中位置不同。"还是"和"抑或"不能放在句首。"要么"可以放在句首,一般放在连接的选项前面。"与其"一般用于零主语的句首位置,且用在前一分句。

例 句

(1)依你的意见,是互助组好呢,还是单干强?(周立波《山乡巨变》上二)

(2)革命者面临着严峻的考验:要么束手待毙,要么铤而走险立即发动起义。(先轸《远征军日记》)

(3)无论是相声演员,还是普通票友,抑或像我这样不登台的"纯听户",我们都可以称之为"相声爱好者"。

(4)与其临渊羡鱼,不如退而结网。

错误用例

(1)事情紧急,电话里也说不清楚,抑或你亲自跑一趟。(此处应该用"要么")

(2)要么让外人来做主,不如我们自己商量决定吧。(此处应该用"与其")

(3)还是请上级批准,与其自行其是?(此处应该用"还是")

(4)抑或被困难压倒,抑或战胜困难,我们必须做出抉择!(两处都应该用"要么")

常用

连

词易混词语辨析（下）

一 条件连词辨析

条件复句中,分句之间的关系是条件和结果的关系。偏句提出真实或假设的条件,正句表示在满足这种条件的情况下产生的结果。所谓条件,又分为充足条件、必要条件、无条件三种。充足条件又名充分条件,表示具备这种条件就能产生相应的结果,语气缓和;必要条件表示偏句是必备条件,缺少了这个条件,就不能产生正句提出的结果,语气坚定;无条件表示排除一切条件,即在任何条件下都会产生同样的结果。

只要　只有　唯有　除非

释　义

只要(zhǐyào):〈连〉连接分句,表示充足的条件,后面常与"就""便"配合使用。例如:"只要认真调查研究,就一定能搞清楚它的来龙去脉。"

只有(zhǐyǒu):〈连〉表示唯一的条件,缺此不可,后面常与副词"才""方"配合使用。例如:"只有团结一致,才能做好工作。""只有遇到特殊情况,方可开启这一道门。"

唯有(wéiyǒu):〈连〉表示唯一的条件,相当于"只有",多用于书面语中。例如:"唯有改革,才有出路。"

除非(chúfēi):〈连〉表示唯一的条件,相当于"只有",常与后面的"才""否则""不然"等配合使用,表示只有具备某种条件,才能得到某种结果,否则就会产生另一种结果。例如:"除非哥哥陪着你去,家里才放心。""除非可能赚钱,否则人们不会入股。"

四个词都是连词,都可以作表示条件关系复句的关联词,但在使用中又有区别,主要是:

(1)条件关系种类不同。"只要"表示充分的条件,而"只有""唯有""除非"表示必要条件。

(2)语义侧重点和搭配有所不同。

"只要"一般和"就"搭配为"只要……就……"结构,是充分条件的关联词,如果把条件设为 A,结果设为 B,语法意义是具备了 A 条件就能产生 B 结果,而 A 不是唯一条件,没有 A 也有可能会有 B,语气比较缓和。例如:"只要下雨,地上就会湿"(没有下雨地上也可能会湿)。

"只有"一般和"才"搭配为"只有……才……"结构,是必要条件的关联词,语法意义是必须具备了 A 才能产生 B,而 A 是唯一条件,没有 A 就肯定不会有 B,有 A 也未必会有 B,但有了 B 就一定是具备了 A 这个条件的,语气比较重。例如:"只有会员才能参加比赛"(成为会员也不一定能参加比赛,或许还有身体、年龄等条件限制,但能参加比赛就一定是会员)。

"唯有"与"只有"相同,也是和"才"搭配为"唯有……才……"结构,是必要条件的关联词,区别只是书面语和口语之分。

"除非"跟"只有""唯有"一样,都是表示必要条件的连词,也都是唯一条件,但语法意义稍有不同,"只有"是从正面提出某个唯一条件,而"除非"是从反面强调不能缺少某个唯一条件,语气更重。还有一个区别是搭配不同,"除非"可以跟"才""否则""不然"搭配为"除非……才(否则/不然)……"的结构,表示只有具备 A 条件,才能得到 B 结果,而不具备 A 条件,就会产生另一种结果。"除非"也可以单独使用,省略其他搭配的关联词。例如:"除非证明我错了,我是不会放弃的。"

（1）只要这个好心的于勒一回来,我们的境况就不同了。（莫泊桑《我的叔叔于勒》)

（2）要争取政治和民族独立,落后的封建制度不是先进的资本主义制度的对手,只有共产党才能救中国,只有社会主义才能发展中国。

（3）唯有行动才能改造命运。

（4）除非被人驳得体无完肤,他决不轻易的放弃自己的主张与看法。(老舍《四世同堂》三八)

🔍 错误用例

（1）在野外没有灯光的夜晚,只有认出北极星,才能辨别出东西南北。(句中的"只有……才"应该换成"只要……就")

（2）只要付出劳动,就会有收获。(句中的"只要……就"应该换成"只有……才")

（3）只要知己知彼,才能立于不败之地。(此处应该换成"只有")

（4）只有万不得已,否则他不会向你开口。(此处应该换成"除非")

不论　不管　无论　别管

✏️ 释　义

不论(bùlùn) :〈连〉用在有表示任指的疑问代词或有表示选择关系的并列成分的句子里,下文多有"都""也"等副词相呼应,表示在任何条件下结果或结论都不会改变;或表示排除一切条件,在任何条件下结果都不改变,后面多与"总""都""也"等配合使用。例如:"不论是谁,都改变不了这种局面。""不论遇到什么问题,他总会想尽办法解决。"

不管（bùguǎn）：〈连〉用于有疑问代词或并列短语的前一分句之中，后一分句常有"都""也"等副词相呼应，表示在任何条件下结果或结论都不会改变。相当于"不论"，多用于口语。例如："不管天气好坏，我们都必须去。"

无论（wúlùn）：〈连〉相当于"不管""不论"。例如："无论环境多么艰苦，我们都不能丧失信心。"

别管（biéguǎn）：〈连〉相当于"不论""不管"，多用于口语。例如："别管是什么人，都要按规定办。"

 辨　析

以上四个词都是表示无条件关系的连词，都可与相应的副词如"都""也""总""还"等搭配组成无条件复句的关联词。其语义都是前一分句表示排除一切条件，后一分句说明结果或结论都不会改变。而所谓的"无条件"，不是表示不要任何条件，而是在前面提出的任何条件，都不会影响到后面结果或结论的发生。这样的复句成立的前提，是前面分句陈述的条件必须是两个以上，如果只有一个条件，那么无条件复句不成立。例如："不论河很宽，我都能游过去"，这个句子前面只有一个条件"河很宽"，所以句中不能成立；如果改成"不论河多宽，我都能游过去"，"河多宽"隐含了两个以上条件，因此可以成立。

四个词在使用中还有区别，主要是：

（1）语体色彩有所不同。"不管""别管"多用于口语，而"无论""不论"多用于书面语。

（2）用法有所不同。

a）"无论"在分句中常和"与否""是否"搭配使用，表示两方面的条件；而"不管""别管"则不能这么组合；"不论"少见这样的组合。例如："无论你同意与否，我们都必须撤退。"

b）"无论""不论"可以和"如何"组合，而"不管""别管"不能。例如：

"无论如何困难,我都不会退缩。"

c)"无论""不论""不管""别管"等是无条件复句的标志,不能省略。与它们配合的后一分句关联词"都""也""总"等,在口语中有时可以省略。例如:"别管花多少钱,我担着。""不管咋说,我不会吼你。"

d)"无论""不论"在书面语中,有时可以两个以上连用,构成:"无论(不论)……无论(不论)……都……"的形式,而"不管""别管"一般不这样用。

e)有时为了强调,"不论"等所在的表示条件的分句也可以放在后面,而把表示结果或结论的分句调至前面。例如:"这次联赛你们不能参加,不管你们有什么情况。""谁都难免一死,无论他是高高在上的帝王,还是芸芸众生中的一员。"

📝 **例　句**

(1)不论是知识分子,还是青年学生,都应该努力学习。(毛泽东《关于正确处理人民内部矛盾的问题》)

(2)不管发生什么事情,我总会和你站在一起。

(3)无论在城市,无论在农村,你们到处都会发现从前没见过的新鲜事儿。(杨朔《迎志愿军归国》)

(4)别管他是谁,哪怕他是局长,来了这里也要听我安排。

🔍 **错误用例**

(1)不管你在家与否,周五都必须回来开会。(此处应该用"不论"或"无论")

(2)我们到时候表决,无论他同不同意。(此处应该用"不管"或"别管")

(3)别管新冠肺炎病毒疫情多么严重,别管前面的路有多么艰难,我都别无选择,哪里有召唤,我就冲向哪里。(此处应该用"不论"或"无论")

二 让步连词辨析

偏句用让步连词"虽然""即使"等承认某种事实或假设,正句语气一转,说明事情的结果不会改变。

虽 虽然 即使 尽管

 释 义

虽(suī):〈连〉表示让步,相当于"虽然"。例如:"担子虽重,但他还挑得起来。"

虽然(suīrán):〈连〉①用在前一分句,后一分句往往有"可是""但是"等配合使用,表示承认某种事实,但是情况并不因此而改变。例如:"他虽然工作很忙,但是从没有误了锻炼身体。"②用在后一分句主语前面,补充说明某种事实。例如:"对方至今尚未答复,虽然我们多次催促。"

即使(jíshǐ):〈连〉表示假设的让步,常与"也""还"等副词配合使用。也说"即便""即令""即或"。例如:"即使将来富了,也要注意节约。""即令寒冬腊月,这里的温度也不会太低。""即或他亲自去,也未必能办成这件事情。"

尽管(jǐnguǎn):〈连〉表示让步,姑且承认某种事实,下文往往有"但是""然而""还是"等转折连词配合使用,相当于"虽然"。例如:"这部电视剧尽管有些缺点,仍然受到观众欢迎。""尽管困难很多,但是没有一个人退缩。"

◎另,还可作副词,意思是:①表示不必考虑别的,放心去做。例如:"有事尽管吩咐,不用跟我客气。"②老是,总是。例如:"心里有苦就哭出来吧,尽管憋着不好。"

辨　析

以上四个词都是表示让步的连词,都能与相关的副词组成让步关系复句的关联词。但使用中又有区别,主要是:

(1)语义侧重点有所不同。"虽""虽然""尽管"表示承认某一种事实;而"即使"表示的是一种假设性的条件,其条件可以是尚未实现的事情,也可以是与既成事实相反的事情,相当于"就算"。例如:"即使你考了好成绩,那也算不了什么。"

(2)词性功能有所不同。"尽管"除了作连词,还可以作副词;"虽""虽然""即使"只能作连词。

(3)语体色彩有所不同。"虽"一般用于书面语;"虽然""即使""尽管"既可以用于书面语,也可以用于口语。

(4)用法有所不同。

a)搭配不同。

"虽"可以跟"但""却""尚"等搭配使用,也可以单独使用,例如:"赋税虽重,却还能支撑。""梁园虽好,不是久留之地。"

"虽然"可以跟"但是""可(是)""然而""却"等连词搭配使用。例如:"他虽然心里悲伤,面上却带着笑容。"

"即使"通常与"也""还"等副词配合使用。例如:"即使我将来发达了,心里也会记得你的好处。"

"尽管"可以跟"但是""可""仍然"等搭配使用。例如:"尽管你很能干,我仍然不想用你。"

b)句中位置不同。

"虽"只能放在主语的后面。例如:"麻雀虽小,五脏俱全。"

"虽然"用在前一分句时,可以放在主语前,也可以放在主语后,且多用于口语,例如:"虽然他很穷,可很有志气。""房间虽然小,可是打扫得很干净。""虽然"用在后一分句时,一般只能放在主语前面,且多用于书面语,例如:"此后一直没有他的音信,虽然我们多方联系他。"

"即使"和"尽管"都可以用在偏句的开头或主语的后面,且偏句都可以移到正句的后面,不同的是,带"即使"的偏句移到后面是为了强调正句,带"尽管"的偏句移到后面是为了补充说明正句。例如:"我会原谅你,即使你不讲道理。""这辆车子报废了,尽管才开了不到五年。"

例　句

(1)此画虽妙,奈何不是真品。

(2)虽然我一见便知道是闰土,但又不是我这记忆上的闰土了。(鲁迅《故乡》)

(3)即使它最后熄灭了,也是熄灭在光明中。(迟子建《雪山的长夜》)

(4)尽管二诸葛说是千合适万合适,小二黑却不认账。(赵树理《小二黑结婚》)

错误用例

(1)虽我无能,但已尽力。(此处"虽"应该用"虽然")

(2)我带你去,虽然你没考好。(此处应该用"即使")

(3)即使近期武汉市新增确诊病例持续保持个位数,但仍有社区零星散发的门诊病例。(此处应该用"尽管"或"虽然")

(4)股市尽管现回调,但转弱迹象并不明显。(此处应该用"虽")

且　尚且　纵　纵然

且(qiě)：〈连〉〈文〉用在复句前一分句，表示让步，相当于"尚且"。例如："死且不怕，还怕什么困难？"

尚且(shàngqiě)：〈连〉用在复句前一分句动词之前，提出程度更甚的事例做衬托，后一分句用"何况"等相呼应，对程度有差别的事例做出必然的推论。例如："成人尚且拿不动，何况是几岁的娃娃呢？"

纵(zòng)：〈连〉常用于书面语中，表示假设的让步，相当于"纵然"。例如："纵有天大的本事，在这里也无法施展。""纵有再大的困难，也要想尽办法战胜它。"

纵然(zòngrán)：〈连〉常用于书面语中，表示假设的让步，相当于"即使"。也说"纵令""纵使"。例如："纵然阻力很大，也要竭力克服。""纵令亏损，也不能让劣质产品进入市场。""纵使条件优越，也不该看不起人。"

辨　析

以上四个词都是表示让步的连词，都能与相关的副词组成让步关系复句的关联词，都多用于书面语，有时可以互换。但使用中又有区别，主要是：

（1）语义侧重点有所不同。

"且""尚且"语义侧重于比照让步，一般是前面提出明显事例做比，后面对程度上有差别的同类事例做出当然的结论。例如："死且不避，何况酒肉。""聪明人尚且解不开这个难题，何况是我这庸人。"

"纵""纵然"语义侧重于假设让步，先承认某种假设的情况，再转入正意,表示不因假设实现而改变情况或结论。例如:"心中纵有千言万语,也难向人诉说一二。""纵然困难重重,我们也要力争拿下这个项目。"

(2)语体色彩和使用频率有所不同。"且""纵"一般用于书面语,使用频率较低;"尚且""纵然"多用于书面语,使用频率较高,有时也用于口语。

(3)搭配用法有所不同。

"且"常同"况""何况""还"等搭配;"尚且"常跟"还""何况"等搭配使用;"纵"常同"也""犹"等搭配使用;"纵然"常同"也""还"等副词搭配使用。

"且""尚且"多用于反问句,"纵""纵然"多用于陈述句。"且""纵"因其单音节的特质可以用于紧缩复句,而"尚且""纵然"不能。"且""纵"后面常跟单音节词,"尚且""纵然"常跟双音节词或短语。

 例 句

(1)大灾之年,生存不易,人命且不保,何况动物?
(2)蝼蚁尚且贪生,人还能不珍惜自己的生命?
(3)前面纵有刀山火海,也挡不住我前进的脚步。
(4)为了革命胜利,纵然粉身碎骨,我也在所不辞。

 错误用例

(1)死尚且不避,况劳累乎?(此处应该用"且")
(2)一个人且无法安置,何况五个人?(此处应该用"尚且")
(3)人而无信,纵然称英雄也枉然。(此处应该用"纵")
(4)纵时光流逝,也冲刷不掉这段刻骨铭心的记忆。(此处应该用"纵然")

三　转折连词辨析

偏句承认某种事实或假设,正句使用"但是""可是"等说明事情的结果不会改变,"但是""可是"等表示转折关系,但有区别:"但是""然而""但""而"等表示重转,"可是""只是""不过"等表示轻转。

而　然　然而

释　义

而(ér):〈连〉连接意思相反的动词、形容词或词组、分句,表示转折关系,相当于"但是""可是"。例如:"投入大而收益小""动机好而效果差""英勇作战而未获胜""参加比赛而被淘汰"。

然(rán):〈连〉〈文〉相当于"然而"。例如:"言语虽少,然其意义深远。"

然而(ránér):〈连〉连接词组、分句或段落,表示转折,语意较重。例如:"他是一个沉默寡言而意志坚强的人。""虽然屡次受到打击迫害,然而他对生活的信心仍然十分坚定。"

辨　析

三个词都是表示转折的连词,但在使用中有区别,主要是:

(1)语体色彩有所不同。"而"一般用于书面语;"然"只限于书面语,且文言色彩浓厚;"然而"多用于书面语,口语也可以用。

(2)语义侧重点有所不同。

a)表义不同。"而"作为转折连词,表示跟上文相反,或补充上文。

例如:"似是而非""青,取之于蓝,而青于蓝"。"然"作为转折连词,语义跟"然而"基本相同,只是文言色彩更浓厚。"然而"表示转折,提出跟上文相对或相反的论述,或补充、限制、解释上文。例如:"他屡遭打击迫害,然而心中始终充满了爱。"

b)语义变化不同。"然而"表示转折时,提出与上文相对或相反的观点论述,此时表达的意思重点在后面。例如:"她衣着很普通,然而却有着一种不凡的气质。""然而"还表示引出下文,对上文进行补充、限制或解释时,表达的意思重点在前面的上文中。例如:"面对如此和谐的场面,我仿佛成了多余的人,然而我还想感受这和谐的氛围,不想走开。"

c)语气不同。"然"和"然而"转折的语气较重,"而"转折的语气相对较轻。

(3)用法有所不同。

a)"然而"可以连接短语、分句、句子或语段;"然"与"然而"用法基本相同;"而"一般连接意思相反的动词、形容词或短语、分句,也可以连接完整的句子。例如:"我们并非一路,我要去北京,而他们是去广州。"

b)"而"连接两个形容词修饰语时,前面一个形容词不能带"的"。例如:"袁隆平是一个平凡而伟大的人。"

c)"而"可以单独使用,也可以在后面加"是";"然""然而"可以单独使用,也可以跟表示让步的关联词"虽""虽然""尽管"等相配合,表示让步的关联词用于前面的偏句,表示转折的"然""然而"用于正句。

d)"而"可以用在意思相对立的主语和谓语中间,表示转折语气。例如:"人民公仆而不接近群众。""共产党员而贪污受贿。"

 例 句

(1)孔乙己是站着喝酒而穿长衫的唯一的人。(鲁迅《孔乙己》)

(2)此事虽小,然事关重大。

(3)新冠病毒溯源问题是个复杂的科学问题……然而,这个美国政客却执意逆国际共识而动,企图借此转移视线、转嫁责任,用心极其险恶。

🔍 错误用例

(1)严峻时刻,美国作为大国然而没有大国的担当,却恶意挑起反华浪潮,终于引起世界人民的不满。(此处应该用"而")

(2)话虽不重,而其伤害却深。(此处应该用"然")

(3)我以为他会失败,然最后他还是成功了。(此处应该用"然而")

但 但是 可 可是

✏️ 释 义

但(dàn):〈连〉相当于"但是"。例如:"要看到有利的条件,但也要看到不利的因素。""房间虽不算大,但很整洁。"

◎另,有副词功能,意思是"只,仅仅"。例如:"不求有功,但求无过。"

但是(dànshì):〈连〉用在复句后一分句表示转折,语意较重,前面常与"虽然""固然""尽管"配合使用,后面常有"却""也""还""仍"等副词相呼应。例如:"虽然目前我们生活并不富裕,但是比起过去强多了。"

可(kě):〈连〉表示转折,相当于"可是"。例如:"话虽不多,可都在理。""他虽然嘴上答应下来,可心里并不情愿。"

◎另,有副词功能,语义是:①表示强调。例如:"外面风可大了。"②用在反问句中加强语气。例如:"你这么做,我可怎么跟他交代?"③用于动词、形容词前面,表示疑问。例如:"这个玩具你可喜欢?"

可是(kěshì):〈连〉连接分句,表示转折,语意较轻,前面常有"虽然"之类表示让步的连词呼应。例如:"工作成绩连年优秀,可是从不骄傲自大。""虽然领导多次要提拔他,可是他都拒绝了。"

◎另,有副词功能,语义是"真是,实在是"。例如:"那可是个好人。"

以上四个词都是表示转折关系的连词,有时可以互换,但在使用中还有区别,主要是:

(1)语体色彩有所不同。"但"一般用于书面语;"但是"既可以用于书面语,也可以用于口语;"可""可是"一般用于口语。

(2)语义侧重点有所不同。"但是""但"连接的内容一般侧重于表示客观叙述,"可是""可"所连接的内容主观性较强。"但"和"但是"意义基本相同,都表示转折,提出跟上文相对立的论述,或补充、解释、限制上文,转折程度较重。"可"的用法基本与"可是"相同,表示转折,转折程度较轻。

(3)词性功能有所不同。"但是"只能作连词,而"可""可是""但"还有副词功能。

(4)用法有所不同。

a)"但是""但"一般用在复句后一分句表示转折,可以单独使用,通常情况下前面常与"虽然""固然""尽管"配合使用,后面常有"却""也""还""仍"等副词相呼应。例如:"虽然他很早就离开了家乡,但是(但)乡音却没有丢掉。""可是""可"连接分句,表示转折,前面常有"虽然"之类表示让步的连词呼应,也可以单独使用。

b)"但是""可是"可以有停顿,"但""可"不能有停顿。

(1)在东京的留学生很有学法政理化以至警察工业的,但没有人治文学和美术。(鲁迅《呐喊·自序》)

(2)人不一定应当是宗教的,但是他一定应当是哲学的。(冯友兰《中国哲学简史》第一章)

（3）虽然你说得对,可我不想过你这样的日子。

（4）刚去的时候我雄心勃勃地以为自己会干一番大事业,可是研究所的气氛很快让我产生了厌倦情绪。（迟子建《世界上所有的夜晚》）

🔍 错误用例

（1）你别看他小,人可是精呢。（此处应该用"可"）

（2）我以为我会容忍,可,现在我做不到。（此处应该用"可是"）

（3）合作似乎经常面临巨大的压力。可是,新冠肺炎提醒我们,如果要避免全球性的重大灾难,国际社会必须进行更加紧密的合作。（此处应该用"但是"）

（4）我是惹不起你,但是我总躲得起你吧。（此处应该用"可"）

只是　不过　相反

✏️ 释　义

只是（zhǐshì）:〈连〉连接分句,表示转折,语意较轻。例如:"他品德好、能力强,只是跟同事们很少交往。"

不过（bùguò）:〈连〉用在复句后一分句前面表示转折,语意较轻,对上文加以补充或修正,相当于"只是"。例如:"意见提得正确,不过方式有些生硬。"

相反（xiāngfǎn）:〈连〉用在复句后一分句的句首或句中,表示转折或递进关系。例如:"地势险恶不但没有让他望而生畏,相反,更引起了他进一步勘察的兴趣。"

✍️ 辨　析

三个词都是表示转折关系的连词,但在使用中还有区别,主要是:

（1）语体色彩有所不同。"相反""只是"一般用于书面语，"不过"一般用于口语。

（2）语义侧重点有所不同。三个词虽然都表示转折，但"不过""只是"连接的前后两项没有明显的相对立关系，后句只是对前句加以限制或修正性补充；"相反"所连接的前后两项有明显的对立关系。

（3）转折程度有所不同。"相反"转折的语气较重，而"只是""不过"转折语气较轻。按照程度由弱到强分别是"只是＜不过＜相反"。

（4）用法有所不同。

a）"相反"一般后面加停顿；"不过"后面可以加停顿，表示转折意义的加深；"只是"后面不能停顿。

b）"不过""只是"可以连接分句、句子，"相反"可以连接分句、句子和语段。

c）"相反"因为表示转折递进关系，因此可以和"不但""不仅"等搭配使用；而"不过""只是"表示轻转，所以不能跟"不但""不仅"等搭配使用。"不过""只是"所连接的分句可以加"而已""罢了"等语气助词。

 例　句

（1）她其实非常漂亮，只是不会打扮而已。

（2）这些年他老走背运，不过心态还算好。

（3）跟他相反，他的堂客却是一个油煎火辣性子。（周立波《山乡巨变》上二）

错误用例

（1）他很努力，相反成绩不太好。（此处应该用"只是"）

（2）他各方面都很好，人们提起他来都竖大拇指，只是，脾气倔了些。（此处应该用"不过"）

（3）向灾区捐款，并不意味着失去，不过从另一方面反映出你的收获。（此处应该用"相反"）

四　假设连词辨析

"如果""假如"等用在复句的偏句当中提出某种假设,正句表示假设实现后所产生的结果。

如　若　如果

释　义

如(rú):〈连〉表示假设,相当于"如果"。例如:"如不同意,请他说出理由。"

若(ruò):〈连〉表示假设,相当于"如果"。例如:"若不小心,难免会出差错。"

如果(rúguǒ):〈连〉表示假设,相当于"若是""假如""假若""假使",用法相同。例如:"如果他有困难,大家都会帮助他。""你若是没有时间,就不必来开讨论会了。""假如明天天气不好,我就不去旅游了。""假若事情难办,你就不必管了。""假使大家愿意,今天就干起来。"

辨　析

三个词都是表示假设关系的连词,有时还可以互换,但使用中还有区别,主要是:

(1)语体色彩和使用范围有所不同。"若""如"一般用于书面语,使用范围相对较窄;而"如果"是假设关系的标志性词语,既可以用于书面语,又可以用于口语,使用范围比较宽。

（2）用法有所不同。

a)"如果"用在偏句中表示假设，正句常有"那么""就""还""则""便"等与之相呼应，搭配使用。例如："如果我不同意，你就不能去。""如果用着好，你便可以买下来。""如果我哥哥不回来了，那么你还会等他吗?""若""如"用在偏句表示假设，正句很少用呼应的搭配关联词。

b)"如果"所连接的假设偏句一般放在复句的前一个分句，后面说出结果或结论;也可以前面先说出结果或结论，而把"如果"连接的偏句后移。"若""如"不能这么用。

c)"若""如"还可以和其他词组成新的假设连词。"若"可以组成"若是""若非"，前者是肯定性假设，相当于"如果是"，后者是否定性假设，相当于"如果不是"。"如"可以组成"如若""如其"，都相当于假设连词"如果"。此外，还有"假若""假如""假使""倘使""倘若"等假设连词都与"如果"同义，用法意义基本相同，只是"倘若""倘使"书面语更浓一些。

 例　句

（1）我公司正虚左以待，如您肯屈就，我将不胜荣幸。

（2）若说无意功名，我来这繁华京师连败连考做什么?（二月河《康熙大帝》第一部卷九）

（3）凡有一处地方，如果出了文士学者或名流，他将笔头一扭，就很容易变成"模范县"。（鲁迅《朝花夕拾·无常》）

错误用例

（1）他能去北京，若这次他能考上研究生。（此处应该用"如果"）

（2）若其不然，后果自负。（此处应该用"如其"）

（3）你如愿意回来的话，我可以找人帮忙，把你家的老屋拾掇一下。（此处应该用"如果"）

现代汉语常用**易混**词语辨析

不然　否则　若非

不然（bùrán）：表示否定性假设，用在复句后一分句前面，表示如不这样，就必然或可能发生下文所说的情况。例如："天黑了，快回家吧，不然妈妈会着急的。"

否则（fǒuzé）：用在复句后一分句前面，表示否定性假设，即"如果不是这样"，也说"否则的话"。①提出违反上文推论的结果。例如："领导干部应当带头深入群众，否则就无法了解实际情况。"②下文提出另外一种选择。例如："最好全队一起行动，否则只能分成两批进行了。"

若非（ruòfēi）：〈文〉连接分句，表示否定性假设，相当于"如果不是"。例如："若非发现及时，加以扑灭，几乎酿成火灾。"

辨　析

三个词都是表示否定性假设的连词，有时还可以互换。但使用中还有区别，主要是：

（1）语体色彩有所不同。"不然"一般用于口语；"若非"只用于书面语；"否则"多用于书面语，有时也用于口语。

（2）语法意义有所不同。

a）"否则""不然"都是表示对上文做假设性的否定，后面引出否定后可能出现的结果；"若非"则是紧跟其后提出假设性的否定，后面再说出否定后可能出现的结果。

b）"不然""否则"对前面提出否定性假设后，还可以表示选择，提供建议。"若非"没有这样的语义。例如："东西还没全做完，你明早上再去吧，不然还得跑一趟。""要么你就用心做，否则干脆别做了。"这两句中的

"不然"和"否则"都不能换成"若非"。

(3)用法有所不同。

a)"不然"和"否则"的后面可以用逗号隔开表示停顿,"若非"不能。

b)"不然"和"否则"用于口语时,后面都可以加"的话"。"若非"不能用于口语,没有这样的用法。

c)"否则""不然"连接分句,都是必须用在后一分句的句首;"若非"连接分句,一般用于前一分句的句首。例如:"你们别太宠她了,不然(否则)她会被惯坏的。""若非你一意孤行,我们不会有这样的失败。"

d)"不然""否则"引导的分句可以用反问的形式;而"若非"引导的分句只能用陈述句,后一分句可以用反问。例如:"他可能不太喜欢这样的场合,否则(不然)的话为什么不来?""若非抢救及时,他哪能保住命?"

e)三个词都可以单独使用,不用呼应的搭配关联词,但"否则""不然"也可以和"除非"搭配使用。例如:"除非出现特殊情况,否则原计划不变。""除非你有本事使第二个人上当,不然,只能卖个麻雀价。""若非"没有这样的搭配。

例 句

(1)赵大爷说了,我有这点诚心呢,他就帮我的忙;不然,他不管我的事。(老舍《龙须沟》第二幕)

(2)理性的东西所以靠得住,正是由于它来源于感性,否则理性的东西就成了无源之水,无本之木。(毛泽东《实践论》)

(3)若非亲眼所见,该公司的神奇业务简直令人难以置信。

错误用例

(1)不然一番寒彻骨,哪得梅花扑鼻香。(此处应该用"若非")

(2)领导要深入群众,若非难免出现官僚主义。(此处应该用"否则"或"不然")

五　因果连词辨析

偏句说明原因,正句表示结果。因果关系又分为两类:①用"因为(由于)……所以(因而)……"表示因果关系,侧重结果;用"……是因为(是由于/就在于)……"表示因果关系,侧重原因。②用"既然……那么……"表示推论结果。

因　因为　因而　因此　所以　由于

释　义

因(yīn):〈连〉连接分句,说明原因,相当于"因为"。例如:"因年老眼花,所以看不清楚。"

因为(yīnwèi):〈连〉常跟"所以"配合使用,表示因果关系。例如:"因为上午集体参加植树活动,所以改为下午开会。"

因而(yīnér):〈连〉连接分句、表示因果关系。例如:"河水上涨,因而不能蹚水过河了。"

因此(yīncǐ):〈连〉连接分句或句子,表示因果关系。例如:"他在山区待了十几年,因此非常熟悉山区的情况。"

所以(suǒyǐ):〈连〉连接分句,表示结果,常与"因为""由于"等配合使用。例如:"因为人员不足,所以不能承担这项任务。""由于没有相关资料,所以研究工作暂时停下来了。"

由于(yóuyú):表示原因,常与"所以""因此"配合使用。例如:"由于他待人热情,肯帮助人,所以人际关系很好。"

　　以上六个词都是表示因果关系的连词,但在使用中有区别,主要是:

　　(1)语体色彩有所不同。"因"一般用于书面语,文言色彩较浓;"因为"多用于口语;"由于""因此""因而""所以"多用于书面语。

　　(2)语义侧重点有所不同。

　　"因"和"因为"表示原因,重在强调因果关系。"由于"表示理由或根据,重在强调结果产生的理由。例如:"我因为高兴,就喝了酒。""由于酒很贵,我只买了一小瓶。"

　　"因此"和"因而"同时兼表因果和连贯关系,前后既有因果关系,又有时间上的先后关系。"因此"表示结果或结论,相当于"因为这样,所以",侧重于引出结果,在句中既表明结果,又有复指上文的作用。"因而"表示前事是后事的原因,相当于"因此就",侧重于推导,在句中主要是指出由前面的原因而得出的结果,没有复指上文原因的作用。

　　"所以"用在因果关系复句中,侧重于说明结果或结论。

　　(3)用法有所不同。

　　a)"因""因为"用法意义基本相同,只是"因"一般用于书面语;而"因为"除可用于书面语外,主要用于口语。当"因"和单音节词组成介宾短语时,不能用"因为"替换"因"。例如:"老师因病住院,不能上课了。"

　　b)"因为"可以单用;也可以跟"所以"配合使用;"因为"所在的分句可以放在前面,为了强调结果有时也可以放在后面。例如:"我因为不放心家里,就没有再外出旅行。""我不久就离开母亲,因为我读书了。""因为"和"所以"配合使用时,一般放在前一个分句,先说原因,"所以"表示的结果放在后一个分句;但有时为了强调结果,可以先说结果句,后说"原因"。例如:"因为负了伤,所以他很快就退役了。""他之所以这么快就从部队退役了,是因为救灾时负了伤。"

　　c)"由于"可以单独使用,也可以跟"因此""所以""因而"配合使用;

而"因为"只能跟"所以"配合,不能跟"因而""因此"配合使用。

d)"因为"可以放在后一个分句,前面或者跟"(之)所以"呼应配合,也可以跟"为什么"呼应,此时"因为"前也可以加"是""正"等表示强调。例如:"他之所以这么好斗,是因为他心里没有安全感。""他为什么这么好斗? 因为他心里没有安全感。"

"由于"只能放在前一个分句,例如:"由于医用物资紧缺,一些医护人员在工作中也只戴了口罩。"如果"由于"要放在后面的句子里,那"由于"要说成"(这/正)是由于"。例如:"他今天回来得比较早,是由于他接了新的出差任务。"

"因而""因此"一般只能放在后一个分句,前面的分句可以用"由于"跟它呼应,也可以不用。例如:"由于厂家对产品的设计和生产精益求精,因而产品销路越来越好。""他从不摆官员的架子,因此很受拥戴。"

e)"因此"可以连接分句,也可以连接句子和语段,表示下面要说的是结果或结论,所以能放在句号后面;"因而"只能连接分句,不能连接句子或语段,故不能放在句号后面。

f)"所以"引起的分句一般要放在后面,前面的分句常常用"因为""由于"等连接,说明原因或理由,有时"所以"也可以单独使用,不用配合词语。例如:"这个村子大多数都是姓赵的人家,所以叫赵村。"有时为了突出原因或理由,"所以"引起的分句也可以移到前面,其形式多是"(之)所以……是因为(其目的是)……"等。

📖 例 句

(1)十三阿哥胤祥……因自幼失恃,受尽哥哥们的欺侮,养成野性难驯,只胤禛看不过,从小儿收到自己府中时时呵护,因此胤祥敬重这位严兄宛如慈父。(二月河《雍正皇帝·九王夺嫡》第二回)

(2)长的草里是不去的,因为相传这园里有一条很大的赤练蛇。(鲁迅《从百草园到三味书屋》)

（3）同级关系具有平等竞争的特点，因而在一些问题上容易产生矛盾和分歧。

（4）那阵子白大省的精神都集中在赵叔叔身上了，所以她也就神不守舍起来。（铁凝《永远有多远》）

（5）由于长期处于一种封闭与半封闭状态，这里的生产水平十分低下。（凌宇《沈从文传》第一章）

🔍 错误用例

（1）因爸爸欠了债，我家小超市关闭了，我也得找事做了。（句中"因"应该改用"因为"）

（2）因为无旁证，嫌疑人罪行无法确定，只能暂时释放。（此处应该用"因"）

（3）因此疫情大范围扩散，韩国成了目前除中国外唯——一个所有一级行政区都出现确诊病例的国家。因而，韩国选择不"封城"的决定效果如何，还有待观察。（句中的"因此"应该改用"由于"；"因而"应该改为"因此"）

（4）因为从事盐业生产及销售的沿海民众形成有影响的群体，因而在当时的社会中成为一股不可忽视的力量。（句中"因为"应该换用"由于"）

（5）我们这里河流经常会发生泛滥，由于下游河床狭窄。（此处应该用"因为"）

既　既然

📝 释　义

既(jì)：〈连〉相当于"既然"。例如："既要干，就必须干出成绩。"

◎另，"既"作为连词，还可以表示并列关系，跟"又""且""也"等配合,连接并列的动词、形容词或分句,表示两种情况同存。例如:"他既能说又能写。""既要抓物质文明,也要抓精神文明。"

既然(jìrán):〈连〉用在前一分句提出理由,后一分句常与"就""也""正"配合使用,推出结果。也说"既是"。例如:"既然你已答应,我也不再说什么了。""既是没有经费,还做什么基建计划?"

辨　析

两个词都是表示因果关系的连词,但在使用中又有区别,主要是:

(1)语义侧重点有所不同。"既"作因果关系连词时,和"既然"语义基本相同,一般用在复句的前一分句,提出已经成为现实、或已经肯定的前提,后一分句据以推出结论,常同"就""那么"等呼应。例如:"既要说,就要说清楚。""既(既然)是写给大家读的,那么深入浅出就十分必要了。""既"作连词,还可以表示并列关系,而"既然"只表示因果关系。

(2)用法有所不同。

a)"既"只能用于主语后面;而"既然"没有这个限制,既可以用在主语前,也可以用于主语后。例如:"你既来了,就多住些日子。""你既然迟到了,我就得罚你站一会儿。""既然你决定了,那就做吧。"

b)"既"多用于书面语,引导的带有文言色彩的语句,或是整句的情况下,一般不能用"既然"替换。

例　句

(1)既来之则安之。

(2)然而几个人既然起来,你不能说决没有毁坏这铁屋的希望。(鲁迅《呐喊·自序》)

错误用例

(1)既然无头绪,索性先放一放。(此处应该用"既")

(2)既你已经答应了我,为什么又给了别人?(此处应该用"既然")

常用连词易混词语辨析(下)

481

以至　以致　致使

✎ 释　义

以至(yǐzhì)：〈连〉用在后一分句开头,表示由于上文所说的动作、情况程度很深而形成的结果,也说"以至于"。例如:"他很疲乏,以至迈步都很吃力。""形势发展得很快,以至于多数人都感到出乎预料。"

◎另,"以至"作连词,还可以表示承接关系,相当于"直到",也说"以至于"。主要连接词或词组(连接的词语不止两项时,用在最后两项之间),表示在时间、数量、范围、程度等方面的延伸。例如:"工作经验是十年、二十年以至四五十年积累的结果。""桌子、椅子以至于照明用具都备齐了。"

以致(yǐzhì)：〈连〉用在后一分句开头,表示上文所说的动作、情况所造成的结果(多指不好的或说话人不希望的)。例如:"连日降雨,没有及时排水,以致淹了庄稼。"

致使(zhìshǐ)：〈连〉以致。例如:"经费不足,致使楼盘迟迟不能竣工。"

◎另,还可作动词,意思是"由于某种原因而使得"。例如:"蝗灾严重致使庄稼颗粒无收。"

✎ 辨　析

三个词都是表示因果关系的连词,都表示由某种原因产生某种结果,但使用中还有区别,主要是:

(1)语义侧重点有所不同。

"致使"作为连词,表示后一结果的发生或持续,是由于前一行为导致的;"以致"表示由于上述原因而导致某种结果。这两个词在使用中往往用在表示不好的、消极的结果方面。

"以至"表示因上文所说情况而形成某种结果，侧重于结果的形成，一般可以用在积极的、好的或者中立的方面。

除此之外，"以至"还可以表示承接关系，而"致使"还可以作动词。

（2）用法有所不同。

a）"以至"可和"于"组合，说成"以至于"，而"以致"和"致使"不能。

b）"以至"可以表示时间、数量、范围、程度等方面的延伸，而"以致"和"致使"不能。例如："循环往复，以至无穷"，这句中的"以至"不能换成"以致"或"致使"。

c）三个词都可以连接分句，都可以和表示原因的"因为""由于"搭配使用，也可以单独使用。然而，"致使"连接的分句前后主语必须不一致，因此"致使"后面的主语一定不能省略；"以至"和"以致"连接的分句主语可以和前面分句的主语不一致，也可以一致，一致的情况下，它们后面的主语可以省略。例如："该公司由于管理不善，以致今年发生过三次仓库失火事件。"

📖 **例 句**

（1）这一切，发生得这样突然、迅速，以至黄淑英还没有完全领悟过来的时候，他就从她的身边消失了。（峻青《黎明的河边》）

（2）我不觉浑身燥热起来，以致火车已走过了镇江，我才想起我原来的打算。（茹志鹃《在社会主义的轨道上》）

（3）由于政府防控工作不力，致使美国新冠肺炎确诊人数短时间内突破10万。

🔍 **错误用例**

（1）我没有及时卖出股票，致使赔了五十万。（此处应该用"以致"）

（2）他做事一向认真，一丝不苟，以致于严苛的地步。（此处应该用

"以至于")

（3）我连续三天没有睡过完整的觉了，以至眼睛周围出现了黑眼圈。(此处应该用"以致")

（4）昨日强台风以至附近房屋倒塌无数。（此处应该用"致使"）

六　目的连词辨析

偏句表示行为，正句表示目的，构成目的关系。目的连词分为两种：一种表示达到某种目的，还有一种表示避免什么情况。

以　以便　以期　以免　免得

 释　义

以(yǐ)：〈连〉表示目的，相当于"以便"。例如："增产节约，以支援国家建设。""摘录于此，以供参考。""说明事实真相，以正视听。"

以便(yǐbiàn)：〈连〉用在后一分句开头，表示使下文所说的目的容易实现。例如："请把垃圾装袋，以便及时清除。""患者前来就诊，要有家属陪同，以便随时照料。"

以期(yǐqī)：〈连〉用在后一分句开头，表示下文是希望达到的目的，常用于语书面语中。例如："继续努力，以期按时完成任务。"

以免(yǐmiǎn)：〈连〉用于后一分句开头，表示目的是使下文所说的情况不至于发生，多用于书面语中。也说"免得"。例如："切实杜绝各种隐患，以免发生火灾。"

免得(miǎn·de)：〈连〉以免。例如："找人问问吧，免得走错了。"

"及时写信把情况报告家里,免得惦念。"

辨　析

以上五个词都是表示目的关系的连词,但在使用中有区别,主要是:

(1)语体色彩有所不同。"以"只能用于书面语,且文言色彩较浓;"以期"一般用于书面语;"以便""以免"多用于书面语,有时也可以用于口语;"免得"一般用于口语。

(2)语义侧重点有所不同。"以"侧重于表示所连接的后者是前面所说内容的目的;"以便"侧重于表示前面所说的条件,使得后一分句所说的目的容易实现;"以期"表示通过上文所说的做法,希望达到下文所说的目的或出现某种情况;"以免"和"免得"都重在表示目的是避免发生下文所说某种不希望发生的情况,不同只在于"免得"用于口语。

(3)用法有所不同。"以"连接两个动词性短语分句,一般用于后一个分句的开头;"以便""以期""以免""免得"都是连接分句,且都用于后一个分句开头。"以"前面可以用逗号隔开。也可以不隔开。"以便""以期""以免""免得"的前面一般都要用逗号隔开;在有些语境中,有时为了音节整齐,也可以不隔开。

例　句

(1)那时,我们党号召大家编写厂史、村史、家史以教育下一代。

(2)我正在学习怎样写一份出色的简历,以便找到一份好工作。

(3)强调团结和进步,以反对一切危害抗战的乌烟瘴气,以期抗日事业有进一步的胜利。(毛泽东《必须强调团结和进步》)

(4)典当业只好呈请禁止奇装异服,以免时价早晚不同,笔墨业也只好主张吮墨舐毫,以免国粹渐就沦丧。(鲁迅《论毛笔之类》)

(5)临睡前把闹钟上好,免得误了明天的面试。

(1)打开窗户,以便保证空气流通。(此处应该用"以")

(2)你可以记下我的电话号码,以随时联系我。(此处应该用"以便")

(3)公司将加大研发的人力、物力投入,以便研发项目早日实现产业化。(此处应该用"以期")

(4)注意开花后不宜培土,免得误伤花蕾。(此处应该用"以免")

(5)去看望病人,一定要说吉利话儿,以免不小心得罪人。(此处应该用"免得")

七　补充连词辨析

补充连词一般用在后一分句,补充说明有关情况。

此外　另外　再则

释　义

此外(cǐwài):〈连〉连接分句、句子或段落,表示补充关系,后面常有"还""也""又"等副词配合使用。例如:"他喜欢语文、数学,此外,还对打球、唱歌很感兴趣。"

另外(lìngwài):〈连〉连接分句、句子或段落,表示补充关系,相当于"此外"。例如:"旅游可以浏览风光,休闲娱乐,另外,还可以增广见闻,学到许多风俗地理知识。"

◎另,有副词功能,表示所说的范围之外。例如:"我另外又多捐了几件衣服。"

再则(zàizé):〈连〉连接分句,表示追加另外的原因、理由。也说"再者""再说"。例如:"天气不早了,再则明天还要赶路,准备休息吧。""现在不到春播时间,再者今年还有很多事情,先不要去买种子。""他不同意调离工作单位,再说领导也未批准。"

辨　析

以上三个词都是起补充作用的连词,都用在复句的后一分句,补充说明有关的情况。不同之处在于:

(1)语义侧重点有所不同。"此外"侧重于"除此之外",是对上文所说范围的补充,如果后面是肯定形式,表示除了前面所说的,还有别的;如果后面是否定形式,表示除了前面所说的,没有别的了。"另外"与"此外"语义基本相同,都侧重于范围方面的补充,只是"另外"还表示上文所说范围以外的人和事,或者说是在上文所说的范围以外。从结果看,"此外"是基于原来范围的对象内容,而"另外"是新的范围或对象。"再则"表示追加另外的原因、理由,是在原来的基础上又推进一层。

(2)语气有所不同。"此外"和"另外"语气较客观;"再则"语气上带有主观性,在情感上有所增强。

(3)语体色彩有所不同。"再则"常用于口语,"此外""另外"常用于书面语。

(4)用法有所不同。"此外""另外"一般可以连接分句、句子或段落篇章;"再则(再说/再者)"一般连接分句。

例　句

(1)而无产阶级认识世界的目的,只是为了改造世界,此外再无别的目的。(毛泽东《人的正确思想是从哪里来的》)

（2）双打羽毛球是很好的运动项目，又能锻炼身体，又能锻炼合作竞争能力，另外，还比较省钱。

（3）再则，像"誓不签订辱国条约"一句经文，也早已有了不少传注。（鲁迅《伪自由书·不求甚解》）

🔍 错误用例

（1）我最近手头有些紧，此外我觉得那不过是奢侈品，就没有买。（此处应该用"再则"）

（2）以上是我对科室今年工作的总结，另外，我还想谈一谈我们科室的职工。（此处应该用"此外"）

（3）这次来小镇，我们要注意保密，把犯罪嫌疑人的证据找到，此外，也可以考察一下小镇风光。（此处应该用"另外"）

现代汉语常用**易混**词语辨析

常用

叹

词易混词语辨析

啊 唉 哎

![释义]

啊(ā)：〈叹〉①表示惊奇。例如："啊,下雨了!""啊,起风了!"②表示赞叹。例如："啊,风景太美了!""啊,今年的庄稼长得真好啊!"

啊(á)：〈叹〉表示追问。例如："啊,你刚才说什么?""啊,这到底怎么回事?"

啊(ǎ)：〈叹〉①表示疑惑。例如："啊,他怎么会干这样的事?"②表示惊讶或醒悟。例如："啊,你还在这里? 车都开走了!"

啊(à)：〈叹〉①表示应答(音较短)。例如："啊,就照这样办吧!"②表示明白过来(音较长)。例如："啊,原来是这么回事!"③表示赞叹(多用于朗诵诗文,音较长)。例如："啊,可爱的祖国!"

唉(āi)：〈叹〉①表示应答。例如："唉,我马上去。""唉,我看见了。"②表示叹息。例如："唉,真把我难住了!""唉,好命苦哇!"

唉(ài)：〈叹〉①表示伤感。例如："唉,这下一切全完了!""唉,病了一场,把身体搞垮了!"②表示惋惜。例如:"唉,刚买的衣服弄脏了!"③表示应答或认可。例如："唉,我这就去。""唉,这就对了。"

哎(āi)：〈叹〉①表示惊讶。例如："哎,真想不到他也来啦!"②表示不满。例如："哎,这是怎么搞的!"③表示招呼或提醒。例如："哎,怎么几天不见你?""哎,别忘了锁门!"

哎(ǎi)：〈叹〉表示不满或否定。例如："哎,怎么能那样干!""哎,我不是那意思!"

哎(ài)：〈叹〉①表示悔恨、惋惜。例如："哎,早知道这样,我就不去了!"②表示答应或认可,例如："哎,一起干吧!""哎,就这样答复他。"

辨　析

以上三个词都属于叹词,各自根据所在语境的不同而有不同的发音声调。三个词都可单独成句,也可以用于句首,还可以用于句中或句尾。在使用中有区别,主要是:

(1)语义侧重点有所不同。

a)"啊"可以表示惊奇和赞叹,声调为阴平;可以表示追问,声调为阳平;可以表示疑惑及惊讶或醒悟,声调为上声;也可以表示应答或恍然大悟,声调为去声。有时表示赞叹也可以用去声。当"啊"的音长较短时,表示应声,例如:"啊,好吧。"当"啊"的音长较长时,可以表示醒悟或赞叹。例如:"啊,原来是你啊!""啊,伟大的祖国!"

b)"唉"可以表示应答或叹息,声调为阴平;可以表示伤感或惋惜,声调为去声。有时发去声时也可以表示应答或认可。

c)"哎"可以表示惊讶、不满、招呼或提醒,声调为阴平;可以表示不认可或否定,声调为上声;也可以表示悔恨、惋惜、答应或认可,声调为去声。

(2)用法有所不同。

"啊"可以用于感叹句,也可以用于疑问句和祈使句。

"唉"可以用于感叹句和陈述句,不能用于疑问句。

"哎"可以用于感叹句、祈使句和疑问句。

例　句

(1)啊,原来这里离我们家不远啊。

(2)这次正赶上公司裁员,唉,我运气不好啊! 好容易找了个工作,又被裁掉了。

(3)哎,咱们可以一起去!

(1)唉,你怎么不去北京了?（此处应该用"哎"或"啊"）

(2)哎,这里的山水真是美啊!（此处应该用"啊"）

(3)啊,这才是我说的饺子嘛!（此处应该用"唉"）

哈 咳 嗨 嗬 吓

✏️ 释 义

哈(hā):〈叹〉表示得意或惊喜(大多叠用)。例如:"哈,让我猜中啦。""哈哈,这下可好了!""哈,试验搞成啦!""哈哈,我拿到北大录取通知书啦!"

咳(hāi):〈叹〉①表示伤感、后悔。例如:"咳,刚刚买下来的电脑弄坏了!""咳,我怎么这么迷糊!"②表示惊异。例如:"咳,有这样的朋友!"③表示招呼或提醒。例如:"咳,你来干什么?""咳,注意脚下!"

嗨(hāi):〈叹〉表示招呼或提醒。现在一般写作"咳"。

嗬(hē):〈叹〉①表示惊讶。例如:"嗬,他也选上了!"②表示赞赏。例如:"嗬,这小伙子真有出息!""嗬,这次表现不错!"

吓(hè):〈叹〉表示不满。例如:"吓,三天才干了这么点活儿?""吓,你威风?"

✍️ 辨 析

以上五个词都是叹词,语音相近,但语义用法各有不同,主要是:

(1)语义侧重点不同。"哈"侧重于表示得意或惊喜。"咳"和"嗨"都可以表示招呼或提醒,不同的是"咳"还可以表示伤感、后悔及惊异。

"嗬"侧重于表示惊讶和赞赏。"吓"侧重于表示不满,认为不该如此。

(2)用法有所不同。"哈"一般用于感叹句;"嗨""咳"可以用于感叹句和祈使句,"嗬""吓"可以用于感叹句和反问句。

 例 句

(1)慢慢地,雾气越来越白越少了,哈!钻出来了!原来飞机已经飞到云上边去!(老舍《我这一辈子》第二十八章)

(2)"咳,我想孩子了。"王秋萍又是一声长长的叹息,"也该秋收了,总不能老指着我娘家人帮忙吧?"(迟子建《亲亲土豆》)

(3)嗨,大哥你没出去,老百姓听说捉了鳌拜,那是人人欢喜个个称快呀。(二月河《康熙大帝》第一卷四十九)

(4)白文氏惊讶:"嗬——!听说你唐诗背了不少,正经功课怎么不好好学?"(郭宝昌《大宅门》)

(5)吓,这就是你做的创意?这样的创意我一天能搞出20个。

错误用例

(1)哈,你这是在跟我说话吗?真是岂有此理!(此处应该用"吓")

(2)嗬,小心别踩了我的书!(此处应该用"咳"或"嗨")

(3)嗨,我怎么这么倒霉啊!(此处应该用"咳")

(4)咳,想不到他这么能干!(此处应该用"嗬")

(5)他吃惊地睁大了眼,小明冲他笑道:"吓,得来全不费工夫,这可怨不得我了。"(此处应该用"哈")

呀 咦 呦 哟 嚯

呀(yā)：〈叹〉表示惊异。例如："呀，你怎么还不动身哪?"

咦(yí)：〈叹〉表示惊异。例如："咦，怎么东西放在这里就不见了?"
"咦，这是怎么回事?"

呦(yōu)：〈叹〉①表示惊讶，惊恐。例如："呦，他也升职了?""呦，停电了!"②表示突然发现或想起。例如："呦，鞋穿反了!""呦，忘带钥匙了!"

哟(yō)：〈叹〉表示轻微的惊异(有时带玩笑的语气)。例如："哟，你踩我脚了!"

嚯(huò)：〈叹〉表示惊讶或赞叹。例如："嚯，你们来得真早哇!"
"嚯，他都长这么高了!"

辨 析

五个词都是叹词，都有表示"惊异"或"惊讶"的语法意义，但有所区别，主要是：

(1)语义侧重点有所不同。

"呀"和"咦"都表示惊讶和奇怪，表示对情况或事物感到出乎意料而不可理解，从语用的实际情况看，"呀"侧重于因出乎意料而"惊讶奇怪"，而"咦"侧重于因不可理解而有所疑问。

"呦"和"嚯"都表示惊讶，"呦"除了表示惊讶，还侧重于表示因惊讶而惊慌无措；"嚯"则是侧重于惊讶中带有赞叹。此外，"呦"还表示突然发现或想起。和"呀""咦"相比，"哟"表示的惊异程度较轻，且有时还带有幽默玩笑的语气。

（2）用法有所不同。"呀""咦"一般用于疑问句,有时也用于感叹句;"哟"和"嚯"一般用于感叹句;"呦"一般用于感叹句,有时用于疑问句。

 例　句

（1）他一提小俊,能不够（注:外号）才想起自己还有要紧事来,马上把闲话收起说:"呀! 我怎么糊涂了? 小俊还等着我哩! 我去了!"说着便走出去。(赵树理《三里湾·马家院》)

（2）黄蓉止步回头,奇道:"咦,那是谁?"(金庸《神雕侠侣》第二回)

（3）姐姐正要出门,低头看看鞋道:"呦,鞋怎么脏了?"又转回来拿出鞋刷。

（4）"谁? 哟,你! 可吓死我了!"高妈搌着心口,定了定神,坐在了床上。(老舍《骆驼祥子》十二)

（5）嚯! 这么厉害? 要是我们赢了呢?(二月河《康熙大帝》第一卷二十三)

错误用例

（1）酒店吃完饭,杨玉林一摸口袋,道:"哟,我的钱包呢?"(此处应该用"呦"或"呀")

（2）百货大楼里,王华忽然指着楼梯口地上:"呦,谁的包丢在这里了?"(此处应该用"咦")

（3）饺子刚放到桌上,妹妹一家就推门进来,妈妈道:"呀,你们可真会赶点儿!"(此处应该用"哟"或"嚯")

哎呀 哎哟

哎呀(āiyā):〈叹〉也可以写作"啊呀"。早期文学作品写作"阿呀",现已不用。①表示惊讶。例如:"哎呀! 这棵树长这么高啦!"②表示埋怨、为难、不耐烦等。例如:"哎呀,这都怪你不小心!""哎呀,我为这件事找了人家好几回啦!""哎呀,你怎么又来啦!"

哎哟(āiyōu):〈叹〉也可以写作"啊哟"。表示惊讶。例如:"哎哟!都大半夜了!""哎哟! 你都快七十啦?"②表示痛苦。例如:"哎哟,疼死我啦!"③表示惋惜、赞叹。例如:"哎哟! 那么好的瓷碗给摔了!""哎哟,演得真好!"

辨　析

两个词都是双音节叹词,都能表示惊讶的情感语气,但语义上有所侧重,"哎呀"在惊讶中含有赞叹的语气;"哎哟"在惊讶中含有不赞成、不相信的语气。此外,"哎呀"还有表示埋怨、为难、不耐烦等语义,"哎哟"还有痛苦、惋惜、赞叹等语义。

在用法上,两个词都可以重叠使用,以加强语气。

例　句

(1)周恩来同志猛然抬起头来,威严俊逸的浓眉下,炯炯的目光凝视对方,说:"哎呀,这怎么是技术性工作?"(权野《中南海畔海棠红》)

(2)"阿呀,这样的婆婆! ……"四婶惊奇的说。(鲁迅《祝福》)

(3)(王葆)"哎哟,那么挺老远的把桶拎回来! 挺累的吧?"(张天翼《宝葫芦的秘密》九)

(1)刘伯母见了,皱起眉头道:"哎哟,不是说好了吗? 怎么又反悔了?"(此处应该用"哎呀")

(2)哎呀,那么好的照片,干吗撕了呀,留着做纪念也好嘛!（此处应该用"哎哟"）

常用

拟

声词易混词语辨析

一　模拟自然界声音的拟声词

呼呼　飒飒　沙沙　飕飕　簌簌　习习

释　义

呼呼(hūhū)：〈拟声〉模拟刮风等声音。例如："狂风呼呼地刮。"

飒飒(sàsà)：〈拟声〉模拟风声、雨声。例如："寒风飒飒""秋雨飒飒"。

沙沙(shāshā)：〈拟声〉模拟风吹树叶、人在沙地上走等声音。例如："杨树林被风吹得沙沙响。""在沙滩上行走,脚下沙沙地响。"

飕飕(sōusōu)：〈拟声〉模拟风吹过的声音。例如："一阵冷风飕飕地吹过去。"

簌簌(sùsù)：〈拟声〉模拟风吹树叶等声音。例如："秋风簌簌。"

习习(xíxí)：〈拟声〉模拟风轻轻地吹。例如："微风习习。"

辨　析

以上六个词都是模拟风声的拟声词,但又有所区别。主要是：

(1)语体色彩有所不同。六个词通常都用于书面语,且多为文学作品,但"呼呼"和"飕飕"有时也用于口语。

(2)语义侧重点及使用语境有所不同。

"呼呼"一般用于模拟刮大风的声音,在实际语言运用中也模拟鼾声和着火的声音。例如："我来的时候见他正呼呼地睡着。""那火呼呼地烧起来了。"

"飒飒"模拟风声、雨声,侧重于模拟秋风和秋雨的声音。

"沙沙"一般是模拟风吹树叶、人在沙地上走的声音,在实际语用中也用来模拟和这类似的声音,例如春雨声、飞沙击物声等。

"飕飕"通常模拟风吹过的声音,在语用中也模拟雨声或很快通过的声音。例如:"把那大刀舞得飕飕地响。""飕飕"还可以形容阴冷的样子。例如:"心中凉飕飕的。"

"簌簌"多用于模拟风吹树叶等的声音,在实际语用中还常用来模拟颤动的东西和纷纷落下的样子。例如:"眼泪簌簌地落下。"

"习习"通常模拟风轻轻地吹的声音,带有轻柔、温煦、和缓等语义,并且具有令人喜爱、亲近的感情色彩,所以一般侧重于形容春风、晚风、晨风、夏天的凉风、平静时的海风,等等。

(3)句中位置不同。

"呼呼"可以在句中作状语、补语、定语。例如:"呼呼大睡""睡得呼呼的""传来一阵'呼呼'的声音"。在童话故事书中,"呼呼"也可以作谓语。例如:"我要睡了,小猫也要呼呼了。"

"飒飒"可以在句中作定语、谓语,也可以作状语。例如:"飒飒秋风""寒风飒飒""秋雨飒飒地落下"。

"沙沙"一般作状语,有时也可以作定语和谓语。例如:"脚下沙沙地响""外面传来沙沙的声音""春雨沙沙"。

"飕飕"可以作状语、补语、定语。例如:"嗖嗖地响""心里凉飕飕""飕飕的高风"。

"簌簌"一般用作状语,也可以作谓语。例如:"树叶在秋风中簌簌地落下""秋风簌簌"。

"习习"一般作谓语和状语。例如:"春风习习""暖风习习地吹着"。

例 句

(1)他走到门口,可是屋门口的火苗呼呼的,已经进不去人。(魏巍

《谁是最可爱的人》)

(2)凉秋九月,康藏高原上西风飒飒,寒意十足。(杨朔《黄河之水天上来》)

(3)(纸片)翻折着,在地面上沙沙地响。(端木蕻良《乡愁》一)

(4)一时儿飕飕跳起几尾银光闪闪的大鱼,一时儿波浪上涌起一座小山。(杨朔《黄海日出处》)

(5)植物的叶子渐渐变黄,在秋风中簌簌地落下来。(竺可桢《大自然的语言》)

(6)趁着这春光融融,和风习习,凭在栏杆上,留连痛饮。(吴敬梓《儒林外史》第三十三回)

🔍 错误用例

(1)听了他的话,我忽然心底一紧,只觉得一股沙沙的凉意从心底漫了上来。(此处应该用"飕飕")

(2)中秋刚过,我登上天龙山,站在山顶,感受着习习凉风,思考着今后的出路。(此处应该用"飒飒")

(3)已经是数九了吧,外面那北风簌簌地吹得正紧,不时听到干树枝的嘎嘎声传来。(此处应该用"呼呼")

(4)门前的槐树叶子在风雨中,飕飕地落了一地。(此处应该用"簌簌")

(5)清明时节,我孤独地坐在窗前,望着外面飒飒飘飞的春雨,思绪万千。(此处应该用"沙沙")

(6)太阳虽已落下,暑气依然蒸人,表哥拿把扇子,在那儿呼呼地扇着,连我也不时感受到一两股呼呼凉风飘过来。(句中第二个"呼呼"应该用"习习")

滴答　哗哗　哗啦　唰啦　淅沥

释　义

滴答(dīdā)：〈拟声〉模拟滴水、下雨的声音。例如："纱窗前滴答滴答，雨还在下着呢。"

哗哗(huāhuā)：〈拟声〉模拟下雨、水流淌等声音。例如："不大一会儿大雨就哗哗地下起来。""消防栓坏了，水哗哗地往外流。"

哗啦(huālā)：〈拟声〉形容撞击、水流等的声音，也说"哗啦啦"。例如："雨哗啦哗啦地下着。"

唰啦(shuālā)：〈拟声〉模拟擦过的声音。也可以重叠作"唰啦唰啦"。例如："他们穿过一片高粱地，响起唰啦唰啦的声音。"

淅沥(xīlì)：〈拟声〉模拟微风细雨、落叶等的声音，也作"淅淅沥沥"。例如："风吹落叶，淅沥作响。""淅淅沥沥的雨声一直没有停。"

辨　析

以上五个词都是模拟自然界风雨声的拟声词，但在语用中也有区别，主要是语义侧重点有所不同。

"滴答"模拟雨水滴落的声音，常用于屋檐下滴答而下的雨声，有时也用来模拟类似这种声音的钟表的滴答声。

"哗哗""哗啦"模拟下雨、流水等声音，常模拟大雨、大水的声音，但"哗啦"还能模拟建筑物倒塌等的声音，而"哗哗"不能，例如："那墙哗啦一声倒塌了。"

"唰啦"一般模拟迅速擦过的声音，语用中也可以模拟风吹动宽大树叶发出的声音，也可以重叠为"刷啦啦"。例如："风吹杨柳刷啦啦。"

"淅沥"通常用于模拟微风细雨、落叶等的声音，模拟雨声常常重叠为"淅淅沥沥",用以模拟连阴小雨的声音。

📖 例 句

(1)雨天我会出去漫步,听雨水滴答打在我的花伞上,我会觉得很有诗意。

(2)这几个青年妇女咬紧牙,制止住心跳,摇橹的手并没有慌,水在两旁大声哗哗,哗哗,哗哗哗!(孙犁《荷花淀》)

(3)(他对萧队长说)队长同志,发财得靠命的呀,五十多石苞米,黄灿灿的,一个冬天哗啦啦地像水似地花个光。(周立波《暴风骤雨》第一部第一章)

(4)风吹着白杨树叶,发出"唰啦啦"的声响。

(5)这里黛玉喝了两口稀粥,仍歪在床上,不想日未落时天就变了,淅淅沥沥下起雨来。(曹雪芹《红楼梦》第四十五回)

🔍 错误用例

(1)连绵秋雨一连下了半个月,还在哗啦哗啦地下个不停。(此处应该用"淅淅沥沥")

(2)忽听得一阵哗哗声,从高粱地里钻出几个人影。(此处应该用"唰啦")

(3)众人一起用力推,唰啦一声,这座废弃的土墙终于推倒了。(此处应该用"哗啦")

(4)我走到半路淋了雨,回到家里时,衣服上还淅淅沥沥地把地上都弄湿了。(此处应该用"滴答滴答")

(5)天晴了,刚才就滴答滴答了两点,现在已经不下了。(此处应该用"滴答")

轰　轰隆　咕隆　隆隆

现代汉语常用**易混**词语辨析

释　义

轰(hōng)：〈拟声〉模拟打雷、放炮、爆炸等巨大的声音。例如："轰的一声炮响，震得山摇地动。""天边响起轰轰的雷声。"

轰隆(hōnglóng)：〈拟声〉模拟打雷、爆炸、机器开动等声音。例如："轰隆轰隆，响起阵阵雷声。""轰隆一声，楼房炸倒了。"

咕隆(gūlōng)：〈拟声〉模拟雷声、大车声等。例如："咕隆一声巨雷，震得大地颤动。"

隆隆(lōnglōng)：〈拟声〉模拟剧烈震动时发出的沉重声音。例如："隆隆的雷声响起来""机声隆隆"。

辨　析

四个词都是模拟雷声等巨大声音的拟声词，但语用中也有所区别：

(1)语义侧重有所不同。"轰"侧重于声音巨大；"轰隆"侧重于声音不仅巨大而且还有延续的回声；"咕隆"侧重于声音巨大而且滚动，多模拟由远而近的雷声、物体滚动声等；"隆隆"侧重于模拟剧烈震动时发出的声音，不仅巨大，而且沉重。

(2)可叠用的形式不同。"轰隆"有时也作"轰隆隆""轰隆隆隆"以表示声音的连续性；"轰"在实际语用中也可以重叠为"轰轰"表示巨大的连续的声音；"咕隆"也说"咕隆隆"。

例　句

(1)匪连长戴好了马嚼口，拉马向外就走，突然，轰的一声剧烈的爆炸，马棚全掀了盖……(曲波《林海雪原》第三十一回)

（2）好像万马奔腾似的吼叫，随着再一次的轰隆一声门的巨响，人群潮水一般涌到第二道门里来了。（杨沫《青春之歌》第七章）

（3）这时候，西北天角上咕隆隆响了一声沉雷，震得他心里一惊，他又清醒了一些，听着有人说话。（刘流《烈火金刚》第五回）

（4）路基上的白霜，越变越白，隆隆的声音越来越大了，地面也开始抖动。（知侠《铁道游击队》第二章）

错误用例

（1）只剩最后一枚手榴弹了，他深吸一口气，看着围拢来的三个鬼子，用手一拉。轰隆隆的响声过后，一片沉寂。（此处应该用"轰"）

（2）附近这段路还没有修好，每天都能听到外面轧路机轰轰的声音，震得玻璃都颤动了。（此处应该用"咕隆隆"）

潺潺　淙淙　汩汩　叮咚　咕噜

释　义

潺潺（chánchán）：〈拟声〉模拟溪水、泉水等流动的声音。例如："溪水潺潺。"

淙淙（cóngcóng）：〈拟声〉模拟流水的声音。例如："清溪淙淙流淌。"

汩汩（gǔgǔ）：〈拟声〉模拟流水的声音。例如："泉水汩汩地流。"

叮咚（dīngdōng）：〈拟声〉模拟金属、玉石等撞击或水滴落的声音。例如："环佩叮咚""泉水叮咚"。

咕噜（gūlū）：〈拟声〉模拟流水、东西滚动或胃肠蠕动的声音。例如："水咕噜咕噜往外流。""石头咕噜咕噜从山上滚下来。"

✍ **辨　析**

　　以上五个词都是拟声词,都能模拟水声,不同之处在于:

　　(1)语义侧重点有所不同。"潺潺"侧重于模拟轻轻淡淡的、悦耳的水声。"淙淙"侧重于模拟欢快、激越而又深远的流水声。"汩汩"侧重于模拟低而沉闷的、受阻碍而流淌不太通畅的声音。"咕噜"也侧重于模拟低而沉闷的、受阻碍而流淌不太通畅的声音,与"汩汩"不同的是"咕噜"表示的水流是不够连续畅通的,是一下一下往外冒的。"叮咚"模拟的水声侧重于清亮、悦耳。

　　(2)使用范围有所不同。

　　a)"潺潺"常用来形容流速较慢的细流。"淙淙"常用来模拟流速较快的溪水,常跟石头撞击有关联。"汩汩"常模拟的是从口子里冲出来的小股流水,例如山泉,或者是从管道里流出的暗流。"咕噜"多用来模拟那些从口子、管道里冒出来的,因受阻而有些微停顿的水流声。"叮咚"常用来模拟那些山石上滴落下来的泉水声、水龙头上滴落的水声,或者雨滴落在屋檐下的声音等。

　　b)"汩汩"除了作拟声词,在实际语言运用中还可以当形容词用,比喻文思涌出,带有书面语色彩。"潺潺"除了表示水流的声音外,还可以用来表示下雨声,例如:"帘外雨潺潺。""叮咚"除了模拟水声,还用来模拟金属、玉石等撞击的声音。例如:"环佩叮咚""风铃叮咚"。"咕噜"除了模拟流水声,还可以模拟人喝水的声音、东西滚动的声音,以及肠胃蠕动的声音。例如:"肚子饿得咕噜了一声。"

　　(3)可叠用的形式不同。"咕噜"可以重叠使用为"咕噜咕噜";"叮咚"可以重叠为"叮咚叮咚""叮叮咚咚";"潺潺""淙淙""汩汩"不能再重叠。

📖 **例　句**

　　(1)我躺着,听船底潺潺的水声,知道我在走我的路。(鲁迅《故乡》)

(2)你曾听见过流水淙淙的由溪石间流过,或你曾倚在山阁上听着飒飒的松风在足下拂过……(郑振铎《蝉与纺织娘》)

(3)柔嫩的声音,夹在鸟语中,夹在溪山的汩汩中,响彻了这山坳。(丁玲《阿毛姑娘》)

(4)这么多的水,又不知是从哪里冒出的,叮叮咚咚,只闻佩环齐鸣,却找不到一处泉眼,原来不是藏在殿下,就是隐于亭后。(梁衡《晋祠》)

(5)这可实在叫人忍不住了。我跳起来又把宝葫芦一踢,它咕噜咕噜滚着还没停下来呢,我跑上去又是一脚。(张天翼《宝葫芦的秘密》三十五)

🔍 **错误用例**

(1)他搬起纯净水桶,拧开盖子,往盆里倒去,那水潺潺流出,不一会儿就倒了大半盆子。(此处应该用"汩汩")

(2)那小溪流欢快地奔流着,跳过山涧,越过大石,穿过草地,咕噜向前。(此处应该用"淙淙")

(3)母亲的爱,如绵绵春水,汩汩流过我的心田。(此处宜用"潺潺")

(4)朋友想请我吃饭,我刚想推辞说吃过了,可是肚子却不听话地叮咚作响。(此处应该用"咕噜")

(5)小猫被我追得跑上钢琴,爪子不停地踩过琴键,满屋子咕噜咕噜的声音。(此处应该用"叮叮咚咚")

常用拟声词易混词语辨析

509

二 模拟人的声音的拟声词

叽叽嘎嘎 叽里咕噜 叽里呱啦

✍ **释 义**

叽叽嘎嘎(jī·jigāgā):〈拟声〉模拟说笑声等。在文学作品中也可写作"叽叽格格"。例如:"他们叽叽嘎嘎,又说又笑。"

叽里咕噜(jī·ligūlū):〈拟声〉模拟听不清楚的说话声或物体滚动声。例如:"他们叽里咕噜地说了半天,别人听不明白说的是啥。""麻袋倒了,萝卜叽里咕噜滚出来。"

叽里呱啦(jī·liguālā):〈拟声〉模拟大声说话的声音,也说"叽里哇啦""叽叽哇哇"。例如:"姐妹俩叽里呱啦有说不完的话。"

📖 **辨 析**

以上三个词都可以模拟人说话的声音,但有区别,主要是:

(1)语义侧重点有所不同。

"叽叽嘎嘎"侧重于模拟连说带笑的声音,声音一般比较大,多表示两个以上甚至是一群人的说笑声音,即便是一个人说笑,也是面对别人的。

"叽里咕噜"一般模拟听不清楚的说话声,原因可以是多方面的,或许因为语言不通听不懂,例如外国话或方言;或许因为速度快听不清楚;或许因为声音低听不清楚。可以表示两个或以上的人说话,也可以表示是一个人在自言自语。

"叽里呱啦"常用来模拟说话声音很高,且表示说个没完,比较烦人。和"叽叽嘎嘎"相比,前者只是说话,而不包括笑声。

(2)用法有所不同。"叽叽嘎嘎""叽里呱啦"通常只用于模拟人的说笑、说话声,而"叽里咕噜"则还可在模拟物体滚动的声音。例如"小狗狗学习下楼梯,一不小心叽里咕噜地滚了下去。"

📝 例 句

(1)铁柱扛着大镢走在回家的路上。一群捶打炕土的姑娘见了,都叽叽嘎嘎地取闹他。(张永秀《送鹅记》)

(2)他料来这和尚是在骂自己,于是依着他的口音,也叽里咕噜地说了几句。(《神雕侠侣》第十三回)

(3)山坡上传来一阵叽里呱啦的叫声,敌人纷纷滚落深谷。(《狼牙山五壮士》)

🔍 错误用例

(1)二娃惹了这么大的祸,却拒不认错,大伙儿很生气,就叽叽嘎嘎数落起他来。(此处应该用"叽里呱啦"或"叽叽哇哇")

(2)见他一个博士生连这个也不懂,一副憨憨的样子,几个同事不由得都叽里咕噜跟他笑闹起来。(此处应该用"叽叽嘎嘎"或"叽叽格格")

(3)大家都在忙自己的事情,听他叽叽嘎嘎半天,也没听懂他想要干啥。(此处应该用"叽里咕噜")

哧哧　咯咯　哈哈　呵呵
嘿嘿　嘻嘻　扑哧

📝 释 义

哧哧(chīchī):〈拟声〉模拟笑声。例如:"她哧哧地笑。"

咯咯(gēgē):〈拟声〉也作"格格"。模拟笑声、咬牙声、机枪射击声。例如:"他听了这句话,笑得咯咯的。""弟弟在睡梦中还咯咯地咬牙。""机枪咯咯地响。"

哈哈(hāhā):〈拟声〉模拟大笑的声音。例如:"哈哈大笑。"

呵呵(hēhē):〈拟声〉模拟笑声。例如:"他呵呵地笑着走进来。"

嘿嘿(hēihēi):〈拟声〉也作"嗨嗨"。模拟笑声。例如:"他只是嘿嘿地笑,没有说什么。"

嘻嘻(xīxī):〈拟声〉模拟笑声。例如:"他听了这几句话,不由得嘻嘻地笑起来。"

扑哧(pūchī):〈拟声〉也作"噗哧",模拟笑声或水、气挤出的声音。例如:"扑哧一声笑了。""扑哧,一口气吹灭了灯。"

辨　析

以上七个词都是拟声词,都可以用来模拟人的笑声。但使用中又有区别:

(1)主要是语义侧重点有所不同。

"哧哧"侧重于模拟偷笑。

"咯咯(格格)"常用于模拟女孩子清脆的笑声,有时也模拟小孩子开心的笑声。

"哈哈"常用来模拟开怀大笑,也可以表示故意开心,可重复为"哈哈哈……",重复得越多,大笑的程度越高。

"呵呵"常用于模拟老年人开心的笑声,也表示成年人有城府的笑,或者敷衍的笑。

"嘿嘿"多用于模拟男人的坏笑、奸笑,或捣乱、搞怪后得意的笑,有时也模拟老实人的憨笑或故作聪明的笑。

"嘻嘻"多用于模拟小孩子或女孩子调皮可爱的笑声,有时也用于表示男人的坏笑、轻浮的笑。

"扑哧"也作"噗嗤""噗哧",多用于模拟人忍不住突然发出的笑声。

(2)使用范围也有所不同。"咯咯"除了模拟笑声,还可以用于模拟咬牙声、机枪射击声,有时也用于模拟鸡叫声。其他词使用范围仅局限于模拟笑声。

📖 **例　　句**

(1)这还不算,老师傅眼神差了点儿,总把碎头发掉在小沙的脖子里,痒得小沙咪咪笑。

(2)双双把喜旺推蹲在地上,自己却忍不住格格地大笑起来。(李准《李双双小传》二)

(3)韩爱贞哈哈大笑,手撑着腰,叫道:"哎呀,妈呀,笑死我了。"(周立波《暴风骤雨》第一部第十五章)

(4)老爷子摸着胡子,看着小孙子满院子蹦蹦跳跳玩闹,满足地呵呵直笑。

(5)我悄悄问他:"你是党员吗?"他嘿嘿笑着,却不说话。

(6)香菱嘻嘻的笑道:"我来寻我们姑娘的,找她总找不着。"(曹雪芹《红楼梦》第二十四回)

(7)众人正惊奇间,忽听得头顶有人噗哧一笑。众人抬起头来,只见一个少女坐在梁上,双手抓的都是蛇。(金庸《天龙八部》第一章)

🔍 **错误用例**

(1)忽然外面传来一阵嘿嘿嘿的大笑,随后一个红光满面的中年人神气地走了进来。(此处应该用"哈哈哈")

(2)听护士说今天就能出院,儿子高兴得扑哧笑了,说:"我终于可以出去玩了!"(此处应该用"咯咯")

(3)刘三胖子见孩子信以为真,就咯咯笑道:"现在就跟我走,马上就能见到你爸爸了。"(此处应该用"嘿嘿")

（4）老王本不想让他来，见他缠得紧，便嘻嘻一笑，说："你去找领导说吧，领导同意了我也没意见。"（此处应该用"呵呵"）

（5）我听他在那儿吹牛，不由得哈哈一笑，又怕他听见，赶紧假装收拾茶几。（此处应该用"哧哧"或"扑哧"）

嗷嗷　哇哇　呜呜　嘤嘤

✎ **释　义**

嗷嗷(áoáo)：〈拟声〉模拟哀号声或呼叫声。例如："疼得哥哥嗷嗷直叫""战士们嗷嗷叫着冲了上去"。

哇哇(wāwā)：〈拟声〉模拟大哭、呼叫或呕吐的声音。例如："哇哇地哭""她吃得不合适，在那里吐得哇哇的"。

呜呜(wūwū)：〈拟声〉模拟哭声、风声。例如："呜呜地哭""狂风呜呜地刮"。

嘤嘤(yīngyīng)：〈拟声〉模拟轻微的哭泣声。例如："嘤嘤啜泣。"

📖 **辨　析**

以上四个词都是能模拟人的哭声的拟声词，区别之处在于：

（1）语义侧重点有所不同。

"嗷嗷"多模拟人由于痛苦而哀号，声音给人凄厉的感觉；或者由于饥饿、难过等而哀叫，叫声给人哀怜的感觉；此外还可以模拟因愤怒或激动而呼叫的声音。

"哇哇"多用于模拟比较大的哭声。

"呜呜"模拟的是比较压抑的哭声。

"嘤嘤"模拟的是比较细小的哭声。

（2）使用范围有所不同。

a)"嗷嗷"常用于模拟男人的哭号,或者是婴儿的乞食状。例如:"嗷嗷待哺。""哇哇"多用于表示孩子的哭声。"呜呜"适用于各种人的哭声。"嘤嘤"多用于表示年轻女性的哭声。

b)"呜呜"除了模拟哭声,还可以模拟风声或汽笛的鸣叫声;"哇哇"除了模拟哭声,还可以模拟呼叫或呕吐的声音;"嗷嗷"除了模拟哭声,还可以模拟像猛兽一样的叫声;"嘤嘤"除了模拟哭泣声,还可以模拟鸟鸣的声音。

📖 例　句

(1)强将手下无弱兵,他培养的干部顶呱呱,率领的团队嗷嗷叫,执行任何任务都是"大腿上绑大锣——走到哪响到哪"。(王延升《老团长的扣子去哪了》)

(2)多收一些农业税,有些人就哇哇叫,还说什么他们是代表农民利益。(毛泽东《抗美援朝的伟大胜利和今后的任务》)

(3)当他抱起第二捆,突然听到车头上汽笛的呜呜声,他知道快到王沟车站了,急忙掷下第二捆,再掷第三捆。(知侠《铁道游击队》第二章)

(4)桥底下果真有人嘤嘤地哭。(杨朔《上尉同志》)

🔍 错误用例

(1)听到老父逝世的噩耗,还在牛棚劳改的他悲不自胜,嘤嘤地哭了起来。(此处应该用"呜呜")

(2)贵婶子谈到小宝,不由得就眼圈一红:"那孩子可怜呐,才三岁就没了爹,哭得嗷嗷的,今后可咋办哪!"(此处宜用"哇哇")

(3)听到冲锋号响了,战士们纷纷从战壕里出来,呜呜叫着就冲了上去。(此处应该用"嗷嗷")

(4)林小姐见自己的衣服都是东洋货,怕同学笑话,不想穿了,被父亲责骂了两句,便哇哇哭起来,母亲忙安慰她。(此处应该用"嘤嘤")

哼哧　呼哧　吭哧

✎ **释　义**

哼哧(hēngchī)：〈拟声〉模拟粗重的喘息声。例如："他趴在床上,哼哧哼哧地喘。"

呼哧(hūchī)：〈拟声〉也作"呼吃"。模拟喘息的声音。例如："累得他满头大汗,呼哧呼哧喘气。"

吭哧(kēngchī)：〈拟声〉也可写作"吭吃"。模拟费力地喘息、列车启动等重浊的声音。例如："他搬来一块大石头,累得吭哧吭哧地喘。"

◎另,还可作动词,意思是因用力而不由自主地发出声音,或者是形容说话吞吞吐吐。例如："他吭哧了好几天总算写完一篇演讲稿。""说话别吭哧吭哧的。"

🖎 **辨　析**

三个词都是用来模拟人喘息声的拟声词,都可以重叠为"ABAB"式,不同之处在于:

(1)词性功能有所不同。"哼哧""呼哧"只是拟声词;而"吭哧"除了作拟声词,还可以作动词用。

(2)语义侧重点有所不同。"呼哧"模拟的一般是剧烈活动后或者是劳累后发出的喘息声,有时也可以用来模拟大哭后的抽气声。"哼哧"一般侧重于模拟正在做力气活时粗重的喘息声。"吭哧"侧重于模拟比较费力的喘息声,此外还可以模拟列车启动时重浊的排气声,还可以作动词形容费力地做事情,例如费力地思考、费力地说话,等等。

📖 **例　句**

(1)有时月牙儿已经上来,她还哼哧哼哧地洗。(老舍《月牙儿》)

（2）他急急地跑进来，呼哧呼哧地喘着气问道："人呢？刚才在这个包间吃饭的人呢？"

（3）（玉宝）照着淘气的大脑袋瓜"吭吃吭吃"就是几拳，淘气哇的一声抱头大哭起来。（高玉宝《高玉宝》第五章）

🔍 错误用例

（1）这位作曲家在歌曲里将纤夫们拉纤时呼哧呼哧的喘息声都表现了出来。（此处应该用"哼哧哼哧"）

（2）他在我这哼哧了半天也没说清楚想要啥，我有什么办法？（此处应该用"吭哧"）

（3）五岁的小弟呼哧呼哧地搬着那个几乎和他一样重的我的书包，累得几乎喘不上气来，小脸憋得通红，我笑着赶紧拿过来。（此处应该用"吭哧吭哧"）

（4）我到家的时候，妈妈正在吭哧吭哧擦地板。（此处宜用"哼哧哼哧"）

吧唧　哧溜　呼噜　嘎嘣

✏️ 释　义

吧唧（bājī）：〈拟声〉模拟脚踩湿地的声音，以及嘴巴开合作响的声音。例如："刚刚下过大雨，走在路上，吧唧吧唧地响。"

◎注意，表示嘴巴开合作响的声音时，也可以读作 bā·ji。

哧溜（chīliū）：〈拟声〉模拟滑动、跑气等声音。例如："哧溜一下，差一点儿跌倒。"

呼噜（hūlū）：〈拟声〉模拟打鼾或吞咽流食的声音。例如："他睡着了，发出阵阵呼噜声。""呼噜呼噜，几口就把一碗稀饭喝了。"

嘎嘣(gābēng):〈拟声〉模拟咀嚼硬物的声音。例如:"他把炒熟的黄豆放进嘴里,咬得嘎嘣响。"

辨　析

以上四个词都可以模拟与嘴巴有关的声音,也都可以重叠使用,但有区别,主要是:

(1)语义侧重点有所不同。当模拟与嘴巴有关的声音时,"吧唧"侧重于表现两片嘴唇开合的声音,不一定是吃东西;"哧溜"侧重于表现吃长条的可以滑动的东西,例如"面条""粉条""面皮""凉粉"等东西发出的声音;"呼噜"侧重于表现吞咽流食所发出的声音,例如"粥""疙瘩汤""蛋汤"等;"嘎嘣"表示咬食硬物,如豆子、板栗等发出的声音。

(2)使用范围有所不同。"吧唧"除了表示嘴巴开合发出的声音外,还可以用于模拟脚踩在有水的地上发出的声音。"哧溜"除了模拟滑动的声音,还可以模拟跑气的声音,例如高压锅的跑气声。"呼噜"除了模拟吃东西的声音外,还可以模拟打鼾声或者是人或动物喉咙里发出的声音。"嘎嘣"除了模拟咀嚼硬物的声音,实际语用中还模拟类似的声音。例如:"他一蹲下,膝关节就会'嘎嘣'地响一声。"

例　句

(1)祥子本不吸烟,这次好似不能拒绝,拿了支烟放在唇间吧唧着。(老舍《骆驼祥子》十二)

(2)尽管帐篷里开着空调,农民工们还是习惯蹲在马路牙子上吃饭,不一会儿"哧溜哧溜"的吃面声响成一片。(《河南商报》2017.8.22)

(3)(朱暮堂)有意不理睬汤富海,只顾呼噜呼噜抽着水烟袋。(周而复《上海的早晨》第一部四)

(4)村里小学拉来了一车亮晶晶的煤块。一个聪明的孩子拿起一块煤,嘎嘣嘎嘣地吃起来。(夏世龙《饥饿记忆与莫言的小说》)

（1）《激情燃烧的岁月》里，蘑菇屯爷四个来石光荣家吃面条论盆吃，吧唧吧唧一会儿就吃得精光，让人觉得又好笑又辛酸。（此处应该用"哧溜哧溜"）

（2）医生让他转了转脖子，他照做了，脖子里发出吧唧吧唧的声音。（此处应该用"嘎嘣嘎嘣"）

（3）很多孩子习惯呼噜呼噜地把鼻涕倒吸回去，这是个坏习惯，一定要早早制止。（此处应该用"哧溜哧溜"）

三 模拟动物动作声音的拟声词

刺棱 刺啦 刺溜 扑棱 扑腾

✏️ **释 义**

刺棱（cīlēng）：〈拟声〉模拟鸟兽迅速动作的声音。例如："刺棱一声，麻雀飞了。""刺棱，花猫跑了。"

刺啦（cīlā）：〈拟声〉模拟纸张撕裂声、迅速划动等。例如："刺啦一声，把纸撕开了。"

刺溜（cīliū）：〈拟声〉模拟脚底下滑动的声音或东西迅速滑过的声音。例如："脚下一滑，刺溜一声摔倒了。"

扑棱（pūlēng）：〈拟声〉模拟鸟类抖动翅膀的声音。例如："扑棱一声，鸽子飞了。"

◎另,还可作动词,此时读音为"Pū·leng",意思是"抖动或张开"。例如:"鸽子翅膀一扑棱,就飞走了。"

扑腾(pūtēng):〈拟声〉模拟重物落地的声音。例如:"小孩子扑腾一声从床上跳下来。"

◎另,还可作动词,此时读音为"pū·teng",意思主要有:①游泳时用脚打水,也说"打扑腾"。例如:"他在水里直打扑腾。"②跳动。例如:"我这心扑腾扑腾的。"③指钻营、行贿、说情等。例如:"他这人挺能扑腾的。"④挥霍浪费,也说折腾。例如:"这个家都让你扑腾光了。"

辨　析

以上五个拟声词都可模拟人或动物动作的声音,但有区别,主要是:

(1)词性功能有所不同。"刺棱""刺啦""刺溜"三个词都只作拟声词;"扑棱""扑腾"除了作拟声词,还可以作动词。

(2)是否可重叠使用。"扑棱""扑腾"作动词时,可以重叠使用,重叠形式为"ABAB",表示动作反复进行。"刺啦"也可以重叠为"ABAB"形式,表示动作反复进行。"刺棱""刺溜"因为强调迅疾的样子,主要形容一些非常迅疾的自然事物,或是形容群鸟或群兽的快速消失,一般不重叠使用。

(3)语义侧重点有所不同。"刺棱"侧重于模拟鸟兽动作很迅速的声音,一般是比较小型的鸟兽,老鹰、老虎之类不能用。"扑棱"则是侧重于模拟鸟类抖动翅膀的声音,不能用于人或走兽。"刺啦"侧重于模拟撕裂声、迅速划动声等,如纸张、布帛等撕裂声,划火柴声,等等。"刺溜"主要用于模拟脚底下滑动的声音,和"刺啦"不同的是,"刺啦"是主动划过,而"刺溜"是被动滑过。"刺溜"还可以模拟东西迅速滑过的声音。例如:"那小石子儿刺溜一声从他耳边擦过。""扑腾"一般用于模拟重物落地的声音,实际语用中也可以模拟脚踏在雪地上发出的声音。

(1)密林深处,一只松鼠在树上晃头晃脑地张望着什么,见有人来了,刺棱一下消失了。

(2)咔啦一声,玻璃上出现了一条白线,吧嗒一声,一块玻璃被爸爸掰(bāi)了下来。(《金刚石的秘密》)

(3)在老徐的脊背后头,也有一只狐狸什么的,刺溜一声蹿向远方。(李长华《风雨罗霄路》一)

(4)小鸟说:"小姑娘,让我进去玩吧!"小姑娘说:"不行,你扑棱扑棱地乱飞,会把我的房子弄脏的。"(《儿童睡前故事·金色的房子》)

(5)我们扑腾扑腾踏着大雪,蹚出条路,并着肩膀往前走着,谁都不言语。(杨朔《上尉同志》)

错误用例

(1)麻雀是很胆小警觉的,你要有耐心才能网到它,否则一有动静,它就会刺溜一声飞走。(此处应该用"刺棱")

(2)他走得很快,不当心踩到一块瓜皮,刺啦一声摔倒在地。(此处应该用"刺溜")

(3)那鸽子被鬼子抓在手里,翅膀不停地扑腾着,想要逃离魔爪。(此处应该用"扑棱")

(4)贾宝玉为了哄晴雯开心,就任她撕扇子玩,刺棱刺棱地撕了两把扇子后,晴雯气消了,宝玉也高兴了。(此处应该用"刺啦刺啦")

(5)梅子听了,一撇嘴道:"他哪会游泳啊,只会在水里瞎扑棱。"(此处应该用"扑腾")

四　模拟物体声音的拟声词

吧嗒　咯噔　咣当　啪啦

 释　义

　　吧嗒(bādā)：〈拟声〉模拟物体轻微撞击或液体滴落的声音。例如："吧嗒一声,门锁上了。""汗水吧嗒吧嗒往下滴。"

　　◎另,"吧嗒"还能作动词用,读音为"bā·da",表示嘴唇开合作声。也作"叭嗒"。例如:"他吧嗒着嘴,只是不言语。"

　　咯噔(gēdēng)：〈拟声〉也作"格登""咯蹬"。模拟物体撞击或皮鞋踏地的声音。例如:"咯噔一声,头撞在床板上了。"

　　咣当(guāngdāng)：〈拟声〉模拟物体撞击、震动的声音。例如:"火车开动了,咣当咣当响。""木桶撞得咣当咣当响。"

　　啪啦(pālā)：〈拟声〉模拟某些器物碰撞或碰碎的声音。例如:"算盘打得啪啦啪啦响。""啪啦一声,玻璃杯打碎了。"

辨　析

　　四个词都是模拟物体碰撞击打的声音,都可以重叠为"ABAB"式,但有区别,主要是:

　　(1)词性功能有所不同。"吧嗒"除了作拟声词,还可以作动词用;而"咯噔""咣当""啪啦"只能作拟声词。

　　(2)语义侧重点有所不同。在模拟物体撞击方面,"吧嗒"侧重于模拟的小物体的撞击,声音一般比较轻微;"咯噔"侧重于模拟稍大的物体撞击,声音比"吧嗒"发出的大,给人的感觉较为沉闷;"哐当"侧重于模拟比较大的物体撞击、震动所发之声,声音比较大而沉重,且能给人震动的感觉;"啪啦"侧重于模拟某些器物碰撞或碰碎的声音,声音比较清脆响亮。

（3）使用范围有所不同。

"吧嗒"一般适用于模拟锁钥关合、眼泪或汗珠滴落的声音;作动词时也可以形容嘴唇开合发出的声音。实际使用中也可以写作"叭嗒"。

"咯噔"适用于模拟身体某部位碰撞物体、皮鞋踏地或踏楼梯等发出的声音,也可以模拟稍重的木门关合的声音,有时也可以模拟心跳动的声音。在实际使用中也写作"格登""咯噔"。

"哐当"常用于模拟火车车厢撞击、大木桶撞击、铁门撞击、沉重的金属如铁棍等撞击发出的声音等,也可以模拟身体沉重倒地的声音。

"啪啦"通常用于模拟相对小一点的器物,如碗碟、玻璃杯、算盘珠子、小石子儿等撞击的声音。

📖 例 句

（1）喜旺却在床上只是叭嗒叭嗒抽烟,也不吭声。（李准《李双双小传》二）

（2）只见门里面一个肥胖妇人,翻身就跑了进去,还听得咯噔咯噔的楼梯响。（吴趼人《二十年目睹之怪现状》第三十四回）

（3）我们的一个同志已经把匕首刺进了他的胸膛,他哐当一声倒在地上。（谌容《永远是春天》二）

（4）算账的人……一只手一页页地翻着账本,另一只手在算盘上啪啦啪啦地拨动着算盘珠儿,那模样使人想起了账房先生。（《远去的算盘》,《松州学刊》2013 年 03 期）

🔍 错误用例

（1）这孩子可人疼,受了委屈也不说话,只是啪啦啪啦掉眼泪。（此处应该用"吧嗒吧嗒")

（2）列车晃动得厉害，一晚上睡不着，只听得车厢不时发出咯噔咯噔的声音，也不知道还有多久才能到家。（此处应该用"咣当咣当"）

（3）听外面人群一阵乱跑，我的心"咣当"一下，恐怕出了什么事，忙打开窗子朝外看。（此处应该用"咯噔"）

（4）老爹怕妹妹不听话又往外跑，便叫人拿来一把锁，"啪啦"一声锁了门。（此处应该用"吧嗒"）

啪嚓　咯吱　嘎吱　嘎巴　咔嚓　吱扭

📝 **释　义**

啪嚓（pāchā）：〈拟声〉模拟东西落地、撞击或碰碎的声音。例如："啪嚓一声，碗掉地上摔碎了。"

咯吱（gēzhī）：〈拟声〉模拟竹、木之类器物受挤压的声音（多叠用）。例如："他挑着一担水，走起来扁担咯吱咯吱响。"

嘎吱（gāzhī）：〈拟声〉模拟物体受压力而发出的声音（多叠用）。例如："他很胖，坐在床上，压得床板嘎吱嘎吱响。"

嘎巴（gābā）：〈拟声〉①模拟树枝、木板等受力而断裂的声音。例如："忽听嘎巴一声，棍子折（shé）了。"②形容清脆的咀嚼声。例如："他把萝卜咸菜嚼得嘎巴响。"

咔嚓（kāchā）：〈拟声〉模拟物体断裂等的声音，也作"喀嚓"。例如："风把树枝吹得咔嚓一声，断了。"

吱扭（zhīniū）：〈拟声〉模拟物体转动时的摩擦声。例如："他推着小车吱扭吱扭走过来。"

🔍 **辨　析**

以上五个词都是模拟物体碰撞、挤压、断裂的声音，但有区别，主要是：

（1）语义侧重点有所不同。

"啪嚓"主要模拟东西落地、撞击或碰碎的声音，声音比较清脆。

"咯吱"一般用来模拟竹、木类制作的器物受挤压而发出的声音，给人的感觉是声音因挤压而比较细小。

"嘎吱"一般模拟物体承受重压而发出的吱吱嘎嘎的声音，和"咯吱"相比，声音较粗，也较为大声。实际使用中也有人写作"嘎叽"。

"嘎巴"则侧重于模拟干枯的树枝、木棍、竹板等物受力而断裂的声音，声音比较干脆而响亮。实际使用中也可以写作"咔吧""咯吧"。

"咔嚓"也模拟物体断裂的声音等，和"嘎巴"相似，只是带有摩擦的声音，不如"嘎巴"声音干脆响亮，在实际使用中有时也可以通用。此外，"咔嚓"在文学作品中也有人写作"卡喳"。

"吱扭"主要模拟的是物体转动时发出的摩擦声，声音给人干枯、不润滑的感觉，多指轴承发出的声音。

（2）使用范围有所不同。

在实际语用中，"啪嚓"还可以表示摩擦、滑倒等声响。例如："地上雨水较多，他走着走着就啪嚓一声摔倒了。"

"咯吱"还可以模拟开门声或脚踏在雪地上的声音，还可以模拟人们挠痒痒引人发笑的声音，例如："小孩子禁不住他的抓挠，不由得咯吱咯吱直笑。"

"嘎吱"和"咯吱"都多用于竹、木质类的器物发出的声音，有时可以通用。

"嘎巴"和"咔嚓"在物体断裂的语义上可以通用，此外"嘎巴"还可以模拟清脆的咀嚼声音；"咔嚓"还可以模拟物体翻倒的声音，收音机、录音机等发出的噪音，以及火车行进的声音等。

"吱扭"实际语用中还可以模拟二胡等弦乐器发出的声音。

📖 例　句

（1）小虎子抱着个西瓜往回走,还没到家,不小心脚下一滑,西瓜滚落到地上,啪嚓一声碎成了几块。

（2）犹未想完,只听咯吱一声,宝钗便故意放重了脚步,笑着叫道:"颦儿,我看你往那里藏!"（《红楼梦》第二十七回）

（3）那根很老的毛竹扁担受了震动,便嘎叽地惨叫了一声,父亲身子晃一晃,水便泼了一些在台阶上。（李森祥《台阶》）

（4）我喜欢吃嘎巴虾,因为吃这种虾时,会发出嘎巴嘎巴的声音,让我可以充分体会饮食过程的那种愉悦。

（5）他觉着大便桥在微微摇晃,生怕它咔嚓一声垮下去。（杜鹏程《在和平的日子里》第三章）

（6）远道来的粮车,像一道道流不完的长流水,成日成夜吱扭地往前送。（茹志鹃《剪辑错了的故事》）

🔍 错误用例

（1）他正随着音乐的节拍跳着老年操,录音机嘎巴一声,音乐声停了,过了一会儿又响了起来。（此处应该用"咔嚓"）

（2）藤椅年头多了,坐上去总要发出咔嚓咔嚓的响声。（此处应该用"嘎吱嘎吱"或"咯吱咯吱"）

（3）听到人喊"抓小偷",一个男人惊慌地跑了过来。我捡起一根棍子,对着他打过去,嘎吱一声,棍子断了。（此处应该用"嘎巴"或"咔嚓"）

（4）忽听得外面吱扭一声,又听孩子在哭,忙出去看,原来是孩子不小心踩到积水摔倒了。（此处应该用"啪嚓"）

（5）每到黄昏,就看到老人坐在小石桥边,拿着一把二胡啪嚓啪嚓地拉着。（此处应该用"吱吱扭扭"或"吱扭吱扭"）

常用

语

气词易混词语辨析

的　了　啊

的(·de)：〈助〉用在陈述句的末尾，表示肯定或已经过去的语气。例如："这件事儿我知道的。""这样做是行不通的。""老王什么时候走的?"

了(·le)：〈助〉①用在句子末尾或句子中停顿的地方，表示催促、劝阻或命令语气。例如："大家不要聚在这里，散了! 散了!""小点儿声，不要嚷了!"②用在句末或句中停顿的地方，表示感叹的语气。例如："太不应该了!""太好了，连进了三个三分球。"

啊(·a)：①用在陈述句末，加重语气，表示肯定、解释或提醒。例如："他已经请过假了啊!""这是劳动人民用血汗换来的啊!""检查产品质量可要细心啊!"②用在祈使句末，表示要求、催促、警告等。例如："门开了，进来啊!""快点儿啊，别磨磨蹭蹭了!""注意脚下啊!"③用在感叹句末，表示称赞。例如："树长得多高啊!""他可真了不起啊!"④用在疑问句末，用来缓和语气。例如："你什么时候走啊?""东西都摆出来了，你要不要啊?""哪里会有这样的事啊?"⑤用在句中，表示停顿，用以列举或引起注意。例如："他这次下乡啊，就是为了调查一件案子。""他说起家乡的山啊、水啊、饭啊、菜啊，总是津津有味。"⑥用在重复的动词后面，表示行动连续、过程长。例如："大家等啊，等啊，终于来了接送的车。""人们唱啊唱啊，直到深夜还不想回家。"⑦应答时，用在表明态度的词语后面，表示强调。例如："是啊，我还在图书馆看书。"

◎另，助词"啊"在口语中受前一个字韵母或韵尾的影响，会发生音变，可以写成"呀""哇""哪"等不同的字。例如："他呀""好哇""好大的烟哪"。

◎"啊"在不读轻声的时候可以作叹词,用于句首单独成句,表示惊奇、赞叹或追问等。例如:"啊,祖国,我的母亲!"

辨 析

以上三个词都是语气助词,用在句末或句中,表示说话的语气,但在使用中略有区别,主要是:

(1)词性功能有所不同。"的"除了作语气助词,还可以作结构助词;"了"除了作语气助词,还可以作动态助词;"啊"除了作语气助词,还可以作叹词。

(2)语义侧重点和使用范围有所不同。

语气助词"的"侧重于强调对事实的确定和未来的判断,表示的是明白无误的肯定语气,一般用在陈述句的末尾。

语气助词"了"侧重于表示催促、劝止或感叹语气,多用于祈使句和感叹句。

语气助词"啊"侧重于表示缓和语气。此外"啊"还有很多语法意义,可以用在各种类型的句子里,使用范围非常广泛。比如,"啊"可以用在句中停顿处,表示列举或引起注意;可以用在句末,根据不同用途的句式分别表示"肯定、解释或提醒""要求、催促或警告""赞扬、嘉许或感叹""缓和语气"等;还可以用在重复的动词后面,表示行动连续、过程长;还可以用在应答中,表示强调语气。

(3)各自用法有所不同。

①关于"的"。

语气助词"的"和结构助词"的"都可以用在句末,也都可以出现"是……的"的形式,分辨是结构助词的"的"字结构,还是语气助词,辨别的办法是:

a)看"的"后面能否添一个名词,能添的一般是"的"字结构,"的"是结构助词,否则"的"是语气助词。例如:"这些都是我妈妈给我的",这句中的"的"后面可以添加名词"衣服""东西""书"等等,所以是结构助词"的";而"你这么做是错误的",这句中的"的"后面不能添加名词,因此是语气助词。

b)看"是"和"的"能否抽掉。如果抽掉以后句子的意思基本不变,一般是语气助词;如果抽掉以后就不成话,或改变了原意,一般就是结构助词。例如:"这些都是我妈妈给我的",去掉"是"和"的"变成"这些都我妈妈给我",句意不完整,因此句中的"的"是结构助词;而"你这么做是错误的",去掉"是"和"的"变成"你这么做错误",句意没变,所以是语气助词。

此外,句末加"的"表示"已然",或加强语气。例如:"他乘公交车走"(表示还没走),"他乘公交车走的"(表示已经走了)。

②关于"了"。

"了"既可以作语气助词,又可以作动态助词,二者区别主要是:

a)"了"在句末,如果前面有宾语、数量词补语,是动态助词,用以表示动态的变化。例如:"我来北京三年了。"

b)"了"在句中补语、宾语的前面,是动态助词,表示动作的完成或情况的实现。例如:"我完成了任务。""他喝完酒后脸上红了起来。"

c)"了"在句中停顿处或句末,表示催促、劝阻或命令语气,是语气助词。例如:"算了吧,咱不和他计较。""快工作吧,别说了,别说了。"

d)"了"在句末或句中停顿的地方,表示感叹语气,是语气助词。例如:"太棒了,他成功了。"

e)用在列举的每个名词后面,表示不一而足,是语气助词。例如:"我们家铺子里油了、糖了、咸盐了、鸡蛋了,什么都有。"

f)"了"在句末,又紧接在作谓语的动词或形容词后面,兼表语气和动态。例如:"海终于愤怒了。""石榴红了。"

g)动词前有表示一段时间的词语,句末可以用语气词"了"。例如:"我好长时间没吃过米饭了。"

③关于"啊"。

a)语气助词"啊"用在疑问句里并不表示疑问,只表示缓和语气。例如:"你是谁啊?""你不来我家啊?""你想跟我一起走啊?""你从哪儿来的啊?"这几个句子去掉"啊"后,语气变得生硬,加上"啊"后使语气舒缓而亲切。

b)"啊"作语气词既可以用在句末,也可以用在句中,用在句中时表示停顿、列举或引起注意。有时用在重复的动词后面,表示行动连续、过程延长。

c)"啊"用在句首时,为叹词。叹词"啊"和语气词"啊"都能表示惊奇、赞叹,不同的是,语气助词"啊"不表示疑问,而叹词却有追问的语法意义。例如:"啊? 这真是你做的?"

现代汉语常用 **易混** 词语辨析

例 句

(1)他这人你是知道的,最没个常性了,干什么都是五分钟热度。

(2)你这做菜手艺真绝了,我从来都没吃过这么好吃的菜。

(3)做坏事的人是没有好下场的。

(4)今天下雨,注意拿把伞啊。

(5)这事估计他早知道了,你瞒着他有什么用啊?

错误用例

(1)那天我们在公交车站等了,等了,最后还真等来了最后一班车。(句中前两个"了"应该用"啊")

(2)马上要开会了,走啊,走啊,都别等在这了。(句中的两个"啊"都应该用"了")

(3)他是什么时候走了? 我怎么不知道?(此处应该用"的")

(4)昨天我没去图书馆了。(此处应该用"啊")

吧　吗　嘛　呢

释　义

吧(·ba):〈助〉①用在陈述句末,表示不很确定的语气。例如:"你是东北人吧。"②用在祈使句末,表示委婉语气。例如:"别说了吧。"③用在疑问句末,表示揣测、估计。例如:"他快到家了吧?"④用在陈述句末,表示认可、同意。例如:"行,就照这样办吧。"⑤用在句中,表示假设、举例或让步。例如:"说吧,怕他不高兴;不说吧,又怕他事后埋怨。""就拿小王来说吧,三十多了不找对象,日子过得也挺快活。""即便他有钱吧,这样乱花也不应当。"

吗(·ma):〈助〉①用在肯定形式或否定形式的是非问句末,表示疑问语气。例如:"今天你去开会吗?""他不愿意报考硕士研究生吗?"②用在反诘句末,表示质问、责备语气。例如:"你这样做对得起家里人吗?""难道还叫别人替你还债吗?"

嘛(·ma):〈助〉①用在陈述句末,表示理应如此或事实明显。例如:"有话就说嘛!""这是我的家嘛,我当然要回来。"②用在祈使句末,表示期望或劝阻。例如:"你快跟上来嘛!""你不想干,就别干嘛。"③用在句中,表示停顿,引起对方注意下文。例如:"这个问题嘛,你要好好儿想想。""老师嘛,指导学生就该耐心。"

◎ 注意:"嘛"在方言中,还可作疑问句代词,相当于"什么""啥"。如北京方言中的"干嘛"、天津方言中的"嘛事儿",但普通话中这个意思已改用"吗"。

呢(·ne):〈助〉①用在句中,表示停顿(多为表示对举或列举)。例如:"我呢,是从不吸烟的。""想看电影呢,就买票;不想呢,就遛大街。""小李呢,爱唱歌;小王呢,爱打球;小刘呢,爱看书。"②用在陈述句的末

533

尾,表示确认事实(多含夸张语气)。例如:"他的字写得可棒呢。"③用在陈述句末尾,表示动作或情况正在持续。例如:"你听,外面有人敲门呢。""这只股票,现在炒得正火呢。"④用在疑问句(特指问、选择问、正反问)的末尾,表示疑问或探究。例如:"到底该怎么办呢?""两件衣服,你买这件呢,还是买那件呢?""你愿意不愿意报名参军呢?"

 辨 析

以上四个词都是语气助词,用在句末或句中,表示说话的语气。使用中有区别,主要是:

(1)语义侧重点和使用范围有所不同。

"吗"是疑问语气助词,一般侧重于用在是非问和反问句里,分别表示疑问语气、质问和责备语气;有时还可以和"是""好"组合在一起单独出现,表示商量语气。

"嘛"是非疑问语气词,一般用在非疑问句里,如用在陈述句末表示"理应如此或事实明显";用在祈使句末表示"期望或劝阻";还可以用在句子中间,表示停顿。

"吧"既可以作疑问语气助词,又可以作一般语气助词,使用范围比较广。"吧"的基本语法意义是表示委婉和缓和语气,用在陈述句末,表示同意、认可或者不很确定的语气;用在祈使句末,表示委婉语气;还可以用在句子中间,表示语气的停顿。

"呢"既可作疑问语气助词,又可作一般语气助词。"呢"用在疑问句里,表示疑问探究语气;用在陈述句里,表示停顿、确认事实;还可以表示动作或情况正在持续。

(2)各自用法有所不同。

①关于"吧"。

a)用在疑问句句末,表示"揣测而问",问话人认为理当如此,但又不能肯定,需要确认。例如:"我这么做还行吧?"

b)句子中如果用了"大概""估计""琢磨"等表示揣测的词语,句末只能用"吧"。例如:"估计他还没下班吧?"这句中的"吧"不能换成"吗"。

c)"吧"一般只用于是非问句里,而不能用在其他类型的问句里。例如"你是谁吧?""难道他没有回来吧?""你有没有领到防疫口罩吧?"这几句中的"吧"都不能用。

d)用在陈述句末,一种情况是表示说话人心中已有答案,但又不很确定,加"吧"表示缓和的委婉语气。例如:"这事是你搞的鬼吧。"一种情况是说话人心中已有决定,用"吧"表示决断、认同、肯定等语气,多用于意志行为句;有时和"算是""那就"搭配,表示"无所谓"或"无可奈何"的语气。例如:"想来就来吧。""那就这样吧。"

e)用在祈使句末可以缓和生硬态度,表示委婉语气。例如:"你别走吧。"

f)用在"好""行""可以"等词语后面,表示同意或认可的语气。例如:"好吧,你走吧。""可以吧,就这么定了。"

②关于"吗"。

a)"吗"表示疑问语气,只能用在是非问和反问句里,不能出现在选择问句里。例如:"你是要去北京还是去上海吗?"句中的"吗"应该改为"呢"。

b)用于是非问句里,表示"不知而问",问话人对情况不了解,需要答案。例如:"你去过海南吗?"用于是非问句里,采用附加问形式,问话人对情况有一定了解,需要确定或商量。例如:"听说你去过海南,是吗?""你跟我去海南,好吗?"

c)用在反问句里,表示质问、责备,有时还有分辩语气;"吗"与"难道""岂""不是""还"等一同出现,这时句子中是肯定态度的形式则表示否定,是否定态度的则表示肯定。例如:"这难道是我的责任吗?""你们这样做岂不是太过分了吗?""这不是你说的吗?""她够委屈了,还要受你的批评吗?"

d)疑问句中出现疑问代词,句末用"吗",此时"吗"不表示疑问语气,而是由疑问代词承担。例如:"你知道今天谁值日吗?"

③关于"嘛"。

a)"嘛"不能用于疑问句。例如:"你要干嘛?"句中的"嘛"要换成"吗"。

b)用在含有"什么""啥""谁""怎么"等疑问词的陈述句末尾,"嘛"也不表示疑问语气,因其基本语义为"理应如此",这种情况下表示说话人强烈的不满或居高临下的语气。例如:"你这样算什么嘛。""你闹啥情绪嘛。"

c)因用在祈使句末有"表示期望或劝阻"的基本义,所以"嘛"有时还可以表示任性、使气、撒娇的语气。例如:"不嘛,我就要去嘛。"

d)用在句中表示停顿,以引起听话人注意。如用在主语后,用以强调主语,有"说到""至于说"的意思。例如:"我嘛,就不去了。"有时也用在复句中的假设小句末尾,表示点出话题。例如:"有意见嘛,就可以提。"

e)"嘛"有时也可以表示列举。例如:"他嘛,擦桌子;你嘛,扫地;我嘛,就擦擦玻璃吧。"

④关于"呢"。

a)"呢"可以用在多种问句里,如特指问、选择问、正反问的末尾,表示疑问或探究,但不能用于是非问句。例如:"明天是植树节呢?"这句中的"呢"要改为"吗"。

b)在特指问句里,句中有疑问词"谁""什么""怎么""哪里"等时,"呢"可以不出现。例如:"你找谁?""你拿的是什么?"而用了"呢"表疑问,疑问词也可以不出现。例如:"我的书包呢?""呢"还可以用于名词后面单独成句,表示特指问的疑问语气。例如:"书包呢?"

c)选择问句里的"呢",可以不出现或只出现在句子最后。例如:"你要米饭,还是面条?""你是要吃米饭,还是要吃面条呢?"

d)正反问和选择问句里的"呢",表示语气的舒缓,而不表示疑问。

e)"呢"用于反问句里,表示说话人在邀请听话人对所做断言的思考和回应,同时使语气变得舒缓,常跟"何必""哪里""何况""怎能"等词语搭配使用。例如:"你这样让人怎能放心呢?""他不听你的劝告,你又何必管他呢?"

f)"呢"用在陈述句末尾,表示说话人强调部分信息,提醒听话人注意,含有确认、夸张等语气。例如:"这周末我在家呢。""这么便宜的苹果,如今很难买到呢。"用在陈述句末尾,还表示动作或情况正在持续,常与"在""正""着""还"等词语搭配。例如:"我正喝水呢。""天还下着雨呢。"

📖 例　句

(1)你没必要担心,他想干就让他干吧。

(2)你就不能看在亲戚的分上,拉他一把吗?

(3)这个嘛,我还没有考虑呢。

(4)实话说吧,这才叫高水平呢。

🔍 错误用例

(1)这个会议吧,我还没决定参加呢。(句中的"吧"应该改为"嘛")

(2)我很犹豫,这件事告诉他吗,怕他着急;不告诉他吗,又怕他事后怪我。(句中两个"吗",应该改为"吧"或"嘛""呢")

(3)这鞋你是要35号的吗? 还是要36号的吗?(此处两个"吗"都应该用"呢")

(4)今天是星期五呢?(此处应该用"吗")

(5)就拿我来说嘛,我可是干了30年了,没有功劳还有苦劳吧?(句中的"嘛"应该用"吧")

罢了　而已

释　义

罢了(bà·le)：〈助〉用在陈述句末尾，表示不必看重的意思，常跟"不过""只是""无非"等配合使用。例如："他不过随便说说罢了。""不必客气，我只是做了自己应该做的工作罢了。"

◎另，有其他词性：①作动词，意思是"作罢，不再计较"。例如："你不管就罢了，还不让别人去管？"②作叹词，意思是"完了"。例如："罢了！我上了这骗子的当了。"

而已(éryǐ)：〈助〉用在陈述句末尾，表示不过如此，相当于"罢了"。例如："如此而已，别无所求。""只是提了两句而已，不必深究。"

辨　析

两个词都是双音节语气助词，有人称之为短语词。它们的语义基本相同，有时可以互相换用，但在使用中还是略有区别的，主要是：

(1)词性功能有所不同。"而已"只是语气助词；"罢了"除了作语气助词，还可以作动词和叹词用。

(2)语体色彩和使用范围有所不同。"而已"一般用于书面语，使用范围略窄；"罢了"既可以用于书面语，又可以用于口语，使用范围比较宽。

(3)语义侧重点有所不同。二者作语气助词都带有"把事情往小里说"的意思，但"罢了"在使用中常含有"仅止于某种情况，而非其他"的意味，用在句子末尾，对整个句子的意思起冲淡、减轻的作用。例如："我不指望你发达，只要你别牵累我就罢了。""而已"在使用中有时含有"除了某种情况以外，还含有别的更重要的情况"的意味，如果说话人认为某个情况在等级或程度上是属于较低层次的,就可以用"而已"。例如:"我现在客居在外,诸多不便,只能聊表谢意而已。"

(4)用法有所不同。"而已"只能用于句末。"罢了"可以用于句末,作叹词时还可以单独使用。

📝 例　句

(1)我相信写了出来,未必于你有用,但我也只能写出这些罢了。(鲁迅《两地书·致许广平二》)

(2)不过是孩子胡闹罢了,当不得真的。

(3)因为今天胜利局面已定,用战斗方式可以解决是毫无问题了,只是时间早迟而已。(周恩来《关于和平谈判问题的报告》)

🔍 错误用例

(1)有的人名气虽大,却无真才实学,不过是南箕北斗,徒有其名罢了。(此处宜用"而已")

(2)我不说你而已,你反来说我的不是?(此处应该用"罢了")

常用语气词易混词语辨析